普通高等教育经管类系列教材

企业战略管理
第 4 版

李艳双　张东生　张培　梁林　焦康乐　编著

机械工业出版社

本书按照战略管理的一般思维逻辑和过程分别论述了企业战略管理思想、战略分析、战略类型与选择、战略实施与控制等内容。企业战略管理思想部分论述了企业战略管理思想的起源、演变和战略管理研究的基本问题；战略分析部分按宏观环境、任务环境和企业内部环境三个层次，论述了战略分析的原理与方法；战略类型与选择部分给出了涉及企业资源配置方向的业务组合战略、如何扩张业务和进入新领域的成长路径战略，以及处于不同市场地位的企业如何与对手竞争的一般竞争战略，并给出了战略评价与选择的方法；战略实施与控制部分论述了如何实施战略，如何对战略实施过程进行有效控制。

本书结合我国企业对战略管理的实际需要，吸收了国内外战略管理研究的前沿成果，也融入了习近平新时代中国特色社会主义思想、党的二十大精神，以及我国古老的军事战略思想和哲学思想。

本书既可以作为高等院校管理类专业本科生的教材，也可以作为包括 MBA、EMBA 在内的研究生的教材或教学参考书，还可以作为企业管理人员的参考书。

图书在版编目（CIP）数据

企业战略管理 / 李艳双等编著. -- 4 版. -- 北京：机械工业出版社，2025.8. -- （普通高等教育经管类系列教材）. -- ISBN 978-7-111-78635-1

Ⅰ.F272.1

中国国家版本馆 CIP 数据核字第 2025C0U824 号

机械工业出版社（北京市百万庄大街 22 号　邮政编码 100037）
策划编辑：曹俊玲　　　　　责任编辑：曹俊玲　单元花
责任校对：樊钟英　张　征　　封面设计：张　静
责任印制：单爱军
唐山三艺印务有限公司印刷
2025 年 8 月第 4 版第 1 次印刷
184mm×260mm・15.75 印张・388 千字
标准书号：ISBN 978-7-111-78635-1
定价：49.80 元

电话服务　　　　　　　　　　网络服务
客服电话：010-88361066　　　机　工　官　网：www.cmpbook.com
　　　　　010-88379833　　　机　工　官　博：weibo.com/cmp1952
　　　　　010-68326294　　　金　书　网：www.golden-book.com
封底无防伪标均为盗版　　机工教育服务网：www.cmpedu.com

第 4 版 前言

本书 2005 年 5 月出版第 1 版，2011 年 7 月出版第 2 版，2018 年 7 月出版第 3 版，2021 年被评为天津市高校课程思政优秀教材。多年来本书受到了广大教师、学生和企业界人士的青睐，在此向他们表示诚挚的谢意！

从第 3 版到第 4 版的这几年间，全球经济增速的放缓、全球化进程的演变、大数据和人工智能等新技术的快速发展，以及消费者多样化需求和环保意识的增强等，给企业带来了空前的不确定性和脆弱性。党的二十大报告提出，完整、准确、全面贯彻新发展理念，着力推动高质量发展，主动构建新发展格局。当前，我国经济已由高速增长阶段进入高质量发展阶段，从传统型经济向创新型经济转变，为应对"乌卡时代"[易变性（Volatility）、不确定性（Uncertainty）、复杂性（Complexity）、模糊性（Ambiguity），VUCA] 的新机遇与新挑战，特别是在当前我国大力推进数字经济和绿色发展的大背景下，企业更加需要强化战略管理，持续培育新质生产力，以驱动企业高质量发展。

多年来，我们一直把本书作为管理类专业本科生以及硕士研究生的教材使用。在从事日常教学科研和企业战略咨询的过程中，我们也在不断地加深对本书内容的理解，本次修订，在教材中融入了习近平新时代中国特色社会主义思想、党的二十大精神的内容，补充了华为、胖东来、小米等一些国内优秀企业的例子，并删除了少量比较陈旧的内容。

相较于以前的版本，本次修订把新质生产力、高质量发展、碳达峰碳中和、绿水青山就是金山银山、全国生态日、"AI +" 赋能企业发展、数字经济、绿色发展等内容写进了书中，在书中还以"知彼知己，百战不殆""攻其不备，出其不意""居安思危"等为例展示了我国源远流长、博大精深的军事战略思想，并强调了绿色发展是高质量发展的底色。在加快发展方式向绿色转型的过程中，企业应坚持"创新是第一动力，人才是第一资源"的发展理念，着力拓展新质生产力的发展新空间。

在本次修订过程中，我们参考了国内外许多学者的研究成果和来自第 1 版、第 2 版和第 3 版读者的宝贵意见，在此向他们表示衷心的感谢！

由于编者水平有限，书中难免有不妥之处，恳请读者批评指正。您的宝贵意见请发至 lilicathy@163.com 或 zdsheng@sina.com。

编　者

第 3 版　前言

本书自 2005 年 5 月出版第 1 版，至 2011 年 7 月出版第 2 版，其间重印过多次。在第 1 版和第 2 版问世的 12 年间，本书受到了广大教师、学生和企业读者的青睐，在此向他们表示诚挚的谢意！

从第 2 版出版到第 3 版出版恰巧又时隔 6 年，这 6 年间，企业所处的外部环境发生了很大的变化，可以说更加跌宕起伏。其显著特征是我国已经进入绿色发展阶段，我国的企业越来越多地融入国际市场，"黑科技""灰犀牛""跨界竞争"等概念颠覆了人们过去的很多认知，人们比以往任何时候都更加认识到外部环境变化对企业所产生的重要影响，也比以往任何时候都需要战略管理。在这 6 年里，我们也一直在使用本书作为管理类专业本科生的教材和包括 MBA、EMBA 在内的研究生的教学参考书。在教学和给企业做战略咨询的过程中，我们也在不断地加深对本书内容的理解，并不断地审视本书内容对环境变化的适应性和解决企业面临的战略问题的价值。近些年来，国际以及我国的战略管理学越来越趋向成熟，也出现了一些新的理论与观点，本书尽可能地把它们糅合进去，并删除了少量比较陈旧的内容。

第 3 版相较以前的版本，一个比较大的变化是在第四篇中增加了一章内容，专门讨论战略选择与实施的关系。之所以这样做，是因为很多学生对两者之间的关系常常认识不清，在实践中总是有企业怀疑战略管理的实践价值，他们关于战略可能成为"空中楼阁"的担忧仍然没有消除，也许这一章的内容会唤起他们对战略的兴趣和坚定他们实施战略管理的决心。第 3 版还有一个较大的变化，就是在原来的第十章中增加了一节内容，专门讲述战略分析的循环过程，这是针对学生撰写论文和企业制定战略的实践过程中所存在的疑惑与问题补充的内容。经过本次修订，本书在内容上更加完整，在层次和结构上也更加对称。

本书做出修改的内容依然参考了国内外许多学者的研究成果和来自第 1 版和第 2 版读者的宝贵意见，在此向他们表示感谢。

限于编者的水平，书中难免有不妥之处，恳请读者批评指正。您的宝贵意见请发至 zdsheng@sina.com 或 lilicathy@163.com。

编　者

第 2 版　前言

本书自 2005 年 5 月出版至今，已经是第 8 次印刷了。在第 1 版问世的 6 年间，本书受到了广大教师、学生和企业读者的青睐，在此向他们表示诚挚的谢意！

时隔 6 年，世界范围内的企业都经历了外部环境的跌宕起伏，在与外部环境的奋力抗争中，相信有更多的企业和学者更进一步认识到企业战略管理的重要性，也加深了对企业战略管理理论的理解。在这 6 年里，我们也一直在使用本书作为管理类专业本科生的教材和包括 MBA 在内的研究生的教学参考书。在教学过程中，我们也在不断地加深对本书内容的理解，并不断地审视本书内容对环境变化的适应性和解决企业面临的战略问题的价值。经历了这 6 年外部环境剧烈变化的考验和教学实践的检验，我们认为本书的内容总体上还是先进并满足需要的。这也是本书第 2 版相较第 1 版没有太多变化的原因。

但是，在本书第 1 版完稿之后，在战略管理领域发生了一件非常重要的事件——2005 年 2 月，哈佛商学院出版了《蓝海战略》一书。自此，蓝海战略成为战略管理领域的一个热门话题。《蓝海战略》被一些学者认为是对传统战略思维具有颠覆性的著作，也似乎成为继产业组织理论和资源基础理论学派之后的一个新的学派。因此，本书第 2 版的一个较大变化是，在第二章——企业战略管理思想的演变中增加了一节，专门介绍和评价蓝海战略。

本书第 2 版的另一个较大的变化是，在第一章——企业战略管理思想的起源中增加了"军事战略在企业战略中的应用"的内容，目的是弥补第 1 版中在此内容上的欠缺。

本书做出修改的内容依然参考了国内外许多学者的研究成果和来自第 1 版读者的宝贵意见，在此向他们表示感谢。

限于编者的水平，书中难免有不妥之处，恳请读者批评指正。您的宝贵意见请发至 zdsheng@sina.com 或 lilicathy@163.com。

编　者

第1版 前言

西方的许多管理理论和方法，在我国改革开放后被陆续引入，比较而言，战略管理在我国被广泛了解和传播要晚一些。这可能有两方面的原因：一方面，这个学科在西方先进的工业化国家产生和走向成熟（应该说现在也没有成熟）也比较晚；另一方面，在此之前，以我国企业所处的发展环境和水平，还不具备开展战略管理的条件。因此，也可以说，对战略管理的需要取决于环境和企业发展水平两个方面。

我国企业的发展水平极不平衡，这里所指的不仅是规模大小方面的巨大差异，而且是管理水平方面的巨大差异。经过近几年市场经济的"洗礼"，无数获得巨大成功和遭受惨痛失败的例子，唤起了企业家和学者对战略管理的热情。当然，仍然有许多企业对此无动于衷，其中不乏规模已经相当大的企业，这类企业我们称其为"战略无意识"。战略无意识可能导致两种情况：一是无战略，企业的发展走到哪儿算哪儿，遇到什么问题就解决什么问题；二是自以为有战略，但那可能只是"领导者"的战略，而非企业家的战略。所谓"领导者"的战略，只是企业主要领导者的一种抱负、理想，而不是理性思考后的产物，更没有上升到战略管理的科学高度。很多学者把前一种情况说成"战略缺失"，把后一种情况说成"战略迷失"。

张维迎教授曾经说过："（企业）制度当然不是万能的，但是没有好的制度是万万不能的。"同样的逻辑也可以应用于对战略重要性的认识：战略不是万能的，但是没有好的战略是万万不能的。对于那些想成就大事业的企业来说，这一点不容置疑。这里所说的"战略不是万能的"并不是说战略可能会无用，而是说即使非常用心地去制定战略，也并不能保证所制定的战略就是一个好的战略；即使制定了一个好的战略，也并不总是能够保证获得预期的效果，因为还有一个是否有效实施的问题。处于极其复杂环境中的企业，即使有战略尚不能保证成功，况且无战略？

本书共分为四篇十二章，每章的内容与战略管理过程和战略中心命题的关系如下表所示。

对于战略管理的一般过程，不同的学者有不同的描述，但大致是相同的，其不同主要是在详略程度上。本书是按照战略管理的一般过程——一个合乎逻辑的思维过程来安排章节的，下表中的第二栏、第三栏给出了各章的内容与过程的对应关系。

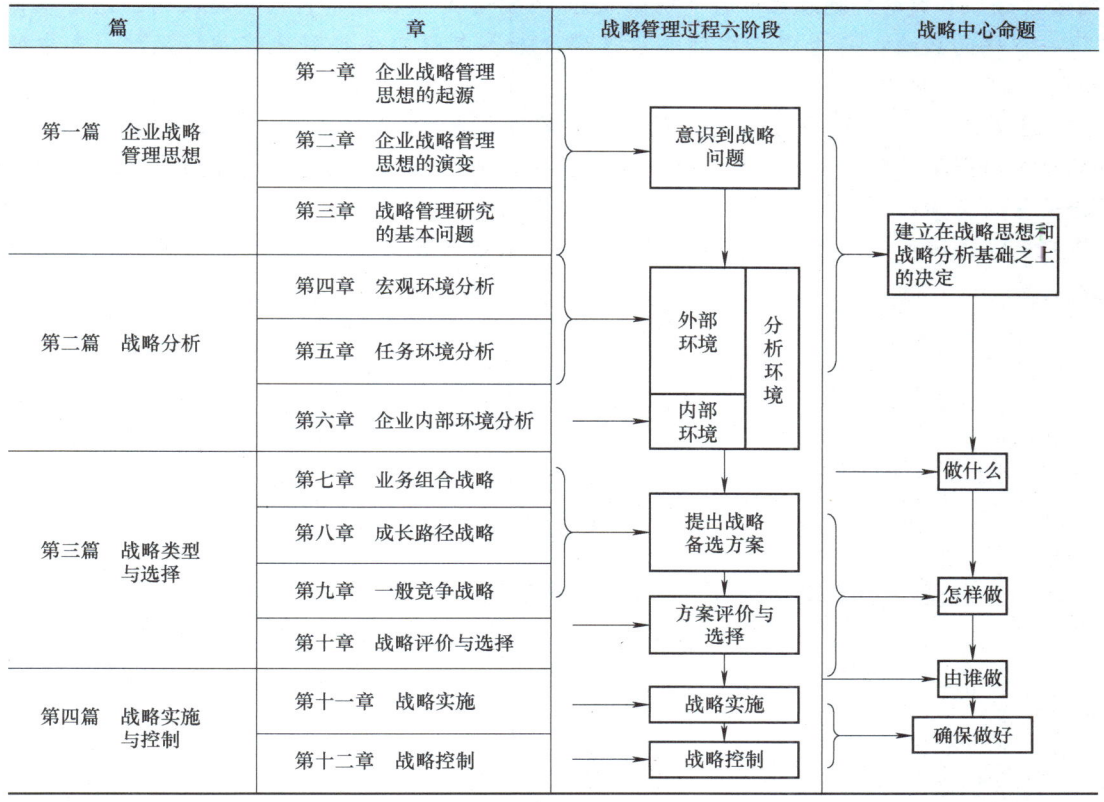

此外，由于战略管理过程是一个系统运动的过程，战略控制阶段必定会有信息的反馈。反馈到哪一个阶段（信息的输入口），取决于控制过程中所遇到的问题的性质。如果在实施过程中出了问题，则信息反馈到实施过程；如果企业的内外部环境发生了意想不到的变化，使原来的战略失去了存在的基础，则信息反馈到系统过程的开始端——意识到新的战略问题，由此启动新一轮的战略管理过程。

战略中心命题的概念是由复旦大学项保华教授提出来的，它的含义就是战略管理究竟解决什么问题。上表中的第二栏、第四栏给出了各章内容与战略中心命题之间的对应关系。项保华教授在其定义的中心命题中只给出了"做什么""怎样做""由谁做"三个方面的问题，我们觉得还不够，故又增加了一个问题，即如何"确保做好"的问题。

战略中心命题中的四个内容都是建立在战略思想和对企业内外部环境分析的基础之上的，因此，如果战略管理过程的各个阶段按照战略中心命题的四个内容来安排，也可以构成完整的战略管理过程。"做什么"对应企业的业务组合战略，解决企业资源配置方向的问题，无论企业是经营一元化业务，还是经营多元化业务；"怎样做"对应企业的成长路径战略和一般竞争战略，同时，战略实施中也包括"怎样做"的内容；"由谁做"对应战略实施中战略目标在部门、岗位和个人上分解的内容，由此落实了战略实施的责任；"确保做好"不仅由战略控制过程来保证，而且由战略实施中的各项战略措施来保证。

还应该强调的是，在战略中心命题的四个问题中，"确保做好"是最重要的。"确保做好"可以从更广义的概念上去理解。如果从战略管理的过程上来说，它包括战略实施前的

"确保做好"和战略实施过程中的"确保做好"。前者是指在战略付诸实施之前,怎样确保获得一个好的战略;后者是指当战略被选定之后,怎样确保很好地实施。显然,表中的"确保做好"是指后者。

  本书是在参阅了国内外许多学者的研究成果的基础上编写的,在此向他们表示感谢。本书的编写和出版得到了编者所在学校、学院领导和许多同事的大力支持与鼓励,在此向他们表示诚挚的谢意。

  限于编者的水平,书中难免会有不妥之处,恳请读者批评指正。您的宝贵意见请发至 zdsheng@sina.com。

编　者

目 录

第4版 前言
第3版 前言
第2版 前言
第1版 前言

第一篇 企业战略管理思想

第一章 企业战略管理思想的起源 ········· 2
- 第一节 企业战略思想概述 ········· 2
- 第二节 军事战略与企业战略 ········· 6
- 第三节 生物进化论与企业战略 ········· 9
- 思考题 ········· 12

第二章 企业战略管理思想的演变 ········· 13
- 第一节 战略规划学派 ········· 13
- 第二节 环境适应学派 ········· 17
- 第三节 产业组织理论学派 ········· 22
- 第四节 资源基础理论学派 ········· 29
- 第五节 蓝海战略 ········· 36
- 思考题 ········· 40

第三章 战略管理研究的基本问题 ········· 41
- 第一节 战略与战略管理的定义 ········· 41
- 第二节 战略管理的一般过程与内容 ········· 51
- 第三节 战略管理学科的发展 ········· 60
- 思考题 ········· 64

第二篇 战 略 分 析

第四章 宏观环境分析 ········· 66
- 第一节 环境分析原理 ········· 66
- 第二节 宏观环境因素 ········· 70
- 第三节 宏观环境变化对战略的影响 ········· 74

思考题 ·· 78

第五章　任务环境分析 ·· 79
　　第一节　波特的产业结构分析 ·· 79
　　第二节　产业价值链分析 ··· 84
　　第三节　产业内战略集团分析 ·· 87
　　第四节　产业组织结构特征分析 ·· 90
　　第五节　全球性产业特征分析 ·· 93
　　思考题 ·· 96

第六章　企业内部环境分析 ·· 97
　　第一节　企业资源配置状况分析 ·· 97
　　第二节　企业能力分析 ·· 107
　　第三节　企业核心竞争力分析 ·· 113
　　第四节　环境综合评价——SWOT 分析 ····································· 114
　　思考题 ··· 117

第三篇　战略类型与选择

第七章　业务组合战略 ·· 120
　　第一节　一元化战略 ·· 120
　　第二节　多元化战略 ·· 124
　　第三节　一体化战略 ·· 128
　　第四节　业务战略协同 ··· 130
　　思考题 ··· 136

第八章　成长路径战略 ·· 137
　　第一节　战略联盟 ··· 137
　　第二节　企业并购与重组战略 ·· 141
　　第三节　国际化战略 ·· 145
　　思考题 ··· 150

第九章　一般竞争战略 ·· 151
　　第一节　基本竞争战略 ··· 151
　　第二节　不同产业组织结构下的一般战略 ·································· 159
　　第三节　不同产业生命周期阶段的一般战略 ······························· 161
　　第四节　不同竞争地位下的一般战略 ··· 166
　　第五节　部门职能战略 ··· 168
　　思考题 ··· 171

第十章　战略评价与选择 ··· 173
　　第一节　战略评价 ··· 173
　　第二节　战略选择 ··· 182
　　第三节　战略分析的循环过程 ·· 187
　　思考题 ··· 188

第四篇　战略实施与控制

第十一章　战略选择与实践的关系 ·· 190
- 第一节　为了实施的选择 ·· 190
- 第二节　实施是战略的一部分 ·· 192
- 第三节　战略行动是取得战略绩效的前提 ····························· 195
- 思考题 ·· 196

第十二章　战略实施 ··· 197
- 第一节　战略目标的分解 ·· 197
- 第二节　基于战略的组织结构调整 ······································ 198
- 第三节　战略实施的资源配置 ·· 204
- 第四节　战略实施的考核与激励 ··· 210
- 第五节　战略实施过程的领导 ·· 214
- 第六节　基于战略的企业文化建设 ······································ 218
- 第七节　建立信息系统 ··· 221
- 思考题 ·· 226

第十三章　战略控制 ··· 228
- 第一节　战略控制的性质 ·· 228
- 第二节　战略控制的类型 ·· 230
- 第三节　战略控制的过程 ·· 233
- 思考题 ·· 237

参考文献 ··· 238

第一篇　企业战略管理思想

人有远虑，必有近忧。

——作者

也许你会对作者上面的话感到诧异，因为你已经听惯了"人无远虑，必有近忧"。其实，两者讲的都是同样的道理，只是针对不同时空关系的描述而已。"人无远虑，必有近忧"是指你过去没有考虑今天，所以你今天会有忧虑，这个"忧虑"是指你陷入了困境；"人有远虑，必有近忧"是指你考虑到了明天，所以你今天要有忧虑，这个"忧虑"是指你要用心去思考。为了明天，今天要用心思考，这就是战略。

为了永远有明天，企业家就要有永无休止的今天的思考。

以作者的感悟，战略更多的是一种思想，只有想得到，才能做得到。以作者看来，对企业家来说，树立战略管理的思想比学会制定战略的方法重要；对企业来说，制定战略的过程比获得一个好的战略方案重要。更进一步地说，好的战略思想是形成好的战略的前提。当然，对学子和学者来说，重要的是要掌握战略管理的理论和方法。

具有战略管理的思想，至少应做到以下几个方面。

(1) 相信战略与企业的绩效之间有密切的关系，这种关系现在比过去显著、将来比现在显著。

(2) 企业有可能制定一个区别于其他企业的战略，这个战略能够使自己企业的绩效与其他企业的绩效相比有显著的差异。

(3) 制定战略需要知识、智慧和灵感，书本上提供的"战略模式"是有限的，但这些有限模式的组合和演化是无限的，正是这种无限性给企业家提供了无限遐想的空间，从而形成了千差万别的企业。

(4) 企业战略始终是与所处的外部环境密切联系的，环境变化了，战略自然也要变化。即使企业已经有了战略，也不意味着企业可以不用思考战略问题了。

人们对"企业战略"这个词已经不再陌生，深入了解其思想内涵、了解其产生的原因与演变的过程，对制定一个好的战略和获得一个好的战略效果是非常必要和有益的。

第一章

企业战略管理思想的起源

企业实践对战略的需求促进了企业战略管理思想的形成与发展。企业战略管理思想的主要理论基础是经济学。同时,军事战略思想和生物进化论也是它的重要理论基础。

第一节 企业战略思想概述

战略早期应用于军事领域,被引入商业领域是近 200 年的事。战略之所以被引入商业领域,是因为环境对企业的影响越来越大,企业之间的相互影响越来越大,企业影响环境的可能性越来越大。

一、战略的含义

"战略"一词可追溯至古希腊时期,英语中的 strategy 源于希腊语 strategos,意为"将军"。希腊语中的 strategos 是动词,意思是"对资源的有效使用加以规划以摧毁敌人"。"战略"一词在我国起源于兵法,是指将帅的智谋,后来指军事力量的运用。可以说,人类的战略意识及战略思想源远流长,有关战略的知识体系伴随着人类文明的发展而不断丰富、完善和深化。从我国伟大的军事战略家孙武的《孙子兵法》,以及后来的《六韬》《三十六计》,到亚历山大大帝的军事学原理;从近代西方军事理论家克劳塞维茨(Clausewitz)的战略巨著《战争论》,以及利德尔·哈特(Liddell Hart)的《战略论》,到我国一代伟人毛泽东的《中国革命战争的战略问题》《论持久战》等伟大著作,无不反映了人类对战略问题的深刻认识。

战略被引入企业管理中,最早是在 19 世纪下半叶的第二次工业革命时期,而其被广泛应用则普遍认为是在 20 世纪五六十年代。

二、企业战略思想的产生

哈佛大学工商管理研究生院的潘卡基·格玛沃特(Pankaj Ghemawat)教授在其出版的《战略管理和商业景致》(Strategy and the Business Landscape)一书中描述的战略思想在美国企业产生的背景很具有代表性。

在第一次工业革命时期(18 世纪 60 年代至 19 世纪 40 年代),并没有形成战略的思想或方法。这是由于虽然这一时期以工业企业竞争激烈著称,但事实上所有企业都没有能力在有效范围内影响市场。第一次工业革命主要受一些商品(尤其棉花)的国际贸易驱动,所以大部分企业维持着较小的规模，并尽可能地减少固定资本。鉴于这一时期市场的混乱无序，一些经济学家如亚当·斯密（Adam Smith）提出市场是"看不见的手"——其作用远大于个体企业。像"屠夫、面包师、烛台制造师"一样，这一时期的小型产业和小企业主们不需要任何战略。

19世纪下半叶，第二次工业革命时期，美国把"战略"视为规范市场、改善竞争环境的手段。1869年，美国"第一条横贯大陆铁路"（后称"陆上路线"）通车，这使得构建集团市场第一次成为可能。著名历史学家钱德勒（Chandler）在一些资本密集型产业里进一步补充了亚当·斯密"看不见的手"的观点——他把职业经理人比作"看得见的手"。19世纪晚期，先在美国而后在欧洲涌现出一种新型企业——大型的、纵向一体化的企业。它们大量投资于制造和营销，并运作各个管理层及协调各自的职能。那一时期，规模最大的企业开始影响、改变产业内甚至产业外的竞争环境。

大型企业的高级经理开始明确提出对战略思想的需求。例如，在1923年—1946年担任通用汽车首席执行官的艾尔弗雷德·斯隆（Alfred Sloan），凭借对公司最大的竞争对手——福特汽车公司优势及劣势的观察，制定了一个非常成功的战略，并在其退休后详尽地写下了整个过程。在20世纪30年代，New Jersey Bell公司的一位高级执政官巴纳德（Barnard）提出，经理人应该特别密切地注意那些基于"个人和组织行为"的战略因素。

第二次世界大战使整个经济范围内的稀有资源配置问题更加突出，这刺激了战略思想如同在军事领域一样在企业中迅猛发展。新的运算技术（如线性规划）的发明，为战略计划运用数量分析方法铺平了道路。1944年，约翰·冯·诺伊曼（John Von Neumann）和奥斯卡·摩根斯坦（Oskar Morgenstern）出版了经典著作《博弈论与经济行为》，解决了博弈论中的"零和"（Zero-Sum）问题（主要是从综合角度分析军事问题），并构建了"非零和"（Non-Zero-Sum）的博弈论（主要是从企业角度出发）。与此同时，"学习曲线"现象于20世纪20年代—30年代被发现于一个军用飞机制造厂。制造商发现，生产产量每增加一倍，直接劳动成本就以一定比率下降。这一发现显著影响了战时生产计划的预算。

一些观察家认为，战时的经验不仅促进了新技术的运用，也促进了引导管理决策的战略思想的运用。同一时期，彼得·德鲁克（Peter Druker）提出："管理不仅仅是被动的适应性行为，其对实现预期目标起到了积极作用。"他注意到，在经济学理论中，把市场视为非个体力量，其远远超出了独立的企业或组织所能控制的范围。在大企业时代，"管理意味着规范经济环境，意味着计划和激励，意味着扩大企业自由活动范围"。这代表了企业战略管理的重要观点——通过有意识地执行正式计划，一家企业可以积极有效地控制市场。

潘卡基·格玛沃特教授在他的论述中还提到，形成"独特竞争力"是战略管理的最大动机。

潘卡基·格玛沃特教授的上述关于企业战略管理思想产生根源的阐述实际上是以经济学为基础的。古典经济学在描述企业行为时，都是以企业追求利润最大化为基础的。经济利润从何而来？在早期的经济学中，经济利润主要源于不均衡的市场结构，即垄断力量。垄断力量也可以称为对市场的影响力。当企业很小、企业的活动不足以影响市场竞争环境时，战略是没有用的。从这个意义上来说，那个时期企业战略的着眼点就是要通过企业的战略活动，形成垄断的市场结构。这一点对于现在的战略管理仍然是适用的，只是现在具有垄断力量的企业的目标发生了变化：不一定是追求利润最大化，更多的可能是追求企业价值的持续增长。

在约瑟夫·熊彼特（Joseph Alois Schumpeter）的创新理论产生之后，企业家才能被认为是产生经济利润的源泉。其中，企业家才能最重要的表现是技术创新和冒险精神。由此可以把技术创新作为企业获得经济利润的源泉之一。现代战略管理把提高技术创新能力作为战略管理的目标之一，或者是一个重要的着眼点。

在信息不对称理论产生之后，利用信息不对称成为获得经济利润的又一重要源泉，它也应作为现代企业战略管理所追求的目标。

归纳起来，从经济学的角度，现代企业战略的目标应该能够形成：①垄断的市场结构（在政府政策能够容忍的限度内）；②强大的创新能力；③有效的信息不对称。

从企业成长的角度看，战略管理的意义在于两个方面：①企业可以通过主动性行为改变自己所处的竞争环境，包括改变自己、抑制竞争对手和改变产业政策；②可以缩短企业自然成长的过程，即加快企业"进化"的速度，以使企业迅速占据有利的竞争位置。

三、战略思想与环境

企业战略思想的产生源于企业自身能力的变化与其所处的环境的变化；同样，企业战略思想的变化也源于企业自身能力的变化与其所处的环境的变化。

在 20 世纪 60 年代之前，企业战略思想的产生是由于垄断竞争结构的形成；在 20 世纪 60 年代之后，战略思想的演变和新的战略思想的产生是由于企业市场力的强大和市场竞争的日益加剧。周三多教授在《战略管理思想史》一书中把从 20 世纪 60 年代开始到现在的战略思想演变划分为四个学派（具体内容将在第二章中讨论）。这四个学派的思想都是与企业当时所处的环境相适应的，都是环境的产物，并且随着企业自身的变化和其所处环境的变化，今后战略思想仍然会发生变化。

按照美国学者迈克尔·A. 希特（Michael A. Hitt）的观点，传统的竞争优势来源，如规模经济、大规模广告投入，在 21 世纪已不再有效。在新的竞争环境下，传统的管理理念也已无法给企业带来竞争力。因此，管理者必须培养全新的管理理念——灵活创新、高效统一、应变自如。竞争格局带来了一个千变万化的商业环境，各种各样的投资都在全球大环境下竞争，而由此带来的失败也将是极其惨重的。人们常用超竞争（Hyper Competition）来描述 21 世纪的竞争环境。理查德·戴维尼（Richard D'Avani）在其《超级竞争》（1994 年）一书中指出，超级竞争是由全球各地那些勇于创新的竞争者采取的战略行动而引起的。这是一场愈演愈烈的"战斗"，竞争者都想得到最佳性价比，或创造自己的专有技术来争取市场领先地位，从而保护或侵占现有的产品或地域市场。这同时也是一场金钱的较量，因此便产生了合作联盟。

随着技术的飞速进步、经济的全球化、新商业模式的不断涌现、信息交流过程的根本性变革以及敏捷制造系统的采用等，现在的市场环境已变得越来越动荡，一些富有侵略性、灵活性和创新性的竞争对手可以比较容易和迅速地破坏领先企业的优势，从而进入市场。在这样的环境里，没有哪一个组织能够建立持久的竞争优势，每种竞争优势都可能受到侵蚀。试图维持当前商业竞争环境下竞争优势的努力，实际上是在削弱组织自身的竞争力，因此正确的战略是积极地"破坏"自身的优势，同时破坏竞争对手的优势。

一般认为，如果环境是相对稳定的，领先的企业有可能维持其竞争优势。在这种情况下，由于竞争并不激烈或者竞争升级并不迅速，企业可以通过调整使其组织结构和系统与其所处的环境相匹配,同时保证各个部门的协调,这倾向于使组织形成刚性结构和采取适合相对稳定环境下的战略。领先企业的目标是维持自己的竞争优势和建立一种平衡,在此条件下,非领先企业满足于现有地位和珍惜已有的生存机会。

然而,在超级竞争环境下却不能长期维持这种平衡,成功的企业需要通过适当的战略和行为获得暂时的优势,同时通过打破市场均衡破坏竞争对手的优势。在超级竞争环境下,一家企业能否成功取决于其能否快速地从一种优势转向另一种优势。如果行业中的某一家企业快速地跃向更高的阶梯,其他企业必须随之而上。领先企业越来越快地向上一阶梯移动,而非领先企业也不满足于自身的现状,即使领先企业并不想挤垮它们。在这种情况下,即使一家小企业,有时也能驱动整个产业升级。这种处在超级竞争环境中的企业迫使其他企业要么背水一战,要么被淘汰。

四、从战略思想到战略管理

战略思想的产生不等于战略管理的产生。企业只有有意识地将战略作为管理的对象,并且有计划地从事战略管理活动,才能有战略管理。战略管理形成一个相对独立的学科,至少应该满足下面的条件:比较系统的思想、比较完整的内容、比较成熟的方法,以及三者之间的紧密关联。

如上所述,企业战略思想是随着产业革命和经济发展而逐步形成的。18 世纪—19 世纪,伴随着产业革命,欧洲产生了以亚当·斯密等为代表的欧洲管理思想以及北美洲以弗雷里克·温斯洛·泰勒(Frederick Winslow Taylor)为代表的科学管理学派。20 世纪初,亨利·法约尔(Henri Fayol)对企业内部的管理活动进行整合,提出了管理的五项职能。这些学者和管理者都将思考的重点放在组织内部活动的管理上,这可以说是最早出现的企业管理思想。

切斯特·I. 巴纳德(Chester I. Barnard)在《经理人员的职能》一书中,首次将组织理论从管理理论和战略中分离出来,认为管理和战略主要是与企业领导人有关的工作。他在书中提出的管理学的重点在于提高组织的效率,其他管理工作则应注重组织的有效性,即如何使组织与环境相适应。这种有关组织与环境相匹配的主张成为现代战略分析方法的基础。

哈佛大学的肯尼斯·R. 安德鲁斯(Kenneth R. Andrews)对战略进行了四个方面的界定,将战略划分为四个构成要素,即市场机会、公司实力、个人价值观和渴望、社会责任。其中,市场机会与社会责任是外部环境因素,公司实力与个人价值观和渴望则是企业内部因素。他主张公司应通过更好地配置自己的资源,形成独特的能力,以获取竞争优势。美国学者伊戈尔·安索夫(Igor Ansoff)在研究多元化经营企业的基础上,提出了"战略四要素"说,认为战略构成要素应当包括产品与市场范围、增长向量、协同效果和竞争优势。由此,战略由思想逐步丰富了其特有的构成要素,管理者也开始了对这些构成要素的管理,而且战略管理的研究逐渐由单纯的组织内部研究转向组织与环境的关系研究,成为当代企业战略管理理论的研究起点。

著名战略学家迈克尔·波特(Michael Porter)在其两部著作——《竞争战略》(1980 年)和《竞争优势》(1985 年)中,提出了战略定位的观点。他认为,企业战略的核心是获取竞争优势,而获取竞争优势的因素有两个:①企业所处产业的整体盈利能力,即产业的吸引力;②企业在产业内的相对竞争地位。波特的两本著作比较系统地阐述了战略管理的内容与方法，特别是给出了如产业结构分析、战略集团、价值链等分析工具，使战略管理的内容、方法相较以前丰富了很多，战略管理从思想演变成了一门学问。

第二节 军事战略与企业战略

人们常说"商场如战场"，这是指战争中的争夺与市场中的竞争具有许多相通之处。因此，很多军事战略思想被引入企业战略中，成为企业战略的理论基础之一。在理论研究中，不乏将军事战略引入企业战略中的优秀成果；在实践中，也不乏将军事战略引入企业管理中的成功企业案例。然而，商场毕竟不是战场，虽然二者有许多相同的地方，但它们之间也存在差别。

一、军事战略与企业战略的同质性

军事战略与企业战略的同质性表现在三个方面：①环境的同质性；②对抗的同质性；③战略管理过程的同质性。

1. 环境的同质性

战争的胜负不仅取决于敌对双方力量的对比，还取决于更复杂的因素，包括敌对双方外部的因素和内部的因素，如是否正义的战争、士兵的士气如何等。敌对的双方采取什么样的战略取决于这些复杂的因素。例如，毛泽东在《论持久战》中为我国制定的抗战战略，就是在对那些复杂因素进行分析的基础上做出的。同样，企业的战略制定、竞争的胜负，也取决于包括内外部因素在内的复杂因素。

我国很早的军事战略思想就讲究"天时、地利、人和"。在战略管理中，要考虑与国家宏观经济政策相协调，要确定企业的使命；在竞争环境分析中，要考虑企业利益相关者的因素，以及要建立优秀的企业文化等。这些都是"天时、地利、人和"思想的体现。

2. 对抗的同质性

战争和企业竞争都是参与战斗或竞争的双方或多方的对抗性活动，在斗智斗勇、谋求胜利或成功的战略思维方面有其共性。

虽然兵战与商战在对抗性质、追求目标和打击对手的方式上有所不同，各自按不同的规律运行，但其制胜的哲理是一样的。军事活动和企业活动都是人与人的抗争、竞争、挑战，是一种典型的"活力对抗"。抛开两者的具体内容和手段，抓住活力对抗的制胜哲学，抓住其共同点，就可以认识到军事战略和企业战略的共同属性。

按照《中国军事大辞典》中的定义，"活力对抗"是指两个（或两个以上）具有一定抗争能力的个体或集团，各自为了生存的需要或其他某种利益目标而进行的激烈的竞争、争夺和拼搏。在活力对抗中，由于对抗双方都具有明确的目的性，力量的抗衡中包含着智力的角逐，斗力与斗智同时进行，且斗智常常先于斗力，并制约、指导着斗力。

战争具有你死我活、势不两立的对抗性质，其结果是胜者存、败者亡。为使自己立于不败之地，各国军事家非常重视兵法计谋在战争中的应用。

活力对抗是军事战争和企业竞争的基石，军事战略和企业战略是活力对抗的制胜哲学，是研究对抗中以巧制胜、以最小代价获取最大利益的思维机制。也就是说，活力对抗是军事战略和企业战略形成的根本原因。企业战略应该具有这样的功能或者说取得这样的效果：能够以小的投入获得大的回报，能够以小博大，能够比那些没有好的战略的企业更快地成长。

3. 战略管理过程的同质性

无论是军事战略还是企业战略，其管理过程都包括战略分析、战略制定、战略评价与选择、战略实施和战略控制等基本阶段，每个阶段的活动内容和采用的方法都具有很大的相似性。

从决策过程中的思维模式来说，无论是军事的还是企业的战略决策，除了基于对环境的分析、符合逻辑、理性的思维之外，还需要创造性思维，需要凭借决策者的特质、坚毅的决心，即所谓"利不可独享，谋不必众和"。

二、军事战略与企业战略的差异

企业战略与军事战略最大的区别是，企业竞争的目标是通过赢得市场来盈利，而战争则是为了占领领土与资源。企业是通过赢得顾客和市场来战胜竞争对手的，而战争则要通过消灭战争对手来获胜。企业竞争的最重要的规则就是"第三者（消费者）决定"。

周三多教授归纳了兵战与商战的区别，如表1-1所示。

表1-1　兵战与商战的区别

兵战	商战
1. 对抗双方是敌人 2. 遵守某些国际公约，但基本没有规则与公平 3. 对抗形式是武装力量的对抗 4. 战争的结果必然造成对生命、财产与生产力的破坏	1. 竞争双方不一定是敌人，也可能是合作者 2. 遵守竞争规则与国际惯例，反对不正当竞争 3. 对抗形式是科技、智慧、投入的较量 4. 竞争的结果有利于经济、社会、科技与生产力的发展，有利于增加社会福利

一般来说，大多数企业会寻求与竞争对手和平共处，而不是消灭对手。按照波特的观点，企业还需要有一个或者一些"好"的竞争对手。企业战略实施的表现是竞争，而军事战略实施的表现是对抗。在竞争中，企业之间的关系往往体现为合作，尽管它们之间的竞争有时是激烈的，但不容易变为破坏性的。多数战争主要涉及两个国家或利益团体，而企业竞争在多数情况下实际上是多方竞争，因而往往更为复杂。军事对抗的结果总是有成功者和失败者，或者其中一方损失巨大，或者两败俱伤，而企业竞争则可以实现双赢，或者各有所得。由于战争的目的是消灭对手，所以采用的战略和手段比较隐蔽，有时甚至不择手段，而企业竞争是和平竞争，在绝大多数情况下要受到法律和商业伦理的约束。

波特在其《竞争优势》一书中写道：大多数企业都把竞争对手视为一种威胁。企业首先把注意力集中在如何战胜竞争对手以夺取市场份额以及如何防止竞争对手进入上。按照这种思路，竞争对手是敌人，必须消灭掉。通常也认为较多的市场份额远比较少的市场份额要好，经验曲线的信奉者支持这一观点。

波特指出，虽然竞争对手会构成威胁，但在许多产业中，合适的竞争对手能够加强而不是削弱企业的竞争地位。"好"竞争对手有助于企业许多战略目标的实现，可以增加企业的持久优势以及改善企业所处产业的结构。因此，企业常希望有一个或多个"好"竞争对手，为此甚至刻意放弃市场份额而不是试图增加市场份额——较多的市场份额常常比较少的市场份额糟糕。与此同时，企业应当在保持与"好"竞争对手的相对地位时，集中力量攻击

"坏"竞争对手。这些原则对市场领导者和追随者同样适用。

波特还从多个方面描述了"好"竞争对手的一些特征，并指出企业首先需要判断哪些是"好"竞争对手，哪些是"坏"竞争对手，然后对它们采取不同的对策。

三、军事战略在企业战略中的应用

西方战略管理理论从产生到发展，都明显借鉴了军事战略理论的既有成果。从概念、分析框架到基本原则，战略管理学家都从克劳塞维茨、约米尼（Jomini）等人那里得到了诸多启示。例如，作为企业战略管理理论的主要创立者之一的安索夫在编纂其著作《公司战略》的过程中，就明显受到他本身所具有的军事理论背景的影响。[一]

企业战略管理思想与军事战略思想的发展有着密切的联系，即使已经形成了一个专门的领域，企业战略管理尤其是竞争战略也经常受到军事战略思想的深刻影响。除了"战略"一词本身来源于军事领域之外，企业管理实际上也一直从军事战略中获得资源。这一点在战略管理理论发展中反复得到证明。例如，早期战略规划的做法借鉴了第二次世界大战中战争计划的经验；奎因（Quinn）在其著作中也专门论述了军事战略与企业战略在目标、创造性、规模、灵活性、领导的协调等方面的相似性。

我国的军事战略思想源远流长、博大精深，早在春秋战国时期就有兵家思想这一重要思想流派。兵家思想中关于谋略的论述，例如"知彼知己，百战不殆""攻其不备，出其不意""居安思危""兵贵其和，和则一心。兵虽百万，指呼如一"等揭示了管理的基本规律。在我国的军事著作中，首推对世界军事理论都产生了重大影响的世界上最早的军事著作《孙子兵法》。《孙子兵法》很早就被世界各国的兵家推崇，现代也被广泛地应用于商战。

我国很早就有将《孙子兵法》应用于商业的例子。有资料显示，在《孙子兵法》问世仅仅几十年后，先秦时期的著名商人陶朱公和白圭就把《孙子兵法》的许多原理成功地运用于商业经营管理中，并将其移植、改造为古代商业经营管理学——"积著之理"和"治生之本"。

但是，将《孙子兵法》更早地应用于现代企业经营管理的是日本。例如，日本的大桥武夫长期以来致力于把《孙子兵法》嫁接到经营管理中，并取得了巨大的成功，成为日本"兵法经营论"的主要提倡人之一。又如，素有日本"经营之神"之称的松下幸之助之所以能使松下电器公司在家电行业中确立不可动摇的地位，也得益于《孙子兵法》。松下幸之助是日本"孙子派"的名将，他曾说《孙子兵法》是一部优秀的兵法，同时也是优秀的处世经典。

我国在 20 世纪 80 年代以后广泛地开展了将《孙子兵法》应用于企业经营管理的研究，并取得了丰硕的成果。

无论是日本还是我国对《孙子兵法》应用于商业的研究，一开始其着眼点大多集中在企业经营管理的层面，较少上升到战略管理的层次。后来我国学者的研究视角才开始更多地聚焦于《孙子兵法》在企业战略管理中的应用。在将《孙子兵法》应用于非军事领域中进

[一] 1950 年，安索夫加盟了美国军方的军事智囊机构兰德基金会（Rand Foundation），参与美国军事战略的研制和计划工作。在兰德基金会工作的岁月里，他搜集信息、分析数据和制定战略，这些工作经历为他日后建立其战略理论打下了稳固的基础。

行研究的后起之秀美国，也把主攻方向放在指导制定国家战略、政治战略、企业战略上。

我国学者林世平在其《论孙子兵法的战略理论地位》一文中，比较完整地提出了如下关于《孙子兵法》的战略理论体系。

（1）以"全胜"为核心的战略指导。这是孙子战略思想的精髓，贯穿于整部《孙子兵法》的始终。"求全"思想包括"五全"（全国、全军、全旅、全卒、全伍）、"必以全争"和"以道为首"，这可视为孙子全胜战略的精义和全书的核心。贯彻全胜战略思想要求善于把握战略全局。

（2）以"谋胜"为基础的战略手段。这是《孙子兵法》战略思想的特色，也是中西方战略思想的区别之一。孙子强调"伐谋""伐交""诡道""用间""奇正""权变"等，这是《孙子兵法》以谋胜为基础的战略手段的精粹所在。

（3）以"称胜"为目的的战略目标。孙子强调，在确定战略目标时，理想的目标是全争全胜，通过谋攻不战而胜。孙子不崇尚武力，在《孙子兵法》各篇中都体现了慎战的思想。但当战争不可避免时，孙子又主张"胜可为"，并强调"以少胜多""以弱胜强"。

（4）以"先胜"为条件的战略制定。在战略制定上，孙子强调以"先胜"为条件，夺取和保持战略主动权。孙子说："胜兵先胜而后求战，败兵先战而后求胜。"这是说，打胜仗的军队总是先创造取胜条件，有取胜把握后方与敌交战；打败仗的军队，总是先与敌交战而后侥幸求胜。孙子先胜战略的实质，就是要先创造自胜的战略条件，谋求自胜，不打无把握之战。

（5）以"奇胜"为关键的战略实施。在战略实施中，孙子强调"以正合，以奇胜"。意思为：大凡作战，一般以正兵当敌，以奇兵取胜。这一思想揭示了战略实施的一般规律，即在战略实施上要以正胜为基础，以奇胜为关键，出奇制胜。正胜是指以正面、常规的战略实施取胜；奇胜是指以非正面、反常规的战略实施取胜。孙子奇胜的战略思想，要求根据敌我双方的形势变化，不循兵法常规，出奇谋克敌制胜，这是战略实施应把握的关键所在。

（6）以"变胜"为重点的战略控制。孙子变胜的战略思想，强调战略上因变制胜，即因应变化及时调整战略方案和部署，以变应变，战胜敌人。孙子的"兵无常势，水无常形""因敌而制胜""通九变之利""知九变之术"等论断，体现了其变胜的战略思想，是战略控制的重要方法。

第三节　生物进化论与企业战略

生物进化论是英国生物学家达尔文（Darwin）创立的关于生物界发生、发展一般规律的学说，其核心思想是"物竞天择，适者生存"。新古典经济学认为，企业是具有一定的生物性的，企业的发展自觉不自觉地遵循着企业进化规律，因此将生物进化论的思想应用于企业战略管理有特别重要的意义。

之所以如此，是因为企业具有生物性特征，可以借鉴生物进化的规律和生物适应环境的"智慧"，以获得生存权和进化。例如，被认为是世界上最聪明的动物之一的河狸，可以利用地势为自己建造既可以防洪，又可以抵御其他动物侵袭和调节空气的"房屋"；鲸鱼可以通过团队合作"围猎"鱼群；小鸟可以指引狗熊去捣毁蜂窝，从而两者可以分享美食等。这些都是企业可以借鉴的生存智慧。

企业战略借鉴生物进化论的思想，最重要的应该是把适应外部环境作为第一战略准则。当然，企业进化有别于一般生物进化的许多特殊性，其中特别重要的是，一般生物只能被动地适应环境，而企业能够在一定程度上改变环境。企业越大、企业之间越多地采取联合行动（联盟战略），则企业改变环境的可能性就越大。因此，战略管理中一个重要的功能就是管理环境。

在讨论生物进化时，还有一个反面的例子值得借鉴。国外有学者曾经做过一项实验：将一只青蛙丢入滚烫的热水中时，它会立即跳出来。但是，将青蛙放入一只装着冷水的锅中慢慢加热时，青蛙会很平静，而等到温度高到足以煮熟它时，它却已经无力做出反应了。

没有一个企业愿意被"煮"，但是绝大多数企业难以逃脱这种命运。这缘于生物对渐变环境的适应性，只是这种适应性不利于生物进化，而是加速了其灭亡。

许多大学生有"赖床"的习惯，即早晨不愿起床。其中有的人从顾不上吃早饭去上第一节课，到上课迟到，再到不上第一、二节课……最后甚至发展到考试不及格丢掉学位或被劝退。正是逐渐累积的惰性使他们失去了上升的活力。很多企业的失败是缘于这种"赖床"现象：它们对渐变的环境不能做出反应，直到濒临倒闭时才意识到问题的严重性，但已经无力回天。

一、企业的生物特征

企业的生物特征可以从它作为生命体的特征和生命系统的特征两个方面来理解。

1. 企业的生命体特征

地球上存在的生命，大体上可分为两大类：一类是人的生命；另一类是人之外的动物和植物的生命。这两类生命的根本区别，就在于人是有精神、有思想的，也就是有所谓的"灵魂"。和这两类生命比较起来，企业生命有着自身的特征。它有精神和思想，即"灵魂"，但明显不同于人，因为它更多地表现为一种物质的存在。但它又不同于作为物质存在的动植物，因为它有精神和意识。把握这一点，有助于理解企业的本质，从而把握企业的成长进程。

首先，企业生命是企业有机整体的一种存在和运动状态。作为一种状态，企业生命是静态和动态的结合。如果把存在也看作运动的一种形式，那么企业生命也就可以看作不断运动中的企业有机体的存在形态。其次，企业作为有自觉意识、能自主行动的有机体，并非纯粹的"自然"之物，它有明确的追求目标，这就是实现既定的企业经济效益和社会效益。企业目标是企业区别于人之外的其他生命体的根本标志。如果目标模糊或者失去目标，企业生命也将枯萎。最后，通过投入与产出实现系统内外的物质、能量和信息的交流既是企业生命的内容，也是企业生命的根基。构成企业有机体的各种要素在投入产出过程中结合，企业目标在这一过程中实现，企业生命也就在这一过程中得以持续和发展。

2. 企业的生命系统特征

生物由几大系统组成，如神经系统、消化系统、呼吸系统等，系统又由互相联系、共同执行一种或几种生理功能的多个器官组成。

企业也是由不同的系统组成的，如"思维中枢系统""神经系统""血液循环系统""消化系统""免疫系统"等。因此，可以用系统论的原理来分析企业生命系统的生活质量，并通过增强其免疫系统的免疫力，使企业长寿。

例如，可以把公司的董事会和首席执行官组成的团队看作企业的大脑，它是企业的思维中枢系统；把企业信息系统看作企业的神经系统；把企业的财务管理系统看作企业的血液循环系统；把企业的市场营销系统看作企业的消化系统；把企业的危机管理与预警系统看作企业的免疫系统等。

二、企业进化

企业具有生物性，因此企业的发展演变过程可以用进化概念来描述，如同人类进化、社会进化概念一样。

进化与成长是两个完全不同的概念。成长是同一性质事物的量的积累与扩大，而进化则是事物部分性质或根本性的改变。进化使新产生的内容不再属于或不再完全属于前项内容，是一种本质上、机理上的变化。

从进化的角度对企业加以研究，无疑增加了研究的复杂性和难度，然而只有实现这一跨越，才能从更系统、更本质的角度把握企业。

企业进化和生物进化一样，也具有阶段性。但企业进化与生物进化相比，存在自身的特点，表现在以下几个方面。

1. 渐进式进化与突变式进化并存

虽然企业从一个阶段到另一个阶段的进化是一个持续的过程，但这并不是说企业的这种进化路径是光滑的和线性的。企业在进化过程中，时刻会有不稳定现象（系统在进化过程中的分叉点）出现，在发生分叉的地方，企业经理人必须做出关键的决策，他们的决策关系到今后企业的进化途径及企业能否进化等问题。错误的决策会使企业陷入僵局，而正确的决策则会使企业摆脱前进中的困惑，由一个阶段跨越到另一个阶段。

2. 企业进化与环境进化互为催化

在企业与环境发生关系的催化循环中，每一家企业都通过自身资源、基础结构甚至人力资源的更新，主导着自身的催化循环。企业从环境中获取用于生产和再生产所必需的资源，而环境则吸纳企业所生产的产品和服务，甚至废弃的物品。因此，一家企业对环境的作用会影响到其他企业。这种企业自身与商务生态环境发生的相互作用，意味着在整个商务生态环境系统中交叉催化循环的生成。这种交叉催化循环的生成将会波及所有企业及其周边环境，最终又会反馈给企业和生态环境。因此，企业的进化并非独立行为，企业需要在实施利己行为的同时兼顾利他。只有这样，才能促进环境的进化，同时有利于促进其他企业的进化，最终加速自身的进化。

3. 进化起因存在差异

生物进化源于遗传物质的改变，总体上是由自身变化规律决定的，而企业的进化源于市场环境的变化。

4. 在进化角色上存在差异

生物进化是被动地适应环境的过程，而企业进化是主动适应与被动适应相结合的过程。

三、企业生态演化理论

企业生态演化理论是在1996年由摩尔（Moore）提出的，它也基于企业的生物性特征。该理论提出，企业不应该把自己看作单个的企业或扩展的企业，而应把自己当作一个包括供应商、生产者、竞争者和其他利益相关者等在内的企业生态系统的成员。竞争优势来源于在成功的企业生态系统中取得的领导地位。该理论弥补了20世纪90年代以前的战略管理理论偏重竞争而忽视合作的缺陷并有所超越。

在产业经济学中，各产业要保持一种和谐的比例关系，那么某个产业中的企业战略之间也存在一种和谐的"比例"关系。也就是说，企业间的战略相互之间存在联系、互相影响。波特提出了三个基本竞争战略，很难想象一个产业中的所有企业都采用相同的战略，那样的话，产业中的所有企业都将难以生存。

由此引出了企业战略生态的概念。战略生态是由多个企业的战略及其环境构成的系统，它有生长和演化的过程。这个过程是自然的，有其客观规律性。正如各国历史在演进过程中有惊人的相似之处一样，在相似的环境中，企业战略之间的关系和演进规律也表现出极大的相似性。例如，一个产业在新兴工业国家一般要经过由一个或几个企业采用规模化、专业化的低成本战略扩张来推动。当然，对这些企业来说，战略是正确的，因为产业的发展会极大地推动企业的发展，如我国20世纪90年代中期长虹、格兰仕的发展战略。战略生态的概念是借鉴了生物生态的概念提出来的，旨在用生态学的理论来认识企业的战略行为，来认识动态竞争条件下企业战略的相互作用机制、原则和发展规律。战略生态的核心在于认识多个企业的战略构成的群体的演变规律。

一般来说，在战略生态系统中，存在多种战略，如互相补充的战略、占主导地位的战略、占从属地位的战略、力图打倒对方的战略、扶持竞争对手的战略、与竞争对手保持平衡的战略等。

思 考 题

1. 战略的含义是什么？
2. 如何理解战略思想演变与企业环境变化的关系？
3. 你是否赞同"商场如战场"的说法？
4. 生物进化论对企业战略的借鉴意义是什么？
5. 进化与成长的区别是什么？企业进化的特点是什么？
6. 谈谈你对战略生态概念的理解。

第二章

企业战略管理思想的演变

"女士们，先生们，快过来看战略管理这只大象。"这是加拿大麦吉尔大学战略管理学教授亨利·明茨伯格（Henry Mintzberg）在其与他人合著的《战略历程：纵览战略管理学派》（1998年）一书中开篇所用的一句话。他们以《盲人摸象》的寓言故事作为该书的开头，认为人们对战略形成的认识就如同盲人摸象，因为从未有人具备这种完整审视大象的眼光，每个人都仅仅认识到战略形成的一部分，对其余认识不到的地方则一无所知。他们认为不能把局部加以简单拼凑得到完整的大象，一只完整的大象远非简单的局部相加，但为了认识整体，必须先理解局部。

由第一章的论述已经知道，战略思想产生于企业实践的需要和特定的竞争环境。环境发生变化，企业需要（企业追求的目标）也伴随着发生变化，企业战略管理思想必然发生变化。

尽管企业战略管理思想在20世纪60年代以后已经在世界发达的工业国家被广泛接受（在我国，这个时间要推迟到20世纪80年代），但企业战略管理作为一门学问在世界上广泛流传，还是在波特的《竞争战略》和《竞争优势》这两本书出版以后。

明茨伯格和另外两位学者在他们合著的《战略历程：纵观战略管理学派》一书中将各种各样的战略思想归纳为十大战略学派：设计学派、计划学派、定位学派、企业家学派、认知学派、学习学派、权力学派、文化学派、环境学派和结构学派。周三多教授把自20世纪60年代以来的战略管理思想的演变归纳为四个学派：战略规划学派、环境适应学派、产业组织理论学派与资源基础理论学派。这四个学派的形成也标志着战略管理理论发展的不同阶段。本书采用周三多教授的归纳方法，首先介绍这四个学派的思想，然后再给出在它们之后才被提出的蓝海战略的思想。

第一节　战略规划学派

20世纪60年代初期，安东尼（Anthony）、安索夫和安德鲁斯奠定了战略规划的基础。他们重点阐述了如何把商业机会与公司资源有效匹配，并论述了战略规划的作用。这三者的研究构成了战略思想的"三安范式"。在20世纪60年代到70年代初，规划思想占据了战略的核心地位。

一、规划的基本概念

"规划"（Planning）通常兼有两种含义：一是指刻意去实现某种任务；二是指为实现某些任务，把各种行动纳入某些有条理的顺序中。实际上，前者是说规划所包含的内容，后者是说规划通过什么手段来实现。

规划是制订或实施计划的过程，尤其是为一个社会或经济单元（企业、社区等）确立目标、政策与程序的过程。从广义上讲，规划的定义是为实现某种目标而组织未来的过程，这个过程具有连续性、增值性与可变性的特征。这个过程可以简洁地表示为目标—连续的信息—各种有关未来的比较方案的预测和模拟—评价—选择—持续地监督。这里组织未来的核心任务就是资源配置过程，也就是资源与机遇的匹配过程。

二、思想渊源

（一）战略规划思想的诞生

最早的战略规划思想是20世纪初的预算思想，这种思想的核心是控制偏差与管理复杂难题。20世纪50年代出现了长期规划（Long-Range Planning）思想。长期规划的重点是预测增长和管理复杂难题。这时常用的一种分析方法就是差距分析（Gap Analysis）。差距就是实际销售量、利润与预定目标的出入。企业要根据这些差距调整战略，如增强销售力量或扩大厂房规模以保证预定目标的实现，或调整不合实际的企业目标。

到20世纪60年代，企业环境出现的最大变化是欧美国家由卖方市场逐渐转变为买方市场，国际市场逐步开放，关税壁垒逐渐被打破。企业兴起多元化经营浪潮，大多数大企业采取多元化经营战略，企业的注意力放在企业兼并与收购上。当时流行的观念是，多元化经营能够分散风险，就像横向兼并能够强化企业在行业中的地位一样。在这种总体形势乐观的情况下，企业开始不满足于年度预算，采用运筹学与改进的预测技术进行规划。20世纪60年代是战略规划兴起的时代，企业经理甚至认为，战略规划是设计、实施能够提高企业竞争力的战略的唯一最佳途径。

（二）安德鲁斯的匹配观

20世纪60年代，在哈佛商学院，安德鲁斯和克里斯滕森使用单向法形成了战略规划的基本理论体系。安德鲁斯认为，战略是要让企业自身的条件与所遇到的机会相适应。战略管理的基本步骤包括资料的收集与分析，以及战略的制定、评估、选择与实施。该观点认为，战略乃是如何匹配（Match）企业能力（Capability）与竞争环境的商机。SWOT（优势、劣势、机会、威胁）分析常常被用于战略规划。

战略规划的步骤如下。

(1) 研究外部环境条件与趋势及企业内部的独特能力（Distinctive Competence）。
(2) 识别外部机会和威胁与企业内部资源的优势和劣势，并且把它们结合起来。
(3) 通过评估决定机会与资源的最佳匹配。
(4) 做出战略选择。

对外部环境机会的分析将决定"应该做什么"，而对能力与资源的分析则决定"能够做什么"，将两者结合可以达到最优均衡。按安德鲁斯的观点，战略规划分成两部分：战略制定与战略实施。他认为，一个战略应包括四个要素：市场机会、公司实力、个人价值观和渴望、社会责任。战略规划最核心的任务是机会与资源/能力匹配。常见的匹配方法有SWOT分析、波士顿矩阵、SPACE矩阵、IE矩阵和大战略矩阵。根据SWOT分析可以匹配出四种战略：优势-机会战略、劣势-机会战略、优势-威胁战略和劣势-威胁战略。安德鲁斯提出了两种战略：低速成长战略和强制成长战略。其中，低速成长战略可细分为保持不变、收缩和集中在有限业务上；强制成长战略可细分为兼并竞争对手、纵向一体化、地理扩张和多元化经营。

（三）安索夫的权变规划思想

安索夫认为，最有效的战略规划方法是权变的（Situational）：战略与规划的好坏与组织面临的环境变化程度密切相关，两者匹配不好会对盈利产生消极影响。"三安范式"奠定了战略管理的过程观，即经理制定与促成竞争战略、组织的构想与长期目标。传统的战略规划过程如图2-1所示，它是战略管理活动的一部分。

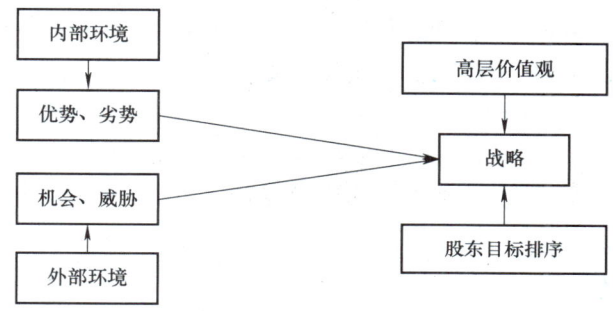

图2-1 传统的战略规划过程

传统的战略规划过程的最大缺陷是，它是一个单向过程。环境不断变化，规划同样也要不断修改、调整，否则难以适应新环境。因此，规划应是一个循环、动态而非单向、静态的过程。

最早的战略规划被认为是单向的、静态的、经过周密考虑的、理性的过程。战略规划理论后来的发展是它的动态化。人们研究的重点由过去的寻找成功的驱动力转向研究如何强化企业的应变能力。

安索夫在1972年首次引进了战略管理的概念。现在看来，他的战略管理概念就是动态的战略规划概念。安索夫认为，战略规划不能囊括经营中所遇到的所有战略问题，他提出了一个2×2×3矩阵。其中，第一维变量是管理问题，包括外部关联与内部构型（Configuration）；第二维变量是过程，包括规划与实施；第三维变量是环境，包括技术、经济、信息因素、心理因素和政治因素。

三、分析工具

战略规划阶段的战略管理分析工具主要有两类：预测工具和匹配工具。预测工具借用运筹学理论分析，但这不是它的独特分析工具，属于它的独特分析工具主要有SWOT分析、波士顿矩阵以及它们的变形。

（一）SWOT分析

SWOT分析是将企业内部因素中的内部优势（Strength）、劣势（Weakness）和外部因素中的机会（Opportunity）、威胁（Threat）相匹配的一种分析方法，是战略规划的典型分析方法。它很符合人类的思维逻辑，能够把大量分散、复杂的问题集中起来、简单化，使决策者对所要考虑的复杂因素一目了然，所以它受到普遍欢迎并广泛应用于管理学的各个领域。它的最大优点是能抓住最能影响企业战略的几个核心因素进行详细的分析。

斯塔希（Stacey）定义的 SWOT 分析为：通过分析企业的资源与能力，指出企业的优势与劣势；通过分析环境，指出其机会与威胁。战略的逻辑显然是：未来的行动要使优势与机会相匹配，避免威胁，克服劣势。当然，整个分析要置于企业及其竞争对手共同构成的环境中，通过与竞争对手的比较来确定自己的优势。但是，SWOT 分析有其自身的缺点，主要表现在三个方面：①在选择因素方面，许多因素很难确定到底属于哪一类；②它仅是各种因素的简单罗列，没有评价与审视比较；③它的评估过程可能偏向于主观，容易受评估者的偏见影响。因此，应用它时要注意克服上述缺点。

应该把 SWOT 分析看作一个管理过程，要求企业的关键人物在做 SWOT 分析时共同参与研究。管理层应将注意力集中在影响业务成长与发展的关键因素上。SWOT 分析是战略规划的典型分析方法，其核心是寻找影响企业发展的重要环境机会与威胁，以及企业的内部优势与劣势，以便在战略制定中对内部资源与能力和外部机会有效地进行匹配，实现企业的独特能力与产业竞争要求的紧密契合，在企业的独特能力与资源能产生竞争优势的领域创立其市场地位。

（二）波士顿矩阵

波士顿咨询集团公司开发的波士顿矩阵（Boston Consulting Group Matrix）又称增长/份额矩阵（Growth/Share Matrix），一直被作为企业战略分析的重要工具。它的功能主要是分析企业业务组合状况。波士顿矩阵展示了企业各部门或者各业务在市场份额与产业增长速度方面的差别，帮助多业务企业通过考察各业务的相对市场份额及产业增长速度来管理它的业务组合。该方法将企业的现有业务按照市场销售增长率及相对市场份额分成明星（Star）类、问题（Problem Child）类、现金牛（Cash Cow）类和瘦狗（Dog）类四种类型，然后根据各项业务的性质和它们的组合状态确定优化业务组合的对策。与此相关的内容将在本书第六章第一节中详细讨论。

（三）SPACE 矩阵

SPACE 矩阵又称战略定位与行动评价矩阵（Strategic Position and Action Evaluation Matrix），是一种与波士顿矩阵类似的匹配方法。它采用两个内部因素：财务优势和竞争优势；两个外部因素：环境稳定性与产业优势。内外因素两两匹配，得到四种战略：进取战略、保守战略、防御战略和竞争战略。近年已发展了许多波士顿矩阵的变形，包括 MCC 矩阵、风险回报矩阵、协同矩阵、多元化矩阵等。其基本原理与波士顿矩阵相同，但由于分析因子不同，其解决的问题也就不同。

四、战略规划理论的缺陷

战略规划理论在后来遭到了一些战略专家的批评，其中以明茨伯格的意见最具有典型性。明茨伯格在其著作《战略规划的衰落与复苏》中明确指出，规划是表述、论证与说明企业领导者头脑中早已存在的战略远景。所有的战略都有逐步显现与反复商讨的特征，因为所有的战略都要兼顾一定程度的灵活学习与一定程度的大脑控制。规划师不能创造战略，但能提供数据，帮助经理战略性地思考并构造远景。明茨伯格的观点是，战略不是规划师做出来的，而是在规划师的帮助下由经理做出来的。规划只起一种催化剂的作用。他认为，战略规划不是战略思考，前者强调分析，后者注重综合。战略制定过程应该是把经理从各方面掌握的信息综合成一个关于企业应该追求的大方向的远景。明茨伯格指出，战略规划理论存在以下三种谬误。

（1）预测是可能的。事实上，除某些重复出现的事件外，由于环境的不连续性，预测成为不可能。

（2）战略具有可分离性。在企业实践中，战略制定与战略实施是不可分离的。战略制定过程往往是一个学习的过程，战略家要亲自去挖掘思考才能形成战略。

（3）战略是明确的、详细的、常规性的未来计划。在许多情况下，战略应该只是一个宽泛的远景，而不是准确描述的计划，以便能更好地适应不断变化的环境。常规的程序无法预测不连续性或创建新战略。

战略规划的核心思想比较注重现有资源与未来机会的匹配，是一种非主动的、非创造性的战略思想。目前，战略规划仍然是战略管理过程的核心内容，现代战略规划思想虽然是一个动态的不断循环的过程，但并不注重创造机会、获取资源与培养能力，以实现企业的战略目标。从某种角度看，战略规划强调企业作为一个游戏规则接受者在产业中竞争。在现有的战略规划思想中，很少强调如何刻意培养企业的某种能力或获取某种别人无法替代的资源来赢得竞争优势。战略规划学派也不注重企业长期竞争优势的获取，对企业如何通过创新打破游戏规则来赢得竞争力没有提出任何有效的建议。

战略规划最致命的缺点是它假设环境是可预测的。战略规划的另一致命缺点是它的实现要确定明确的目标，而现实的企业出于竞争的目的，往往对目标采用模糊的办法，以防止竞争对手模仿后报复。同时，为了避免内部冲突，许多企业对自己的目标也不做出明确的阐述。为了企业内部的凝聚与和谐，企业的规划往往是隐晦的、模糊的，甚至根本就没有。经理们总是采用适应性渐进增值的方法对企业进行规划。

以本书的观点，明茨伯格关于战略制定与战略实施的不可分离性，企业应该主动地去创造机会、获取资源与培养能力，以实现企业战略目标的思想是非常有见地的，这两个方面也是当今企业实施战略管理必须注意的问题。但是，他关于未来是不可预测的观点似乎太过武断。尽管环境变化越来越快，环境的不可预见性越来越大，但是基于对未来的预测仍然是战略制定的基础，或者说，没有对未来的估计就没有战略。战略管理强调对环境的适应性，包括两个方面的问题：①对环境演变的前瞻性；②当环境发生了预想不到的变化时能够迅速做出反应。

第二节　环境适应学派

人们的一般印象是：战略规划是系统的、程序化的，然而现实的规划是渐进改良的、非理性的、不规则的，是有机的而非机械的。现实的战略部分是动态的计划，是对变化的环境的适应性反应。人们发现，战略不是事先备好的，而是取得成功之后总结出来的一般模式。随着环境的不确定性对企业冲击的增强，战略规划思想的根基开始动摇，人们逐渐认识到，战略需要根据环境的不断变化而持续地进行调整。这就是环境适应学派的思想基础。该学派有许多相关理论，包括自然选择论与适应进化论、逻辑渐进主义、学习模型、远景论和文化论等。

一、产生背景

20世纪70年代，企业所面临的外部环境的最大特征是变化的突发性，以1973年的石油危机为代表。这一时期的重要特征是全球性竞争加剧，企业兼并有增无减。多元化经营企业的经营业绩，无论是投资回报率还是销售额，都远比专一化经营的企业好。但是，过度不相关的多元化不仅没有分散企业的经营风险，反而加剧了经营风险。

环境变化越来越快，战略规划关于未来可预测的、可计划的思想越来越受到怀疑。对战略规划的否定来自人们越来越认识到未来是不可预测的，环境是不确定的、不连续的。人们认为，计划无法预见未来的表现，而只能作为发起变革的依据。战略规划是以未来可预测为前提的，动荡的环境动摇了企业对战略规划的信仰。之后，以环境不确定性为基础的环境适应学派应运而生。环境适应学派的主要特点是强调战略的动态变化，战略思想在这种情况下的一个重要突破是，最适合的战略制定与决策过程依赖环境波动的程度。

环境不确定论认为环境的变化不是确定的，因此企业要不断调整其战略以适应环境的变化。战略调整包括两个方面：①战略方向，如开发新产品市场；②战略能力，如加强研发和培养竞争能力。

二、安索夫的环境变化分类与对策组合

安索夫认为，世界上没有通用战略，战略不是唯一的，战略的正确与否和企业所处的特定环境密切相关。安索夫区分了五种环境波动：①重复的（稳定且可预测）；②递增的（缓慢并逐步增强）；③变化的（快速但仍逐步递增）；④不连续的（有些方面不连续，其他方面可预测）；⑤惊人的（不连续且不可预测）。

安索夫根据环境变化区分了不同的战略反应方式，如表2-1所示。

表2-1 环境变化改变企业战略

企业战略	第一层次	第二层次	第三层次	第四层次	第五层次
能力反应	保持的 先例驱动	生产的 效率驱动	营销的 市场驱动	战略的 环境驱动	灵活的 环境创造
战略进攻	稳定的 以先例为基础的	回应的 以经验为基础的	预期的 以推动为基础的	创业的 重视可捕捉的机会	创新的 追求突变的新想法
组织反应	追求稳定 拒绝变化	效率驱动 事后适应变化	市场驱动 追求熟悉的变化	环境驱动 追求相关的变化	环境创造 追求新奇的变化

三、自然选择论与适应进化论

自然选择论受达尔文进化论的影响，这个分支的理论强调变化与差异，认为环境的力量之大，不仅难以预测，而且没有战略可以应对。组织不断地受到冲击，只能被动地对现实做出反应而无法计划未来。同时，由于组织在资源、系统、文化、能力方面存在差异，这些要素差异决定了组织在特定环境下的效率也存在差异，因此有些组织生存，有些组织死亡。自

然选择是其核心概念,这一学说沿袭了"物竞天择,适者生存"的思想,具有明显的人口生态学的倾向。

适应进化论借鉴、移植了达尔文的思想。达尔文的名著《物种起源》中的三大主张之一,就是认为庞大的进化过程是由一种自然界的选择或者称适者生存的动力所引导的。在生态学中,适应性是指生物体的形态、结构、机能和生活习惯等能与所居住的环境条件相协调的一种特性。适者生存是指有机体对外界刺激的适应性。在达尔文看来,物种兴亡完全取决于它的形态和结构是否因自然选择作用而得到改进;自然选择的作用就在于保存那些具有有利变异性状的种族或个体,消灭那些具有无利变异的种族或个体。适应进化论采用将企业与生物类比的方法来解释为什么有些企业能生存壮大,有些企业则消亡了。从政策建议上,适应学派强调组织要在组织结构、策略行动上不断做适应性改变。

日本战略学家伊丹敬之认为,战略成功的本质在于战略的适应性。他认为战略适应包括环境适应、资源适应与组织适应。环境适应是指战略的内容与企业环境变化的动向相适应。战略的内容包括战略的各项要素以及战略与各要素之间良好均衡状态的战略适应。他指出,战略适应的三个标准是:①以战略要求的现状为前提的适应;②战略与各因素自身规律相适应,使企业主动地向所期望的方向变化;③企业在战略上紧扣各因素的本质和变化,并使其成为推动企业发展的杠杆。

企业的经营资源有限,而且特点不同,认真考虑经营资源的限度,制定出具有特色的战略,是战略的资源适应。经营资源的积累决定企业的战略实施能力,而战略实施过程也是经营资源的积蓄过程。成功地建立资源和战略之间这种相辅相成的关系,是资源适应的主要作用。

战略的实施不仅是制定战略的少数人的事,而且要依靠金字塔形的企业组织全体成员的努力,集体的力量决定战略实施的成败。如果战略的内容必须要发动企业全体成员去努力实现,那么在实施战略时就一定要注意企业组织成员的人际关系,以及人们的心理欲求,这是战略的组织适应。

钱德勒的一个著名观点就是"结构跟随战略"(Structure Follows Strategy)。在《战略与结构》一书中,钱德勒分析了环境、战略与组织结构的关系,提出企业战略应当适应环境,即满足市场需要,而组织结构要适应企业战略的改变。

安索夫也在其《战略管理》一书中指出,企业的战略行为是对它所处环境的适应过程以及由此导致的企业内部结构化的过程。企业战略的出发点是追求自身的生存与发展。波特认为,初始条件与管理抉择是某个企业取得优势地位的根本。按波特的解释,用生态学的观点来看,初始条件是重要的,规定选择过程,便能决定结果。环境适应论实质上是一种进化观,路径依赖(Path Dependency)是它的核心概念。用适应进化论的观点看,战略就是开发动态的路径——依赖模型,允许可能的随机偏差和企业内或企业间的选择。

四、逻辑渐进主义

奎因提出逻辑渐进主义(Logic Incrementalism)思想。他认为,有效的战略来自一系列战略子系统,每个战略子系统应对着特定的战略活动,如兼并、多元化、重组等,这些活动渐进性地、机会性地融合成一个内在关联的模式,就构成了战略。受认识与过程的限制,几乎所有的这些子系统都必须通过一种叫作逻辑渐进主义的方法来管理和结合在一起。这种渐进主义不是"一团糟",而是一套有意图的、有效的、主动的管理方法,用来改善和整合战略的理性分析与行为要素。奎因的观点认为，战略就是对环境变化的逻辑反应。一家企业通过审视环境和不断地尝试新战略，会促使企业不断地学习和调整，以确保与环境变化相适应。

渐进的逻辑是：决策者知道自己的局限性及一些事件的不可知性，会自觉地尝试获取环境的相关信息。他会让最初的承诺保持为初步的、粗框架的、尝试性的，接受将来的评审与修正。在早期，他常常有意识地把问题布置得很宽泛、决策得很粗糙，以避免战略上的僵硬，同时也可以激发他人的创造性。他尽量把最终承诺拖到最后才做出，以保证承诺能与其所获得的信息相一致。在有些情况下，无论是企业还是竞争者都无法完全了解其战略的全部含义与影响，各方都希望检测其假设，希望有机会了解对方并适应对方的反应。这种相互影响可以提高双方的决策质量。

五、学习模型

学习模型的假设是：企业唯一的持久竞争优势，是比其竞争对手学得更快的能力。例如，在壳牌石油公司，战略制定的过程就是一个学习的过程，它不是制订计划，而是改变头脑。壳牌石油公司最突出的能力就是能保持与环境的和谐。当环境变化稳定时，企业采取自我发展战略；当环境剧烈波动时，企业采取生存战略。其关键是组织学习，即管理层不断改变他们共享的有关企业、市场竞争对手的心智模式。有效的战略不是制订计划，而是改变决策者头脑中固有的心智模式。

20世纪90年代后期，环境适应学派的一个新发展是学习型组织（Learning Organization）理论的出现。学习型组织是指通过培养整个组织的学习气氛，充分发挥员工的创造性思维能力而建立起来的一种有机的、高度柔性的、扁平化的、符合人性的、能持续发展的组织。这种组织具有持续学习的能力，具有高于个人绩效总和的综合绩效。学习型组织具有以下特点：

（1）组织成员拥有一个共同的远景。
（2）组织由多个创造性团体组成。
（3）善于不断学习：终身学习、全员学习、全过程学习、团体学习。
（4）以"地方为主"的扁平化结构。
（5）自主管理。
（6）组织的边界将被重新界定。
（7）员工的家庭与事业平衡发展。
（8）领导者扮演新角色——设计师、仆人、教师。

彼得·圣吉（Peter Senge）指出了学习型组织的五项修炼：自我超越、改善心智模式、建立共同远景、团队学习与系统思考。学习型组织看起来是一种组织设计思想，实际上是一种战略思想，同时也充分印证了钱德勒的"结构跟随战略"的著名论断。学习型组织的前提就是：外界环境不断变化，要通过不断学习来更新知识以赶上时代发展的步伐。这是一种典型的战略适应观。当然，学习型组织认为，只为适应与生存学习是不够的，要创造性地学习，这样才能让员工在工作中感受到生命的意义。

六、远景论

远景驱动思想强调企业的远景在企业战略中的重要作用。20世纪50年代，德鲁克的目标管理就是重视远景的作用。20世纪70年代，管理学者进一步认识到企业宗旨是企业战略管理过程的一个重要部分。吉姆·柯林斯（Jim Collins）与杰里·I. 波拉斯（Jerry I. Forras）等人是这一学派的代表。

柯林斯与波拉斯提出了"远景公司"（Visionary Companies）的概念。他们指出，美国长寿公司能持续成功的关键是，它们的首席执行官的核心意识形态被定位在企业管理的核心。这些远景公司在它们的组织内发展了一种特殊的机制，使进取精神在数代首席执行官中得以延续。柯林斯与波拉斯的学说强调全公司范围的理念共享及简单、直截了当的远景驱动管理。他们总结了远景公司的成功经验，特别强调系统与全公司范围的进取精神的实践。

柯林斯与波拉斯指出，虽然那些成功企业的战略与实践在不断地适应变化的环境，但企业的核心价值与核心意图是保持稳定的。这种核心价值不变而不断变更其过程的机制，是那些优秀企业能够不断提高自己并取得长期卓越业绩的原因。柯林斯与波拉斯用阴和阳这两个中国传统文化的概念来描述远景。远景包括两部分：核心意识形态和构想的未来。核心意识形态说明企业代表什么和企业为什么存在。核心意识形态是"阴"，阴是恒久不变的，并且补充和滋养构想的未来这个"阳"。核心意识形态能为企业在成长、放权、多元化经营、跨国经营时提供组织的凝聚力。它也包括两部分：核心价值和核心意图。核心价值由一系列指导方针和信条构成；核心意图是企业存在的根本原因。构想的未来是企业期望成为、希望实现、希望创造的东西。这些需要企业不断通过变化来实现。构想的未来也包括两部分：10～30年的大胆的目标以及对实现的目标的一个鲜明的描述。大胆的目标被称为BHAG（Big, Hairy, Audacious Goals），即宏大的、粗糙的、大胆的目标。柯林斯与波拉斯的思想是战略随着核心意识形态而变。战略要根据环境的变化而变化，而核心意识形态要保持不变。构想的未来只是在目标尚未实现时起作用。一旦目标实现，新的目标被提出，就会有新的构想的未来指导企业的行为。远景论思想很像"外圆内方"的观念，本质内核持久不变，而外在形式可以随环境的改变而改变。

七、环境适应学派的局限性

进化、适应、学习与逻辑渐进主义的思想往往混杂在一起，难以明确区分。安索夫的思想就是把适应与学习的观点结合在一起。他提出战略管理相对于战略规划增加了一些内容，其本质就是战略的适应学习性。他认为传统的战略规划只强调战略的制定，战略管理则增加了实施与控制；传统战略规划注重外部环境的硬的方面，战略管理则增加了社会与政治因素；战略规划希望通过计划公司的变化来适应新的情况，战略管理则增加了适应方法，引进了"计划的学习"（Planned Learning）这一概念。

环境适应学派给战略规划学派带来的革命是它强调战略是动态的、应变的，强调企业的组织结构是一个开放的、适应性的系统。企业经历的环境变化强度越大、越不确定，组织就越要具有柔性，角色就要更开放和不断地重新定义。战略不是一蹴而就的，而是逐步显现、不断修正的。同时，环境适应学派强调企业与环境的互动。

显然，环境适应学派弥补了战略规划学派的重要缺陷，但是它也存在很大的局限性。

首先，它的思想带有浓厚的生态类比色彩。这种战略思想把企业的战略看成设计一种生存在某种环境中的动物。生态类比思想会带来一个难以接受的结论，这就是奥斯伯恩定律，它是奥斯伯恩（Osbourne）于1918年根据历代动物、植物的兴亡总结出的一条灭亡规律：

"高度特化和最完善适应的类型必将归于消灭，而原始、保守、比较少分化的类型往往成为新的适应发散中心。"

其次，缺乏有效的分析工具是这一学派的一个致命弱点。环境适应学派对企业发展战略方面的政策建议比较空洞，只是在宏观上强调组织要采用适应性的而非固定不变的态度来对待环境，但对于企业成长究竟应如何选择产业、如何积累和形成持久竞争优势，应如何与同行竞争、针对不同的环境应采用何种对策等方面，没有任何具体的政策主张和指导方针。所以，环境适应学派的政策建议的可操作性受到普遍质疑。

第三节　产业组织理论学派

产业组织理论学派思想的出现，使企业家与学者越来越认识到市场结构与各种战略因素，如产业集中度、规模经济、纵向一体化、产业壁垒、产品差异等对企业盈利能力的影响，比外部的总体政治、经济环境的影响要大。市场不完善对企业的盈利与成长的影响越来越大，产业选择与市场定位成为企业战略的核心问题。

一、产业组织理论的产生背景

从古典的战略规划学派与环境适应学派向产业组织理论学派的演变，彼此之间不存在严格的逻辑关系。产业组织理论学派的诞生是一个跳跃，但它是当时生产方式演变的必然结果。随着大规模生产方式的出现，企业兼并浪潮导致市场结构越来越集中，一些产业组织的力量完全可以超过其所处外部经济环境的力量，尤其是一些垄断寡头组成垄断组织垄断市场，导致产业之间的利润存在巨大差异。垄断组织凭借其垄断地位和市场力量控制原料来源、瓜分市场、限定价格、控制产量、设立市场进入壁垒挤压中小企业，利用市场力量攫取高额的垄断利润。

战略管理专家在研究当时成功的企业时发现，很多企业的成功是缘于产业的吸引力而不是它们出色的管理。如果一个产业求大于供又存在很高的进入壁垒，即使是最平庸的管理也能使企业获利。如果商业总体环境很好，就很可能出现许多有吸引力的产业。

产业结构的变化导致了企业发展战略的改变。战略家纷纷从适应环境的框架中跳出来，转向寻找有吸引力的产业，从成本与产品差异化方面寻找竞争优势，从而出现了乔·S.贝恩（Joe S. Bain）的 SCP 分析框架、PIMS 分析框架与波特的竞争战略理论。

二、SCP 分析框架与 PIMS 分析框架

（一）SCP 分析框架

SCP 分析框架又常被称为 SCP 分析范式，是研究产业市场结构（Structure）、市场行为（Conduct）与绩效（Performance）三者关系的分析方法。虽然都研究同样的问题，但不同的学者在市场结构与绩效之间的因果关系方面有不同的观点，由此又划分为哈佛学派和芝加哥学派。

1. 哈佛学派

产业组织理论研究最初是由爱德华·S.梅森（Edward S. Mason）于 1938 年建立的一个

产业组织研究小组开始的，主要对产业市场结构、产业市场行为、产业绩效及三者的关系做实证研究，研究各种不完全竞争模型的实证与规范含义、政府反托拉斯活动的组织及其后果，旨在制定提高产业绩效的各种管制政策。梅森于1939年发表了《大企业的生产与价格政策》。约翰·莫里斯·克拉克（John Maurice Clark）等人对有效竞争做了深入的研究，认为有效竞争既能获得规模经济又能维护市场公正与效率。产业组织理论学派成熟的标志是1959年梅森的弟子贝恩的《产业组织》一书的出版。该书提出了结构–绩效范式。贝恩重点研究了产业集中、产品差异化、进入壁垒、规模经济等对市场结构与经营绩效的影响。弗雷德里克·迈克尔·谢勒（Frederic Michael Seherer）在1970年出版了《产业市场结构与经济绩效》一书，对市场行为与经营绩效的关系做了更深入的研究，确立了SCP分析框架，如图2-2所示。产业组织理论学派的基本理论假设是，大多数市场是不完全竞争市场，市场结构决定厂商的行为，而这些行为又决定企业的绩效。

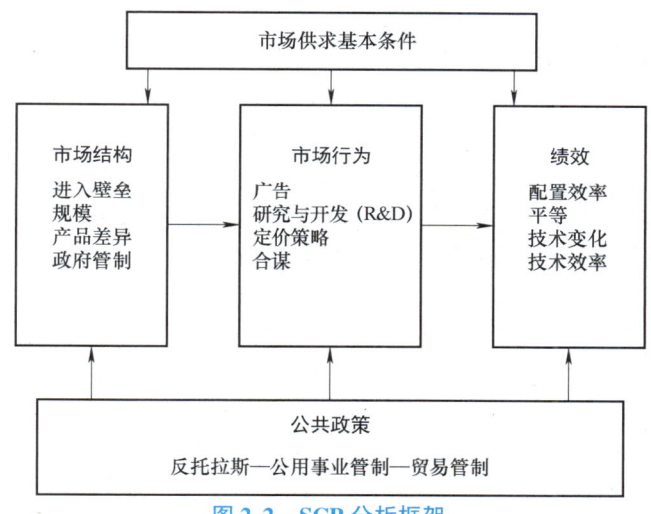

图2-2　SCP分析框架

衡量市场结构的指标主要有生产者集中度、需求者集中度、产品差异度、市场进入条件和市场透明度。

贝恩的重要发现是，产业集中度对经营绩效有明显的影响。贝恩统计了1936年—1940年美国的42个产业，将它们分成两组：一组为最大的8家企业的市场集中度大于70%的22个产业，另一组为最大的8家企业的市场集中度小于70%的20个产业。结果发现，不同市场集中度的产业平均利润率存在明显差别，集中度高的产业平均利润率为12.1%，而集中度低的产业的平均利润率只有6.9%。贝恩对此的解释是，集中度高的产业的厂商可以通过限制产出、提高价格的办法来提高利润。贝恩的产业壁垒概念是产业组织研究的转折点。曼恩（Mann）研究了1950年—1960年美国企业进入壁垒与产业平均利润率之间的关系，结果发现产业进入壁垒越高，产业的平均利润率就越高。也就是说，厂商进入产业的能力可能是决定企业绩效最重要的结构因素。在具有明显的长期进入壁垒的产业中，价格可以高于竞争水平。进入壁垒因素包括最低有效厂商规模、广告、资本及特定技术、资格等。

哈佛学派认为，市场集中会导致资源配置的无效率。要实现资源的有效配置，产业组织理论学派的政策主张是限制兼并，反对垄断，反对合谋，维持市场有效竞争（Workable

Competition）。

在研究了市场结构对经营绩效的影响后,产业组织理论学派的研究者进一步研究了企业如何采用策略性行为来影响、操纵市场环境,从而提高企业利润。由于哈佛学派强调市场结构对企业行为与绩效的决定作用,因此哈佛学派又称为结构主义学派。

2. 芝加哥学派

20世纪60年代后,芝加哥大学的产业组织研究兴起,以乔治·J. 斯蒂格勒（George J. Stigler）、哈罗德·德姆塞茨（Harold Demsets）、查理德·艾伦·波斯纳（Richard Allen Posner）等为首的学者对哈佛学派的观点与主张进行了猛烈的抨击。芝加哥学派主张用价格理论来分析产业组织问题。这一学派否定了哈佛学派最重要的发现,即市场集中度有利于提高企业的绩效。恰恰相反,芝加哥学派认为市场集中可能是经营高绩效的结果而不是原因。布罗曾首先否定了集中与盈利或价格之间存在简单的关系。他指出贝恩研究的产业可能处于非均衡状态,而且贝恩认为高盈利的产业今后利润将下降,而低盈利的产业今后利润将增加。他认为兼并未必反竞争,高利润率不一定是反竞争定价的结果,而完全可能是高效率的结果。

芝加哥学派坚持其经济自由主义的传统,反对政府干预。波斯纳等人认为,反垄断政策的目标应该是提高经济效益。如果市场竞争者过多,不利于规模经济的利用与经济效率的提高,应允许通过竞争、兼并来推进市场集中。该学派的许多代表人物后来在美国政府司法部门身居要职,1982年美国颁布的新的《兼并准则》强调用效率来指导反托拉斯诉讼,放宽了判定商业活动中反竞争的标准。由于芝加哥学派特别注重效率标准,所以它又称为效率学派。

尽管存在两种不同的分析方法,但都是在力图回答下列问题:哪些因素决定了市场组织间的差异?什么因素引起了厂商间与产业间的盈利差异?在何种程度上厂商自身结构可以决定其产品选择、营销方法、定价策略和其他策略行为?这些方法都注重考察多样化、兼并、工厂规模的利弊,以及决定投资和技术创新的因素。

（二）PIMS分析框架

PIMS（Profit Impact of Market Strategy,市场战略的利润影响）分析是指利用统计分析的方法来研究市场战略与企业利润之间的关系。这方面的研究是由西德尼·舍夫勒（Sidney Schoeffler）、罗伯特·D. 巴泽尔（Robert D. Buzzell）、布拉德利·T. 盖尔（Bradley T. Gale）和多纳德·F. 西尼（Donald F. Heany）领导的市场营销科学研究所在1972年开创的。后来舍夫勒独立成立了战略规划研究所,专门研究PIMS,其目的是确定影响盈利能力和企业增长的重要战略因素,研究战略如何影响企业的绩效。PIMS研究的37个重要因素包括市场份额、总营销开支、产品质量、研究与开发（R&D）开支、投资密度等,关于导致企业经营业绩差异的原因,80%以上可以由这些因素来解释。PIMS采用投资回报率（ROI）,即税前净经营收益与平均投资的比率,作为衡量企业经营业绩的指标,通过统计分析确定市场因素与战略因素对企业经营业绩的影响程度。研究者主要研究了下列问题:

(1) 市场份额究竟有多重要?它如何影响绩效的各种因素?
(2) 何时纵向一体化才有利可图?
(3) 在何种条件下投资于机械化或自动化业务?

PIMS 的战略分析框架是市场结构 + 竞争地位—战略和策略—绩效。这一分析框架与贝恩的市场结构—行为—绩效分析框架相似。PIMS 的一个最大优点是它有强大的数据库作为支撑。

PIMS 同业务组合管理（Portfolio Management）存在明显的差别。PIMS 考虑的因素除了组合管理用的市场增长率与市场份额外，还考虑了如投资密度、比较质量、劳动生产率和纵向一体化等对企业经营业绩影响重大的因素。另外，PIMS 设计和使用了一个包括许多不同种类的业务在不同国家和产业的经营状况的数据库，用来检测战略在不同的环境中是如何影响企业经营业绩的。

三、波特的战略思想

波特在 1979 年、1987 年、1990 年分别在《哈佛商业评论》上发表了《竞争力量如何塑造战略》《从竞争优势到竞争战略》《国家竞争优势》三篇文章，又于 1980 年、1985 年、1990 年分别出版了《竞争战略》《竞争优势》《国家竞争优势》三本经典著作。这三本著作被《财富》杂志推举为全美 500 家大企业的经理、咨询顾问及证券分析家必读的"圣经"。其中，《竞争优势》一书可以看作对《竞争战略》一书的补充和完善。

（一）有关竞争战略的核心观点

波特在《竞争优势》一书中给出了有关竞争战略的一些核心观点，主要如下。

（1）竞争是企业成败的核心。这个观点意味着战略都是竞争性的：战略的选择要考虑是否会取得优势地位；战略执行的效果要以是否增强了竞争地位来衡量。因此，战略的制定与执行都要考虑竞争对手，要清楚自己所处的竞争环境和与谁竞争。正因为如此，波特的战略思想被称为竞争性理论。它与其后发展起来的"合作"的思想以及由此产生的"竞合"理论是相互对应的。

（2）两个核心问题是战略选择的基础：①产业吸引力以及决定它的那些因素；②产业内的相对竞争地位以及决定它的那些因素。如果一个产业长期具有较高的获利能力，就说明这个产业是有吸引力的。

（3）一家企业在一个有吸引力的产业内可能仍然不能获得有吸引力的利润，如果它选择了一个不好的竞争地位；反之，有卓越竞争地位的企业可能身处一个盈利性不好的产业，旨在增强这个竞争地位的进一步努力也无济于事。

（4）产业吸引力和有竞争力的位置两者都是可以由企业形成的，正是它们使企业对竞争战略的选择既充满挑战又令人兴奋。

（5）竞争战略不仅是对环境的反应，而且可以寄希望于形成企业喜欢的环境。

波特提出的"高吸引力产业"是一个重要概念，它是指具有大市场容量、高成长性、高盈利性和长期盈利性特征的产业。波特提出企业要寻找这样的产业，并在其中占据有利的竞争地位。这就是波特的战略定位的思想。

（二）基本竞争战略

《竞争战略》一书最重要的贡献是创立了产业结构分析的五种竞争力量模型，通常简称为"五力模型"。该书总结了竞争对手分析的四要素：长远目标、现行战略、假设和能力。

波特认为，战略家的任务是将企业定位在能够为企业提供针对竞争对手的最好的防卫领域，或者通过战略行动影响力量的平衡，改善企业的地位，或者预测未来的变化并采用相应的措施在竞争对手之前改变竞争格局。这些改变市场地位的战略中最常用的战略就是提高进入壁垒，如品牌识别、规模经济与控制关键资源等。

波特给出了三种基本的企业竞争战略：成本领先战略、差异化战略与集聚化战略。波特认为，企业必须从三种战略中选择一种以赢得竞争优势，要么把成本控制到比竞争对手更低的程度；要么提供与竞争对手不同的产品或服务，并让客户感觉到企业提供了比竞争对手更高的价值；集聚化战略要求企业致力于服务某一特定的目标市场、某一特定的产品种类或某一特定的地理范围。虽然后来的研究对这一相互排斥的基本竞争战略提出了质疑，但波特确实开了总结基本竞争战略的先河。后来，波特对其三大战略做了修改，根据成本与差异化及竞争的范围提出了四大战略：成本领先战略、差异化战略、成本集聚化战略与差异集聚化战略。

《竞争战略》中的一个重要断言是："困在中间（Being Stuckin the Middle）的战略注定要导致企业低利润。"也就是说，企业只能选择低成本战略、差异化战略、集聚化战略中的一个作为其主导战略。任何"困在中间"的战略都注定会失败。这种企业要么失去价格敏感的大批客户，要么因为高成本而在竞争中丧失利润，在高利润产业中又无法战胜那些专攻高边际利润或者做到了全面差异化的企业。而且采用"困在中间"战略的企业容易导致企业文化、组织安排与奖励制度的混乱与冲突。

《竞争战略》一书基本上还没有摆脱SCP分析框架的把市场结构作为企业盈利的决定因素这一假设，分析的重点仍然放在企业的外部环境上，而没有考虑内部因素对企业成败的影响。这种理论无法解释为什么一些处于被认为无吸引力产业中的企业能够获得高利润率，而平均盈利水平很高的产业中存在经营业绩很差的企业，以及为什么许多企业采用多元化经营进入平均利润率高的不相关产业后经营失败了。针对这些缺陷，波特出版了《竞争优势》一书，提出了价值链这一分析工具，企图从企业内部的价值创造活动中寻求竞争优势的来源，同时弥补以往对企业内部因素重视不够的缺陷。价值链分析方法也是波特对战略管理理论的重要贡献之一。

（三）多元化成长理论

波特在《从竞争优势到竞争战略》一文中，研究了33家美国著名大公司1950年—1986年的多元化经营情况。这些公司中，每家公司平均涉足80个新行业和27个新领域，超过70%的新行业是通过兼并进入的，22%的新行业是投资新建的，8%的新行业是合资的。他发现，这些企业兼并了太多的企业，导致不但没有增值，反而陷入困境。波特认为，多元化经营的公司战略要通过三项基本检验：产业吸引力检验、进入成本检验和协同效应检验。波特的研究提出了四个公司战略概念：业务组合管理、重组（Restructuring）、技能转移（Transferring Skills）与活动共享（Sharing Activities）。波特指出，核心业务是企业多元化经营成功的关键。核心业务是那些处于有吸引力的产业、能够取得持久竞争优势、同其他业务具有重要内在关联、能够为多元化提供技能与活动的业务。为此，波特提出了以下行动方案。

（1）分析现有业务单位的相关性。

（2）选择能成为公司战略基础的核心业务。

（3）创立水平组织机制以疏通核心业务间的关系，为未来的相关多元化奠定基础。

（4）寻找具有共享活动的多元化机会。

（5）如果没有共享活动的机会或这种机会受到限制，那么通过寻找转移技能的机会实现多元化。

（6）对于兼并的管理不善的公司，应采取重组战略。

（7）分红让股东成为业务组合管理者。

在分析企业的业务组合战略时，经常会用到波士顿矩阵。如果还能够利用它来分析不同业务之间的联系，由此去发现、强化或者创建"核心业务"，则波士顿矩阵的作用就会被扩大。

（四）进入壁垒与移动壁垒

卡夫斯（Caves）与波特对进入壁垒做了深入的研究，提出企业除限价外，还可以采用其他四种策略来设立壁垒限制进入，即过剩生产能力、产品差异化、提高固定成本门槛和纵向一体化。卡夫斯与波特认为，进入壁垒是由市场上现有寡头共同构建的"集体资本利益"（Collective Capital Good）。它具有以下意义。

（1）产业进入壁垒能给现有企业带来利润。

（2）企业从集体进入壁垒中获得利润的比例与它们的市场份额成正比。

（3）在一个构建"集体资本利益"的组织中，任何新成员都需要分摊构建成本。

（4）当由于缺乏严密的合谋而不能使内部成员获得额外的利益时，寡头们有起码的将彼此间的敌对行为转化为共建进入壁垒的意愿。

企业投资建立进入壁垒会导致企业的收益超过它们的社会生产力。因此，因为进入壁垒导致的市场失灵，既产生配置低效率（限制产出），又产生技术低效率（社会超额成本）。移动壁垒（Barrier to Mobility）是指阻碍产业内某个企业的市场份额由小变大的壁垒，也就是在产业内各企业构建的防止其他企业扩大市场份额的壁垒。构建这些壁垒的办法与进入壁垒相似，如产品差异化、广告、纵向一体化、规模经济、学习曲线等。

（五）动态战略理论

波特认为，以往的学者解释企业的成功与失败通常围绕下面三个条件。

（1）企业开发与实施一组内部一致的目标与政策来确定它在市场上的位置，战略被看成一种整合各职能部门活动的方式。

（2）内部一致的目标与政策将企业的优势、劣势与产业的机会、威胁相匹配，战略就是匹配。

（3）企业战略的核心是创立与开发所谓的"独特能力"（Distinctive Competence）。

波特倡导的战略理论首先认为公司的盈利性可分解为产业效应（市场结构）与定位效应（相对地位）。也就是说，企业的盈利能力取决于产业的利润水平及企业在产业中的相对地位。波特围绕"活动"（Activities）这个中心来解释企业的竞争优势来源。伊迪丝·彭罗斯（Edith Penrose）认为企业是生产性资源的集合体，普拉哈拉德（C. K. Prahalad）与加里·哈默尔（Gary Hamel）认为企业是能力的集合体，而波特认为企业是一个零散的，但内部关联的经济活动（如生产产品、拜访客户、接收订单）的集合体。企业的战略是确定这些活动的组合及确定这些活动的相互关系。竞争优势来源于企业能够以低于竞争对手的成本开展一些必需的活动，或者企业能够以独特的方式开展一些能为客户创造价值的活动，从而能够使企业获得溢价。前者依赖成本的降低，后者依赖产品的差异。

波特因此认为，竞争优势的基本单位是零散的活动（Discrete Activities）。但为什么一些企业能够以比竞争对手更低的成本开展某些活动？为什么有些企业能够以独特的方式为客户创造价值，而另外一些企业则不能做到这一点呢？波特认为，导致这些差别的根源是"驱动力"（Drivers）。这些驱动力包括规模、积累性学识、活动间的关联、部门间活动共享的能力、活动的区位分布、对活动的投资选择的时机、纵向一体化的程度等。一种优势的持久性依赖学习。国际战略的核心是如何组合这些活动，即如何将这些活动散布到其他国家，以及如何协调这些活动，即整合这些分布在世界各地的活动。对于多元化的企业来说，公司层次的战略核心是各业务间如何实现活动共享或技能共享。

四、分析工具

波特对战略管理理论的重要贡献除了他所提出的有关竞争战略的一些核心观点和三个基本竞争战略类型之外，还在于他给出了一些重要的分析工具。

（一）五力模型

"五力模型"又称哈佛广场模型，是一种简便实用的分析模型。波特对竞争环境结构做了研究，认为五种竞争力量决定了某一产业的吸引力。这五种力量是：①潜在进入者的威胁；②替代品的威胁；③卖者的议价能力；④买者的议价能力；⑤产业内竞争对手的竞争。

"五力模型"是用来分析某一产业的竞争程度的，其理论假设是产业的获利能力不是由产品属性或产品的技术含量决定的，而是由产业的市场结构决定的。一般来说，这五种力量会导致以下结果。

（1）潜在进入者通过低价格将价值转移到消费者身上，或者通过提高竞争成本导致产业内厂商的价值损失。

（2）替代品为产业内厂商的产品价格确定最高价格限制。

（3）强大的买者将为自己争得价值。

（4）强大的卖者将为自己争得价值。

（5）产业内竞争对手的作用与新进入者相同。

（二）价值链

波特定义的价值链是：价值链由差额与价值活动构成，差额是企业创造的总价值与进行价值活动的总成本之间的差值。波特将企业创造价值的活动划分为基本活动与辅助活动两种类型。基本活动包括从内部后勤、生产、销售到售后服务这一过程；辅助活动包括企业的基础设施、人力资源管理、技术开发、采购等。波特认为，竞争优势来源于企业的价值创造活动，它可能来自价值活动本身、价值链的内部联系和价值链的纵向联系。企业获得竞争优势的办法可以是重构企业价值链、重构上下游价值链、联盟、专一化、寻求战略协同等。

很多人认为，价值链分析的主要缺陷是面面俱到，涉及的因素与环节太多，不分轻重缓急。价值链虽然看起来简洁明了，但实际上很难操作。

但以本书的作者看来，价值链是一个非常有效和实用的分析方法，其操作并不困难，只是需要大量的数据，对一个成熟的企业而言，应该已经拥有这些数据了。更为重要的是，如果应用价值链的分析方法，首先要去获得相关数据，这是一个"知己知彼"的过程，如本篇开篇所述，往往是过程本身对企业具有战略意义。至于轻重缓急，应该由应用这个方法的人来决定。价值链的一个缺陷是没有把企业的无形资产创造活动纳入企业的价值活动当中，这是应该引起注意的。

（三）产业关键成功因素

产业关键成功因素是指那些对企业在产业中占据优势竞争地位有重大影响的条件、变量或能力，包括产品的属性、企业的资源与能力，以及与企业盈利能力直接相关的市场因素。分析以下三个问题可以帮助确定产业关键成功因素。

（1）顾客在各个品牌之间选择的依据是什么？
（2）产业中企业具有什么资源与能力才能形成卖方垄断？
（3）产业中要形成持久竞争优势需要采取什么措施？

产业关键成功因素可能是技术、规模、成本、营销能力等。各个产业的关键成功因素是不同的，如石油产业靠原料与纵向一体化，半导体产业靠生产技术，啤酒产业靠销售网络，商场靠产品种类与价格，汽车产业靠规模与售后服务等。在不同的产品生命周期阶段，产业关键成功因素也不同，如开发期通常靠技术、广告，成熟期通常靠规模与成本控制等。

把握产业关键成功因素是本书后面将要讲的培育企业核心竞争力的重要思路，或者说，企业是否具有核心竞争力，首先要审视它在关键成功因素上是否有竞争对手不可比拟的优势，以及培养核心竞争力首先要从关键成功因素着手。

除了上述分析工具之外，波特还给出了竞争对手分析框架和战略集团的分析方法，作为其"五力模型"的不断深入和具体化。

五、产业组织理论的局限

产业组织理论相比传统的战略管理理论有几个明显的突破，首先强调了市场结构对企业经营绩效的影响，指出了产业的选择是企业战略的关键。波特的竞争战略理论的一个重大贡献是他将企业战略理论动态化，突出了在竞争战略的制定过程中要考虑竞争对手的反应。产业组织理论还强调要从降低成本及差异化两个方面来赢得竞争优势。但是，产业组织理论有几个重要的观点受到了一些学者的质疑，包括产业集中度与利润率、价格是否成正相关，能否同时采用成本领先战略与产品差异化战略，以及企业成功的关键到底取决于市场结构还是企业的内部资源与能力等。

对产业组织理论学派的主要批评是它过于强调企业外部因素的影响，从而忽视了对企业本身的分析。后期的企业实践对选择一个高吸引力产业的重要性也提出了疑问，这也成为后来资源基础理论学派产生的重要背景因素之一。

第四节 资源基础理论学派

在战略规划学派的思想占主流时，战略就是规划未来；在环境适应学派占统治地位时，战略的核心转变为企业如何适应环境；20世纪80年代，当产业组织理论学派占主导地位时，战略的核心就是选择高吸引力的产业并通过成本领先或产品差异化来赢得竞争优势；80年代后期，当资源基础理论学派流行时，企业战略的核心又转变成挖掘与培养企业有价值的、无法模仿的、难以替代的资源。

一、资源基础理论的产生背景

资源基础理论的产生背景包括：20世纪80年代在产业界企业混合兼并衰落，回归主业成为新潮流，实践证明，产业吸引力无法保证企业产生好的经营业绩；日本企业的成功使人们感受到企业内因在竞争中具有重要作用；经济理论的新发展，如契约理论、激励理论、信息理论和战略联盟理论的发展，使理论工作者更多地从企业内部来寻找影响企业经营业绩的理论解释；知识在企业中的作用日益受到重视。

(一) 归核化的出现

自安索夫于1957年在《哈佛商业评论》上发表《多元化战略》一文开始，理论界就掀起了对多元化研究的浪潮。早在20世纪20年代，就已经有企业采用了多元化战略。第二次世界大战之后，多元化更成为很多企业选择的发展路径。

但是，在20世纪70年代后期，在复兴的欧洲大企业和新兴的日本大企业两面夹击下，美国企业在若干领域的竞争优势逐渐减弱，这引起了美国工商界和学术界多方面的反思，其中包括对多元化战略的反思。

到20世纪80年代，许多企业发现它们无法在众多领域成为世界级竞争者，于是纷纷清理非核心业务，回归到几个核心业务上，形成适度多元化状态，这就是所谓的归核化。归核化成为20世纪80年代企业经营的一大特征。据伦敦商学院的康斯坦丁诺斯·C. 马凯斯（Constantinos C. Markides）统计，1981年—1987年，实行多元化战略的企业只占8.5%，实行归核化战略的企业占20.4%，维持现状的企业占71.1%。实行多元化经营的企业比例明显下降，而归核化企业在20世纪50年代和60年代只有1.3%和1.1%。企业出现的这种趋势明显与产业组织理论学派的主张相悖。从波特的观点看，企业成功的关键是选择有吸引力的产业，建立进入壁垒，改变市场结构，从而达到获取超额利润的目的。但实践证明，一些产业尽管缺乏所谓的吸引力，但仍然取得了很好的经营业绩，其关键是企业通过长期积累形成了独特的资源与不可模仿、难以替代的竞争力。

进入20世纪80年代后，几部重要著作对多元化问题做了讨论，如彼得斯（Peters）和沃特曼（Waterman）出版的《追求卓越》一书。作者对美国76家优秀的企业进行了研究，该书第十章专门阐述"坚持本业"的问题，对多元化进行了强烈批评。在同一时期，鲁梅特（Rumelt）发表论文《多元化与业绩》，用更新和更长时段的统计数据再次论证：在各种企业战略类型中，无关多元化和垂直多元化的绩效最差；相关集约多元化绩效最好。管理大师阿尔·里斯（Al Ries）在1996年出版的《聚焦法则：企业经营的终极策略》一书中又提出，现今的企业不要再追逐多元化，应把全部精力放在企业核心业务上，不断提高市场占有率，争取成为不是第一就是第二的行业内领先企业。

(二) 波特理论与实践的冲突

波特的竞争优势学说是对美国及日本20世纪70年代制造业实践的总结。随着时间的推移，其结论与不断发生的事实越来越不符。在 20 世纪 80 年代早期，理查德·鲁梅尔特（Richard Rumelt）通过实证研究发现，产业内的利润差异比产业间的利润差异要大得多。这一发现，用事实否定了传统产业组织理论的市场结构决定企业盈利水平的论断，使人们更相信最重要的超额利润源泉是企业具有的特殊性。例如，20 世纪 90 年代初，美国西南航空公司在其他同业大亏损时却保持了利润的持续增长，这说明产业的市场结构并不是企业经营业绩的决定因素。美国西南航空公司赖以竞争的资源是一种看不见的资源，如友善、风趣、实惠，这也是一种综合资源，是其他航空公司无法模仿的资源。

在波特倡导的三大战略中，成本领先战略强调的是规模经济，产品差异化战略突出的是范围经济，集聚化战略则突出的是服务某一特定细分市场，通过高附加值盈利。这三大战略远远没有概括实践中普遍使用的品牌、质量等在 20 世纪 80 年代最成功的战略，对服务业更缺乏适用性。波特一再反对在同一业务中同时采用成本领先战略与产品差异化战略的"困在中间"战略——他认为成本领先战略与产品差异化战略是水火不相容的。但是，戴尔（Dell）及李维斯（Levi's）的大规模定制概念向波特的这一论断提出了挑战。

所有这一切都促成了新学派的产生。

二、资源与能力决定论

资源基础理论学派有两个分支：一个强调资源的作用，另一个强调能力的作用。但一般的资源基础理论把能力也当成企业的资源。

（一）资源

资源基础理论把企业看成有形资产与无形资产的集合体。其核心思想是，企业的成功与竞争优势来源于一个企业独特的资源与在特定竞争环境中企业对这些资源的配置方式。企业的卓越业绩最终取决于对有竞争力的稀缺资源的巧妙配置。

资源基础理论主要回答以下三个问题。

（1）为什么企业之间存在差异？

（2）为什么一家企业能比另一家企业盈利更多？

（3）是什么使一种竞争优势得以持续存在？

对于企业持久竞争优势根源的解释，资源基础理论认为，它来源于企业掌握的资产与能力存量。迪瑞克（Diericky）和库尔（Cool）指出，给企业带来竞争优势的战略资产要通过内部开发来获得，而无法从市场上购买。他们将企业的资源分为流量资源与存量资源。流量资源是暂时性的，是可以及时调整的；存量资源（如品牌等）则是通过漫长的时间积累而形成的。对企业持久竞争优势的形成来说，存量资源的作用比流量资源的作用要大得多。存量资源的差异构成战略不对称（Strategic Asymmetries）。企业现期资源的投入与活动的实施取决于企业的战略目标，随着时间的推移，许多流量资源积累演变成企业宝贵的存量资源。

资源基础理论区分了资源（Resources）、能力（Capabilities）与核心竞争力（Core Competencies）三个概念。资源可以是有形的，如资金、厂房、设备等，也可以是无形的，如人力资本、专利、品牌等，而且后者越来越受到关注。能力总是无形的，能力产生于各种资源的相互作用中。从经济学上说，资源是可交换的，而能力是不可交换的。由于语言的限制与法律上的无法取证，能力具有无法契约化的特征。但不可交换的能力是建立在可交换的资源之上的。

如何界定资源？它的标准有三个：需求、稀缺与成果的可占有性，即这种资源能够创造客户需要的价值，这种资源无法被竞争对手模仿，这种资源产生的利润能够被企业占有。

将一组资源组合起来使用的方法与技能就是企业的能力。同样的资源，配置方法不同会产生完全不同的效果，这就是能力的差异。能力包括人与人之间、人与资源之间的协调。完善这种协调需要重复与强化，这就是组织路径。悉尼·G. 温特（Sideny G. Winter）与理查德·R. 纳尔逊（Richard R. Nelson）提出的组织路径（Organizational Routines）是一种能力。组织路径是由一系列个人的协调活动构成的常规的、周期出现的、可预测的活动模式。组织路径其实是强调积累与学习的作用，包括经验曲线、学习效应。在特定的经营环境下，路径是一系列的资源协调关系网，它是通过长期学习获得的一种行为方式。阿密特（Amit）和休梅克（Schoemaker）认为，有限理性的经理做一些随机的、不完善的决策，随着时间的推移，就积累了一系列的组织能力。

（二）经济租与不可模仿性

资源基础理论认为，成功的企业依赖能够产生经济租的资源，当这些资源的获取可以得到保证时，这些资源产生的租就能够从各种渠道获得，如通过在市场上出售资源、通过企业内部资源生产销售产品后获得经济租。在经济学上区分了两种租：李嘉图租与熊彼特租。李嘉图租来源于稀缺性的资源，如品牌、声誉、独特的地理位置、复杂的组织能力等；熊彼特租来自创新，包括生产方式创新、组织制度创新与技术创新等。相对而言，李嘉图租具有长效性，而熊彼特租具有短效性。但在当今速度竞争的时代（在此背景下有基于时间的竞争战略，即后面要提到的快速反应战略），没有任何资源能永远被一家企业独占，很容易被模仿或被替代品替代。因此，一家企业要维持持久竞争优势，必须依靠不断地创新，即企业的经济租要依靠不断出现的熊彼特租来维持。资源基础理论把企业内部的能力、资源和知识的积累作为企业获得超额利润和保持竞争优势的关键因素。

一家企业获得经济租的能力依赖资源仿制的难易程度。李普曼（Lippmann）和鲁梅尔特指出，无法模仿的资源可以抵御竞争对手的挑战。巴尼（Barney）认为，只有当资源存在差异，同时资源不可流动时，才会有先行者优势及进入壁垒。"独立性机制"与"资源位置障碍"是维持经济租持久的重要法宝，它们可以使经济租的来源完全不能仿制或难以仿制。独立性机制包括专利保护、所有权垄断等，其他资源如生产或市场经验、组织才能或规则，在独立机制保护下也难以仿制。难以仿制的独立性机制如下。

（1）对成功仿制的认知限制。由于资源的模糊性、综合性与复杂性，导致竞争对手难以识别。

（2）仿制者的时间劣势。一些资源是通过长期积累形成的，需要时间，具有路径依赖特征，如品牌，竞争对手难以仿制。

（3）资源位置壁垒。先行者具有占位优势，现有的规模、能力与不可逆转的专用性资产投资会让后来者望而却步。

三、战略制定的过程框架

格兰特（Grant）和罗伯特（Robert）两个人曾于 1991 年在《加利福尼亚管理评论》上

发表了《竞争优势的资源基础论：战略制定的含义》一文，对资源基础理论做了较为精辟的总结与诠释，尤其对战略的制定过程建立了一个实践构架。这个构架主张战略制定的过程包括：分析企业的资源，评价企业的能力，分析企业资源与能力的盈利潜力，选择战略，扩展与提升企业的资源与能力。

他们认为，一家企业的宗旨难以根据外部环境——客户的需求来决定，因为环境总是变化的；相反，应根据企业的内部能力来决定，由能力决定的方向相对要持久一些。

资源基础理论认为资源是企业利润的源泉，资源与超额利润的关系如图2-3所示。产业组织理论强调的产业吸引力及竞争优势都取决于企业的有形资源与无形资源。例如，产业进入壁垒问题是产业组织学者普遍关注的认为能够带来利润的关键因素，但产业进入壁垒是建立在规模经济、专利、经验曲线、品牌优势等基础上的。成本优势依赖市场份额，这也是建立在成本效率的基础上的，需要投资、专用性资产等企业资源。

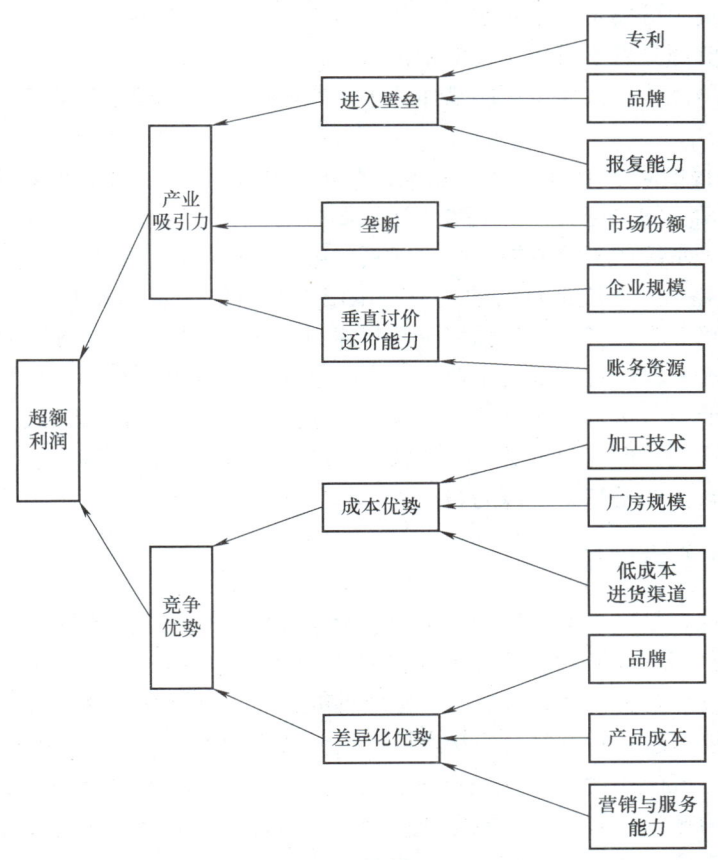

图 2-3 资源与超额利润的关系

格兰特认为，企业战略由以下五步形成。

（1）确定与评价企业的资源，包括有形资源与无形资源。

（2）确定与评价企业的能力。最重要的能力很有可能是一种综合能力，它整合了各部门的能力。一个让企业成功的战略在于开发它的比较优势，而其失败的根源是企业的活动超过了它的能力范围。

（3）企业资源与能力的回报取决于两个因素：资源与能力形成竞争优势的持久性，以及这些资源与能力带来的回报多少能够被企业占有。因此，战略形成的第三步还要评价企业盈利能力的持久性与成果可占有性。

企业的竞争优势会因资源的折旧及被竞争对手的模仿而消失。专业化的、不可移动的、持久性的资源能给企业带来持久的竞争优势，不可逆转的专业化的沉没资产投资往往是吓退竞争对手的好办法。资源基础理论认为，决定竞争优势持久性的资源与能力依赖四个方面的特征：经久耐用性、透明性、不可转移性和不可仿制性。经久耐用性取决于一家企业对其资源和能力的维持与更新。透明性是指企业的能力能否轻易被竞争对手模仿。越是复杂的、无形的、综合性的、长期积累而成的能力，就越难以被竞争对手模仿。当某种独特的资源与能力被某家企业占有而无法在企业间流动时，这种能力就能够持久。资源与能力的不可转移性取决于以下几个因素：地理上的不可转移性、不完全信息、企业特有资源、能力的不可流动性。企业的独特资源既要是竞争对手不能从市场上购买的，也要是它无法自己投资开发的。这就要求企业的资源具有不可仿制性的特征。

上述有关竞争优势持久性特征的描述，很多是核心竞争力理论中所定义的核心竞争力的特征。

（4）评价回报的可占有性。这就涉及产权的明确界定问题或溢出效应、外在性问题。资源或能力的流动，如关键员工的跳槽会导致回报的流失。当企业依赖的是一种综合性的、集体性的而非个人掌握的资源或能力时，回报的可占有性就强。

（5）制定战略。企业应把自己的业务范围限定在自己的资源具有竞争优势的领域，不断地投资挖掘、培养、维持自己的独特资源与能力，从而保持竞争优势的持久性。

从格兰特等人所描绘的资源与企业超额利润之间的关系图来看，企业的超额利润来源于产业吸引力和企业竞争优势（取决于企业资源与能力）两个方面。其中，前者似乎顺应了产业组织理论的观点，但其实不是。格兰特等人认为，产业吸引力是由企业的资源与能力决定的，他们的观点仍然是基于资源的观点。

四、核心竞争力理论

核心竞争力理论是资源基础理论学派中一个非常重要的理论。该理论起源于菲利普·塞尔兹尼克（Philip Selznick）1957年提出的独特竞争力（Distinctive Competence）的概念。他在对管理过程中领导行为的社会分析中，把那种能够使一个组织比其他组织做得更好的特殊东西叫作组织的能力或独特竞争力。从本质上说，核心竞争力理论归属于资源基础理论，细小的差别表现在传统的资源基础理论把能力也作为资源的一种，并没有特别突出能力的作用，而核心竞争力理论强调企业是能力的集合体，能力决定企业的发展方向。受劳动分工理论的影响，核心竞争力理论更强调企业的能力分工。

作为核心竞争力标志的著作是1990年普拉哈拉德与哈默尔在《哈佛商业评论》上发表的《公司核心竞争力》一文。他们将多元化的企业看作一棵大树，树干是核心产品，小的树枝是业务单位，叶、花、果是最终产品，而提供营养、保持稳定的根系就是企业的核心竞争力。他们比较了日本企业（如NEC、佳能、本田等）与美国企业（如GTE、施乐、克莱斯勒等）的经营业绩差异，认为日本企业20世纪80年代成功的关键是注重了核心竞争力的培养。

普拉哈拉德与哈默尔定义核心竞争力为"组织中的累积性学识，特别是关于怎样协调各种生产技能和整合各种技术的学识"。他们批评美国企业采取的裁员与业务重组的战略，认为这战略没有解决根本问题，根本方法是要培养竞争优势的根——核心竞争力。核心竞争力而非市场吸引力决定多元化的方式及应进入哪个市场。

一家企业的核心竞争力让其他企业难以模仿的原因主要有：它具有很强的隐匿性，竞争对手认为含义模糊、难以言表；它是人与物、人与人相互关联构成的复杂集合体；它是路径依赖、长期积累的产物，无法一蹴而就；它包括许多不可扭转的专用性资产投资。

在核心竞争力理论倡导的企业战略中，核心竞争力的识别、培育、扩散与应用是企业核心竞争力管理的关键环节。关于核心竞争力的识别，普拉哈拉德与哈默尔认为，它必须提供占领广阔多数市场的能力，能够使购买最终产品的客户明显受益，并且它必须是竞争对手无法模仿的。核心竞争力理论的拥护者还认为，核心竞争力应具有稀缺性、专用性、方法性特征：作为资源要具有稀缺性特征；作为资产要具有专用性特征；作为知识要具有方法性特征。

在核心竞争力的培养上，可以通过长期的学习、积累形成，也可以通过兼并其他企业来获取。从长期来看，内部积累可能是获得难以模仿或难以替代的资产的最主要来源。因为如果这种资源能够从市场上轻易地购买到，那么它就不能形成核心竞争力。而且任何资源最终都会消耗掉，必须不断地更新与维持。

在核心竞争力的应用上，核心竞争力理论对多元化经营的政策主张明显与产业组织理论的政策主张不同。核心竞争力理论认为，盲目注重产业的吸引力会导致过多的企业进入，在进入产业的选择上要注意产业的相关性。因为当这种相关存在于战略性资产之间时，企业能够比竞争对手更为迅速和低成本地创立、积累新的战略性资产。

五、资源基础理论的局限性

资源基础理论的提出使战略管理的思想更为丰富、趋于完整，但这并不是说资源基础理论学派的观点是完善的，它只是弥补了在此之前的其他几个学派特别是产业组织理论学派的缺陷。事实上，资源基础理论也存在以下局限性。

（1）与产业组织理论学派犯了同样性质的错误：片面地强调资源与能力而忽视了对企业外部环境的分析。从某种角度看，安德鲁斯的 SWOT 分析就没有这样的片面性，它强调了内部资源与外部环境的匹配。

（2）资源基础理论强调对现有资源的分析，而忽略了如何创造新的资源。资源基础理论在很大程度上受演进经济学的影响，具有浓厚的"向后看"色彩，而对远景驱动的作用重视不够。

（3）人们很难确定在企业的众多资源中，哪种资源或哪组资源对企业的成功起决定作用。

（4）比较而言，资源基础理论缺乏有效的分析工具，它只是提供了一个分析视角，即从企业的内部来寻找企业获利能力的根本因素。

以本书的观点，无论是从理论分析还是从企业的实践来看，产业组织理论和资源基础理论都有其合理性，但也都有其片面性，如果将两者结合起来，可以构成战略分析的比较科学、完整的思路，再加上战略的独特性分析和检验，可以作为企业制定战略的完整的方法。

这也是本书要给出的企业战略形成的基本思路和分析框架。

产业组织理论的代表人物波特提出的产业结构分析方法，对产业的吸引力给予了高度重视。但随着时间的推移，波特也意识到他的理论与事实的冲突。因此，他也曾说过："如果你能发财，你能在任何一个产业发财。你身在哪个产业并不重要，重要的是你在那个产业如何去与他人竞争。"他认为，企业成功是两个因素的函数：企业参与竞争的产业的吸引力和企业在该产业中的相对位势。波特提出的企业成功的两个因素，实际上就已经有了产业组织理论学派和资源基础理论学派两种观点综合的意味。波特的两因素决定论虽然为企业进行战略决策提供了一种思路，但还是没有成为一种有用的分析、决策工具。

目前流行的产业吸引力矩阵分析方法（又称 GE 矩阵）虽然可以说明企业各个战略经营单位（Strategic Business Unit，SBU）在具有不同吸引力的产业中所处的竞争地位，为企业优化资源配置提供有用的信息，但并不能说明企业应该进入哪个产业并在那个产业取得成功。

事实上，不同产业和同一产业在不同时期有不同的产业竞争结构和发展轨迹，不同的竞争结构和发展轨迹对产业内企业的发展和获利程度有重要的影响。例如，高技术产业一般具有较高和持久的获利能力，但也有较大的风险性，对企业自身的技术素质也要求较高，一般还可能存在知识产权方面的进入壁垒。因此，并不是每一家企业进入都能够获利。又如冶金、石油化工等行业，一般来说，虽然利润率不高，但一旦进入就会有相对稳定的巨额利润。商品零售业一般被认为是低盈利的产业，历来不被大投资商看好，但身在其中的沃尔玛却排在了世界 500 强之首。因此，一家企业究竟应该进入哪个产业或在哪个产业中进一步扩大规模，不仅要考虑产业的特点，还要考虑企业的自身条件。

第五节　蓝　海　战　略

蓝海战略提出了一个战略选择和实施的新视角，在企业战略管理思想的演变中具有重要意义。

一、蓝海战略的产生背景

2005 年 2 月，哈佛商学院出版社出版了由 W. 钱·金（W. Chan Kim）和勒妮·莫博涅（Renée Mauborgne）两位教授所著的《蓝海战略》（*Blue Ocean Strategy*）一书，在世界范围内引起了很大的反响。之所以如此，按照该书中文译者吉宓的说法，是因为在当今的商业现实和竞争态势下，全球企业界对寻求新的战略手段以实现获利性增长的强烈渴望。

自从波特的《竞争战略》和《竞争优势》这两本书问世后，"竞争"就成了战略管理领域的关键词。可以说，波特的战略思想是竞争导向的。在基于竞争的战略思想指导下，企业常常在"差异化"战略和"成本领先"战略之间做选择，确立自身的产品或服务在市场上的独特地位，以便打败竞争对手，最大限度地占有市场份额。然而，追求"差异化"意味着相应地增加成本，而以"成本领先"为导向的战略又限制了企业所能获取的利润率。今天，在越来越多的产业中，竞争白热化，而需求却增长缓慢甚至停滞萎缩。随着越来越多的企业去瓜分和拼抢有限的市场份额，无论采取"差异化"战略还是"成本领先"战略，企业取得获利性增长的空间都越来越小。这种情况就是《蓝海战略》中所说的企业陷入了一片"红海"。《蓝海战略》旨在为企业指出一条摆脱"红海"竞争而通向未来增长的新路。

二、蓝海战略的含义及主要思想

《蓝海战略》一书的内容是基于该书两位作者历时 15 年、资料跨度达百年以上的研究成果。它不仅激励企业去冲破充满血腥竞争的红海，开创无人争抢的市场空间，也向读者展示了应该如何实践。

《蓝海战略》的作者认为，企业所面对的市场由两种海洋组成：红色海洋和蓝色海洋，简称红海和蓝海。红海代表现今存在的所有产业，这是人们已知的市场空间；蓝海则代表当今还不存在的产业，这就是未来的市场空间。

在红海中，每个产业的界限已被划定并被人们接受，竞争规则也已被人们所知。在这里，企业试图击败对手，以攫取更大的市场份额。随着市场空间越来越拥挤，利润和增长的前途也就越来越黯淡，企业陷入更加惨烈的竞争中。

与之相对，蓝海代表着亟待开发的市场空间，代表着创造新需求，代表着高利润增长的机会。

目前，在越来越多的产业中，供给都超过了需求。在这种情况下，在日益萎缩的市场中为份额而战，虽说是必要的，却不足以维持企业的上乘表现。企业需要超越竞争这一境界，必须开创蓝海，以抓住新的利润增长的契机。

现阶段企业的战略思维将重点全部集中在基于竞争的红海战略上，原因之一是企业战略受军事战略的影响颇深，也就是接受了战争的限制性因素，即有限的土地和打败敌人以求取胜的需要，同时否认了商业世界的独特优势，即开创无人争抢的新市场空间的可能性。

以《蓝海战略》的作者看来，无论是企业还是产业，都不是研究获利增长性的最佳分析单位，只有战略行动（Strategic Move），才是解释蓝海的开创以及持久的上乘表现的最佳分析单位。一个战略行动包含推出开辟市场的主要业务项目所涉及的一整套管理动作和决定。该书作者通过对 30 多个产业的分析证实，开创并夺取蓝海的包括各种类型的企业。

蓝海战略的基石是价值创新。所谓价值创新，是指不把精力放在打败竞争对手上，而是放在全力为买方和企业自身创造价值飞跃上，并由此开创新的无人争抢的市场空间，彻底甩脱竞争。

价值创新挑战了基于竞争的战略思想中最广为人们接受的信条，即价值和成本间的权衡取舍关系。常规看法认为，一家企业要么以较高的成本为顾客创造更高的价值，要么以较低的成本创造还算不错的价值。这样，战略也就被看作在差异化和低成本之间做出选择。与之相反，志在开创蓝海者则会同时追求差异化和低成本。

表 2-2 概括了红海战略与蓝海战略各自的重要特点。

表 2-2　红海战略与蓝海战略各自的重要特点

类型	红海战略	蓝海战略
特点	竞争于已有市场空间	开创无人争抢的市场空间
	打败竞争对手	甩脱竞争
	开发现有需求	创造和获取新需求
	在价值和成本之间权衡取舍	打破价值和成本之间的权衡取舍
	按差异化和低成本的战略选择协调企业活动的全套系统	为同时追求差异化和低成本协调企业活动的全套系统

为了提高蓝海战略的成功率、开创与夺取蓝海，企业应以机会最大化和风险最小化的原则为导向。在这个原则导向下，《蓝海战略》的作者列举了指导蓝海战略成功制定与执行的六项原则，以及这些原则降低的风险，如表2-3所示。

表2-3　蓝海战略的六项原则及其降低的风险

战略原则	降低的风险
重建市场边界	找寻的风险
注重全局而非数字	规划的风险
超越现有需求	规模的风险
遵循合理的战略顺序	商业模式的风险
克服关键组织障碍	组织的风险
将战略执行建成战略的一部分	管理的风险

表2-3中，前四项原则为战略制定原则，后两项原则为战略执行原则。

三、分析工具和框架

为了使蓝海战略的制定和执行系统易行，《蓝海战略》的作者开发了一套分析工具和框架。其中，最重要的就是战略布局图。

战略布局图以横轴表示产业竞争和投资所注重的各项元素，以纵轴表示在所有这些竞争元素上买方各得了多少分。得分高表明一家企业给予买方的较多，因此在该元素上的投入也多。表现在价格上，得分高就意味着价格高。把这些得分点连接起来，在坐标图上形成一条折线，即构成价值曲线（Value Curve）。此曲线是战略布局图的基本组成部分，它以图形的方式描绘出一家企业在产业各元素上表现的相对强弱。

图2-4是一个描绘20世纪90年代美国葡萄酒业的战略布局图。图中表示了高端葡萄酒和经济型葡萄酒两个档次的酒的价值分布。

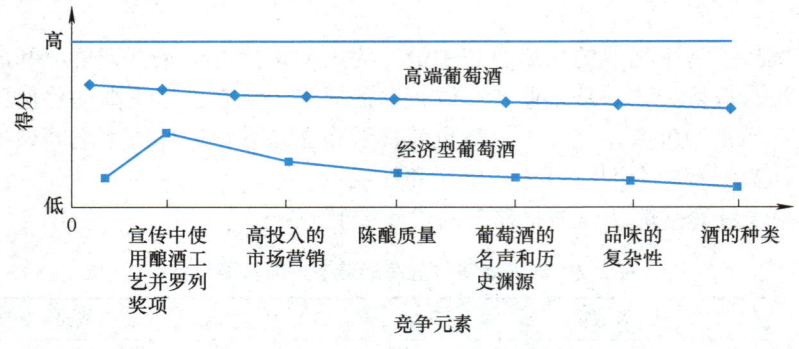

图2-4　20世纪90年代美国葡萄酒业战略布局图

战略布局图既是诊断框架也是分析框架，用以建立强有力的蓝海战略。它的价值在于能捕捉已知市场的竞争现状。这使企业能够明白竞争对手正把资金投入何处，在产品、服务、配送等方面产业竞争正集中在哪些元素上，以及顾客从市场现有的相互竞争的商品选择中得到了什么。

从战略布局图的形状来看，这个战略布局图实际上也可以用雷达图表现，或者可以把它看作雷达图的展开形式。

为了创建新的价值曲线，以下四个问题对挑战产业现有的战略逻辑和商业模式至关重要。

（1）哪些被产业认定为理所当然的元素需要剔除？
（2）哪些元素的含量应该被减少到产业标准以下？
（3）哪些元素的含量应该被增加到产业标准以上？
（4）哪些产业从未有过的元素需要创造？

上述四个问题称为战略行动的"四步动作框架"，是蓝海战略中的一个重要分析工具。

以《蓝海战略》作者的观点，一个好的战略应该具备三个特点：重点突出、另辟蹊径和拥有一个令人信服的主题句。

四、蓝海战略的局限性

蓝海战略提出的甩脱竞争、开创无人争抢的市场空间的思想非常具有智慧和创意，也符合本书作者所倡导的战略管理更多地需要创造性思维的思想。因此，蓝海战略确实是一种有重要价值的战略思维模式。但是，和前面所介绍的四种战略管理学派一样，它也有自己的局限性。

尽管《蓝海战略》一书的作者认为蓝海战略具有广泛的适应性，但对于那些生产标准化产品的企业（通常面对的是生产资料市场）来说，由于很难去找寻新的竞争元素，因而要开辟一片"蓝海"是极为困难的。如果要去改变产业的标准，这种能力也只属于产业内的领导者而不属于产业内的众多企业。

此外，作为蓝海战略重要分析工具的价值曲线，要把它准确地描绘出来并非易事。《蓝海战略》的作者也没有给出确定价值曲线上价值点的具体方法，也许就是因为它们难以计算。因为当涉及"买方效用"的定量化的时候，经济学家就开始头疼了。

自《蓝海战略》一书问世后，我国学者就开始关注其应用的问题了。孙洪杰针对蓝海战略的可能性和可靠性，撰写了一篇《蓝海，还是蓝舰？》的论文，提出"与其开辟蓝海，莫如打造蓝舰"，即提出了自己的蓝舰战略。蓝舰战略的寓意是以差异化的资源和运营模式与竞争对手竞争。蓝舰战略的主要思想包括以下几个方面。

（1）强调"内在差异化"。
（2）通过在价值链空间的扩展来打造差异化的航空母舰。
（3）选择适合蓝舰的海洋。
（4）打破规则，选择适合自己的航行方式。

孙洪杰还用一张表归纳了蓝舰战略与蓝海战略的差异，如表2-4所示。

表2-4 蓝舰战略与蓝海战略的差异

差异点	类型	
	蓝海战略	蓝舰战略
差异来源	外在	内在
优势保持	短期	长期

(续)

差异点	类型	
	蓝海战略	蓝舰战略
差异空间	市场空间	价值链空间
运作重点	外部市场	核心竞争力
适合领域	蓝海	蓝海和红海

以本书作者来看,实际上,蓝海战略仍然具有波特的产业组织结构理论的属性,或者说具有定位学派的属性,只不过蓝海战略是一种创造性定位,而波特的理论是一种"机会主义"的定位。所谓创造性定位,是指那样一个"位子"是企业通过自己的战略行动创造出来的;而"机会主义"定位是指那样一个"位子"是在一个现实的产业组织结构中已经客观存在的,企业只不过要找到它而已。

蓝舰战略的实质就是资源基础理论学派的观点,只不过它所关注的企业能力在理论上更具有前沿性。

思 考 题

1. 战略管理思想有哪四大流派?简述各自的产生背景。
2. 战略规划的常用工具有哪些?
3. 如何看待明茨伯格对战略规划理论的认识?
4. 环境变化有哪几种类型?与其对应的战略反应方式是怎样的?
5. 产业组织理论学派涉及的相关理论有哪些?其贡献及局限性是什么?
6. SCP分析框架和PIMS分析框架的主要研究内容是什么?
7. 波特的战略思想主要包含哪些方面?
8. 企业的基本竞争战略有哪几个?各有什么特点?
9. 什么是移动壁垒?如何构建移动壁垒?
10. 不同产业的关键成功因素是否相同?试举例说明。
11. 什么是归核化?如何看待归核化和多元化对企业绩效的影响?
12. 简述资源和能力的区别。
13. 简述资源基础理论学派的战略制定过程框架。
14. 资源基础理论学派的局限性体现在哪些方面?
15. 什么是蓝海战略?简述其主要思想。
16. 怎样看待蓝海战略?

第二章 战略管理研究的基本问题

什么是战略？战略应该包括哪些内容？战略的本质是什么？什么是战略管理？战略管理应该包括哪些内容？过程是怎样的？谁参与战略管理，并且他们在其中发挥什么作用？这些问题都是战略管理的基本问题。不同学者对这些问题有不同看法；不同企业战略内容和战略管理参与者与过程不尽相同；不同时期人们对这些问题的回答也不相同。本书给出普遍的看法和本书作者的看法，并对不同的观点做些讨论。

第一节 战略与战略管理的定义

经济学家常说，有多少经济学家就有多少经济学的定义。类似地，战略学家也可以说，有多少战略学家就有多少关于战略与战略管理的定义。

一、战略的定义

不同的学者对战略有不同的定义，其中，有些是相近的，有些有很大的区别。但无论如何，关于战略的定义并没有对错之分，有的只是是否恰当、是否完善之分。不同的定义反映了不同学者对战略内涵的不同理解与不同的关注点。本书也给出了自己的定义，这个定义与本书的战略思想、战略研究的内容和过程是一致的。

在军事战略研究领域，克劳塞维茨在其著作《战争论》中将战略定义为："战略是为了达到战争的目的而对战斗的运用。"

最早在商业领域引入"战略"一词的是冯·诺伊曼与摩根斯坦。他们在《博弈论与经济行为》（1947年）一书中将战略定义为："一个企业根据其所处的特定情形而选择的一系列行动。"钱德勒在《战略与结构》（1962年）一书中将战略定义为："确定企业基本长期目标、选择行动途径和为实现这些目标进行资源分配。"七年以后，钱德勒的同事、哈佛大学教授安德鲁斯为战略下了一个类似的定义。他认为，战略是关于企业宗旨、目的和目标的一种模式，以及为达到这些目标所制定的主要政策和计划。通过这样的模式，界定了企业目前从事什么业务和将要从事什么业务，企业目前是一种什么类型和将要成为什么类型。在钱德勒和安德鲁斯之间，安索夫在《公司战略：面向增长与发展的经营政策的分析方法》（1965年）一书中提出，企业战略是贯穿于企业活动与产品/市场之间的"连线"。这个"连线"由四部分组成：产品/市场范围（企业提供的产品与目标市场）、增长向量（企业打算进入的产品/市场）、竞争优势（在每一个产品/市场中企业较之竞争对手所具有的较强定位的独特优势）以及协同作用（将企业的不同部分有机结合起来以取得单个部分不能取得的成效）。波特在《竞争战略》一书中将战略定义为："公司为之奋斗的一些终点（目标）与公司为达到它们而寻求的方法（政策）的结合物。"

在上述定义之后（1987年），明茨伯格将人们对战略的各种定义概括为5P。

（1）战略是一种计划（Plan），是一种有意识的、正式的、有预计的行动，一种处理某种局势的方针。计划在先，行动在后。

（2）战略是一种策略（Ploy），在特定的环境下，企业把此作为威慑和战胜竞争对手的"手段"。

（3）战略是一种模式（Pattern），是长期行动的一致性。计划是"预期的战略"，而模式是"实现的战略"。

（4）战略是定位（Position），即特殊产品在特殊市场的位置。正确的定位使企业的内部条件与外部环境更加融洽，把企业的重要资源集中到相应的地方，形成一个产品和市场的"生长圈"。波特也曾经说过，"战略就是创造独特的有价值的位置"。

（5）战略是一种观念（Perspective），体现组织中人们对客观世界固有的认识方式，通过组织成员的期望和行为形成共享。军事战略学者安德烈·博福尔（André Beaufre）曾经说过，战略是以思维和智力为基础的，它具有精神导向性，体现了人们对客观世界的认识。

我国学者也对战略的定义做过研究，如金占明教授在《战略管理：超竞争环境下的选择》一书中将战略定义为："企业战略是企业以未来为基点，为寻求和维持持久竞争优势而做出的有关全局的重大筹划和谋略。"董大海教授给出的定义是："战略是为了开发企业的竞争能力和获得竞争优势而对一系列行动的动态统筹。"项保华教授在《战略管理——艺术与实务》一书中虽然没有明确给出战略的定义，但指出了"战略至少涉及'做什么、如何做、由谁做'这样三个层面"。

纵观上述远非完全的关于战略的定义，可以看到战略定义的多样性。归纳起来（包括本书中没有列举的），可以把关于战略的定义划分为以下几种类型（有些学者的定义包括了其中一种以上的类型）。

（1）从战略形成的逻辑过程来定义战略，如"在资源与环境限制下""以未来为基点"等。

（2）从战略包含的内容（包括它们之间的逻辑关系）来定义战略，如钱德勒、安德鲁斯的定义和项保华的观点。

（3）从战略的目的来定义战略，如"战略就是创造独特的有价值的位置""为寻求和维持持久竞争优势"和董大海的定义等。

（4）从战略的本质特征来定义战略，如"战略问题是研究战争全局规律的东西""以思维和智力为基础""一系列行动的动态统筹""根据其所处的特定情形"等。

借鉴已有的定义并结合本书的战略思想，本书给出的企业战略定义是：预想的长远目标和为实现此目标所做的一系列安排。

这个定义是高度概括性的，它的内涵如下。

（1）企业是基于对未来环境发展趋势和企业自身能力的增长预测来确定自己的长远目标的。它包含着一个重要的假设，也是本书的一个重要观点：环境是可以预测的。也可以说，没有对未来发展趋势的估计，就没有战略可言。预想的长远目标首先是对环境发展趋势的判断。趋势是大势，它源于一种客观发展规律，对企业战略而言就是经济发展规律、技术发展规律和市场经济规律等，具体来说就是未来生产方式和生活方式变化的轨迹。生产方式包括产业组织结构的演变趋势、科学技术的应用、经济全球化，以及一国的产业政策演变趋势等；生活方式包括消费结构和消费方式的变化。这些趋势是企业可以预测的，尽管有不确定性，但这些趋势是企业制定战略的基点。至于竞争对手的"一昼夜会出现"，并不是制定战略所要考虑的主要问题。主要问题是，企业要适应大的趋势。了解和把握趋势，包括竞争对手可能采取的战略，就是企业分析外部环境的目的。每个企业都想在顺应大趋势中占据有利的位置，并且必然会有企业占据有利的位置，但那个有利的位置并不是每个企业都能得到的，这取决于企业获得那个有利位置的条件。因此，要分析企业的内部环境。内部环境分析不仅要关注现在，还要关注企业未来可能的变化。这是以一种动态的、发展的眼光看待企业的内部环境。

定义中特别使用"长远目标"这个词，它是战略的一个突出特征。如果是短期目标的确定，则不是战略问题。

（2）企业内部环境与外部环境相互匹配的程度，决定了企业实现预期目标的可能性，但也只是一种可能性，实现目标的过程或长或短，或艰辛或顺利，取决于所选择的路径与方法。这就是所谓"一系列安排"。"一系列"是说战略内容的广泛性，它是指除了企业的宗旨或者使命和长远目标以外的所有战略构成要素。这些构成要素包括如何培育企业的竞争优势和增强对环境变化的适应性等。用"安排"这个词，是因为它更具有概括性。马庆国教授在对管理的定义中，也使用了"安排"这个词。

二、战略的构成要素

战略必有其构成要素，这些要素的有机结合，构成了一套完整的战略。但不同的企业、不同类型的企业和一个企业在不同的历史时期，战略的构成要素可能是不同的。决定构成要素的是企业的实际需要，而不是战略管理理论所要求的完整性。但作为理论研究，仍然需要给出一般战略所应该包含的要素。

在已有的教科书中，大多是根据上面所提到的安索夫对战略的定义来描述战略的构成要素的，但那四个要素不一定是完整的。本书在四个要素的基础上，结合项保华教授所提出的战略中心命题，给出一般的战略构成要素。

项保华教授对战略中心命题做了如下定义：

$$战略中心命题 = 做什么 + 如何做 + 由谁做$$

他认为"做什么"只是一种规划，是描述一个图景，把这个图景变成现实是要由"如何做"和"由谁做"这两个层面解决的，因为一个无法实施的战略不是一个好战略。本书非常赞同他的观点，但在他的"三部曲"的基础上再加上"一部曲"——如何"确保做好"，这样似乎更完整一些。因为从管理科学的角度来说，并不是建立了目标、制度和明确了责任人就能够保证目标的实现，还需要培育资源、发挥领导的才能、建设优秀的企业文化等。对于战略管理来说，明确"如何做"是明确实现目标的途径和方法；明确"由谁做"是将目标落实到部门、岗位和个人，但这仍然不足以确保目标的实现，仍需要培育资源、发挥领导的才能等，还需要对战略实施过程进行监测和调整——战略的控制过程。

项保华教授引用《伊索寓言》中《老鼠开会》的故事，来说明其战略中心命题的三个层面：老鼠开会商议如何应对猫的威胁，终于想出对策来了：在猫的脖子上挂一个铃铛，猫走到哪里老鼠都可以知道。这真是一个好主意（战略创意），但问题是谁敢去做这件事呢？这是关于"由谁做"的问题。其实接下来还有问题：如果老鼠想尽办法并冒着生命危险给猫挂上了铃铛，又如何保证这个铃铛不被猫摘下来呢？或者，如果猫采取了声东击西的策略呢？这是一个战略控制问题。

基于上述分析，本书把企业战略构成要素归纳为以下几点。

1. 做什么

"做什么"如果按照安索夫的定义，就是决定企业的产品/市场范围，许多学者也把它称为经营范围。如果深入地研究，关于企业做什么应该有三个层次的问题：第一个层次是从一般意义上来说的企业的社会角色，即企业存在的理由，这个问题经济学家早已做了回答。如果从企业伦理学的角度考虑，涉及企业是否承担社会责任的问题。第二个层次是受第一个层次问题的影响，在此基础上考虑企业自身的发展问题，包括企业自己所确定的企业宗旨、使命和长远目标，它的确定对第三个层次有重要影响。第三个层次是企业资源配置的方向，它是从企业所从事的业务的角度来回答企业"做什么"的问题，即业务组合问题。第三个层次是关于企业"做什么"问题的核心，它与第二个层次一起回答了企业应该做什么。

关于"做什么"的问题，可以细分为下列要素。

（1）企业的宗旨或者使命。它是企业和企业家价值观和社会责任感的反映，并且对企业的资源配置方向产生影响。

（2）企业的长远目标。这是在考虑实践企业的使命和资源配置方向的基础上做出的。如果从"定位"的角度来说，它考虑的是企业在社会上的地位和作用以及在市场上的竞争地位。因此，企业的长远目标经常会用定性和定量两种方式来描述。

（3）资源配置方向。资源配置方向就是企业的业务组合。企业长远目标的实现是建立在企业业务发展的基础之上的，业务组合代表了企业资源配置的方向和方式。业务组合包括企业业务组合现状描述、未来调整（进入、增长和缩减、退出）和实现了长远目标的未来组合状况。其中，在决定业务组合时，一定要考虑业务之间的战略协同，因为它是获得竞争优势的重要途径。

强调资源配置的观念可借用经济学的原理。企业从事什么业务有历史"遗传"的原因，当企业在特定的环境下做决策时，必然会考虑已有的物质基础以及知识和经验；另外就是有限资源的最有效利用问题，要实现资源最有效利用这个目标，必须考虑内部资源与外部环境的匹配问题。因此，环境分析首先要解决"做什么"的问题。

根据资源基础理论的观点，资源配置本身可能是形成企业特殊能力的一个重要原因。因此，培养核心竞争力、优化资源配置就可能是一个重要途径。

霍弗（Hofer）和申德尔（Schendel）把资源配置作为企业战略的构成要素。他们认为，资源配置不仅是战略中最重要的方面，而且在确保企业获得成功上也比经营范围重要得多。霍弗在1973年对企业面临的战略挑战和应对的问题进行了研究后发现，当企业面临重大的战略挑战时，大多数获得成功的企业会有三种反应：①企业的经营范围和资源配置都发生了变化；②仅仅是企业的资源配置模式发生了变化；③仅仅是企业的经营范围发生了变化。那些在重大战略挑战面前没有获得成功的企业，一般不会做出上述反应。这说明当企业针对外部环境的变化考虑采取相应的战略行动时，一般都要对已有的资源配置模式加以或大或小的调整。

2. 怎样做

如上所述，环境分析首先要解决企业"做什么"的问题，其次要解决"怎样做"的问题。当在解决后一个问题时，主要是其中的有关竞争对手分析内容在发挥作用，如波特的"五力模型"，然后就是企业与自己竞争。如果从战略的层次上来说，它要比"做什么"低一个层次。它更多地涉及企业的政策、实现目标的途径和方法（如成长路径战略、基本竞争战略）。

解决"怎样做"的问题占了战略管理研究的大部分内容，尽管它并不比决定"做什么"更重要。

解决"怎样做"的问题粗略地概括（详细的内容将在后面的章节中论述）为以下几个方面。

（1）新业务的进入。
（2）老业务的增长。
（3）老业务的缩减与退出。
（4）在业务上如何与竞争对手竞争。其包括基本竞争战略、企业在不同产业组织结构下的一般战略、在不同产业生命周期阶段的一般战略和在不同竞争地位下的一般战略。
（5）为保证长期、短期目标的实现，如何培育与分配资源。
（6）战略协同。研究"做什么"需要考虑战略协同，追求战略协同是为了提高企业的竞争力，因为协同效应可以使企业在一定的资源能力下获得更大的效能。研究"怎样做"也需要考虑协同效应，它主要考虑各项业务的进退、增长与缩减在时间上的协同，因为它涉及企业在某个时间段上各项资源的配置问题，以及各种竞争战略的协同。

3. 由谁做

它涉及组织创新战略以及为战略的实施所需要进行的组织结构变革，还涉及将战略目标实现的责任落实到部门、岗位直至个人。解决战略责任的落实问题，可以与企业的目标管理体系相结合，将战略目标转化成企业的五年规划，进而融入企业的年度计划（年度财务预算），从而将战略目标的实现落实到企业的日常经营管理活动中。

4. 确保做好

确保做好具体包括：培育资源，特别是战略性资源，优化资源配置，不断提升企业内部资源配置的和谐度；发挥领导的才能，将对战略实施绩效的考核激励纳入企业考核激励体系；建立与企业战略相适应的企业文化；建立战略实施过程的监测与控制系统，建立战略支持系统，如战略信息支持系统。

三、战略的本质

上面介绍了战略的多种定义并给出了战略的一般构成要素，若要更深入地了解战略，还需要探究战略的本质。周三多教授在《战略管理思想史》一书中从以下三个方面讨论了战略的本质问题。

（一）战略的基本问题

战略的中心问题是企业的成长方向与自然演化。项保华教授在《战略管理——艺术与实务》一书中类比哲学与宗教，提出战略的基本问题：业务是什么？应该是什么？为什么？

进而他又提出战略理论的本质就是由以下三个基本假设构成的。

（1）企业战略会受到人们对外部环境认识的影响。

（2）企业战略会受到人们对使命目标认识的影响。

（3）企业战略会受到人们对内部实力认识的影响。

鲁梅尔特、申德尔与蒂斯（Teece）在其主编的《战略的基本问题》一书中指出，要回答战略的本质是什么这个问题，必须回答以下几个基本问题。

（1）企业如何行事？

（2）为什么企业存在差异？

（3）集团公司总部的功能与价值是什么？

（4）什么决定企业在国际竞争中的成败？

尤其是前两个问题，关系到战略理论的本质。现代战略思想的主流起源于卡内基学派对企业的行为假设，而拒绝经济学家对企业的个人或集体理性假设。为什么企业存在差异更是战略的本质问题。根据传统的理性与优化思想，企业必然走向统一，但事实上企业千差万别。是市场不完善、信息不对称、因果关系模糊，还是其他原因使这种差异长期持续存在？这些都是战略必须回答的问题。

也有学者认为，战略的本质是企业要适应环境或改变环境。

（二）企业如何行事

企业战略研究的基本单位是单个企业，长期以来，在关于企业如何行事方面，人们的讨论集中在以下有关战略的基本假设方面。

1. 市场条件

关于市场条件，主要是指市场不完善，其中信息不对称尤其重要。

市场条件主要是指以下六个方面的因素。

（1）竞争者数量有限，规模不等。

（2）资源分布不均，不可完全流动。

（3）信息不完善。

（4）产品存在差异。

（5）存在进入与退出成本。

（6）存在交易成本。

2. 企业行为

关于企业行为，主要基于企业所追求的目标和企业行为是有限理性的假设。

（1）企业目标。企业目标包括企业追求生存与发展、是否追求利益最大化以及是否重视利益转换等几个方面。所谓利益转换，包括短期利益与长期利益的转换、局部利益与总体利益的转换。

（2）有限理性。所谓有限理性，是指企业往往会根据不完全的信息做决策，并且企业的决策往往会受到决策者个人情感和利益追求的影响。

传统的经济学假说把企业的行为看成一种利益最大化的理性人的行为。但大多数管理学家对此坚决反对。企业的个人行为可能是理性行为，但企业作为个人的集合就不是利益最大化的理性行为。在现实中,许多企业的管理层根本没有追求企业的利润最大化,而是在一定的利润水平约束下追求自身的效用最大化。这方面的经典理论包括威廉·杰克·鲍莫尔(William Jack Baumol)的销售收入最大化模型、罗比尔·马里斯(Robill Marris)的经理型企业模型以及奥利弗·威廉姆森(Oliver Williamson)的经理自由处置权模型。许多企业疯狂兼并不是为了企业利润最大化,而是为了让总经理有更大的权力。

杰恩·B. 巴尼(Jay B. Barney)指出,把企业看成一个"理性的个人"会把注意力集中到一些大的战略决策上,但企业的成功往往来源于许多小的正确决策。这些小的决策主要是由集体做出的,受企业文化的影响。尼尔森与温特在他们的研究中重视惯例对企业行为的影响,认为惯例往往决定企业的行为。

后来,许多学者应用博弈论来解释企业的行为。博弈论对行为人的假设就是理性人,即具有明确定义的偏好,在给定的约束条件下追求自己的偏好最大化。在博弈中,选手的行为不仅取决于他的偏好,而且取决于他的信息数量与质量。企业的战略行为过程由于受信息的制约,正常的战略行为是尝试性的、逐步适应与逐步演化的。战略行为是相互竞争的企业之间的一种互动。

周三多教授认为,企业的行为在一定情况下受制于管理层的强弱。若管理层由一个独裁的、攻击性强的、具有绝对权威的领导者把持,那么企业的行为就类似一个人的行为,这个企业的行为就类似企业经理人的行为;当企业管理层较民主、领导层较软弱时,企业的行为就更像团体行为,利益平衡就成为企业行为的根本准则。

(三) 企业为什么存在差异

(1) 按照布鲁斯·亨德森(Bruce Henderson)的经验曲线理论,企业之所以存在经营效率上的差异,是因为企业生产的历史有差别。有经验的企业平均单位产品的生产成本要低。因此,效率来源于难以购买、难以复制的无形资产,即"做"了什么远比"知道"什么重要。现代许多学者认为,企业的差异主要源于活动历史的差异,而非资源配置的差异。

(2) 把企业的差异同市场地位与进入市场的时间结合起来,如果市场规模、规模经济以及专用性投资的持久性三者都合适的话,最先投资于专用性资产的企业将能够较长时间主宰这一细分市场。按照波特的观点,企业之所以成功是因为它选择了有吸引力的产业,并在这一产业中取得了有利的竞争地位。因此,企业的成功一方面要选择有吸引力的产业,另一方面要通过成本领先或产品差异化来获得竞争优势。

(3) 因果关系模糊(Casual Ambiguity)或不可模仿(Uncertain Imitability)。学习与模仿是导致企业趋同的重要原因,由于许多成功的因素是难以说清的,有时即使是成功企业,自身也不知道自己为什么成功,因此不可能完全模仿。按照资源基础理论的观点,企业的差异源于企业掌握的资源不同。不同的资源能够带来不同的租金,那些有价值的、稀缺的、难以模仿的、难以替代的资源能够给企业带来竞争优势,因此能够在竞争中取胜。

(4) 由于企业存在不同的信念、不同的价值判断、不同的战略与组织结构以及不同的管理过程,因此企业就会不同。按照威廉姆森的观点,在不同的环境下,导致企业差异的因素不同。在变化缓慢的环境中,个人技能是企业差异的根本因素;在中度变化的环境中,团队协作技能是决定企业差异的核心因素;而在快速变化的环境中,创新与适应能力决定企业的差异。

以本书作者的观点，上述有关战略本质的研究，其核心在于回答一个问题：为什么企业之间会存在差异？如果截取一个时间轴的横截面，可以归纳企业之间的差异无非有两类：①做同样事情的企业之间有差异；②做不同事情的企业之间有差异。

以什么标准衡量差异？这种标准是非常复杂的。可以简化在两个标准上：市场地位（最简单的指标是市场占有率）和投资回报率。以现在衡量企业价值的标准，前者比后者更重要。

是什么造成了企业之间的差异？按照上述学者的观点，理由无非是：①历史；②市场不完善；③企业行为不同。

历史包括历史上的机遇（或者称为偶然因素）和企业过去的行为。历史是不能改变也无须改变的。如果从时间轴的纵向延伸考虑，历史已成为过去，剩下的只需要考虑市场不完善和企业行为不同。

尽管各国政府都在努力地克服市场不完善的问题，但是市场不完善过去存在、现在存在、将来仍会存在。市场不完善对一些企业来说是不利因素，但对另外一些企业来说则是有利因素。无论如何，利用市场不完善或者说尊重市场不完善的现实，使其成为对自己有利的因素，是所有企业追求的目标：处于市场有利位置的企业要不断地巩固和增强这种有利；处于不利位置的企业则要努力改变现状，以使自己上升到有利的位置。

企业行为不同对企业差异的影响是不言自明的，至于是企业高层管理人员的个人偏好与才能决定企业的行为，还是集体理性决定企业的行为无关紧要，尽管可以建议什么类型的企业更适合个人决策和什么类型的企业更适合集体决策。人们关心的是什么样的企业行为能够获得更好的业绩。

无论是利用市场不完善——扩展来说就是利用外部环境，还是决定企业如何行事，都是企业可以控制的行为。要选择恰当的行为以便得到自己想要的企业差异，唯一重要的东西就是运用智慧。

战略的本质是企业智慧与实力两种要素的集合。首先，战略是智慧的运用，即战略管理研究的对象本质上是谋略；其次，企业的战略管理是以实力的增长为基点的。因此可以说，战略的本质是以智慧推动实力增长。企业的成长如果没有智慧的运用，是一种自然成长的过程。这种过程在商品经济发展初期是可能的，而在当前的竞争环境下几乎没有可能。企业智慧的运用如果不是集中在实力增长上，战略就会成为空中楼阁。因此，战略管理的基本思想是以智慧谋求实力增长，以智慧博弈，从而实现企业成长。

以智慧博弈，即无论企业的实力强弱，都应该在竞争过程中充分地应用企业的智慧、人类的智慧，从而达到以小博大、以弱胜强（如果企业弱小的话），或者以更小的代价获取想要的结果（如果企业强大的话）的效果。

四、战略管理的定义

与对战略的定义类似，有关战略管理的定义也有很多。例如，钱德勒将战略管理定义为：决定企业基本的长期目标与任务，制订行动方案，配置必要的资源以实现这些目标。也有学者把它定义为：是制定、实施和评价使组织能够实现其目标的、跨功能决策的艺术与科学。其中，"跨功能决策"是指战略管理致力对市场营销、财务会计、生产运营、研究与开发及计算机信息系统进行综合的管理。还有学者认为：战略管理是一个过程，是一个为实现企业的目标而不断调整自己行动方案的过程。项保华教授把战略管理定义为：让人愉快、高效地做正确的事并取得成果。尽管有关战略管理的定义是多种多样的，但大多数人倾向于"战略管理是一个过程"。这个过程通常被划分为四个阶段：战略分析、战略制定、战略实施和战略控制。这个过程构成一个闭环系统，从战略控制反馈到战略分析。

上述钱德勒的定义是按照战略管理的过程定义的；第二种定义则把过程与战略管理的学科性质结合起来；项保华教授的定义很"超脱"，但寓意深远，本书将对这个定义做一个简短的讨论。

首先，"做正确的事"是战略管理追求的首要目标。它说的是"做什么"的问题，是解决资源配置的方向问题。"做正确的事"是管理科学中的决策科学学派的核心观点。

其次，"高效"地做事是解决"怎样做"的问题，是做事效率的问题，关注的是实现目标的途径、方法和手段。人们通常把它叫作"正确地做事"。

最后，应"愉快"地做事。部分经济学家认为，人类经济活动的终极目的就是人类自身的快乐，它被称为经济学中的快乐法则。让人"愉快"是实施战略管理的终极目的，同时"愉快"也是实现战略目标的重要手段，因为愉快更有利于"高效地做正确的事"。"巧妙"地做事、建设优秀的企业文化以及对战略的激励等，有利于实现"让人愉快、高效地做正确的事"。

本书给企业战略管理下的定义是：确定企业的长远目标，并为实现这个目标安排企业战略性资源的过程。

这个定义是根据战略的内容和战略管理的过程特征给出的。

战略管理首先要依据环境分析确定企业的长远目标，为实现这个目标，企业要决定资源配置的方向和竞争战略，并采取一系列的战略活动。这一系列的战略活动包括战略实施与战略控制过程。对这些战略活动的管理本质上就是"安排"企业战略性资源的过程。所谓"安排"资源，包括分配已有的资源和扩大资源两个方面的含义。其中，扩大资源对战略管理来说具有更重要的意义。"安排"还要考虑战略活动的时间顺序和轻重缓急，其中主要考虑的是维持企业财务平衡和集中优势资源。"安排"还包括对资源配置状况的动态性调整，它是为了增强战略对环境变化的适应性，属于战略控制的范畴。

定义中的所谓战略性资源，是指服务于企业战略活动的那些资源。显然，并非企业的所有资源都属于战略性资源，否则企业的战略管理将混同于企业的日常业务管理，尽管本书强调战略管理要与日常的业务管理相融合。

有学者将企业战略管理与经营管理做了比较，如表3-1所示。

表3-1 战略管理与经营管理的比较

因素	类型	
	战略管理	经营管理
面临的经营环境	动荡（外向性）	稳定
管理范围	整体性综合管理	职能性业务管理
追求目标	企业长期生存、发展及竞争力的提高	短期经营成果和利益
对环境变化的反应	预应式（预先、迅速）	因应式（临时）

(续)

因素	类型	
	战略管理	经营管理
最主要的区别	动态管理，对未来投入和产出的管理	对企业日常进行管理
相互联系	1. 经营管理是战略管理的基础 2. 有效的经营管理是实施企业战略管理的重要前提条件 3. 战略管理为经营管理提供了实施框架	

获取更多的、更有价值的资源并能够高效率地利用这些资源，是战略管理所追求的目标。获取更多的资源是目的，高效率地利用是手段，因为一个企业只有高效率地利用资源，才有可能获取更多的资源。有价值的资源数量加上对这些资源的高效率利用的能力，就是企业的实力。

有价值的资源是指与企业的业务发展方向相适应、具有应用潜力的资源。并非企业的所有资源都是有价值的，有时有些资源可能还是有害的。例如，斯坦福大学工程学院的教授罗伯特·萨顿（Robert Sutton）曾提出了一个"不要混蛋"（No Asshole）的原则，是说一个企业不能容忍一个可能会毁了事业的卑鄙小人的存在。

五、战略管理的重要性

小故事：不必比熊跑得快

从前，有两位在同一产业相互竞争的公司的经理，他们在一次野营中商讨两家公司可能的合并问题。当他们走入密林深处时，突然遇到一只灰熊。灰熊直立起身子向他们吼叫。其中一位经理立即从背包中取出一双运动鞋，另一位经理忙说："喂，你不要指望跑得过熊。"那位经理回答道："我可能跑不过熊，但肯定能跑得过你。"

乔伊尔·罗斯（Jowell Rose）与迈克尔·加米（Michael Jamie）认为："没有战略的组织就好像没有舵的船，会在原地打转。"美国著名未来学家阿尔文·托夫勒（Alvin Toffler）在《企业必须面向未来》一书中说："没有战略的企业就像在险恶的气候中飞行的飞机，始终在气流中颠簸，在暴雨中穿行，最后很可能迷失方向。"许多事实证明，如果对将来没有一个长期的、明确的方向，对企业的未来没有一个适应市场的战略规划，不管企业规模多大，现在的情况多好，都将在这场革命性的技术和经济的大变革中失去生存条件。

认识战略管理的地位和作用，重视企业的战略管理，有助于决策者从琐碎的日常事务中解脱出来，及时发现和解决那些有关企业生死存亡、前途命运的重大战略问题；有助于用战略的眼光将企业经营活动的视野放在全方位的未来发展和广阔的市场竞争中，获得更大的发展。事实证明，强有力地执行一个详细和缜密的战略，不仅是企业取得竞争成功的秘诀，而且是企业管理得卓越的最好的检验标准。

至少可以说，没有战略的企业更容易失败。人们经常会用"失败是成功之母"这句话鼓励自己和别人，这个道理对孩子、科学家、企业家个人来说是对的，但对企业却不适用。因为企业有时是不能经历失败的，一旦失败，企业可能不复存在，就没有机会了。例如，史玉柱可以东山再起，但巨人集团不复存在了；姜伟可以从头再来，但沈阳飞龙早已不在了。

但是，这并不是说，为了使战略管理有效，必须要有一个正规的过程。人们从对企业规划研究的实践中认识到，战略规划的真正价值更多地在于规划过程本身的未来导向，而不在于成文的战略规划。特别是小企业，可以不定期、非正式地进行规划。总经理和为数不多的几位高层经理偶尔聚在一起，就可以解决战略问题，规划未来的行动步骤。

六、战略的利弊

也有学者认为，战略管理固然重要，但这并不意味着实施了战略管理的企业必定要优于没有战略的企业。例如，明茨伯格认为"战略是一把双刃剑"，因为与战略相关的每一种优点，总是伴随着一种缺点。他列举了战略的利弊，如表3-2所示。

表 3-2　战略的利弊

比较因素	优点	缺点
战略确定了方向	战略的主要作用就是为组织绘制出航线，以便组织齐心协力地行驶在市场这个环境中	战略方向也会像眼罩那样遮住潜在的危险。尽管方向很重要，但在有些情况下慢行也许更好。一次前进一点，仔细地观察周围，但不必观察很远，这样就可以随时调整行动的方向
战略注重集体努力	战略促进了行动的协调性，如果不是战略强调集体行动，那么人们就可能朝不同的方向用力，结果必然导致混乱	行动的过度集体化将导致"团体思维"，这就失去了外围眼光，也就失去了其他获得成功的可能性。一个既定的战略会在组织结构中根深蒂固
战略定义了组织	战略给人们提供了理解自身组织的捷径，这条捷径使该组织有别于其他组织；战略提供了理解组织行为的方式和便利手段	过分清晰地定义组织也就意味着过于简单，有时容易模式化，从而丧失整个组织体系的丰富性
战略提供了一致性	战略可以减少模糊性，提供有序性。在这个意义上，可以说战略如同理论：能简化和理解整个世界的认识结构，并能使行动变得更加快捷	通过观察目前所有独立现象的新组合会发现：非一致性是创造力的源泉。每一种战略是偏离现实的简化。战略和理论只是现实在人们头脑中的反映（或抽象）。没有人能触摸或看见战略，因此每一个战略都有可能错误地反映现实或歪曲现实。这就是运用战略的代价

第二节　战略管理的一般过程与内容

战略管理的过程与战略管理的内容密切相关，但并不是战略管理的过程包含了战略管理的所有内容。战略管理的核心内容是前文所谈到的战略的构成要素，除此之外，战略管理还要研究：企业什么时候需要战略管理？如何启动战略管理？谁领导和参与战略管理？战略形成的一般过程是怎样的？

无论怎样定义战略和战略管理，学者对战略管理的过程的理解大致是相同的，只是有些学者将过程描述得粗略一些，有些学者将过程描述得细致一些，其中有些细微的差别。本书也将进行一些讨论。

一、对战略管理的一般过程的描述

周三多教授在其著作中将战略管理过程描述为由七个环节构成：企业使命、企业目标、战略态势分析、战略制定、战略评估与选择、战略实施和战略控制，如图3-1所示。

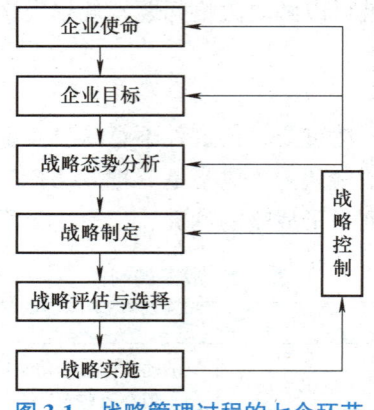

图3-1 战略管理过程的七个环节

邹昭晞教授在《企业战略分析》一书中将战略管理过程划分为三个阶段：战略制定、战略实施和战略评价，并给出了其对应的大概内容，如图3-2所示。

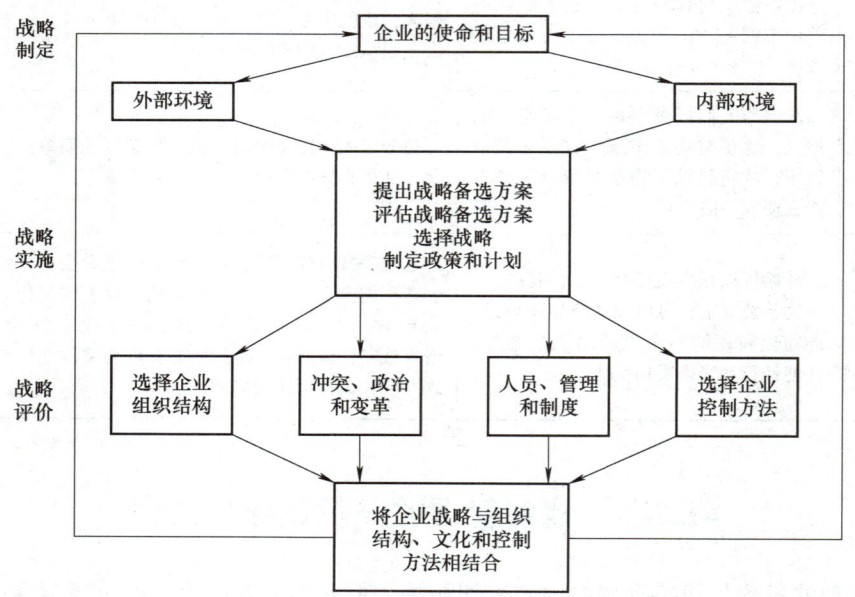

图3-2 战略管理过程的三个阶段

从图3-1和图3-2中（其他大多数过程图都是如此）可以看出，环境分析是在企业确定了使命和目标之后进行的，其实在很多情况下未必如此。在以下两种情况下，企业使命和目标的确定与环境分析是相互交替的：一种情况是企业从来没有明确过使命和目标，使命和目标要在环境分析之后才能确定；另一种情况是企业在既定战略下运行一段时间后，感觉到需要重新定义企业的使命和目标，也需要在环境分析之后才能对它们做出调整。

本书将战略管理过程划分为六个环节，它们按顺序进行，分别为意识到战略问题、环境分析、提出备选方案、对备选方案进行评价、战略选择、战略实施与控制，并且它们不是一个直线过程，是一个循环过程。详细论述见第十章第三节。

在以往的战略著作中，人们更多地按环境分析、战略制定、战略实施、战略控制的环节来描述战略管理的过程。本书所描述的六个环节与它们是相通的，只是在每个环节的内容划分上有所不同，而且从"意识到战略问题"开始，采用的是问题驱动型的管理方法。

二、战略管理过程与基础理论

战略管理过程实际上就是战略思维过程。这个过程中的不同环节对应或者应用不同的基础理论（战略管理学派），各个环节的结合也就是各种不同学派理论的综合。从以下几个方面说明。

1. 外部环境分析——基于产业组织理论

内外部环境分析的首要目的是确定"做什么"，同时它也对后面的环节产生重要影响。外部环境分析建立在"外部因素对企业绩效有重要影响"假设的基础上，是基于产业组织理论的。同时，外部环境分析也基于匹配理论。现在应用非常广泛的 SWOT 分析，也必须以环境分析为前提。

2. 内部环境分析——基于企业资源基础理论

内部环境分析坚信"企业内部资源决定企业的成败"假设，是基于企业资源基础理论的。同时，它也是应用 SWOT 分析的前提。

3. 综合因素分析——基于理论的综合

决定企业"做什么"和"怎样做"，通常都是在综合考虑了外部环境的机会、威胁与内部环境的优势、劣势之后做出的。后面将会陆续提到内外部环境因素的综合评价方法、SWOT 分析、战略方案评价方法等，它们都综合利用了各种理论。

4. 战略评价与选择——基于战略的独特性

独特性是"好"战略的最突出的特征。在战略形成过程中，人们可以在给出的基本竞争战略或者一般战略中做选择（这些战略就是供选择的），也可以在它们的基础上将其组合和变形，也可以提出没有列举的战略。无论如何，都需要检测战略的独特性。

如果企业按照战略管理的理论制定战略（当然希望是这样），是一种逻辑性思维的战略制定过程，那么处于相似环境中和具有相似内部资源的企业很有可能选择相同或者相似的战略，战略学家称其为"战略趋同"。战略学家认为，如果许多企业战略趋同，那么它们都等于没有战略。因此，在战略的评估与选择阶段一定要考虑战略的独特性。当然还要考虑战略的其他特征。

战略管理过程与内容相互对应，战略管理的内容之间也是相互联系的，它们之间存在特定的逻辑关系。有关战略管理的核心内容将在本书第四章之后按照战略管理的过程顺序详细论述。

三、意识到战略问题

意识到战略问题是战略管理可能的开始。

对战略管理而言，企业无非有三种情况：①有战略，正在实施中；②有战略，但没有实施或者不能确定是否在实施；③没有战略。

所谓有战略，典型的情况是企业经过正式的战略研究过程并形成了战略研究报告，无论这个研究过程是企业自己完成的，还是委托咨询公司完成的，或者是两者的结合。存在这样的情况：企业高层曾经通过会议讨论或者个人思考明确了战略，但没有落实在文字上，这也可以说有战略。

所谓没有战略，就是企业没有认真地思考过战略问题，不能够比较完整地回答战略构成要素中所列举的一些基本问题。

有战略当然是意识到了战略问题。对上述第一种情况，企业的战略控制活动可以决定是否启动战略管理。

对上述第二、三种情况，企业就要审视自己是否面临战略问题，并决策是否需要启动战略管理。

意识到战略问题和是否启动战略管理取决于两种力量：①战略自觉；②战略被动。战略自觉来源于企业内企业家的发展意识、创新意识和危机意识。它不是在决策相关者和外部环境压力下产生的，否则就称为战略被动。

审视战略问题并决策启动战略管理无非取决于两种情况：①对现状不满；②对未来忧虑。

上述两种情况只有当意识到战略问题时，才有可能启动战略管理。对战略管理而言，在对现状满意的情况下能够产生对未来的忧虑是非常重要的，因为它通常难以做到。

美国南佛罗里达大学的 J. 戴维·亨格（J. David Hunger）和托马斯·L. 惠伦（Thomas L. Wheelen）在他们合著的《战略管理精要》一书中指出："为什么如今的公司经理必须对公司实施战略性管理？他们不能仅仅根据常规、以前的经验或简单的趋势类推来制定决策。相反，在规划组织目标、制定战略和设立政策时，他们必须着眼于未来。他们一定要跳出在会计、营销或财务等职能和运营领域所受的训练和已有的经验，从而统观全局。"公司经理必须经常乐于回答下列三个关键战略问题。

（1）企业现在处于什么位置（绝不是管理层所希望的位置）？

（2）如果不加改变，1 年、2 年、5 年或 10 年后企业将处于什么位置？对这个结论可以接受吗？

（3）如果不能接受，管理层应该采取哪些特别措施？由此会带来哪些风险和回报？

该书还提到了明茨伯格的发现："一般来说，战略形成不是一个定期、连续的过程，它常常是一个不定期的、不连续的过程，在适配与冲动之中进行。在战略发展过程中，既有稳定时期，也有变化、摸索、局部变迁、全球变迁时期。"这种将战略制定视为不规则过程的看法，反映了人们倾向于持续一个特定的行为过程，直至遇到错误，或者被迫置疑自己的行为。许多大企业倾向于在 15~20 年的时间里保有同一个特定的战略方向，然后再做出方向上的重要改变。如果在这么长的时间里不想调整已有战略，必须有一些冲击，以促使管理层郑重地重新评价企业的处境。

下面一些事件可能会引发战略变革，它们被称为战略触发事件。

（1）新任首席执行官。通过提出一系列令人发窘的问题，迫使人们去寻找企业存在的真正意义。

（2）外部机构的干涉。例如，银行突然拒绝同意给予新的贷款，又突然要求全部归还原来的信贷。

(3) 所有权变更的威胁。例如，其他企业可能会通过购买企业的普通股发动一场收购战。

(4) 管理层意识到业绩差距。

上述事件中，除最后一种外，都属于战略被动事件。

四、战略管理主体

战略管理主体是指战略管理活动的参与者。战略管理主体具有多层次性，不同层次的人员在战略管理中发挥不同的作用。战略管理主体的管理能力和参与程度对战略管理的绩效具有重要影响。克劳塞维茨曾说过："在双方军队参战之前，战争的胜负已经可以从双方的战略家身上看出来了。"

一般来说，企业的高层管理者，如董事会成员、高级经理层是战略的决策者，其他层次的人员主要是战略的建议者和执行者。一些大的企业可能设有专门的战略管理部门，如战略发展部，该部门是战略管理活动的主体，但它只是提供战略制定所需要的信息或提出战略建议和监测与考核战略的实施，并不是战略的决策者。

（一）战略管理主体的构成

一般来说，企业战略管理主体可以包括企业的董事会、高层经理、中层管理者、战略管理部门、非正式组织领导者、企业智囊团。其中最主要的是董事会和高层经理。

1. 董事会

在国外，董事会已经从非正式化逐渐发展到正式化，企业董事会的成员变得更加年轻化和专业化了。相当多的董事会是由企业高层经理、其他企业的高级经理、银行家、律师、著名学者甚至工会领导人构成的。此外，企业董事会的法律责任更加明确了。法律要求董事会对企业表现出"应有的关心"，否则由此造成的企业和股东利益的损失要由董事会承担责任。在我国，随着法人治理结构的不断完善，董事会在战略决策中的作用也越来越重要。

从企业战略管理的角度来说，企业董事会的主要任务如下。

(1) 提出企业的使命和长远目标，为企业高层管理者制定战略确立具体选择范围。

(2) 审批企业高层管理者的建议、决策、行动，为他们提供建议与参考意见。

(3) 董事会通过其委员会监视企业内外部变化，提醒企业管理者注意这些变化将会给企业带来的影响。

虽然企业董事会包括的成员在参与企业战略管理的程度上存在较大差异，但是作为一个整体，企业董事会都要完成上述三项任务。一般参与企业战略管理程度高的董事会都会认真完成这三项任务，例如每半年或一年召开一次董事会，研究企业长期发展战略。

2. 高层经理

随着所有权和经营权的日益分离，企业管理者已经不是企业的所有者了。现在大多数企业的高层经理（也可称为高层管理者）是具有一定领导水平和专业水平的职业经理。他们在企业战略管理中不仅要靠职权，而且要靠自己的影响力和专业能力来发挥作用。企业高层经理一般包括企业正副总经理和事业部正副经理，他们利用企业规划部门、事业部门、职能部门的信息，参与制定企业战略，组织实施战略。

3. 中层管理者

受现代管理思想的冲击，越来越多的企业高层经理认识到中层管理者在企业战略管理过程中的重要性。因为真正了解企业问题和机会的人是中层管理者，实施企业战略的还是他们。因此，许多大企业把企业决策权下放给中层管理者，尤其是分厂或分公司的管理者。

但是，企业中层管理者也有其局限性。

（1）对战略管理方面的理论和技术掌握不多。

（2）限于工作范围和利益，很难站在整个企业的高度提出问题和进行决策。

（3）可以用于战略思考的时间有限。

尽管如此，中层管理者由于在企业中负责某一具体领域的工作，他们是其所负责领域的专家，在这些领域中，他们的意见是极为重要的。企业高层经理对企业重大问题的看法得益于他们在各方面极有价值的意见。企业高层经理的决策意见往往是在归纳、分析、概括中层管理者建议与观点的基础上形成的，许多战略方案是集体智慧的结晶。企业战略一经批准，中层管理者就成为这些领域的具体战略、政策、措施的制定者和实施者。

4. 战略管理部门

战略管理部门是承担战略管理职能的专设机构，通常被命名为战略规划部或者战略管理部，它通常由企业董事长直接领导。战略管理部门负责企业的日常战略管理工作，因此只有大型企业，如大型的集团公司，才需要设立这样的专业职能部门，因为只有它们才有日常的战略管理活动，保证该部门有足够的工作负荷。也就是说，一般小企业的战略管理并不是日常活动，只是间断式的、周期性的战略管理。

大企业制定战略可以在董事长或者总经理的领导下由战略管理部门研究或者起草战略方案，也可委托第三方（如企业智囊团）为企业研究战略和起草战略方案，期间由战略管理部门组织、配合和参与。无论采取怎样的战略制定方式，战略的实施与管理都是战略管理部门的日常工作，包括企业内外部环境信息的收集、梳理，战略控制过程中的监测，战略管理信息的反馈等。

5. 非正式组织领导者

企业是一个包括许多子系统在内的正式组织，但也有各种非正式社会系统存在。这些非正式团体对企业战略的制定具有重要影响。这种影响的大小同时取决于企业正式领导者的领导方式和非正式组织领导者的影响力。在决定企业使命、目标、战略和政策的过程中，企业内部总是有各种不同的意见，这些意见反映了企业内部的各种不同利益。最后，战略制定的过程变成各种利益集团讨价还价的过程，而经妥协产生的决策往往是次优的。

因此，如果企业管理者能够重视非正式组织领导者，通过与其充分沟通，或采取其他有效措施，使非正式组织领导者参与到企业战略管理中来，支持企业战略的制定、实施和控制，将有助于企业战略管理的成功。

6. 企业智囊团

企业智囊团包括企业长期聘请的战略咨询专家，他们有时可以构成企业的常设机构，如专家组，还包括企业聘请的专业咨询机构。大企业可以采用这两类智囊团，中小企业则更多地采用后一种方式。

无论企业规模大小，聘请专业咨询机构都是可以选择的方式。其中最重要的意义在于，企业可以在交流中学习到很多东西，有利于培养人才。为了取得更好的效果，企业方面的人员要积极参与其中，因此最好采用合作研究战略的方式。

很多企业领导者认为自己经营企业多年，是行业内的专家，对自己的企业最了解，不需要咨询外部专家。其实，这未必是聪明的想法。自己了解行业和企业是好事，但不足以制定战略，并且自己所谓的了解，有可能是误解；即使不是误解，也可能看问题不全面。还有一种可能，领导者对一个行业和企业"陷入"得越深，越难发现新的机会或者洞察到潜在的威胁。因此，"借力"——借助于外脑是一种智慧的选择。

（二）战略管理的领导模式

有专家根据董事会与高层管理人员之间对战略管理过程介入程度的不同，将企业对战略管理的领导模式分成四种，如图3-3所示。

1. 无人负责战略管理

在这种情况下，董事会与高层管理人员都很少介入战略管理。董事会对企业战略管理放任自流，等待高层管理人员提出战略方案。高层管理人员安于现状，或者认为现有的战略不错，没有必要再思考战略问题。实际上，在这种情况下不存在战略管理，是企业应该避免的一种情况。

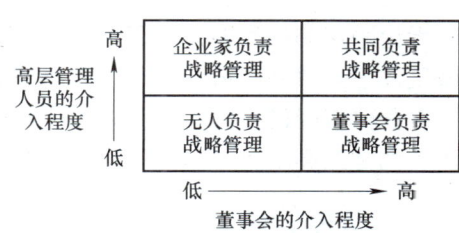

图3-3 企业对战略管理的领导模式

2. 企业家负责战略管理

在这种情况下，董事会不介入战略管理过程，而是放手让高层管理人员管理企业，对高层管理人员所提出的战略方案一概批准。因此，高层管理人员个人或高层管理人员小组集体对企业运行及战略起决定作用。这种情况的出现，可能是由于高层管理人员强有力而董事会相对比较软弱，也可能是由于高层管理人员做主而董事会处于其控制之中。

3. 董事会负责战略管理

高层管理人员主要关心日常运行，董事会直接插手企业的战略决策过程，战略管理控制在董事会手中。这种情况的出现，可能是董事会中的关键董事不愿放权给高层管理人员，也可能是高层管理人员离职或解聘而还未有合适的人选，还可能是高层管理人员本身有临时观念，不太关心企业战略问题。

4. 共同负责战略管理

从集思广益的角度来看，共同负责战略管理可以被认为是一种最有效的战略管理形式。董事会与高层管理人员紧密合作，积极介入战略管理过程，这样可以促使董事会对企业长期利益的关心与高层管理人员对企业短期运行的关心更好地结合起来。这里影响战略管理有效性的关键在于董事会与高层管理人员两者之间应在什么程度上实现共同参与。

五、战略决策程序

谁参与战略的制定、参与人的角色和战略决策程序，构成了一个企业战略管理的模式。

战略决策程序可以划分为三种类型：自上而下的决策过程、自下而上的决策过程和上下反复沟通的决策过程。

自上而下的决策过程是指企业少数高层管理人员不经过广泛讨论就形成决策。

自下而上的决策过程是指企业中层和基层管理人员经过广泛讨论，经由企业专门的战略管理部门、高层指定的部门或人员汇总后形成战略建议，再经过高层批准后形成决策。

上下反复沟通的决策过程是指不同层次的人员共同参与战略的制定过程，是一个自上而下和自下而上的反复沟通过程。一般认为这种类型是最好的决策程序，但对战略管理来说，也不尽然。如果企业倾向于这种类型，还需要选择：是由高层先形成一个方案交由下面补充和完善，还是先由下面研究出一个初步方案再由高层修改和完善？这两种程序如果从"反复"的过程来看，似乎没有差别，但事实上差别会很大：前者有利于意见迅速集中，但可能会限制下面的想象力；后者会延长决策的周期，并且同样会限制高层的想象力。

上述三种类型不能简单地说哪种更好或者更差，事实上它们都有合理的成分，都有存在的理由。选择哪种类型取决于战略问题的复杂程度，高层与中层、基层管理人员的素质及他们之间的差异程度，企业战略管理的基础，以及企业进行重大决策的习惯。

无论采用哪种类型，特别是当企业采用上下反复沟通的决策过程时，有一个问题需要引起特别注意：战略决策不同于企业业务决策，"集思广益"不一定得到好的战略，也许会相反。曾国藩曾经说过："利可共而不可独，谋可寡而不可众。"特别是战略之谋，做别人意想不到的是最高境界，因此不需要"众人"认可。

六、战略管理中的一些重要概念

1. 使命

一个组织的使命就是其目的，也就是它存在的理由。使命表明企业为社会提供什么。良好构思的使命陈述能够使企业明确一个最基本的、独特的目的。它把本企业与其他企业区别开来，规定企业提供的产品或服务的范围以及服务的市场。它不仅包括企业现在是用什么词句描述的，也要说明企业想成为什么，即管理层对企业的战略远景的描述；它既要促进员工建立共同远景，也要树立企业的公众形象，与企业所处环境的各利益团体沟通。使命陈述能反映企业是谁、在做什么。

企业使命的陈述举例

奥的斯电梯公司：成为一家以客户为中心、以服务为导向的世界级企业。

微软公司：予力全球每一人、每一组织，成就不凡。

石家庄制药集团：做好药，为中国，善报天下人。

TCL 科技：科技领先　和合共生。

华为：把数字世界带入每个人、每个家庭、每个组织，构建万物互联的智能世界。

小米：始终坚持做感动人心、价格厚道的好产品，让全球每个人都能享受科技带来的美好生活。

使命的定义可宽可窄。广义的使命陈述是关于企业在做什么业务的模糊的、一般性的陈述。一个广为流传的例子是"服务于股东、顾客和员工的最大利益"，以及海尔集团的口号"真诚到永远"。像这样宽泛地定义企业使命的好处是，企业的业务和产品领域不会受到限制；坏处是不能明确企业的重点产品和市场领域。相反，狭义的使命陈述把企业的活动范围限制在某些产品或服务领域，甚至包括采用的技术、服务的市场。这种定义方式虽然可以明

确企业的重点产品和市场领域，有利于传播企业的市场定位，但当企业要扩展业务领域或者实施战略变革时，会受限于这种狭窄的定义。

一般来说，企业在规模较小、处于创业初期、业务比较单一时，倾向于将企业使命定义得狭窄些；否则，将企业使命定义得宽泛些。

2. 目标

目标是所规划行动的最终结果，表达出到什么时间尽可能保质保量地完成什么任务。实现一系列企业目标，就可以完成企业使命。

目标往往会与企业的定位相联系，有时定位就是一种目标。例如，企业的目标是"要成为产业内最大的企业"，它更多的是一种定位，但这种定位是与销售额和市场占有率目标相联系的。

下面给出了几个知名企业的目标（目标通常是多项子目标组成的一个目标体系）。

目标体系举例

3M 公司：3M 的可持续发展目标被整合在战略框架的三大支柱中——科技赋能循环经济、科技赋能气候、科技赋能社区。依托 3M 的全球优势和多元技术，我们运用专业知识在三大支柱内立下雄心壮志，以期塑造可持续的未来。

达美乐比萨：达美乐是一家目标激发、业绩驱动的公司，拥有杰出的员工，他们致力于通过制作一份比萨来发挥无限潜能。

福特汽车：实现整体业务的增长，运营管理优化，进一步提升产品品质和客户满意度，延续8%的息税前利润目标，并为汽车业务保有充足的现金流。

特斯拉公司：加速世界向可持续能源转变。

中国南方航空：建成具有一定全球竞争力的大型航空运输企业，到2035年全面建成世界一流航空运输企业，成为行业领军者，实现产品卓越、品牌卓著、创新领先、治理现代。

目标的设立可以考虑多方面的因素，下面是外国学者给出的适用于外国企业设置目标时可以考虑的10个方面。这些方面大多数对我国企业来说也是适用的，但可能还不够全面。例如，对地方性企业和国有企业来说，可能还包括为地方经济发展做贡献、振兴民族经济、增加就业等目标。

设立目标的10个方面

获利性（净利润）

效率（低成本等）

成长性（总资产、销售额等的增长）

资源使用效率（ROE）或投资回报率（ROI）

声誉（被认为是"顶级"企业）

对员工的贡献（员工福利、工资、个人成长）

对社会的贡献（税收、慈善事业、提供需要的产品和服务）

市场领先（市场份额）

技术领先（创新、创造性）

生存（避免破产）

3. 政策

政策是把战略制定与战略实施连接起来指导决策的指南。企业运用政策来确保所有员工的决策和行动支持企业使命、目标与战略。

著名企业的政策举例

3M 公司：研究人员必须把 15% 的时间用于他们主要承担的项目之外的事情（这项政策支持 3M 公司采取强产品开发战略）。

英特尔公司：在产品遭到竞争对手封杀之前，自己用更好的产品来替代（廉价出售现有产品）（该政策支持英特尔公司领先的目标）。

通用电气公司：通用电气公司在其任何竞争领域都必须是第一或第二（该政策支持通用电气公司成为资本市场的第一）。

政策是战略实施的工具，它为奖励和惩罚员工行为的各种管理活动设立了边界、约束与极限。政策还明确了企业在追求其目标时可以做什么和不可以做什么。

具体来说，政策在引导战略从制定到实施的过程中的作用如下。

（1）政策作为行动指南，可以对企业内部各类战略实施行动与操作起到标准化与制度化的作用，以保证企业各项活动都能纳入保证企业战略有效实施的轨道。

（2）政策作为决策依据，可以对企业拟采取的行动方向与类型起到约束与规范的作用，以保证企业战略实施能够按照企业使命与目标的要求运作。

（3）政策作为组织规范，使企业对战略实施的影响更具规则性、稳定性、可靠性，从而进一步保持企业行为与战略行动的一致性，减少决策的随意性。

（4）政策作为企业文化的一部分，帮助形成具有特色的企业内部工作环境，将企业经营理念转化为看得见、摸得着的该如何做事、如何待人的行为标准，从而对做好企业文化与战略的匹配工作起重要作用。

为了成功地实现战略目标，企业的每个职能领域，如研究与开发、生产、财务、销售、后勤等都要建立相应的职能政策，即开展各种职能活动的行为规范。

第三节　战略管理学科的发展

本书第一章讲到了战略思想产生的背景，从战略思想到战略管理经历了很长一段时间，到形成战略管理学科也经历了一个过程，再到这个学科成熟，还需要较长的时间。

一、战略管理学科的产生

虽然直到 20 世纪 60 年代战略思想才被明确地运用到企业中，但 1908 年建立的哈佛商学院（Havard Business School）早就提出，经理人应被训练得具有战略思想，而不应仅仅是职能管理者。1912年,哈佛大学开办了一个两年制的课程"业务战略",这一课程综合了职能领域的各方面知识,如会计、运营、金融,目的就是让学生认识到企业执行官所面临的各种战略问题,并于1917年提出,任何业务单位的问题不仅与部门内部其他问题相关,也与整个集团密切相关,几乎没有什么问题是纯粹的部门内部问题。这就使得各部门的战略必须置于企业统一战略之下。

在20世纪50年代早期,哈佛大学"业务战略"课程的两位教授——小乔治·艾伯特·史密斯(George Albert Smith, Jr.)和C. 罗兰·克里斯坦森(C. Roland Christenson)鼓励学生去研究为何企业战略要与竞争环境相适应。

20世纪50年代晚期,另一位哈佛大学"业务战略"课程的教授肯尼士·安德鲁斯(Kenneth Andrews)拓展了战略思想,提出"任何一个企业组织、部门甚至成员,都应目标明确,并使目标按既定方向执行,防止目标偏离方向"。和通用汽车公司首席执行官阿尔弗雷德·斯隆(Alfred Sloan)一样,安德鲁斯认为,经理人的首要职责是管理监督企业和企业环境的发展变化,并对其进行修正以努力实现目标。这一结论是从安德鲁斯所准备的授课案例"瑞士钟表匠"中得出的。由案例能看出,在钟表产业,企业不同的战略带来显著不同的业绩。这种专题研究授课中穿插企业案例的形式,迅速演变成了哈佛大学"业务战略"这一课程的基本授课形式。

20世纪60年代,各商业院校课堂讨论开始聚焦于企业的优势与劣势,聚焦于市场的机会与威胁。这一讨论形成了后来的SWOT分析。1963年,在哈佛大学举办了"业务战略研讨会议",这助力了SWOT思想在学术界和管理实践中的传播。可以认为,20世纪60年代,战略管理学科在西方已经开始形成,尽管它还很不成熟。

20世纪60年代,由于科技的快速发展和需求的多样化趋势,企业战略的复杂性增加了,企业需要更多的精确手段去评定、比较不同的业务。由于各商学院的专家们认为只有依据众多案例,才能很好地解析不同业务的不同特性,所以各企业开始在别处寻求满足他们制定战略标准化方法的需求。1963年,斯坦福研究所(Stanford Research Institute)研究发现,美国的很多大型企业建立了自己正式的计划部门,其中一些企业为此还做了精心准备。

通用电气公司(GE)在研发计划职能方面一直处于领先地位,其积极借助商学院的人力资源对员工进行培训,同时还于20世纪60年代凭借自身力量研发了基于计算机技术的精确的"利益最大化模型"(Profitability Optimization Model, POM),以分析识别对投资各业务所获收益影响最大的因素。在那个时期,和许多企业一样,GE也寻求过咨询公司的帮助,而这些咨询公司的顾问也在计划、预测、推理、长期研发等方面给出了建议。这可以被认为是战略管理实践与战略咨询业务的开始。

二、战略管理学科与其他学科之间的关系

企业战略管理研究的对象是企业,研究企业成功(或失败)的原因和过程。与其他工商管理学科不同,战略管理学科着重从董事长和总经理的角度把企业视为一个整体来进行研究。战略管理学科与基础学科、其他管理学科、咨询机构和企业的关系如图3-4所示。

图3-4中的关系反映了战略管理是一个比其他管理学科更高度综合的学科,它以各个其他管理学科为基础,同时对其他学科又具有指导作用。从实践的角度来说,战略的成功依靠各个管理职能的发挥,同时各个职能又要按照战略的要求去增强和发挥其职能。

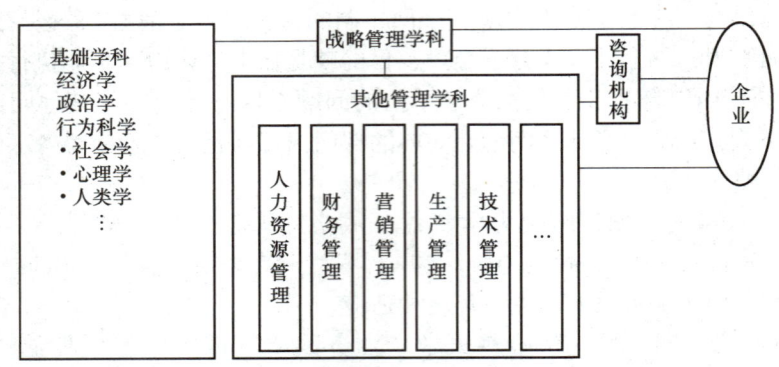

图 3-4　战略管理学科与基础学科、其他管理学科、咨询机构和企业的关系

三、战略管理学科的研究现状

影响一个企业成功与否的因素极其复杂，尤其其中有人的因素，因此战略管理和其他管理学科一样，具有科学与艺术两个方面的性质。

目前，战略管理作为一门学科已逐步趋于成熟，但尚未形成统一的研究范式。早期提出的战略管理学科的研究框架是：业绩（Performance）-内容（Content）-过程（Process）模型（P-C-P 模型），如图 3-5 所示。

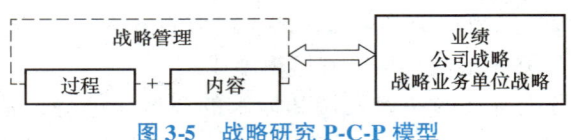

图 3-5　战略研究 P-C-P 模型

在 P-C-P 模型中，业绩是企业战略管理的出发点和最终归宿。按照战略管理研究的不同着眼点，企业战略分为公司战略和战略业务单位战略两个层次。公司战略旨在获取并保持公司优势；战略业务单位战略旨在获取并保持竞争优势。

战略管理研究的内容分为两个领域：战略内容和战略过程。战略内容旨在揭示什么因素构成了企业的竞争优势；战略过程旨在描述企业战略是如何形成、如何实施的。

战略内容研究的是企业的战略选择与企业业绩之间的关系，是解释性的；战略过程研究的是战略如何形成并得以实施的问题，是描述性的。

近些年来，战略管理研究的理论视角，经济学领域占到一半以上，社会学领域接近一半，且后者有上升趋势。目前来看，用单一理论解释战略管理的复杂现象和决策过程显得不够，而借助不同的理论视角似乎更具有说服力。

目前，企业治理结构、创业和战略联盟是国内外学者研究的重点。企业治理结构的理论、交易成本理论的发展、对企业动态能力的研究和在不确定条件下企业决策的实物期权理论的研究进一步丰富了战略管理学的内容。企业治理、知识与创新以及企业战略是现在战略管理涉及最多的三个领域，网络战略（包括联盟和合资企业）以及竞争战略也较为热门，而创新、联盟以及高管团队（Top Management Team）是国际战略管理领域研究最多的三个细分领域。

从国外的研究成果来看，战略研究针对大企业的多，针对中小企业的很少。由于我国学者对战略的研究还主要处于学习西方战略管理理论的阶段，因此也存在这个问题。但我国拥有大量的中小企业，更重要的是，我国企业所面临的问题更多的是如何实现符合创新、协调、绿色、开放、共享理念的高质量发展，如何从中小型企业转变成大型跨国企业，因此针对中小企业的战略研究亟待加强。

目前，我国很多学者将我国传统的军事战略理论、军事斗争的案例和哲学应用于企业战略管理理论研究中，取得了很多成果，只是还没有哪个成果得到普遍认可和广泛传播。

四、战略管理的发展趋势

早在1994年，伦敦商学院的哈默与密歇根大学的普拉哈拉德在《竞争大未来》一书中，就曾概括过未来战略管理的一些特征，提出了新的战略范式。其中下面一些结论特别值得注意。

（1）以往以资源分配为战略，未来以资源积累和利用为战略。
（2）以往注重在现有产业结构内竞争，未来为塑造新的产业结构而竞争。
（3）以往为产品领先地位而竞争，未来为核心竞争力领先地位而竞争。
（4）以往作为单个实体参与竞争，未来作为联合体参与竞争。

上述四个方面已经成为现在战略管理理论的核心观念，并已经转化为企业的战略管理实践活动，并且仍将是今后战略管理的发展方向。

在上述基础上，本书还归纳了企业战略管理的一些新的发展趋势。

1. 企业战略管理中的国际化倾向

经济全球化时代已经到来，不管是发达国家的企业还是发展中国家的企业，都应该或者说不得不站在全球化的角度思考企业的发展问题。发达国家的企业需要发展中国家的原材料和市场，发达国家企业之间的合作范围将越来越广泛，关系将越来越密切，与此同时，竞争也将越来越激烈。像我国这样发展中国家的企业，不仅像以前那样需要国外的技术，也需要国外的原材料和市场；不仅要与发达国家的企业竞争，还要与同样的发展中国家的企业竞争。因此，国际化战略在企业战略管理中的地位变得越来越重要。

2. 企业战略管理中的专业化倾向

由于战略管理在企业管理中的地位日益提高，越来越多的企业设置了从事企业战略管理的专业人员或专门化的战略规划部门，协助企业家进行战略管理，其主要工作是为企业家充当参谋的角色、调查研究、分析趋势、制订方案供企业家选择和决策。由于战略问题随着企业经营环境的变化而日趋复杂，这种专业人员和专业机构的智慧作用也正变得更加重要。

3. 先进的技术和手段将得到广泛运用

由于影响企业战略决策因素的复杂性和快速多变性，需要借助先进的技术和手段解决复杂的决策问题，各类数学分析模型、统计调查方法、电子通信设备、电子计算机、网络技术、电子商务技术、大数据技术、人工智能（AI）技术等，将被广泛应用于战略管理。这也给企业的组织结构带来了深刻的影响，传统的以直线式信息传递为基础的金字塔或矩阵型企业组织结构模式正在向以网络化信息传递为基础的扁平型/松散型的弹性组织结构转化。

4. 战略更加关注长期成长

虽然增强盈利能力仍然是企业战略所追求的一个战略目标，但企业对短期利益的追求将越来越让位于对长期成长目标的追求。为了实现企业的长期发展目标,许多企业家将不惜牺牲眼前的利益。关注长期成长常用企业价值的可持续增长来描述,而企业价值被看作盈利性、成长性和风险三个变量的函数。因此,寻求这三者之间的平衡越来越成为企业战略管理追求的目标。

5. 战略研究的理论与方法更加丰富

多理论的交叉与融合是一种趋势,也就是所采用的理论与方法越来越趋向于综合,包括内部综合——理论学派之间的综合;外部综合——不同学科的交叉综合。例如,战略管理中企业生态系统合作演化理论,将生态学引入企业战略管理之中;社会学的被引入,以至于形成了一个学派——社会组织学派;社会学理论的被引入,形成了社会网络方法(Social Network)。此外,以孙子兵法为代表的我国的兵法战策和我国古老的哲学思想将被广泛应用于战略管理的研究,未来可能会在战略管理理论中占有重要的地位。

思 考 题

1. 战略的构成要素有哪些?
2. 战略的本质问题包含哪几个方面?如何衡量企业之间存在的差别?
3. 什么是战略管理?简述它与企业其他管理活动的联系和区别。
4. 如何理解战略管理对企业的重要作用?
5. 简述企业实施战略管理的优缺点。
6. 简述战略管理的一般过程。
7. 企业的战略管理情况有哪几种?意识到战略问题并启动战略管理取决于哪些因素?
8. 战略管理主体的构成包括哪些?
9. 什么是企业使命?试列举一些你所知道的企业的例子。
10. 什么是企业战略目标?设立目标时应考虑哪些方面?
11. 什么是政策?政策在战略管理中有什么作用?
12. 当前战略管理研究的热点领域有哪些?
13. 战略管理有哪些发展趋势?

第二篇 战略分析

知己知彼，百战不殆；不知彼而知己，一胜一负；不知彼，不知己，每战必殆。

——孙子

无论是基于怎样的战略管理理论，也无论是要解决企业做什么或者如何确保做好的问题，环境分析都是重要的。战略管理中的环境通常被划分为企业宏观环境、任务环境和内部环境三个层次。其中，前两个层次的环境又统称为企业外部环境。以战略管理为目的的环境分析通常被称为战略分析。

无论企业做什么战略决策，都必须建立在对环境分析的基础上。环境分析贯穿了企业必须适应外部环境，抓住外部环境的机会，避免外部环境的威胁，以及发挥企业优势的战略思想。

第四章

宏观环境分析

企业的外部环境被分为宏观环境和任务环境两个层次。如果企业属于集团公司里的一个子公司，或者战略联盟组织中的一个成员，那么也可以将集团公司或者联盟组织的战略作为企业的外部环境来分析。

第一节　环境分析原理

进行环境分析，一要明确环境分析的意义，使分析的环境要素和方法符合战略选择的目的；二要知道各种环境要素以及它们的层次性；三要掌握进行环境分析的方法。

一、环境分析的意义

早期管理学研究中的重要代表人物切斯特·I. 巴纳德（Chester I. Barnard）在其组织理论中就提出，一个组织要存在和发展，必须适应环境的变化，组织目标也必须随环境做适当的变更。从管理学原理来说，适应环境是企业生存和发展的前提。企业生态理论也强调，企业必须适应其所处的环境，并要随环境的变化而进化。

从企业系统理论来说，任何一家企业都不是孤立存在的，总是要与其周围环境发生物质的、能量的和信息的交流与转换。离开与外部环境的交流和转换，企业将无法生存和发展。换句话说，企业的生存和发展会受到其所处的外部环境的影响和制约。一般来说，在企业与外部环境的相互关系中，环境力量总是不以企业的意志为转移，总是处在不断发展变化之中的，特别是处在当今网络化、科技日新月异、商业模式不断创新的背景下。

产业组织理论强调抓住环境的机会——进入一个具有高吸引力的产业是企业获得经济利润的决定性条件。从这个理论出发，分析环境是为了预测和洞察环境的机会（包括威胁），以使企业能够进入一个有更大可能获得经济利润的产业或者业务，同时避免由于环境变化给企业带来的威胁。

资源基础理论强调重视企业内部资源状况对企业绩效的影响，但企业的资源必须与环境相匹配，才能够发挥作用，或者说，企业的资源必须是环境所需要的，否则毫无价值。因此，当评估企业资源能力时，必须了解它是否适应环境。

总之，无论是从管理学的基础理论，还是从战略管理的基础理论来说，环境分析都是非常重要的。而且，从战略管理的目标来说，抓住环境机会是战略管理的一项重要任务。随着社会的发展，尽管环境的不确定性越来越大，但正是这种不确定性，给战略家提供了一个自由驰骋的空间。

还有一点非常重要：战略管理中的环境分析不仅是为了适应外部环境，还要通过企业的主动行为去改变环境，使环境向着对企业有利的方向发展。企业规模越大，这种可能性就越大。要做到这一点，需要把握环境变化的规律和影响环境变化的因素。

从历史上看，无论是国家还是企业的兴盛，都与适应环境和把握机遇有关。世界银行的两位经济学家曾在一项研究报告中指出："存在着一个极大的反复无常的因素，它对增长率能产生重大影响，这个因素可以简称为机遇。"波特在他的《国家竞争优势》一书中所提出的"钻石模型"中，也指出一国产业的竞争优势会受到"机遇"因素的影响。

二、环境因素及层次划分

环境分析的内容包括企业外部环境和企业内部环境。企业外部环境通常被划分为两个层次：企业的宏观环境和任务环境。宏观环境和任务环境都由多种因素构成。宏观环境因素即通常所说的 PEST 四方面因素，包括政治（Political）和法律环境因素、经济（Economic）环境因素、社会（Social）环境因素、科技（Technological）环境因素，它们对企业的影响往往是长远的、间接的或潜在的；任务环境因素通常包括波特的"五力模型"中所给出的五大竞争力因素：产业内竞争者、卖方竞争、买方竞争、替代品威胁、潜在进入者威胁，还可以加上后来学者补充的要素：互补产业或者互补产品要素以及企业的利益相关者。企业的利益相关者可能包括地方政府、当地社区、债权人、股东或合伙人、员工与工会、与本企业业务相关的贸易协会等。任务环境因素是指与企业所开展的和将要开展的业务密切相关的因素，它们对企业的影响往往是直接的或明显的。

大量研究表明，企业的行为主要表现为任务环境因素作用的结果，而其变动的背后力量是宏观环境因素的驱动。因此，在分析企业的外部环境时，首先应分析宏观环境因素的变动趋势，在此基础上再分析任务环境因素。

企业环境因素分析的层次与内容如图 4-1 所示。

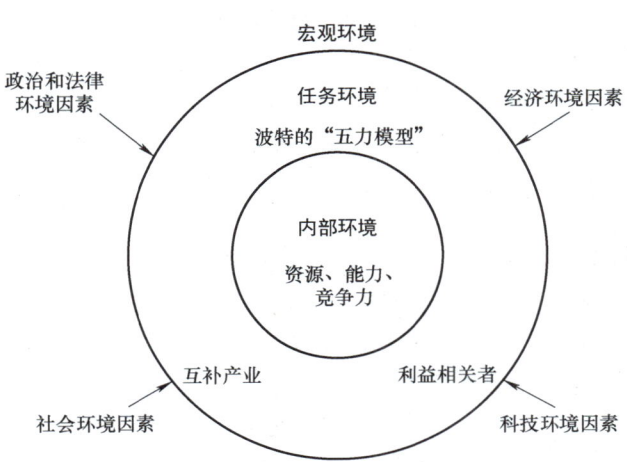

图 4-1 企业环境因素分析的层次与内容

之所以把宏观环境因素放在外圈，把任务环境因素放在内圈，也表示了这两类因素对企业战略的作用程度。一般来说，宏观环境因素的作用力点距离企业远一些，任务环境因素的作用力点距离企业近一些；宏观环境因素对大企业的作用力点近一些，对小企业的作用力点远一些。此外，作用力点的远近还与企业所处的产业特征（传统产业或新兴产业、产业组织集中或分散等）、产品类型（公共用品、关系国计民生的产品或一般消费品等）等复杂的因素有关。

对我国大多数企业来说，其所处的区域环境——区域产业政策、区域政府主要领导人的偏好因素对企业的行为有重要影响。因此，如果一家企业处于一个区域经济特征明显的区域，而企业又明显受区域环境因素影响时，就必须把区域环境因素考虑在内。这些因素可以被包含在任务环境中的利益相关者中，也可以单列一个"地方政府因素"，如果不够，还可以单独分析企业所处的区域环境因素。

三、外部环境分析方法

如上所述，企业外部环境因素是复杂多样的，图4-1中只给出了一般环境因素。对于一个具体的企业战略环境分析来说，一般没有必要分析所有的因素，即使分析所有的因素，分析的精细程度也有很大的不同，有时还有可能提出一些与企业具体情况相对应的特殊因素。在众多环境因素中，每一种因素对企业活动影响的重要程度是不同的，需要比较各种因素的重要程度，并将各种因素的影响综合起来做综合性评价。因此，在外部环境分析方法中，第一步是决定环境因素分析的范围；第二步是决定其分析的精细或深入程度；第三步是决定获得信息的渠道和由谁分析；第四步是对各种环境因素的综合评价。

1. 环境因素分析的范围

各种因素对企业活动的影响是不同的，有些因素可能非常重要，有些可能几乎没有影响。显然，分析那些对企业活动几乎没有影响的因素是不必要的。正确地判断哪些因素对企业战略的形成有重要影响是非常必要的。如果分析得过多，既浪费了企业资源，又于事无补；如果忽略了重要因素，则可能失去绝好的机会，或陷入意想不到的困境。

选择要分析的环境因素，要围绕着企业现在所从事的业务和将要从事的业务，它可以被定义为与企业相关的业务。其中有如下两个方面的重要问题需要分析。

（1）虽然企业现在从事的业务是明确的，但究竟哪些因素会对这些业务产生影响，仍需要一定的判断力。它需要经济学、营销学以及战略管理方面的知识。例如，需要了解影响企业从事业务所提供的产品或服务需求的因素是什么，这需要营销学知识；需要了解企业从事业务所在产业的产业结构演变的规律，需要知道其产品或服务的替代品、互补品是什么，这需要经济学知识。

（2）如何选择将要从事的业务。将要从事的业务也许与现在的业务有关——如果企业要发展相关多元化的话；也许与现有的业务无关——如果企业要发展非相关多元化的话。最终形成的战略有可能把很多拟发展的业务筛选掉，也有可能选中了当初没有列入拟发展的业务中的业务。由此可以看出选择拟发展业务的重要性：选择多了会耗费大量资源；选择少了或者不够"独具慧眼"，则有丧失"绝佳机会"的风险。

一般来说，企业越大、现有业务越多，所需要分析的环境因素就越多，宏观环境因素分析的重要程度提高；企业越小、业务越单一，所需要分析的环境因素就越少，宏观环境因素分析的重要程度降低，任务环境因素分析的重要程度提高。

正是因为要首先确定环境因素分析的范围，所以战略管理过程的第一步应该是"明确战略问题",否则就很难确定所要分析的环境因素范围。这也是倡导"问题驱动"的战略管理研究方法的原因。

2. 环境因素分析的精细或深入程度

从理想状态来说,对环境因素分析的深入程度应该是越深入越好,但要花费太多的精力和时间,有时是做不到的或者是不必要的。因此,要对分析的精细程度做出选择。一般有以下几种情况可供选择。

(1) 有些因素很重要,但已有别人的研究成果,或者已有成熟的经验,可以直接利用其结论。在战略分析中,要尽可能地利用这类资料。

(2) 有些因素对决策有影响但并不重要,可做粗略分析,只要能够使决策者注意到这些因素就可以了。

(3) 有些因素重要,尚未有人对此做过深入研究,或者已有的结论不可靠,对这种因素应做深入研究。若要称得上深入,首先要保证资料的占有和对问题的理解都要超过竞争对手,能够形成独到的见解。最重要的是,它能够解开决策者的困惑。

有一种方法叫"战略优先事项矩阵",它可以帮助分析人员决策应该对哪些因素做重点监测与分析。

战略优先事项矩阵是把环境因素按对企业战略的可能影响程度划分为高、中、低三个档次,把环境因素的发生可能性(概率)也划分为高、中、低三个档次,由此划分出因素重要性的九个档次,如图4-2所示。

所谓战略优先事项,是指这个因素发生的可能性高,且一旦发生,将对企业战略产生重大影响。企业要对高优先序事项做详细分析和经常性监测,而对低优先序事项只需做简单分析和间断性监测。

判断对企业战略的可能影响程度,首先用到的概念就是产业关键成功因素。因为影响企业战略选择和竞争优势形成的因素是多方面的,但总有一个或者几个是更重要的,那就是产业关键成功因素。在分析环境因素时,要首先瞄准产业关键成功因素。

	对企业战略的可能影响程度		
环境因素发生的可能性	高	中	低
高	高优先序	高优先序	中优先序
中	高优先序	中优先序	低优先序
低	中优先序	低优先序	低优先序

图 4-2 战略优先事项矩阵

在决定要对哪些环境因素做深入分析时还应注意,由于受个人价值观和当前战略成功的影响,企业管理者可能会对重要环境因素的认识本身带有偏见,而且他们对所见所闻的看法也会产生偏差。这就造成了所谓的战略近视症,即拒绝不熟悉和负面的信息。

3. 获得信息的渠道和由谁分析

获得信息的渠道和手段是多样的,本书不做讲述,但由谁来分析,需要讨论。企业可以自己分析;如果企业能力不够或者成本过高,也可以咨询相关领域的专家。后一种方式在多数情况下是一个较好的选择。

如果要聘请专家做环境分析,特别要聘请不同学科、不同研究方向的专家对同一因素做分析,交叉学科的思想碰撞更可能产生独特的创意。人们经常认为,只有长期从事某一领域研究的专家,才会对问题有深刻的认识,但有时恰恰是这种"深刻"使人们的思路深陷于某一领域之中而缺乏发散性思维,使企业难以摆脱固有的发展轨迹,所谓"不识庐山真面目，只缘身在此山中"，这正是战略决策的大忌。

在实践中经常会遇到这样的说法："我在这个行业干了几十年，还不比你们明白？"有时恰恰是这种盲目的自信毁了自己的企业。须知，越是卓越的企业，越善于利用第三方咨询。

4. 对各种环境因素的综合评价

对企业战略产生影响的因素是复杂的，这种复杂性表现在：①因素的数量多；②各种因素对战略的影响程度不同；③各种因素对战略的作用方向不同，有些因素是有利的，有些因素是不利的，有些因素促进了某种战略的形成，有些因素则阻碍了它的形成。如何在这种错综复杂的环境中形成一个结论？这就要对各种环境因素做综合评价。

对各种环境因素做综合评价的一个简单实用的方法是加权综合评价法。这种方法被广泛应用于管理中的各个领域，在许多课程中也有介绍，这里只给出应用于战略环境分析的简单程序。

（1）尽可能详尽地列举各种环境因素。
（2）在所列举的因素中筛选 10 个左右最重要因素。
（3）将筛选出的最重要因素按重要性顺序排列，分别给出各个因素的权重。
（4）给各个因素赋值。赋值的方法视研究的具体问题和因素的性质而定。
（5）求加权综合值。该值的意义也要视研究的具体问题而定。

第二节 宏观环境因素

各种宏观环境因素对不同产业中的企业以及同一产业中处于不同市场地位的企业的作用力度和方向是不同的。有些因素的影响是明显的，有些则不易察觉；有些因素的作用方向是显著的，有些则不易把握。对同一个企业而言，在不同的发展时期、处于不同的市场地位，一些因素的影响程度和作用方向也会有变化。好的环境分析就是要对那些不易察觉、不易把握和有可能变化的因素具有洞察力，由此才能够做出高人一等的判断，进而形成独特的战略思路。

下面给出各种宏观环境因素的具体内容及其可能对企业战略产生的影响。

一、政治和法律环境因素

政治和法律环境是指一个国家或地区的政治制度、体制、方针政策、法律法规等方面。它们关系到权力分配，并且提供限制性和保护性的法律法规。这些因素常常制约、影响企业的行为，尤其会影响企业较长期的投资行为。

政治环境对企业影响的特点如下。

（1）直接性。国家政治环境直接影响企业的经营状况。
（2）难预测性。对于企业来说，很难预测国家政治环境的变化趋势。
（3）不可逆转性。政治环境因素一旦影响到企业，就会使企业发生迅速和明显的变化，而这一变化是企业不能驾驭的，因此是无法逆转的。

政治环境分析主要分析国内政治环境和国际政治环境。

国内政治环境主要包括政治制度、政党和政党制度、政治性团体、党和国家的方针政策、政治气氛等。

国际政治环境主要包括国际政治局势、国际关系、目标国的国内政治环境等。

法律环境因素包括以下内容。

（1）法律规范，特别是与企业经营密切相关的经济法律法规。例如，《中华人民共和国公司法》《中华人民共和国专利法》《中华人民共和国商标法》等。

（2）国家司法执法机关。在我国，国家司法机关主要有法院、检察院、公安机关以及各种行政执法机关。与企业关系较为密切的行政执法机关有工商行政管理机关、税务机关、物价机关、计量管理机关、技术质量管理机关、专利机关、环境保护管理机关、政府审计机关。此外，还有一些临时性的行政执法机关，如各级政府的财政、税收、物价检查组织等。

（3）企业的法律意识。企业的法律意识是法律观、法律感和法律思想的总称，是企业对法律制度的认识和评价。企业的法律意识最终都会物化为一定性质的法律行为，并造成一定的行为后果，从而构成每个企业不得不面对的法律环境。

（4）国际法所规定的国际法律环境和目标国的国内法律环境。各种法律和政府因素可能制约企业的行动，并可能影响企业的机会和威胁程度。目标国政府和地方政府是企业的主要监管者、补贴者、雇主和客户。有些企业可能在很大程度上依赖政府的合同和补贴，这就意味着，对这些企业来说，政治环境因素可能是企业外部环境分析中最重要的因素。

二、经济环境因素

所谓经济环境，是指构成企业生存和发展的社会经济状况和国家经济政策。社会经济状况包括经济因素的性质、水平、结构、变动趋势等多方面的内容，涉及国家、社会、市场及自然等多个领域。国家经济政策是国家履行经济管理职能、调控国家宏观经济水平和结构、实施国家经济发展战略的指导方针，对企业经济环境有重要影响。

企业的经济环境主要由社会经济结构、经济发展水平、经济体制、宏观经济政策和全球化环境五个要素构成。

1. 社会经济结构

社会经济结构是指国民经济中不同的经济成分、不同的产业部门以及社会再生产各个方面在组成国民经济整体时相互的适应性、量的比例及排列关联的情况。社会经济结构主要包括五个方面的内容，即产业结构、分配结构、交换结构、消费结构和技术结构。其中最重要的是产业结构。

2. 经济发展水平

经济发展水平是指一个国家经济发展的规模、速度和所达到的水准。反映一个国家经济发展水平的常用指标有国内生产总值、国民收入、人均国民收入、经济增长率等。

3. 经济体制

经济体制是指国家经济组织的形式。经济体制规定了国家与企业、企业与企业、企业与各经济部门的关系，并通过一定的管理手段和方法调控或影响社会经济活动的范围、内容和方式等。

4. 宏观经济政策

宏观经济政策是指国家、政党制定的一定时期内国家经济发展目标实现的战略与策略，包括综合性的全国经济发展战略和产业政策、国民收入分配政策、价格政策、物资流通政策、金融货币政策、劳动工资政策、对外贸易政策等。

5. 全球化环境

经济全球化的趋势影响着企业对外部环境的研究，这种趋势使世界正在逐渐变得没有国界和边界。全球化的一个结果是出现了许多需要高质量、高技术和交货速度最快同时成本又最低的产品（商品或劳务）的客户。企业无论是获取资源还是选择目标市场，都要站在全球化的角度考虑问题。

由于全球化环境的广泛影响，因此已经不能把它独立地提出，似乎它仅适应那些想要实现国际化的企业。事实上，每一家企业已经不可能有选择地融入全球化环境。因此，必须把国际化作为一般的经济社会环境来考虑。例如，在了解社会文化时，必须识别、研究跨越几个国家的社会文化倾向并评价它们的影响。在许多跨国公司中，环境研究是在全球商业环境范围内进行的，而不局限于国内。

三、社会环境因素

社会环境因素包括人口环境因素和社会文化环境因素，这两个因素通常可以一并分析。人口环境因素和社会文化环境因素包括一个国家或地区的社会性质、人们共享的价值观、人口情况、受教育程度、风俗习惯、宗教信仰等方面。

人口因素对企业战略的制定有重大影响。例如，人口总数直接影响社会生产总规模；人口的地理分布影响企业的厂址选择和目标市场选择；人口的性别比例和年龄结构在一定程度上决定了社会需求结构，进而影响社会供给结构和企业生产；人口的文化水平直接影响企业的人力资源情况；家庭户数及其结构的变化与耐用消费品的需求和变化趋势密切相关，因而也影响耐用消费品的生产规模等。对人口因素的分析可以使用以下一些变量：离婚率、出生率和死亡率、人口的平均寿命、人口的年龄结构和地区分布、人口在民族和性别上的比例变化、人口和地区在受教育程度和生活方式上的差异等。目前，世界上人口变化的主要趋向有以下几个方面。

（1）世界人口持续增长。世界人口的增长意味着消费将继续增长，世界市场将继续扩大。在我国，劳动就业压力将长期存在；同时，随着人口的增长，耕地的减少，我国农村剩余劳动力将向非农产业转移。

（2）一些国家的出生率开始下降，儿童减少。这种趋向，一方面对以儿童为目标市场的企业是一种环境威胁；另一方面年轻夫妇可以有更多的闲暇和收入用于旅游、在外用餐、从事文体活动等，因此可为相应的企业带来市场机会。

（3）许多国家的人口趋于老龄化。伴随这种趋向，老年人市场正在逐步扩大，老年人的消费能力也在逐渐增强。这种趋势可能为那些从事老年人药品和保健品生产的企业提供了机会，如生产治疗心脑血管疾病、骨质疏松药物的厂家。

（4）许多东方国家的家庭规模正在发生变化。家庭规模向小型化方向发展，几世同堂的大家庭大为减少。

（5）在西方国家，非家庭住户在迅速增加。非家庭住户包括单身成年人住户、暂时同居户和集体住户。

社会文化环境对企业的影响是间接的、潜在的和持久的。文化的基本要素包括哲学、宗教、语言与文字、文学艺术等，它们共同构成文化系统。社会文化环境对需求偏好会产生重要影响,因此它会影响企业对业务的选择和品牌的战略。同时,社会文化环境对企业文化也会产生重大影响。

四、科技环境因素

企业的科技环境因素是指企业所处社会环境中的科技因素及与该因素直接相关的各种社会现象的集合。粗略划分企业的科技环境,大体包括四个基本因素:社会科技水平、社会科技力量、国家科技体制、国家科技政策和科技立法。

社会科技水平是构成科技环境的首要因素,它包括科技研究的领域、科技研究成果门类分布及先进程度、科技成果的推广和应用三个方面。社会科技力量是指一个国家或地区的科技研究与开发的实力。国家科技体制是指一个国家社会科技系统的结构、运行方式及其与国民经济其他部门的关系状态的总称,主要包括科技事业与科技人员的社会地位、科技机构的设置原则与运行方式、科技管理制度、科技推广渠道等。国家科技政策和科技立法是指国家凭借行政权力与立法权力,对科技事业履行管理、指导职能的途径。

如今,变革性的科学技术正对企业的经营活动产生巨大影响。企业要密切关注与本企业产品有关的科学技术的现有水平、发展趋势及发展速度。对于新的硬技术,如新材料、新工艺、新设备,企业必须随时跟踪掌握;对于新的软技术,如现代管理思想、管理方法、管理技术等,企业要特别重视。

下面给出了美国学者弗雷德·R. 戴维(Fred R. David)在其《战略管理:建立持续竞争优势》一书中罗列的企业在分析科技环境因素时所需要回答的一些关键性问题。

科技环境分析需要回答的关键性问题

企业拥有的主要技术是什么?
企业在业务活动及产品和零部件生产中采用了何种技术?
这些技术对各种业务活动及产品和零部件生产的重要程度如何?
外购的零件及原材料中包含了哪些技术?
上述外部技术中哪些是至关重要的?为什么?
企业是否能持续地利用这些外部技术?
这些技术曾经发生过何种变革?是哪些企业开创了这种变革?
这些技术在未来可能会发生何种变化?
企业在以往对关键技术进行了哪些投资?
企业在技术上的主要竞争者以往的和计划的投资内容和投资方式如何?
企业及其竞争者在产品的研制与设计、工艺、生产及服务等各方面进行了哪些投资?
人们对各企业的技术水平的主观排序如何?
企业的业务和产品是什么?
企业的产品包含哪些零部件?
这些零部件、产品和业务的成本及价值增值结构是什么?
以往企业的财务及战略实施绩效如何?
这些绩效对现金增值和盈利、投资需求、业务增长、企业市场地位及份额的影响如何?

企业现有技术可以有哪些应用？

企业实施了哪些应用？没有实施哪些应用？为什么？

在这些技术应用方面的投资会在多大程度上扩大企业的产品市场、增加企业盈利、增强企业的技术领先优势？（这里应当考虑的因素包括用户需要与需求的变化、当前与正在出现中的细分市场、各细分市场的增长速度、企业的竞争地位及主要竞争者可能会采取的经营战略。）

企业的技术对于各种应用的重要程度如何？

对这些应用至关重要的其他技术有哪些？

在各种应用中，不同的技术有哪些区别？

在各种应用中，相互竞争的技术有哪些？决定各种技术各自替代优势的因素是什么？

这些技术目前正在发生和将要发生哪些变化？

企业应当考虑实施哪些技术应用？

企业进行技术资源投资的优先顺序是什么？

企业为实现目前的经营目标需要哪些技术资源？

企业技术投资的水平及增长速度如何？

哪些技术投资应当予以削减或取消？

为实现企业目前经营目标需要增加哪些新技术？

企业的技术及业务组合对企业经营战略的影响如何？

第三节　宏观环境变化对战略的影响

适应现在的环境，是企业的生存之道；适应未来的环境，是企业的发展之道。所谓"大势所趋，企业所向"，由于环境变化了，企业的战略也要随之变化。但这只是对战略的基本要求，战略管理的更高境界是先环境变化而动，即预知未来的环境变化，先期采取战略行动，以使企业与未来环境相适应。如果不是这样，当企业已经感觉到环境的压力时再采取行动，则首先在战略上就已经失败了。

一、宏观环境变化对战略因素的影响

所谓战略因素，是指对企业战略制定与实施产生影响的所有因素。宏观环境变化会对多种战略因素产生影响，这些影响已经被大量的实践证实。

1. 对产业边界的影响

宏观环境的变化可能使产业边界发生移动。换句话说，产业的范围会随着环境的变化而发生变化。例如，互联网技术的发展使网络通信成为现实，这就打破了传统通信产业的界限，使通信产业的范围扩大了。宏观环境变化的另外一个趋势是不同产业之间的相通、相融，使产业边界变得越来越模糊。在这种情况下，如果仍然按传统观念认识产业，可能会使企业丧失发展新业务或者丧失商业模式创新的机会。此外，"跨界竞争"已经成为一种新态势，警示企业不能够再以传统的思维模式认识竞争环境。

技术进步实际上是一个技术演变的长期过程，它同样可以改变产业的范围。例如，在冷

冻食品和个人计算机方面的技术进步已经改变了有关食品和计算机产业的概念。

2. 对顾客行为的影响

环境变化能显著地影响企业顾客的数量、特性和行为。例如，在长时间内，人口及其购买力几乎影响所有市场的规模和潜力。又如，作为对人口老龄化的一种反映，现在老年人用品市场、养老服务市场正在形成和扩大。

社会价值观和生活方式的改变也可能对顾客造成显著的影响，有时这种影响的范围非常大，扩散也非常迅速。例如，由于互联网技术的迅速发展，"刷卡一族""扫码一族"已经形成。现在的服务业如果不能够提供"刷卡""扫码"服务，将成为一个重大的缺陷，或许未来的服务如果不能提供"无卡""无码"支付，也将成为一个重大的缺陷。

3. 对供应商的影响

环境因素的变化能直接影响供应商的数量、类型以及他们生产的产品和供货成本。例如，政治环境方面的变化会影响供应商所在的产业结构，而税收政策、直接补贴和进口限额可能帮助或限制供应商的有关经营行为，同时影响他们之间的竞争强度。

4. 对替代产品的影响

环境变化经常会导致产品替代。例如，晶体管取代电子管、彩色显像管取代黑白显像管、石英表和电子表取代机械表等。又如，人们从农村到城市的移居、双职工家庭以及晚婚等生活和工作方式的变化，已经对建筑业和娱乐业产生了重要影响。

社会价值观的变化也能导致产品替代。例如，随着我国经济的迅速发展和人们生活水平的提高，人们越来越多地关注自身的生活环境和健康状况，这使人们优先选择营养食品和饮料，花更多的钱去购买各种健身器材，同时注意美化自己的居住环境。

5. 对产业关键成功因素的影响

通常，技术开发能创造新的成功因素。例如，电子企业进入手表产业是由于改善了计时的精确性和维修的方便性，并因此提高了手表的质量。所以，生产电子表的企业得以从机械表制造商手中夺取大量的市场份额。

又如，20世纪80年代的美国，环境的变化改变了汽车旅馆产业的重要成功因素——旅馆的位置。过去，因为高速公路的流通量很大，尤其是乘汽车旅游的人数日益增多，很多汽车旅馆位于高速公路附近。但是，随着石油价格的不断上涨，一些汽车旅馆已移至非高速公路附近的地点开业。当时人们估计，由于乘汽车旅行的人数减少，高速公路附近的汽车旅馆的业务潜力可能下降。

二、超竞争环境下的战略

1. 超竞争的概念

超竞争（Hyper-competition）描述的是这样一类产业：其环境不确定性空前增加，竞争优势都是暂时的。例如，有些产业（如家用电器）一度是多国界产业，现在已变成全球产业了；具有灵活性、进攻性、创新性的新企业进入市场，迅速侵蚀原主导企业的优势；每个国家的分销系统都不一样，并且采用新技术的信息系统，每天都可以改变；为了降低成本、提高质量、获得新技术，企业与供应商的关系日益密切。理查德·戴维尼（Richard DAvani）描述了超竞争环境的特征："更短的产品生命周期与产品设计周期、新技术、无法预料的外来者频繁进入、现有企业的重新定位、市场边界的重新定义以及不同产业的合并等威胁着市场稳定。"企业已经学会快速模仿市场领先者的成功战略,维持长期竞争优势变得越来越艰难。而且,"跨界竞争"频繁出现,"一昼夜之间"就可能出现意想不到的竞争对手。

计算机产业是一个典型的超竞争产业,竞争优势来自对环境发展趋势的及时了解,以及愿意冒丧失当前优势的风险来采取行动以获得一个可能的新优势。企业必须愿意自我否定,在产品和技术等方面实施自我替代,以获得持续竞争优势。

2. 超竞争环境对战略的影响

在超竞争环境下,由单一要素所形成的竞争优势很难持久,或者说,由单一要素所形成的竞争优势很难成为企业的核心竞争力,企业需要在各种要素和各个环节的综合方面培育核心竞争力。如果从企业的基本竞争战略(在第九章将详细论述)角度来说,仅仅成本最低是不够的;产品与服务虽然有差异,但价格也不能高出太多。因此,真正"物美价廉"的时代到来了。

戴维尼认为,当产业变为超竞争后,会经过一些阶段性竞争升级。企业最开始在成本或质量上竞争,直到高质量、低价格的产品极大丰富。20世纪80年代,美国家用电器产业发生了这种情况。在第二个竞争阶段,开始有竞争者挺进一些未充分发展的市场。其他竞争对手通常会追随其挺进,直到这种挺进风险非常高、代价非常大。这正是美国家用电器产业在20世纪80年代和90年代的缩影:它们首先挺进欧洲市场,然后进入亚洲市场和南美洲市场。

根据戴维尼的说法,这时企业开始构筑进入壁垒,以限制竞争者数量。规模经济、分销协议、战略联盟等都可能发生,唯一不可能发生的就是新企业进入家用电器产业。在所有大企业都进入且合并所有新市场之后,下一阶段就是这些幸存的企业互相攻击,摧毁对方的堡垒。

在超竞争环境到来之前,一次战略行动可以带来多年甚至几十年的竞争优势。现在,这种情况再也不会出现了。戴维尼认为,产业一旦变为超竞争,就再也不会有持续竞争优势。在这类产业中,成功的战略行动也只能持续数月到几年。在这种动态产业中,任何竞争优势的持续都只能通过一系列短期行动的迭代来获得,在竞争对手取代自己当前的成功产品之前,自己用新一代产品取代。英特尔和微软公司都在超竞争的计算机产业中运用了这一方法。

超竞争观点提醒企业:战略制定不是一劳永逸的,一个不加改变的战略很难建立持久的竞争优势。但这并不是说,因为处于超竞争环境下,任何寻求长久竞争优势的努力都是徒劳的;恰恰相反,正是因为一次性的战略制定难以获得持久的竞争优势,才需要战略制定把握好两个准则:①战略考虑应该更长远,要充分预测到环境的变化,并为应对这种变化提出对策;②随时监测环境变化,建立快速反应系统,对战略做适时调整。

三、生产方式变化对战略的影响

战略依靠企业家的智慧、胆识和独特的判断力,但一切都要建立在对社会和经济发展规律的尊重和把握的基础之上。对企业战略影响最大的环境变化就是人类生产与生活方式的变化,其中后者就是市场需求的变化。生产力的发展是生活方式变化的基础,而生产力与生产方式有关,或者说,人类生产方式的改变极大地促进了生产力的发展。因此,生产方式与生活方式是密切相关的。

人类的生产方式已经呈现、今后还将呈现以下一些方面的变化，顺应和把握这些变化对企业未来的成功至关重要。

1. 产业组织不断趋向集中

这种集中趋势是社会化大生产的客观要求，而且产业组织集中的趋势是全球性的。在现阶段，产业组织集中的趋势已经非常明显。其表现在于：不仅那些被人们普遍认为具有显著规模经济的产业已经呈现出了很高的产业组织集中度，如汽车产业、大型客机产业、冶金产业等；即使在几十年前人们普遍认为是分散型的产业如商品零售业，也呈现出了显著的集中的趋势。在这种趋势之下，伴随着更精细的分工和更高层次、更广泛领域的合作，它对企业战略的影响是：必须选择是成为专家型企业还是通才型企业；是整合别人还是被别人整合；属于哪一个合作组织，在这个组织中企业是成为组织者还是参与者。

供应链管理、战略联盟、从竞争到"竞合"等理论，都是与这个趋势相适应的，它们都是企业战略的方向。

2. 在生产中更多地应用科学技术和知识

在生产中更多地应用科学技术和知识早已发生，而且今后仍然是这种趋势。尽管单一的科技因素成为企业核心竞争力的可能性在降低，但是技术永远是核心竞争力的源泉之一。因此，科技创新和及时应用先进的技术是企业战略中永远不可或缺的。当前，企业应大力推进"AI＋"赋能企业发展，加快工业互联网规模化应用，推进企业"上云用数赋智"行动，着力拓展新质生产力发展新空间。

21世纪是知识经济的时代，这一时代有两个方面的突出特征：①知识产业快速发展；②在所有的生产与服务环节中应用知识。因此，创造与传播知识是企业选择业务的一个重要方向，然后就是重视知识的应用。

人们将逐步进入智慧经济的时代，它对战略管理的影响反映在两个方面：①企业的战略选择、企业的竞争优势取决于企业家的智慧和组织的智慧；②在生产活动中去除一些"野蛮"和"贪婪"，如大量地消耗资源、排污、恶意竞争、生产假冒伪劣产品、延长工作时间等，就是野蛮和贪婪的表现。

3. 不可再生资源日益宝贵

不可再生资源日益宝贵在三个方面影响企业的战略：①"锁定"资源应该成为一种重要的战略，对于那些以大量消耗资源维持生产的企业，如钢铁企业、石油化工企业、热电企业等，这一点非常重要；②开发和应用提高资源利用率的技术和产品；③开发替代那些不可再生资源的技术和产品。

与减少不可再生资源的消耗和后面将要提到的重视环境保护相适应，发展循环经济模式和再制造业务，加快发展绿色转型方式，助力碳达峰碳中和，牢固树立和践行绿水青山就是金山银山的理念，坚定不移地走生态优先、绿色发展之路，是企业重要的战略选择。

4. 更加重视环境保护

环境保护渗透生产与消费的所有环节，不仅生产过程中要求没有污染，而且要求企业所采用的原材料和能源不破坏资源，消费和回收过程没有污染。绿色发展是高质量发展的底色，新质生产力本身就是绿色生产力。2023年，我国将8月15日设立为全国生态日，这将有利于提高全社会生态文明意识，增强全民生态环境保护的思想自觉和行动自觉。这种趋势对企业战略的影响表现在两个方面：①开发保护环境的技术和产品，对环境保护有所贡献，可能成为竞争优势的重要来源，是一个永远的方向；②企业要不断地减少污染，直至最终消除污染，否则企业的生存和发展总是处于危险之中。

我国产品要进入北美和欧洲市场，对生产过程的无污染控制也非常重要，否则就会遭遇非关税壁垒。此外，我国的企业不能停留在引进外资、在本国建厂的阶段，而要逐步发展到到国外去建厂。因此，所发展的业务、所采用的工艺与装备，一定要向着无污染的方向发展。

思 考 题

1. 企业的内部、外部环境因素主要包含哪些内容？
2. 简述外部环境分析方法的步骤。
3. 战略优先事项矩阵如何用于分析企业的外部环境？
4. 如何理解政治和法律环境因素对企业的影响？
5. 企业的经济环境因素包括哪几个因素？
6. 社会环境因素对企业有哪些影响？
7. 企业的科技环境因素有哪几个基本因素？进行科技环境因素分析时涉及的关键问题有哪些？
8. 宏观环境变化对战略因素的影响体现在哪些方面？
9. 超竞争环境的特征是什么？它对企业战略有哪些影响？
10. 你认为生产方式的变化趋势是什么？它会对企业战略产生什么影响？

第五章

任务环境分析

在任务环境分析中，以波特的产业结构分析为主要分析方法，这种方法包含了比较全面的产业环境竞争要素。在此基础上，如果将产业价值链分析、产业内战略集团分析和产业组织结构特征分析结合起来，基本上可以对企业所处的产业竞争环境和地位有比较充分的了解。此外，了解企业所处的产业生命周期特征，对任务环境分析和之后的战略制定也是非常有用的。

第一节 波特的产业结构分析

波特的产业结构分析是一种非常有效的分析企业所处的产业环境的方法。利用这种方法，可以系统且比较全面地分析企业所面临的各种竞争要素。当企业对各种要素的形成和它们对企业竞争力的影响有了深刻的理解时，就可以形成相应的对策——各种竞争战略。

一、波特的"五力模型"

根据波特的观点，一个企业所处的竞争环境，不仅是同处于一个产业内生产相同或者相似产品的企业之间的竞争，而且存在其他四种基本的竞争力量：潜在进入者、替代品、买方、卖方，如图5-1所示。

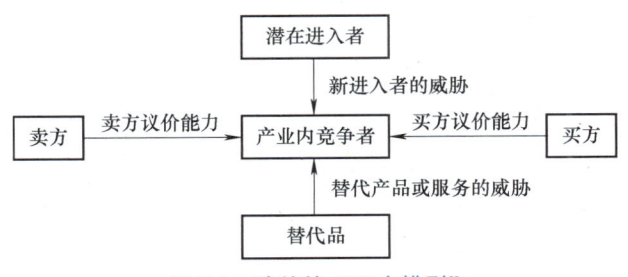

图5-1 波特的"五力模型"

这五种基本竞争力量的情况及综合强度，决定了产业的竞争激烈程度，从而决定了产业中最终的获利潜力以及资本向该产业流动的可能性。

1. 潜在进入者

产业的潜在进入者对产业内的企业是一种威胁力量。这些新进入者大多拥有新的生产能力和某些必需的资源，期待能建立有利的市场地位。新进入者加入该产业，一方面会带来生产能力的扩大，带来对市场占有率的要求，这必然引起与产业内现有企业的激烈竞争，使产品价格下跌；另一方面，新进入者要获得资源进行生产，从而可能使该产业生产成本升高。这两个方面的因素都会导致产业的获利能力下降。

2. 替代品

某一产业有时会与另一产业形成竞争关系，原因是这些产业的产品具有相互替代的性质。替代品的价格如果比较低，它投入市场就会导致本产业的产品价格上限只能处在较低的水平，这就限制了本产业的获利能力。本产业与生产替代品的其他产业进行的竞争，常常需要本产业所有企业采取共同措施和集体行动。替代品的竞争有时只是瓜分一些市场份额，但有时可能是颠覆性的，特别是当有颠覆性的技术出现之后。例如，数码相机替代传统使用胶卷的相机。

以往，人们只是把生产相同或者相似产品的企业看成竞争对手，把相似的产品看成替代品。但是现在，新业态或者新的商业模式对某些产品的替代性已不可小觑。例如，"网购"对实体商店的替代、"外卖"对堂食的替代等。这就是前面所说的"跨业竞争"。

3. 买方

买方即产业内企业的顾客，包括最终消费者和各种类型的中间商。企业与买方的竞争主要表现在双方相互议价的能力方面。买方的竞争力量需要视具体情况而定，但主要由三个因素决定：买方所需产品的数量、买方转而购买其他替代品所需的成本以及买方所追求的目标。买方可能要求更低的购买价格、更高质量的产品和更多优惠的服务等，其结果是产业内竞争者相互竞争，导致产业利润下降。

4. 卖方

企业的卖方除了原材料和能源供应商之外，还包括技术、信息、咨询、资本供应商，甚至包括企业的应聘者个人。对某一产业来说，卖方竞争力量的强弱，主要取决于卖方产业的市场状况以及他们所提供的"物品"（广义上来说是所有生产要素）的重要性。卖方的威胁手段主要有：①提高供应价格；②降低相应产品或服务的质量，从而使下游产业利润下降；③不供应，如果企业找不到更好的替代"物品"，要么竞争力被削弱，要么无法开展相应的业务。

5. 产业内竞争者

在采用波特的"五力模型"分析方法之前，企业分析竞争对手局限在产业内竞争者这个范围。产业内企业的竞争是企业所面对的最强大的一种力量，因为它是企业最直接面对的力量。这些竞争者根据自己的一整套计划，运用各种手段（价格、质量、造型、服务、担保、广告、销售网络、创新等）力图在市场上占据有利地位和争夺更多的市场份额。但是，产业内竞争者的竞争关系并不总是一样的，有些企业之间的竞争关系极强，有些则很弱，因为它们的目标市场可能相同，或者有很大差别。这些正是需要运用战略集团概念进行详细分析的原因。

这五种竞争力量综合起来决定某产业中的企业获取超出平均投资收益率的能力。这五种竞争力量的综合作用力随产业的不同而不同，随产业的发展而变化，结果表现为所有产业从其内在盈利能力来看并不一致。在五种竞争力量都比较理想的产业中，会有更多的竞争者赚取到可观的利润；而在那些一种或多种竞争力量形成的压力很大的产业中，尽管管理人员竭尽全力，也几乎没有什么企业能获取高额的利润。

第五章 任务环境分析

这五种竞争力量决定了产业的盈利能力，因为它们影响价格、成本和企业所需的投资——影响投资收益的诸多因素。

这五种竞争力量中的任何一种都是由产业结构或产业基本的经济和技术特征决定的。结构性转变会影响竞争力量的总体或相对力量，并且会对产业盈利能力产生正面或负面影响。因此，影响产业结构的演变趋势最具战略重要性。

如果五种竞争力量和它们的结构性决定因素仅仅由产业的本质特征决定，那么竞争战略将是着眼于选择正确的产业和比对手更深刻认识五种竞争力量的问题。然而，尽管这些确实对任何企业来说都是很重要的任务，并且是一些产业中竞争战略的核心，但企业通常仍不会成为产业结构的奴隶。企业通过其战略，能对这五种竞争力量施加影响。如果企业能影响产业结构，那么它就能从根本上改善或削弱产业的吸引力。很多成功的战略都在这个方面改变了竞争规则。

二、波特的"五力模型"的补充

后来一些学者对波特的"五力模型"做了有益的补充，使其对产业环境要素的分析更为全面。其中，管理学家弗雷曼建议把其他利益相关者加到波特的"五力模型"中去，还有一些学者建议把互补产业也加进去。

1. 关于利益相关者

利益相关者是指对企业产生影响的，或者受企业行为影响的任何团体和个人。企业的利益相关者分布相当广泛，包括企业内部的利益相关者和外部的利益相关者，后者经常通过与前者的联系来影响企业的战略。对于一些地方性企业和国有企业来说，政府的作用力是很大的。

由于每个利益相关者所代表的利益不同，他们的期望必然有所不同。这就需要战略制定者了解和分析不同利益相关者的期望，并根据他们的权力给出各自的权重。

估计利益相关者期望的重要性是任何战略分析的重要组成部分。这里需要对以下三个问题做出判断。

（1）每个利益相关者的期望对企业的重要性如何。

（2）他们是否有方法使企业重视其期望。这涉及利益相关者的权力问题。

（3）利益相关者的期望对企业未来战略可能的影响。

确定利益相关者的位置有两种方法：权力/期望矩阵和权力/利益矩阵。

图 5-2 给出了权力/期望矩阵，在这个矩阵里可以画出各利益相关者的位置。利用这种方法可以很好地评估和分析出在新战略的发展过程中在哪里应该引入"政治力量"。

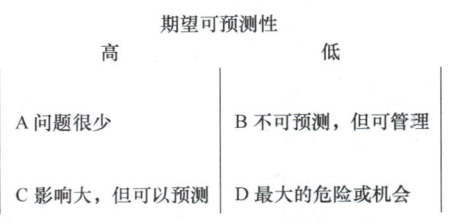

图 5-2 权力/期望矩阵

（1）最难应对的利益相关者是处于 D 区内的那些利益相关者，因为他们可以很好地支持或阻碍新战略，但是他们的观点却很难预测。其隐含的意思非常明显：在建立一个不可改变的地位前，一定要找到一种方法，来测试这些利益相关者对新战略的态度。

（2）相反，处于 C 区内的利益相关者，可能会通过管理人员的参与过程来影响战略。

这些管理人员同意他们的"观点",并制定那些代表他们期望的战略。

(3) 虽然处于 A 区和 B 区内的利益相关者权力很小,但是这并不意味着他们不重要。事实上,这些利益相关者的积极支持本身就会对权力更大的利益相关者的态度产生影响。

图 5-3 给出了权力/利益矩阵,它根据利益相关者与其持有的权力的关系,以及从何种程度上表现出对组织战略的兴趣对其分类。这个矩阵指明了组织需要建立的与各利益相关者之间关系的种类。

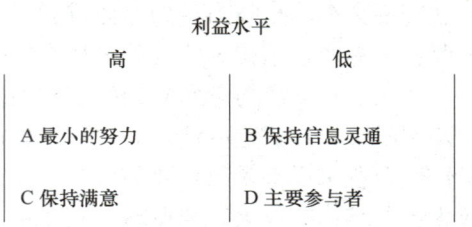

图 5-3　权力/利益矩阵

显然,在制定和发展新战略的过程中,应重点考虑处于 D 区内的主要参与者是否接受该战略。关系最难处理的利益相关者经常是处于 C 区内的利益相关者,虽然这些利益相关者总体来说是相对被动的,但要注意利益相关者影响战略的方式受特定事件的影响,即特定事件促使他们对战略产生影响。因此,全面考虑利益相关者对未来战略的可能的反应非常重要。如果低估了他们的利益,令他们突然重新定位于 D 区内并且阻止采用新战略,那么情况就会很糟。

类似地,需要正确地对待细分市场 B 区中利益相关者的需要——主要通过信息来满足。在影响更有权力的利益相关者的态度时,他们是非常重要的"联盟"。这种确定利益相关者位置方法的价值,在于其能分析以下问题:政治/文化状况是否会阻止采纳特定的战略?谁可能会是变化的主要阻止者和推进者?为了重新确定特定利益相关者的位置,是否需要坚持战略?

需要采取行动来阻止利益相关者对他们自己重新定位。这就意味着要保持 C 区中有关利益相关者的满意程度,减少与 B 区中的利益相关者保持联系的程度。

美国管理协会(American Management Association,AMA)曾经对 6000 位经理进行关于各种利益相关团体对企业的重要性调查,得出的结论如表 5-1 所示。

表 5-1　各种利益相关团体对企业的重要性

利益相关团体	得分排序(最高为 7 分)	利益相关团体	得分排序(最高为 7 分)
顾客	6.40 分	一般大众	4.52 分
员工	6.01 分	一般股东	4.51 分
主要股东	5.30 分	政府	3.79 分

需要注意的是,表 5-1 的结论对我国企业的情况未必适合,特别是对国有企业。

如果在波特的"五力模型"上再加上一个"利益相关者"要素,则形成了竞争要素分析的"六力模型"。

2. 关于互补产业

外部环境分析的目的是洞察环境的机会和威胁,波特的"五力模型"主要是从竞争关系方面分析企业所处的产业环境,但从竞争关系中仍然可以洞察机会。显然,如果五种竞争力量中哪一个方面较弱,就有可能是企业的机会。既然"五力模型"分析有洞察机会的功能,当然不能忽视互补产业,因为互补产业如果条件非常有利,对企业来说就是一个非常重要的机会。相反,如果互补产业发展不利,也会成为威胁企业发展的重要因素。

互补产业是指两个或多个产业之间存在相互依赖和补充的关系，其中一个产业的发展能够促进另一个产业的发展。例如，道路交通业、石油化工业、金融服务业等都可以看作汽车业的互补产业，如果这些产业不发展，将会严重制约汽车业的发展。

把互补产业作为一种竞争性要素显然是不恰当的，它是一种合作性要素。研究它可以洞察：由互补产业是否成熟判断企业进入的市场是否成熟；企业努力培养的市场不成熟也许是因为互补产业不成熟；知道主动去与互补产业中的厂商合作，甚至要花力气促进互补产业的成熟。

如果在上面提到的"六力模型"基础上再加上一个"互补产业"要素，则形成了竞争要素分析的"七力模型"。

三、波特的产业结构分析方法的应用

"五力模型"的重要功能不仅在于对企业所处环境有比较系统、全面的认识，更重要的是它可以为战略决策者依据这些分析提出相应的战略对策。这些内容将在制定企业竞争战略的相应章节中讨论。另外，成功地应用这个方法，还需要对其中的各种竞争要素有深入的理解。

下面对如何更好地应用这个方法进行简要介绍。

1. 关于潜在进入者

分析潜在进入者首先要分析潜在进入者的进入诱因，其次要分析谁更有可能进入，以及一旦进入对产业和对自己的企业会产生什么样的影响。

由经济学原理可知，只要产业中存在经济利润，就有新企业进入的诱因。经济利润越大、越稳定（长期、稳定的经济利润），对新企业的诱导就越强。显然，那些进入障碍低的企业更有可能成为新的进入者。可以从种种迹象和分析潜在进入者的进入障碍高低来判断谁有可能成为进入者，进而可以评估这种进入将给产业和企业带来的变化。

大规模的新进入者——可能是一个国际知名的大企业，也可能是数个大企业，将给整个产业结构带来巨大的变化，整个产业中的企业都会受到巨大的影响。受影响更大的是那些产业中的领导者，因为它们的领导者地位可能不复存在。大规模企业进入更多的是采取与原来产业中具有重要市场地位（可能是市场中的领导者之一）的企业合作的方式，这就能更快和更显著地改变原有的产业组织结构和产业竞争态势。对产业内的领导者而言，这种威胁是巨大的；当然，如果愿意与他人合作，也是使企业迅速改变竞争地位的一种途径。

上述大规模新进入者的出现，就是所谓超竞争环境的典型特征之一。正是由于这个原因，所谓"战略就是定位"的思想受到了怀疑。当然，这个定位是指"谋划企业在未来市场中的位置"。这个位置是指企业在市场中排在第几位（企业的形象定位和品牌认知定位总是需要的，这一点无须怀疑）。显然，如果未来出现大规模的新进入者或者产业内大厂商的合并，谋求"定位"似乎就没有意义了。

企业进行产业结构分析的目的就是要在产业环境中寻找到一个对自己有利的位置，这个位置一旦得到，当然不希望被改变。因此，处于有利市场地位的企业的战略目标之一就是尽可能地阻止新进入者，即建立新进入者的进入壁垒。

2. 关于买方和卖方

任何一家企业都有自己的买方和卖方，因为任何一家企业都处在产业价值链中的一个或

几个环节中。如果企业成功地控制了产业链中的多个环节，就成功地实现了纵向一体化。供应链管理正是建立在产业结构分析的理论基础之上的。

波特在提出企业与卖方和买方的相互关系时，首先考虑的是它们之间的竞争关系，由此提出了提高企业"议价能力"的相应对策，其中，最典型的对策就是实施纵向一体化。其中，向买方延伸称为前向一体化，向卖方延伸称为后向一体化。

按照现代战略管理思想，也是客户关系管理思想，买方代表了企业的客户资源（渠道资源）。从这种思想出发，更多的是考虑与买方的合作关系。如果企业要向买方延伸，则更多的是考虑建立自己排他性的、战略性的渠道资源。

同样的道理，如果企业要向卖方延伸，则更多的是考虑占有排他性的、战略性的原材料、技术等资源。控制原材料资源容易被理解，但对控制技术包括信息资源的战略意图往往会被忽略，其实它比前者更重要。从本章第二节中介绍的产业价值链分析中将看到，只有成功地控制了产业中的关键技术，才能在产业价值链中占据有利位置。

3. 关于替代品

替代品的概念在经济学中已有精确的定义，在营销学中也经常研究替代品，但在战略管理中研究替代品更需要"高瞻远瞩"。所谓"高瞻远瞩"，是说要看得更长远、更广泛一些。例如，要以更长远的眼光看待替代品，要更多地关心由于技术创新所导致的技术与产品的更新换代，由于收入水平的提高和价值观念的改变所引起的需求偏好的变化，甚至人类生产和生活方式的改变。而不像营销学中研究替代品，更多的是研究同一时期功能相同或者相似产品之间的可替代性。同时，要以更宽广的视角看待替代品，要应用经济学中一般均衡分析的原理。例如，在营销分析中，不会把汽车和高档服装、酒、住房等看作替代性产品，但实际上它们是有替代性的：当消费者需要攒钱买房时，他们会减少对高档服装的消费；私人轿车的增加会减少酒的消费，因为要开车会有更多的人禁酒；汽车与住房之间也具有替代性，因为在一段时间内，消费者受支付能力的限制，可能只能在其中选择一个。但对于富人来说，它们则有可能具有互补关系。

还有一种被替代的现象对战略管理研究非常重要，它不是由于产品的性能、价格因素，而是由于时间因素，使其成为一种"历史性的替代"。铱星移动通信系统被地面移动通信系统替代就是一个典型的案例。无论是铱星项目提出的初期还是项目已经被宣告失败的今天，都可以说前者比后者在技术方面具有显著优势，但后者在时间上提前锁定了客户，使前者失去了历史机遇。这种现象还可以被进一步推广：一个项目或者产品成功与否，与其进入市场的时机有强相关关系。

关于互补品，也有同样的道理，在此不赘述。

第二节 产业价值链分析

波特在其《竞争优势》一书中提出了价值链的分析框架。波特的价值链是企业内部的价值链，基于相同的原理，还存在产业价值链，它与企业价值链有不同的地方。如果企业实施的是非相关多元化业务组合战略，那么这个企业必定处于产业价值链中的某一个环节，也可能同时处于几个产业价值链之中。

一、产业价值链的概念

产业价值链是指一个产业内部既相互联系又可以相互分离的各类价值创造活动的有顺序的构成。产业价值链描述的是厂商与厂商之间为生产最终交易的产品或服务所经历的增加价值的活动过程，它涵盖了产品或服务在创造过程中所经历的从技术开发到原材料直到最终消费品的所有阶段。产业价值链中的价值增值活动也可以划分为产业基本活动和产业辅助活动两类。产业基本活动由技术创新与知识产权创造、技术装备制造、运入物流、生产作业、运出物流、营销与销售、服务等环节构成；产业辅助活动由研究与开发、人力资源开发、产业基础设施建设、其他辅助性生产或服务活动构成。

二、产业价值链的特点

产业价值链的存在是以产业内部的分工与合作为前提的。没有分工，就无法区分相应的各个价值增值环节，也就没有价值链的存在。专业化的分工可以大大提高效率，扩大价值增值流量；而合作是产业价值链中各个价值增值环节得以连接和连续的必要条件。随着市场的不断完善和发展，产业价值链的外延不断扩大，产业价值链内部也趋于复杂化。其内部各组成部分在相互促进的同时，也会相互影响和相互制约，其中任何一个部分出了问题，都会影响到整个产业价值链的高效运作。

增值性是产业价值链的一个主要特征。后面的价值增值环节是在前面价值产品的基础上，进一步面向新的客户，生产出新的价值产品。但是，这并不意味着前面环节投入的价值量在后面都能够实现，如果存在价值增值瓶颈，价值链上一部分投入的价值将会损失，而无法实现增值。

价值增值实现的过程是一个不断循环的过程。因此，产业价值链具有循环性的特点。这一特点对于参与价值链的、持续经营的企业具有重要的意义，因为企业长期价值最大化的实现比起短期价值的实现具有更重要的意义。一条产业价值链如果无法实现有效的循环，就会面临"消亡"的危险。

产业价值链中的价值投入受最终用户需求的价值总量约束，这也决定了价值投入在多大程度上能够得到实现。参与价值链运行的企业需要充分认识这一点，以避免盲目扩大投资和生产。

对于产业价值链的各增值环节来说，只有建立合理的价值分配模式，才能在产业价值链上形成足够规模的产业资本。如果其过多地在产业价值链上追逐独享性的垄断利润，产业价值链的上下游将无法形成有效的均衡，产业价值链的其他增值环节将处于被动的境地，整个产业价值链也将非常脆弱。

三、产业价值链分析的意义

企业可以从事产业价值链基本活动中的一个环节或者多个环节，也可以从事辅助活动中的一个环节或者多个环节，还可以同时从事基本活动和辅助活动。进行产业环境分析，企业首先要明确自己在哪个环节活动；其次要了解自己在这个环节中是否有利于获得竞争优势；最后要了解产业中的哪个环节有更高、更稳定的盈利水平。最后一个环节是最值得关注的，因为它关系到企业如何在一个产业中选择一个有高吸引力的业务（环节）。

通常所说的工业发达国家产业结构高端化，其中一个重要含义就是它们占据了产业链各环节中的高吸引力环节。这种情况在汽车产业、医药产业以及IT产业等都非常典型。发达国家的大公司控制了产业的关键技术和原材料，它们利用技术上的优势，首先在本国生产产品盈利，然后通过技术贸易将技术、装备卖给发展中国家盈利，最后将产业的生产作业环节转移到发展中国家。它们自身则始终占据产业中的有利位置，这是发达国家一些大公司的典型战略。我国国内技术创新专家所提出的发展中国家要警惕陷入"引进—吸收、再引进—再吸收"的陷阱，就是描述的这一过程。

世界的加工能力向发展中国家转移更符合发达国家的战略意图，因为发达国家可以通过这个过程获得更多的利益。作为有能力的企业，其战略目标——或者称为在产业价值链中的定位，应该是控制两头：技术和销售渠道。

企业作为一个整体，其竞争优势来源于在设计、生产、营销等过程以及辅助过程中所进行的许多相互分离的活动，来自为企业的相对成本地位和差别化程度奠定基础的整个产业价值链配置系统。为了营造和保持竞争优势，管理者必须在整个价值链配置系统中不断地寻求适合培育与强化自身核心竞争力的定位，并同时管理好与企业创造价值相关联的其他环节。这样，企业的竞争优势才会持久。例如，拥有设计生产微处理器（CPU）能力的英特尔公司，就不断地改进其微处理器的性能——赋予它们更强大的功能、更快的运行速度，并且使其每单元处理能力的价格下降。由于先进软件产品的潜在能力与特殊微处理器的潜在能力之间有着强烈的相互依赖关系，因此微处理器技术的进步促进了软件产业的技术进步，软件产业的发展又为微处理器技术的升级提供了市场需求。软件与硬件的发展形成了良性互动，从而促成了整个计算机产业的繁荣兴旺。

在实践中，通常难以将一项活动对企业创造价值的影响与其他活动分离开来。这就需要估计每项活动创造的增量收益，以及与这项活动相联系的增量成本。当不同阶段生产的成品和半成品可以用市场价格来衡量价值时，就可以估计价值链的特定部分所创造的附加价值，然后依据附加价值的大小，找出价值链的主要环节。这样企业就可以集中有限的资源，将其投入价值链创造增量收益最大的环节中。

价值链的不断分解，使市场上出现了许多相对独立的、具有一定比较优势的增值环节。这些原本属于某个价值链的环节一旦独立出来，就有可能适应很多其他相关产业。例如，属于价值链辅助活动的会计、法律工作就可以独立出来，由会计师事务所与律师事务所来执行。基本活动中的许多环节也可以由独立的、专注于此环节的公司来完成。例如，北美的服装公司就将价值链基本活动中的生产作业环节外包给中国、越南、泰国等地的生产厂商，而这些生产厂商同时也在为本地的或欧洲的其他服装公司定制生产。

在产业价值链概念提出之后，又提出了产业价值网（Value Net）的概念。产业价值网是指多个相关产业上的多个价值创造环节相互连接所形成的一种网状结构。产业价值网的价值必定高于单一产业所创造的价值，并且构造产业价值网的目的不仅是增加价值，还在于通过网络更好地保护企业欲发展的核心产业链和核心业务。因为毕竟"网"比"链"更不易被竞争对手冲破。

产业价值网的概念与网络组织的概念相关。现在的战略研究更多地关注企业如何获得在产业价值网中的控制力和网络组织中的权力，后者是网络组织理论研究的重点内容之一。

第三节　产业内战略集团分析

如果询问企业其竞争对手是谁，它们通常都会给出一个竞争对手数量有限的名单——绝非产业中所有的企业。因为即使在同一个产业内，企业之间的竞争关系也有很大的不同。要弄清它们之间的关系，战略集团分析是一个有力的工具。

一、战略集团的概念

产业内战略集团的分析，是按照产业内各企业战略地位的差别，把企业划分成不同的战略集团，并分析各集团间的相互关系和集团内的企业关系，从而进一步认识产业及其竞争情况。波特定义：一个战略集团是指某一个产业中在某一战略方面采用相同或者相似战略的各公司的集合。

如果产业内所有的企业基本上认定了相同的战略，则该产业内就只有一个战略集团；如果每个企业都奉行与众不同的战略，则该产业内有多少家企业便有多少个战略"集团"。然而，一般来说，在一个产业内仅有几个战略集团，它们采用性质根本不同的战略。

二、战略集团之间的差异

一个产业内的企业，在战略上会有许多共同点，但也会有许多不同点。战略的不同点主要表现在以下几个方面。

（1）一体化程度不同。有的企业自己生产原材料和零部件，有的则完全从外部采购；有的企业有自己的销售渠道和网点，有的则全靠批发商和零售商。

（2）专业化程度不同。有的企业只经营某一种产品或服务项目，有的则生产多品种、多规格的产品或服务，还有的甚至跨产业经营。

（3）研究开发重点不同。有的企业注重争取开发新产品的领导地位，不断投放新产品；有的企业把研发重点放在生产技术上，力争在质量和成本上取得优势。

（4）营销重点不同。有的企业重视维持高价产品，有的企业则采取低价策略开展竞争；有的企业特别重视对最终用户的推销活动，有的企业则主要以为销售者提供服务来巩固和扩大销售渠道。

（5）目标市场不同。有的企业局限于低端市场，有的企业则志在高端市场；有的企业主要做国内市场，有的企业则重心在国际市场，要成为国际化的企业。

要了解战略集团的性质和特点，需要分析各个战略集团的地位，可以用产品品种齐全程度和纵向一体化程度两个指标来划分不同的战略集团，如图 5-4 所示。图 5-4 中把一个产业内的企业划分为 A、B、C、D 四个集团，每个圆的面积代表该集团在整个产业中的市场份额，由此可以确定一个战略集团在产业中的地位。

A 集团：丰富的产品品种，高度纵向一体化，低成本，中等质量，在产业中占有较大的市场份额。

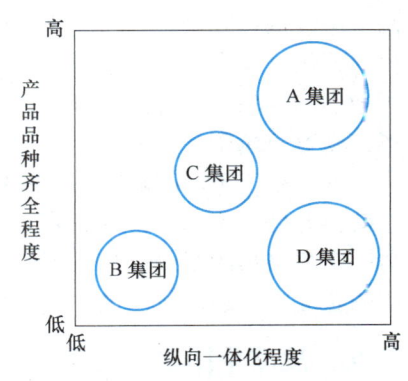

图 5-4　战略集团分析示意图

B集团：很少的产品品种，低纵向一体化，高成本，高质量，高技术水平，在产业中所占市场份额较小。

C集团：产品品种齐全程度和纵向一体化程度都是中等，中等价格，低质量，高服务质量，所占市场份额与B集团相当。

D集团：很少的产品品种，高度纵向一体化，低成本，低价格，低服务水平，所占市场份额与A集团相当。

战略集团的划分可以依据不同的测量维度，即横纵坐标，如目标市场与价格、技术水平与市场地位、价格与产品品种数目等，也可以同时使用多于两个测量维度，只是那样分析起来更复杂一些。采用哪些测量维度划分战略集团，完全取决于应用的需要。

三、战略集团内企业的竞争关系

利用战略集团分析方法，一是分析在同一个战略集团内的企业之间的竞争；二是分析处于不同战略集团的企业之间的竞争；三是分析不同战略集团之间的竞争。

在同一个战略集团内的企业，由于可能采取相同的战略去争夺同一个目标市场，因此它们之间的竞争最激烈。一家企业采取的行动可能会立即、直接引起其他企业的反应。企业之间的共同要素越多，或者它们之间战略的一致性越强，它们之间竞争就越激烈。

当分析同一产业内企业的竞争对手时，首先应该明确自己属于哪一个战略集团，分析同一战略集团内企业之间的竞争关系，然后分析与自己在战略集团中的地位接近的竞争对手之间的竞争，它们可能是企业的挑战者，也可能是企业将要挑战的对象；对那些在战略集团中的地位距离自己比较远的企业，可以不必分析它们，只要监测它们的动向就可以了。

同一战略集团内的企业由于有许多共同点，如采取相同的技术和瞄准相同的目标市场，因此它们之间也容易找到利益共同点。它们有共同的愿望——保护目标市场不被其他战略集团中的企业侵蚀，因此它们有可能达成联盟，共同设置其进入壁垒，阻止其他企业进入。在战略集团分析中，它被称为移动壁垒——这种企业从一种战略地位向另一种战略地位移动所必须克服的障碍。

四、不同战略集团的企业的竞争关系

不同战略集团的企业也会有激烈的竞争，因为它们可能有共同争夺的目标，如争夺同一个目标市场或者采购同一种原材料。例如，一家大酒店采用的是全面市场覆盖战略，它的菜品高、中、低档齐全，它与一个以"工薪消费"定位的小酒店的目标市场发生了冲突，这种情况称为"部分目标市场重叠"。因此，属于不同战略集团中的大酒店和小酒店之间就发生了激烈的竞争。重叠的部分越大，竞争的范围就越广；如果双方竞争的是共同的战略目标市场，则竞争越激烈。

此外，由于不同战略集团之间可能存在显著的利益差异，或者至少人们认为如此，那么必然就会有处于不利地位的战略集团中的企业试图移动到另一个战略集团中去，这意味着要与另一个战略集团中的企业发生"重叠"，于是会引发激烈的竞争。处于有利地位的战略集团中的企业将会想方设法地阻止这种移动。

五、战略集团之间的竞争关系

因为同一战略集团中的企业存在共同利益，不同战略集团之间可能存在利益差异，因此

可能会引发不同战略集团之间的竞争。同一战略集团内的企业可能采取共同的行动以进攻或抵御另一个战略集团。

波特曾从四个方面论述了战略集团之间的竞争关系。

（1）影响战略集团竞争的最重要因素是其市场的重叠性。当战略集团的市场重叠很多时，将会导致激烈的竞争；当战略集团把目标盯在差别很大的细分市场上时，它们对他人的兴趣及相互影响就会小很多；当它们的销售对象区别很大时，其竞争就更像是在不同产业的集团间进行一样。

（2）影响战略集团竞争的第二个因素是各个集团的战略所形成的产品差异化程度。如果各自不同的战略使顾客区分开并各自偏好某些品牌，则集团间的竞争程度会远远低于各个集团所售产品被视为可相互替代时的情形。

（3）当其他条件相同时，战略集团数量越多且各自的规模（市场份额）越相近，则其战略的不对称性通常越能激起竞争。战略集团数量多意味着集团多样化，某一集团采取削价或者其他战术攻击其他集团，从而引发战争的可能性就大。反之，如果集团的规模极不平衡，如某一集团在产业中只占有很小的份额，另一集团却占有很大的份额，则战略的不同不太可能对它们之间的竞争方式造成很大的影响，因为小集团要以其竞争战术来影响大集团，其力量可能太弱。

（4）第四个因素是战略差距，即不同战略集团奉行的战略在关键要素方面的离散程度。例如，在品牌知名度、成本状态、技术领先程度以及与母公司或政府的关系等外部环境方面。如果其他条件相同，集团间的战略差距越大，集团间就越有可能发生激烈的小规模摩擦。企业坚持不同的战略导致它们在竞争思想上有极大的差距，并使它们难以理解他人的行为，从而难以避免错误的发生和争端的爆发。

在波特的产业结构分析和战略集团分析的基础上，总结了企业盈利的主要决定性因素，如表5-2所示。表5-2中，前九项因素是波特给出的，后两项因素是本书作者结合本章第二节的内容给出的。

表 5-2 企业盈利的主要决定性因素

共同的产业特征
1. 在全产业范围内决定五种竞争力量的强弱并相等地作用于所有企业的结构要素，包括：①产业中需求量的增长速度；②实行产品差异化的总潜力；③卖方的产业结构、技术
战略集团的特征
2. 保护战略集团的移动壁垒的高度
3. 企业所在的战略集团对卖方、买方的议价能力
4. 战略集团对替代品的敏感程度
5. 战略集团面对的其他战略集团
企业在其战略集团中的地位
6. 战略集团中竞争的强度
7. 在战略集团内企业的相对规模
8. 加入战略集团的代价
9. 就经营角度而言，企业贯彻执行既定战略的能力
企业在产业价值链中的地位
10. 企业保护其在产业价值链中所处一个或者几个有利环节的壁垒的高度
11. 企业在其所处有利环节中的竞争地位

第四节　产业组织结构特征分析

产业组织结构特征对企业之间的竞争关系和企业战略定位具有重要影响。经济学中，正是基于厂商竞争的激烈程度将市场划分为不同的类型。分析企业所处的产业环境，一定要了解企业处在怎样的产业中：产业组织结构是趋于集中的还是趋于分散的？产业处在怎样的发展阶段？产业是不是一个国际化的产业？不同组织结构特征的产业，企业之间的竞争关系有很大差别，企业所采用的一般竞争战略自然就有很大区别，也会在很大程度上对企业战略定位产生影响。

一、产业组织结构的概念及演变规律

产业经济学中对产业组织结构及其演变规律有详细讨论，这里只做简单描述。所谓产业组织结构，是指一国产业体系中的企业结构。它包括一定产业内部的大、中、小型企业的规模结构和不同产业之间的关系，以及规定这些关系的因素，即产业内企业间的相互关系结构。企业间的相互关系结构涉及两个方面的问题：①规模经济；②适度竞争。在一国经济发展中，产业组织一般都朝着集中和分散两个方面成长：①生产趋向集中化，即生产要素越来越集中于专业化大型企业；②生产趋向分散化，即生产要素向与大型企业有协作关系的小型企业扩散。通过这种关联作用，形成规模经济，并建立起分工协作的中小型企业并存的产业组织结构。规模经济和适度竞争是产业组织结构的基本要求和重要特征。

纵观产业组织结构演变的历史，可以清楚地看到，产业组织结构的一般趋势是重工业部门以大型企业为主，轻工业部门以中小企业为主。在重工业部门内部，采掘工业和原材料工业应以大型企业为主，制造业应以中小企业为主。钢铁、有色金属、电力、石油、煤炭、汽车和飞机等制造业应以大型企业为主，而一般机械制造和轻纺工业则应以中小企业为主。但是，无论任何产业都应既有少数大型企业作为骨干和核心，又有众多中小企业来配合。

按照产业组织规模变化和企业经济效益依存关系的不同，全部工业部门可划分为如下三大类：第一类为依存性最强的部门，如采掘工业，其企业规模的大小主要取决于矿山地质条件、储量和品位。这类工业部门的劳动对象的质和量相对稳定，要投入大量的机器设备和劳动力。所以，这类产业的企业经济效益将随着产业组织规模的扩大而不断提高，产业组织规模扩大和经济效益提高表现为同步趋势。第二类为依存性很强的部门，如钢铁工业、电站、化学工业、造船业、航空业和重型机械制造业等，其企业规模的大小主要取决于主导设备功率的大小和生产率的高低。所以，企业规模越大，则企业经济效益越好，企业规模和效益成正比。第三类为依存关系弱的部门，如纺织工业、制鞋业、缝纫机床制造业和电子业等。这类部门的企业规模大小主要取决于企业所拥有同类设备数量的多少。这类部门和企业的规模大小，与企业效益指标的好坏没有直接关系。应当指出，由于同一产业不同产品的生产技术特点不同，其产品的合理规模界限也不一样。任何产业的企业规模都有其合理界限，超越此界限的企业规模会产生规模不经济现象。

因为产业组织结构的演变有其内在的规律性，因此企业要顺应这个规律。若想成为一个大型企业，最好选择一个趋向于集中的产业。如果企业处在一个分散型的产业中，又想把企

业做大,则必须想出应对分散的好办法,如连锁经营。如果是一个弱小的企业,在分散的产业中更容易生存。如果是一个弱小的企业,又身在一个集中化的产业中,则应选择一个很小的细分市场,成为一个专家型企业。如果想成为一个国际化的大企业,则最好选择一个全球性的产业。

二、分散型产业的特征

分散型产业的特征更接近完全竞争的市场特征。在这个产业中,有众多的企业,其中没有哪家企业占有显著的市场份额,也没有任何一家企业能够对整个产业的发展具有重要影响。这种类型的产业竞争环境的突出特征是,不存在具有左右整个产业活动影响力的产业领导者。

分散型产业分布于很多领域,如服务业、零售业、分销业、木材和金属制作业、农产品生产和加工业等。

造成产业分散的原因很多,在这种环境中,竞争的相关因素也有很大的不同。某些产业的分散是历史原因造成的——因为企业历史而形成的资源或者能力,而不是基本的经济原因。但在很多产业中,造成分散的原因是基本的经济因素。波特归纳了这些基本的经济因素。

(1) 总的进入壁垒低和退出壁垒低。
(2) 不存在规模经济或经验曲线。
(3) 高运输成本。尽管存在规模经济效应,高运输成本仍限制了高效的工厂的规模扩张及生产地点的选择。运输成本对规模经济的抵消作用决定了工厂可以经济高效运行的服务半径。
(4) 高库存成本或不稳定的销售波动。
(5) 与顾客和供应商交往时无规模经济。
(6) 某些重要方面的规模不经济性。规模不经济性可由多种经济因素产生。快速的产品变化或式样变化要求迅速反应和多种功能间紧密合作。频繁的新产品的产生和花色变化是造成竞争的基本因素,这种情况造成领先时间变短,一家大企业可能比小企业效率低。
(7) 多样化的市场需求。
(8) 高度的产品差异化,特别是当这种差异化是基于形象时。
(9) 政府的法律、政策或地方法规。
(10) 新产业。造成一个产业分散的可能原因是,该产业属于一个新产业,这一产业中即使没有其他阻碍集中的壁垒,也没有企业掌握了足够的技术和能力以占据重要的市场份额。这种情况与产业所处的生命周期阶段有关。

由上述内容可见,造成产业分散的原因是多方面的,分散型产业总是存在的。因此,如何应对分散,是战略管理的一个重要课题。对这个问题的解答将在企业竞争战略中给出。

三、集中型产业的特征

集中型产业的特征更像寡头垄断的市场特征。在这个产业中,有限的几家企业占据了产业中大部分市场份额,产业中有明显的领导者。虽然在这个产业中也会有许多中小厂商生存,但其市场份额都很小,目标市场通常不同于产业中的领导者。

与分散型产业相对，如果不存在造成产业分散的那些因素，产业将趋向于集中。当然，造成产业集中的主要原因在于产业中存在明显的规模经济和经验曲线效应。

美国的两位学者杰格迪什·谢斯（Jagdish Sheth）和拉金德拉·西索迪亚（Rajendra Sisodia）出版了一本名为《3 法则：全球公认的企业定位准则》的书。该书提出的基本观点是：如果人为干预不多，任由产业自然整合、进化，最后通常会留下"产品线齐全的三大通才型企业"、许多小型的"专家型企业"，以及一些高不成低不就、被卡在"壕沟"里的企业。他们提出的应对这种产业集中趋势的企业战略是：做强或做专，否则就会死。书中还列举了很多这样的例子：麦当劳、汉堡王和温迪；耐克、阿迪达斯和锐步；默克、强生和百时美施贵宝。

此外，还可以举出在一个相对稳定的产业中仅有两个大企业占有统治地位的例子。但不管是两个、三个还是四个，总而言之，一个集中型产业当达到稳定的状态时，通常会留下几个产业领导者，它们占据了市场中的绝大部分份额。这种地位应该是那些想把企业做大的人追求的，若要做到，就必须首先意识到这种趋势，然后采取各种策略去争取成为第一或者第二。制定一个好的战略就是为了实现这个目标。

四、产业生命周期阶段与组织结构

与产品生命周期类似，产业也有其生命周期，在不同的阶段具有不同的特征，在此与组织结构特征一并介绍，因为它们对后期的战略制定都会产生影响。

产业生命周期是指产业从出现到衰退所经历的时间。产业生命周期主要包括四个阶段：幼稚期、成长期、成熟期和衰退期，如图 5-5 所示。

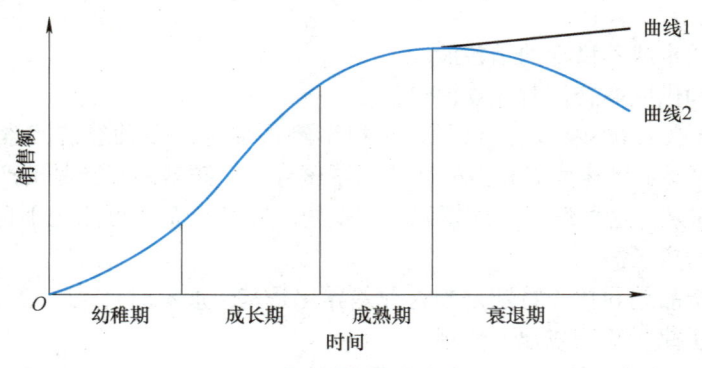

图 5-5　产业生命周期

产业生命周期曲线忽略了具体的产品型号、质量、规格等差异，仅仅从整个产业的角度考虑问题。产业生命周期可以把成熟期划分为成熟前期和成熟后期。在成熟前期，几乎所有产业都具有类似 S 形的生长曲线。在成熟后期，则大致分为两种类型：①产业长期处于成熟期，从而形成稳定型的产业，如图 5-5 中的曲线 1；②产业较快地进入衰退期，从而形成迅速衰退的产业，如图 5-5 中的曲线 2。

识别产业生命周期所处阶段的主要指标有市场需求增长率、竞争者数量与产业组织结构稳定性、产品品种、进入及退出壁垒、技术变革、用户购买行为等。下面分别介绍产业生命周期各阶段的特征。

1. 幼稚期

进入者数量还很少,产业组织集中度也许很高,也许很低。高的原因是某一两个率先进入者一开始的规模就相对较大,而其他进入者的规模都很小;低的原因是第一批进入者的规模都很小且平均。但无论产业组织集中度高或低,这一时期的组织集中度都是极不稳定的。如果没有产业政策和知识产权的限制,则这一时期的产业进入壁垒较低。

其他方面:这一时期的市场需求增长率较高,技术变动较大,产业中的企业主要致力于开辟新用户、占领市场。但此时技术上有很大的不确定性,在产品、市场、服务等策略上有很大的余地,对产业特点、产业竞争状况、用户特点等方面的信息掌握不多。

2. 成长期

这一时期企业进入产业的最活跃时期。因为在这一时期,产业或者市场的不确定性已经很小,产业中领导者的大规模威慑力量尚未形成,产业的进入壁垒最低,因此产业的集中度低。

其他方面:市场需求增长率很高,技术渐趋定型,产品品种增多。

3. 成熟期

进入这一时期的产业组织结构呈现两种典型的状态:①产业组织趋向于集中,由此定义为集中型产业;②产业组织在相当长的时间内保持分散状态,由此定义为分散型产业。

其他方面:市场需求增长率很低,技术上已经成熟,产业特点、产业竞争状况及用户特点非常清楚和稳定,买方市场形成,产业盈利能力下降,新产品和产品的新用途开发更为困难,产业进入壁垒很高。

4. 衰退期

这一时期的产业组织结构可能有三种情况:①由于产业中的中小企业被迫退出,产业集中度提高;②由于产业中的大企业退出,产业集中度下降;③中小企业和大企业的退出同时出现,产业集中度变化不定。

其他方面:市场需求萎缩,产品品种减少。

产业衰退的原因可能有以下四个方面。

(1) 资源型衰退,即由生产依赖的资源枯竭所导致的衰退。

(2) 效率型衰退,即由效率低下的比较劣势而引起的产业衰退。

(3) 收入低弹性衰退,即由需求收入弹性较低而引起的产业衰退。

(4) 聚集过度型衰退,即由经济过度聚集而引起的产业衰退。

产业生命周期在运用上有一定的局限性,因为生命周期曲线是一条经过抽象化的典型曲线,各产业按照实际销售量绘制出来的曲线远不如这样光滑、规则。因此,有时要确定产业发展处于哪一阶段是困难的,如果识别不当,容易导致战略上的失误。

波特按产业的成长阶段将其划分为三种类型:新兴产业、向成熟期过渡的产业和衰退产业,并提出了相应阶段的竞争战略。相关内容将在后面的章节中介绍。

第五节 全球性产业特征分析

全球性产业意味着竞争者在主要地缘或国家性市场的战略地位从根本上受到它们全球总体地位的影响。经济的全球化已经渗透我国的各个领域,分析环境一定要站在全球化的角度考虑问题，特别对于大企业来说更是如此。从全球化角度考虑问题包括两个方面：①资源的获得要基于全球化，而且要特别关注技术、市场资源和人力资源；②对竞争对手的分析要基于全球化，人们常说"一昼夜之间"，就会出现新的竞争对手，而新的竞争对手可能更多来自国外的企业。

一、国际竞争与国内竞争的差别

全球性产业要求企业在世界范围内协调一致的基础上进行竞争或面对战略劣势。有些产业具有国际性是由于某些跨国公司跻身其中，但该产业并不具备全球性产业的本质特征。例如，在消费产品中的包装食品产业中，像雀巢这样的跨国公司在许多国家经营。具有跨国竞争者的产业不一定是全球性产业。尽管如此，由于参与国际竞争的企业积累的战略优势的程度因产业不同而大相径庭，因此必须认识到"全球性"不可避免地是一个程度的问题。

分析全球性产业，是因为国际竞争与国内竞争有许多差别。这些差别表现在以下几个方面。

（1）国家间的要素成本差异。
（2）国外市场的不同环境。
（3）外国政府的不同角色。
（4）目的、手段和监测外国竞争对手能力的差别。

不管怎样，在全球性产业中起作用的结构性因素和市场力量与多数国内产业情况相同。全球性产业中的结构分析必须包括外国竞争对手、更广泛的潜在进入者、更大范围的可能的替代品，以及企业目标不同、企业个性不同、对战略性重要因素认识不同的可能性。

二、全球性竞争的来源与障碍

企业一般可以通过三种机制参与全球性的活动：特许经营、出口和直接对外投资。通常一家企业进入国外市场的手段是出口或者授予特许经营权，只有取得了一些国际经验之后，才会考虑直接对外投资。向许多国家大量出口是全球性竞争的信号，而产业中的大量直接对外投资则不是。从根本上来说，一个产业之所以成为全球性产业，是因为对于这个产业中的企业来说，必定存在某些经济上（或其他方面）的优势，使得它能够在多个国家的市场上以协调一致的方式进行竞争。这些全球性竞争优势有许多不同的来源与壁垒。战略分析的任务是评价所研究的特定产业中的这些问题，理解它为什么是全球性的或者不是全球性的，哪些全球性优势的来源超越了壁垒因素。

1. 全球性竞争优势的来源

全球性竞争优势的来源广泛地根植于四个因素：国际贸易原理中的比较优势、规模经济或超出单一国家市场所能够达到的规模或累计产量的学习曲线、产品差异化以及市场信息与技术的公共品特性。更具体地来说包括以下几点。

（1）产品的规模经济。更大的市场规模使生产上的规模经济充分被挖掘。例如，格兰仕之所以可以大规模降低成本，与其成功地开发国际市场密切相关。

（2）全球化经验。在专有的经验能带来大幅度成本下降的工艺技术中，在许多国家性市场中出售类似的产品类型能带来收益。如果一个型号在许多国家性市场上出售，每一个型号的累计产量就会增加，这给全球性竞争者带来了成本优势。全球性企业还可能从遍布于世界各地的成功工厂中获得经验,从而也能够潜在地获得成本优势。

（3）基础性设施的规模经济。基础性设施可以被世界市场所分享,从而分摊了固定成本。

（4）营销的规模经济。全球性企业可以在许多国家性市场间分摊高技能、高成本的销售人员的固定成本。

（5）购买的规模经济。大量购买下的采购成本降低。

（6）产品差异化。在有些业务,尤其是那些技术发展的业务中,全球性竞争赋予企业声望和信誉的优势。例如,海尔集团在美国设立工厂,并有一定数量的产品在国外销售,这有利于其树立国际性企业形象。

（7）专有的产品技术。全球性经济效应也可能来自将已有技术应用于多个国家性市场的能力。当所从事的业务在全球性市场上的销售规模远大于单独的国家性市场销售规模时,前者的规模经济效应将远大于后者,这种能力尤为重要。有些高新技术,其高昂的研究与开发费用的确需要通过全球性销售来弥补。

（8）生产与服务的移动性。有些产品的生产与服务具有可移动性,如大规模工程建设项目、石油钻井平台、咨询服务等,这些产业更有可能成为全球性产业。

2. 全球性竞争的障碍

有许多障碍因素会阻止产业的全球化,它会抵消全球性竞争的优势。即使全球性竞争的优势在总体上超过了障碍,对不从事全球性竞争的国内企业来说,这些障碍还是能够形成局部战略优势的。因此,对于想开展全球化经营的企业来说,研究全球化产业的目的是确定存在哪些障碍因素,并寻找克服它们的途径;对于不想开展全球化经营的企业来说,目的则是如何设置障碍以阻止来自全球化企业的竞争。

有些障碍是经济上的,而且给全球性竞争带来直接成本。其他一些因素不一定直接影响成本,但增加了管理任务的复杂性。还有的障碍关系到纯粹的制度或政府限制,它们并不反映经济环境。另外,有些障碍仅仅与产业守成者的洞察力和资源的限制有关。

三、全球性产业的演变

很少有产业一开始就是全球性的,但是随着时间的推移,它们向全球化演变。存在许多造成全球性产业的动因,它们加强了企业全球性竞争的优势,或者减少或消除了全球性竞争的障碍。然而,除非有显著的战略优势来源,否则不可能导致全球化。在所有的情形中,即使经济或制度的变化已经创造了潜在可能,也需要一家或多家企业做出战略革新来使产业全球化。

全球化的动因具体包括以下几个方面。

（1）规模经济增强。技术进步在生产、基础装备、购买或研究与开发等方面增强了规模经济的优势,自然也就为全球性竞争提供了动因。

（2）运输或储存成本降低。

（3）分销渠道变化或合理化。如果分销渠道处于变化之中,外国企业进入它们的负担就会减轻。合理化的渠道有相同的效果。例如,如果产品的分销由众多细分的零售商变化为少量全球性超级市场和大批量商业连锁,外国企业赢得分销渠道会使企业面临的问题减少。

（4）要素成本变化。要素成本变化会大大扩展全球化的要素来源,使全球化竞争更加有利可图，从而改变生产或者分销渠道的格局。

（5）"地球变小了"。由于各国越来越倾向于对外开放，再加上交通和信息业的高度发展，世界似乎变得越来越小了。产品的差异化针对的是需求的差异化，后者来源于收入水平、文化等方面的差异。随着产业的发展，各地缘接近的国家在经济、文化等环境上越来越相似，如果产业中出现了全球性优势的来源，世界性竞争的潜力就增大了。例如，我国居民的收入水平提高了，发达工业国家的高端小轿车就可以进入我国市场了；随着收入水平的进一步提高，各种高档游艇、直升机等也将适应我国的市场需求。

（6）政府约束减少。政府取消配额、降低关税、加强技术标准的国际合作及其他类似政策，有增加全球性竞争的可能性。

思 考 题

1. 波特的"五力模型"中的"五力"是指什么？举一个企业的例子，说明怎样分析这"五力"。
2. 如何判断利益相关者的位置？不同的利益相关者对企业战略决策的影响是否同等重要？
3. 如何理解互补产业对"五力模型"的补充作用？
4. 什么是价值链？为什么要进行价值链分析？
5. 什么是战略集团？它对任务环境分析有什么作用？
6. 战略集团之间的差异有哪些？如何确定产业中不同战略集团的地位？
7. 战略集团之间的竞争关系体现在哪几个方面？
8. 企业盈利的主要决定性因素有哪些？
9. 什么是产业结构？其演变规律是什么？
10. 分散型产业的特征是什么？造成产业分散的原因有哪些？
11. 集中型产业的特征是什么？如何应对产业集中的趋势？
12. 产业生命周期被划分为几个阶段？每个阶段对应的产业组织结构是怎样的？
13. 国际竞争与国内竞争的差别是什么？产业全球化的动因是什么？
14. 全球竞争的优势和障碍来源于哪些因素？

第六章

企业内部环境分析

企业内部环境分析的目的是"知己"。孙子主张"庙算"的重要前提是"经五事,校七计",而后"索其情"。王方华在其《企业战略管理》一书中对比了孙子的军事战略分析与企业内部环境分析,如表6-1所示。

表6-1 孙子的军事战略分析与企业内部环境分析的对比

	孙子的军事战略分析		企业内部环境分析
五事	道	战争是否正义,上下意志是否统一	企业经营是否符合国家的政策导向,经营方针是否符合实际要求,管理思想与方法是否先进
	天	自然气候及客观形势	企业所处环境的政治、经济政策及法律等条件
	地	地形、地势	企业的地理位置、资源情况、布局、市场、交通
	将	将帅的智、信、仁、勇、严	企业领导的素质及能力
	法	军令、法规	企业体制及规章制度、奖惩措施
七计	主孰有道	国君是否贤明,战争是否获得民众支持	企业领导是否英明,企业是否符合社会利益
	将孰有能	将帅是否有才能	企业各级管理者的德才素质
	天孰有得	交战双方哪一方占据有利的作战地形	企业所处的政治、经济环境及地理位置是否有利
	法令孰行	将帅的命令、军规贯彻执行	企业体制、规章制度、领导指令的有效贯彻情况
	兵众孰强	哪方军队实力强	企业全体人员的素质和能力
	士卒孰练	士卒训练水平	企业内部技术创新,业务能力的培养和提高
	赏罚孰明	军规、军令是否赏罚分明	企业的激励制度适应性及执行情况

孙子所讲的"五事""七计"对于分析一个国家军队的战斗能力是一种精妙的思路,参照《孙子兵法》,也可以按照表6-1中右栏的内容分析企业的内部环境。下面介绍企业内部环境分析的更具逻辑性的方法,这是一种从企业资源到能力、到竞争力再到核心竞争力的渐进的分析方法。

第一节 企业资源配置状况分析

随着经济、社会的发展,人们对资源的认识也在不断地变化。现在,人们能以更开放、更深邃和动态的眼光看待企业的资源,不仅能够为战略选择打下好的基础,而且为战略目标的实现指明了方向。

分析企业资源配置状况是要弄清楚现在企业是如何使用资源的，以及资源的利用效果如何；目的是回答今后需要获取哪些资源，以及如何更好地利用它们。

一、企业资源的概念与类型

（一）企业资源的概念

完成企业使命是以企业能够支配的资源为基础的，扩大企业能够支配的资源是企业战略追求的目标，企业竞争力突出地体现在争夺资源的能力上。因此，深入理解企业资源的概念，对企业战略管理极为重要。

资源首先是一个经济学名词，旨在探讨物质财富生产过程和分配过程的经济学问题，从其诞生的第一天起，就把"资源配置"作为研究的中心和焦点。从实践上讲，资源这一概念的内涵经历了一个不断演变、不断扩大和不断丰富的过程。

在古典经济学时期，人们把自然资源视为经济资源或生产要素的全部。后来，阿尔弗雷德·马歇尔（Alfred Marshall）扩大了资源概念的内涵，把工业组织确定为第四种生产要素（发展到今天已经形成了组织资本的概念）。他所说的工业组织的内涵很广，包括劳动分工、机器的改良、有关产业的相对集中、大规模生产以及企业管理。约瑟夫·熊彼特（Joseph Schumpeter）在探讨创新与发展的关系时，进一步明确了企业家的组合创新能力是一个国家、一家企业的关键资源这一重要命题。管理学大师德鲁克则进一步认为资源不仅是一个经济概念，而且是一个社会概念。

美国经济学家唐纳德·W. 莫法特（Donald W. Moffat）在《经济学词典》（第2版）中，对资源概念及其演变给出了一个经典的描述：资源是一种经济的基本投入物或组成部分，人们常常认为包括劳动、土地和资本。但现代经济学把经营能力作为第四种资源。经营能力是指一切可以帮助人们把其他资源组合起来的能力，包括管理、创新、风险承担以及应用分析。尽管它们不像其他资源一样有形，但土地、劳动和资本本身不会创造产出，因而必须与这种能力相结合。这种能力越大，产出的潜力就越大。劳动和经营能力常常被称为人力资源，而土地和资本常常被称为非人力资源。

李京文先生关于"资源"含义的解释所包括的范围更广：各种自然因素及其他成分组成的各种经济、自然环境，以及人类社会形成并不断增长的人口、劳动力、知识、技术、文化、管理等，凡是有利于经济生产和使用价值提高者都可以称为资源。它包括自然资源、经济资源和智力资源三部分。

上述经济学家和管理学家有关资源的描述，对深入理解企业资源的概念具有重要的指导意义。

关于企业资源的概念至今没有严格、公认的明确定义。企业资源是社会资源的一部分，而资源的含义和表达方式随着人们对它的认识和开发利用程度的不同而不同。1984年，伯格·沃纳菲尔特（Birger Wernerfelt）发表了《基于资源的企业理论》一文，这标志着资源基础理论的诞生。从此，更多的有关企业资源、能力、才能的学术研究被统称为"企业资源论"。企业资源论主要包括三层含义：①以"资源"概念为核心认识企业，即企业在本质上永远是一个资源体系；②积累和运用资源开拓产品市场是企业长期竞争优势的决定性因素；③企业的资源储备决定企业的经营范围，特别是企业多元化经营的广度和深度。

蒂斯等人在1997年提出了所谓的动力能力理论。该理论把企业资源分为四个层次：①企业购买生产要素和获得的公共知识；②企业的专有资产，如商业秘方、特殊工艺，融入了企业的无形知识，难以复制和模仿；③企业的能力，即将企业的生产要素和专有资产有机地整合起来的组织惯例和管理活动，这些是企业在长期生产经营过程中形成并固定下来的专有活动；④面对剧烈变化的外部环境，能力必须不断创新，企业的动力能力也就成了最为关键的能力。

董大海教授基于现代营销的理念，把企业资源定义为"用以为顾客提供有价值的产品与服务的生产要素"。

本书给出一个更为宽泛的企业资源的定义：企业资源是指企业可以全部或者部分利用的、能对企业经营绩效产生作用的一切要素的集合。

本概念中所说的"一切要素"除了包括如上述学者提到的各种资源要素之外，还包括那些不归企业拥有（没有产权），但却可以被企业利用的"合作"组织的资源和公共资源。

所谓"合作"组织的资源，可能包括租赁资源、虚拟企业的资源、战略联盟组织的资源、客户资源等，它们可以被企业部分或者在一个时间段内使用。

所谓公共资源，是指政府部门、新闻媒体、产业政策等，它们也可以被企业部分或者在一个时间段内使用，也可能被其他组织使用。

只有以这样的观念去认识资源，才有可能把它们纳入企业资源管理的范围，建立在全面资源管理基础上的竞争优势才能够形成。

（二）企业资源的类型

企业资源要素是复杂的，可以依据不同的标准把它们划分成不同的类型。根据上述企业资源的概念，按照企业资源存在的形态，可以把企业资源划分为以下四种类型。

1. 有形资源

有形资源即传统理论中的人（作为劳动力的人）、财、物等资源。有形资源是比较容易确认和评估的一类资产，一般可以从企业的财务报表上反映出来。

当考虑某项有形资源的战略价值时，不仅要看会计科目上的数目，而且要注意评价其生产竞争优势的潜力。换句话说，一项账面价值很高的有形资源，其战略价值可能并不高。有形资源的战略价值不仅与其账面价值有关，而且取决于企业的地理位置和能力、设备的先进程度和类型，以及它们能否适应产品和输入要素的变化。

在评估有形资源的战略价值时，必须注意以下两个关键问题。

（1）是否有机会更经济地利用存货和固定资产，即能否用较少的有形资源获得同样的产品或用同样的资源获得更大的产出。

（2）怎样才能使现有资源更有效地发挥作用。事实上，企业可以通过多种方法提高有形资源的回报率，如采用先进的技术和工艺，以提高资源的利用率；通过与其他企业的联合，尤其是与供应商和客户的联合，充分地利用资源。例如，我国的数据通信行业可以通过与集成商和企业的联合，充分地利用光纤电缆和网络资源。当然，企业也可以把有形资源卖给能利用这些资源获利的企业。实际上，由于不同企业掌握的技术不同，人员构成和素质也有很大差异，因此它们对一定的有形资源的利用能力也是不同的。换句话说，同样的有形资源在不同能力的企业中表现出不同的战略价值。

2. 无形资源

无形资源包括的内容极为广泛，如专利与技术诀窍（Know-how）、商标与品牌、商誉、组织结构与管理体制、创新能力、管理知识与技能、企业文化、客户关系、公共关系等。无形资源是一种不以任何实物形式存在的资产，是能够在流通中与有形资产相互作用产生增值效用的资产。

由于无形资源的不可见性及隐蔽性，人们往往忽视其价值。例如，在民用航空业，航班在机场的起飞和着陆实际上是非常重要的，但这一资源并不归某家航空公司所有。在产品质量和服务对潜在顾客利益的影响并不明显的行业，企业商誉（知名度和美誉度）往往是最重要的资源。一般来说，商誉往往与企业联系在一起，有时也与特定的品牌有关。例如，在软饮料行业，可口可乐和百事可乐是世界上商誉很高的两家公司，这种巨大的无形资产已成为其最重要的竞争资源之一。医疗、教育等都是更多地依赖商誉的产业。商誉高的企业不仅其产品和服务容易被消费者接受，在同样的质量下可以卖出较高的价格，而且可以在融资和对外活动方面得到便利和优惠。

3. 人力资源

人力资源是指除了作为一般劳动力的人以外的组织成员所能够表现出的生产力。人力资源具有有形和无形的双重性质：一方面，作为生物体的人是有形的；另一方面，蕴含于人身上的内在知识、智慧、技能、感染力和号召力是无形的。人力资源指的是后者的性质。人力资源主要是指企业高层管理者的企业家才能和企业高层技术人员的研究与开发才能。

一个组织最重要的资源之一就是人力资源。大量研究发现，那些能够有效地利用其人力资源的组织总是比那些忽视其人力资源的组织发展得更快。主要是人的进取心和所掌握的技术使得企业和组织繁荣发展，而不是其他资源。在技术飞速发展和信息化加快的知识经济时代，人力资源在组织中的作用也越来越突出。

当认为人力资源是企业利润的源泉时，便可以把人力资源称为人力资本。

4. 边缘性资源

边缘性资源是指企业可以暂时性、部分性应用的资源，即前面所提到的"合作"组织的资源和公共资源。这类资源可能是有形的，也可能是无形的，企业对它们不具有产权，但可以通过契约、付费或者公共关系活动获得对它们暂时的、部分的使用权。企业所能够利用的这类资源的多少，取决于企业的需要和能力。从企业的主观愿望来看，企业需要它时可以多一些，不需要它时可以少一些。因为获得对这类资源的使用权也是需要付出成本的，因此并不总是越多越好。

之所以将此类资源称为边缘性资源，是从企业资源边界的概念出发的。经济学中研究企业的资源边界，以边界为限划分出企业内部资源与外部资源。边缘性资源寓意企业的资源边界是模糊的，处于这种变动的边界附近的资源就被称为边缘性资源。

当考虑企业的资源状况时，必须考虑这种边缘性资源。如果只考虑企业内部资源，如企业账面上有多少资金、有多少设备、花名册上有多少员工，企业往往会低估自己的能力，无法实现跨越式发展。更重要的是，在战略研究中，一定要注意对边缘性资源的培育与使用。

（三）企业资源的特征

企业资源作为整个社会经济资源的一部分，既具有资源的基本属性，又具有自己的特殊性。

第六章　企业内部环境分析

1. 企业资源最基本、最重要的特征是"财富的源泉"

企业要生存，必须聚财、用财和生财，而资源是财富的源泉。在企业资源的开发利用方面，一个较为普遍的问题是资源观过于狭隘，对许多宝贵资源没有认识到其价值和意义。这很大程度上是由对资源本质特征中的主要矛盾把握不当引起的。对企业而言，无论无形的还是有形的，是有现实价值的还是潜在价值的，是包含社会必要劳动在内的还是自然形成的，是企业外部的还是企业内部的，凡是有可能成为企业财富源泉的，都应作为一种资源对待，按照资源的客观要求去探索开发利用的方法和途径。

2. 企业资源是需要开发利用的

资源是一种客观存在，是财富的源泉，但资源本身并不创造财富。任何一种资源都必须由劳动的主体对其加以开发利用才能创造财富。当然，劳动和劳动力也是一种资源，但它具有特殊的地位和作用，既是资源开发利用的主体，又是资源开发利用的客体。

3. 企业资源的内涵是不断扩大的

随着生产力水平的不断提高，经济环境的不断变化，企业资源呈现出范围越来越广、内容越来越丰富的趋势。生产力水平的提高使人类创造财富的手段日益复杂多样，原来的某些条件和因素可能不被认为是财富的源泉，但随着人类能力的提高和认识的深化，也逐渐成为新的财富源泉，从而成为一种资源。以信息资源为例，在人们的经济交往范围很小、信息获取能力很低时，往往忽视这种资源。但伴随着经济交往范围不断扩大、经济环境日益复杂，特别是在当前我国深入推进数字经济发展的时代背景下，一方面，人们利用信息、开发信息资源的能力日益提高；另一方面，信息特别是在大数据环境下的数据，作为一种资源也变得越来越重要。随着经济环境的发展变化，企业资源的深度和广度将会进一步向前发展，企业必须时刻关注这些发展和变化，不断探寻新的财富资源，并开发和利用新资源。

4. 企业资源具有系统性和整体性

从企业内部角度看，企业所拥有或控制的资源是一个系统的有机整体，人、财、物等各种资源相互联系、相互影响，构成一个有机体系；从企业外部角度看，企业资源与外部环境，包括其他企业的资源也是彼此紧密联系、相互影响的，彼此不断进行着资源的交换与协调，这样才能合理安排并动态协调企业资源结构，从而实现资源的动态优化配置。

5. 企业资源具有动态性和流动性

企业要根据市场环境和自身条件的发展变化，不断调整资源的种类和数量，实现企业资源的动态协调，保持自身与外部环境的平衡。企业必须打破独立、僵化的资源观念，以动态观念研究如何开发利用资源，充分运用各种价值形式和非价值形式手段实现资源的动态优化。

6. 企业资源边界的模糊性

以交易费用为标准的企业与市场的两分法认为，处于市场与企业组织这两种最基本的经济组织之间的形式并不常见且不稳定。但是，随着经济的发展以及信息交流的便利，虚拟组织、战略联盟、网络化组织、具有固定关系的分包制以及特许经营等方式大量出现，表明市场与企业组织之间的中间形式不仅常见而且稳定，日益成为一种不可忽视的经济组织形式。企业与市场之间、企业与政府之间日益加强的相互联系和相互渗透，最终导致了企业间复杂易变的网络结构和丰富多样的制度安排，使企业与环境之间的资源边界并不清晰，具有一定的模糊性。

二、企业资源的竞争价值分析

不同企业拥有的资源是不一样的，这就会使不同的企业拥有的资源优势和资源劣势不同。企业之间资源的差异可以很好地解释为什么有的企业能够在竞争中获得更大的利润，取得更大的成功。

汤姆森（Thompson）和斯迪克兰德（Strickland）提出，对于一个具体企业来说，它的资源是否具有价值——有助于其形成持久的竞争优势，必须通过以下四项竞争价值的测试。

（1）这项资源是否容易被复制？一项资源的模仿成本和难度越大，它的潜在竞争价值就越大。难于复制的资源往往限制竞争，从而使资源带来的利润具有持久性。资源可能会因为下列一些原因而变得难以复制：资源本身的独特性（如不动产的地理位置非常好、某种技术受到专利保护等）；它们的建立需要时日，而且难以加速建立起来（如一个品牌、对技术精湛的掌握等）；它们需要大量的建造资金。

（2）这项资源能否持久？一项资源持续的时间越长，它的价值就越大。有些资源很快就会丧失其竞争价值，是因为技术或产业的环境在快速地发生变化。

（3）这项资源能否真正在竞争中发挥作用？有些资源从企业内部或者在一个区域内来说，企业自认为是有优势的，但与竞争对手比较是否会产生利益，这需要做出评价。企业必须避免盲目地相信自己的核心竞争力。

（4）这项资源是否可以被竞争对手的其他资源或能力所抵消？即本企业资源的可替代性如何？一般来说，不可替代的资源对顾客来说具有更大的价值，因而也就更具有竞争优势。

许多企业并不拥有具有竞争价值的资源，而能够顺利通过上述四项测试的具有极大竞争价值的资源就更少了。通常，产业的领导者或者未来的领导者才拥有这种资源。

三、企业资源配置的分析方法

经济学是研究资源配置的，局部均衡与一般均衡都是对资源最优配置状况的描述，战略管理首先要解决的也是企业资源配置问题。其中有两个方面的问题：配置方向问题——做什么业务；配置方法问题——业务之间怎样组合。要解决这些问题，研究企业现在的资源配置状况是必要的，因为资源配置状况是企业资源能力的一种表现；资源配置状况的改变可以显著地改变企业的资源能力，尽管没有资源数量和质量上的改变。

企业资源配置状况是指企业过去和目前资源配置的方向、水平和模式。企业发展得好坏不是以其拥有资源的数量或规模评价的，而是以其对现有资源的利用效率来衡量的。资源基础理论认为，企业是一组资源的集合体，企业之间的竞争围绕着资源的争夺与利用展开。一个企业的市场地位，不仅取决于其所拥有资源的数量与质量，而且取决于其对资源的利用效率。前者是企业生产经营的必要条件，但它与企业的市场地位不一定成正比，否则就不会出现以小搏大、以弱胜强的现象；而后者才是维持企业持久竞争优势的关键，是以弱胜强的真正原因，也是企业战略管理有用性的集中体现。

可以从不同的角度研究企业的资源配置状况，因此分析企业资源配置状况的方法很多。

本节介绍美国波士顿咨询公司提出的一种投资组合分析方法和与此原理相近的通用电气公司提出的通用矩阵分析方法、美国学者霍弗提出的产品/市场演变矩阵分析方法。

(一) 波士顿矩阵

1. 基本原理

波士顿矩阵是美国波士顿咨询公司（BCG）在1970年为一家造纸公司提供咨询时提出的一种投资组合分析方法。它是把企业生产经营的全部产品或业务的组合作为一个整体进行分析，一般用来分析企业业务之间现金流量的平衡问题。通过波士顿矩阵，企业可以了解各项业务的相对市场份额和市场销售增长率，以及明确企业资源的应用单位和这些资源的最佳应用单位。波士顿矩阵如图6-1所示。

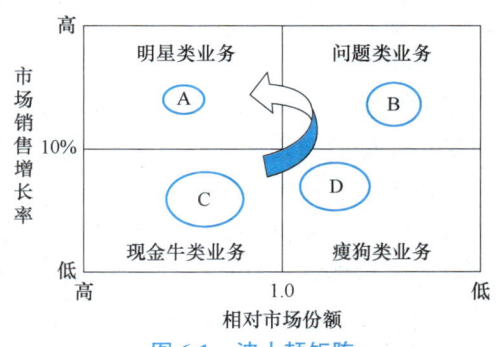

图6-1　波士顿矩阵

在图6-1中，横轴表示企业在产业中的相对市场份额，是指企业某项业务的市场份额与这个市场中最大的竞争对手的市场份额之比。相对市场份额大，表示其竞争地位强，在市场中处于领先地位；反之，则表示其竞争地位弱，在市场中处于从属地位；中心线1.0表示企业与最大竞争对手的市场地位相当。纵轴表示企业该项业务的市场销售增长率，是指企业该项业务前后两年市场销售额增长的百分比，它表示每项业务所在市场的相对吸引力。一般假设高于10%的增长率为高增长率，否则为低增长率。圆圈表示企业的一项经营业务或产品，圆圈面积的相对大小表示该业务或产品的收益占企业全部收益的比重。

根据有关业务或产品的市场销售增长率和相对市场份额，波士顿矩阵把企业的全部业务定位在四类业务中，分别是瘦狗类、问题类、明星类和现金牛类业务。

（1）瘦狗类业务。瘦狗类业务的相对市场份额低、市场销售增长率低，表明该项业务既没有竞争优势，又没有给企业带来大量现金流的潜力，是企业应该考虑如何淘汰的业务。企业中这类业务越少越好。

（2）问题类业务。问题类业务的相对市场份额低，但市场销售增长率较高，表明该项业务有增长潜力，但企业目前的竞争地位低，高销售增长率是依靠大量的现金投入来维持的。如果该项业务能够获得足够的市场份额，使企业成为一个市场领先者，该项业务将会成为明星类业务。应该审视竞争地位低的原因：如果是由于新进入市场的原因，要评估企业是否可以通过维持或者增加投资来提高该项业务的相对市场份额，将其转化为明星类业务；如果是由于竞争对手太过强大，企业提高相对市场份额无望，也可以考虑放弃此类业务。

（3）明星类业务。明星类业务具有较高的相对市场份额和市场销售增长率，但高市场销售增长率是依靠大量的现金投入获得的，一般表明这类业务是处于产品生命周期的成长期阶段的市场领先者。如果企业的市场销售增长率降低后，企业不需要大量的现金投入就可以维持高的竞争地位，这项业务就会转变为现金牛类业务。如果能够成功地实现这一转变，这项业务应该是企业重点发展的业务。

（4）现金牛类业务。现金牛类业务具有较高的相对市场份额和较低的市场销售增长率，因为此类业务不需要大量的现金投入就可以获得大量的现金流出，是企业现金流的主要贡献者，也可能是企业利润的主要贡献者。一般来说，企业中这类业务所占销售额的比重大一些，表明企业具有良好的经营安全性和市场地位。但企业不能指望业务全部是这类业务，因为这类业务通常处于产品生命周期的成熟期阶段，有衰退的可能。如果企业全部是这类业务，表明企业缺乏可持续增长的潜力。

一般来说，在一个时间截面上，企业有较多的现金牛类业务和一定量的明星类业务是一种理想的资源配置状态；如果从动态演变趋势来说，各项业务沿逆时针转换是一种理想的资源配置优化趋势，其中瘦狗类业务被不断地淘汰出业务组合。

2. 应用中需要注意的问题

最初提出波士顿矩阵是为了解决处在特定环境中的一个特定企业的问题，它的各项指标的意义是明确的，其有用性也无须怀疑。但当把它应用于处在各种不同环境中的不同企业时，还需要注意很多问题。

（1）关于纵轴的指标。图6-1中，纵轴采用的是企业市场销售增长率指标，而不是市场需求增长率指标。后者是整个产业或者产品的销售额增长率。只有当企业某项业务的市场销售增长率与相应产业或者产品的市场需求增长率相一致时，上述两种指标才可以通用。显然，这种情况并不总是存在。因此，必须把两种情况严格区分开来，否则应用此矩阵很难正确评价企业资源配置的状态和得出确切的优化资源配置的方案。

例如，一家企业试图或者刚刚进入一个成熟的市场，而这个业务和对应的市场恰恰是这家企业的战略重点（这种情况是很多见的）。由于该项业务处在进入市场的初期，其相对市场份额很低，但由于企业对该项业务的投资力度很大，因此市场销售增长率很高，则企业的这项业务应该位于B区，属于问题类业务。但如果纵轴使用市场需求增长率，因为该项业务处在市场成熟期，市场需求增长率低，按图6-1所示的波士顿矩阵，则该项业务应该位于D区，属于瘦狗类业务，在被淘汰之列。因此，波士顿矩阵的纵轴采用什么指标必须明确。如果采用市场销售增长率，则每项业务所在的纵坐标位置不能表明该项业务的市场前景如何。如果想知道该项业务的市场前景，需要应用后面将要介绍的其他两种矩阵。

（2）关于横轴的指标。原始的波士顿矩阵横轴是用企业的市场份额与同产业的最大竞争对手相比较，并且认为只有市场领先者的相对市场份额才会大于1，高竞争地位与低竞争地位的分界线是1.5倍（一家企业的市场份额是其最大竞争对手的1.5倍）。也就是说，只有一项业务的相对竞争优势达到这一点，才有可能占据主导地位，成为明星类业务或者现金牛类业务。这种情况只适合那些在产业中数一数二的企业，如果是中小企业，这样比较没有意义；如果这样比较，这些企业就永远没有明星类业务或者现金牛类业务。

因此，选取横轴的指标，更普遍适用的方法是与企业现在或者将要直接面对的竞争对手做比较。更具体的就是，与企业所在的同一战略集团中的最大竞争对手相比较，或者与企业将要挑战的另外一个战略集团中的最大竞争对手相比较，这样才有意义。

（3）要历史地评价业务的性质。波士顿矩阵所显示的企业资源配置状况，是对现状的描述，而现状是由历史形成的。如图6-1中的瘦狗类业务，并不一定就是没有发展前途的业务，之所以它处于现在这样的位置，与企业此前的投资战略与投资力度有关。可能是企业投资的绝对力度和相对力度（相较竞争对手）不够，如果采取了不同的投资战略，情况可能会完全不同。因此，如果不与企业过去的投资战略联系起来，很难说瘦狗类业务就不是好的业务,明星类业务就是有前途的业务。例如,在 IT 业,苹果公司、IBM 公司都曾经涉足网络操作系统业务,但最终后起之秀微软公司成了这一业务中的老大。谁能说网络操作系统业务是瘦狗类业务?同样,明星类业务或者现金牛类业务也未必就是好的业务,它们之所以有今天这样的位置,可能是企业通过长时期维持高力度投资所获得的。

因此,评价某项业务是否有前途,不能只看这项业务某一时刻处在图 6-1 中的哪个位置,还要审视企业在此前的投资组合战略、竞争对手的战略。决定对某一业务采取何种投资战略,还要基于对企业环境的全面分析。

(4)要同时考虑获利能力。因为销售额不是企业所追求的最终目标,更重要的目标应该是业务的获利能力——用产品销售利润率或投资报酬率描述。因此,应用波士顿矩阵,最好能与获利能力/相对竞争力矩阵相互配合,才能够比较全面地评估哪一个是好的业务、哪一个是坏的业务,再来选择投资战略。

获利能力/相对竞争力矩阵如图 6-2 所示,是把图 6-1 的纵轴变为企业各项业务的获利能力,即产品销售利润率。这个矩阵是要衡量企业具有很高市场占有率的业务能否给企业带来效益。因为在实践中,很多具有很高销售额和市场占有率的业务,可能是企业微利甚至是亏损的业务。这些业务在图 6-1 中可能属于明星类业务或者是现金牛类业务,如仅根据图 6-1 做决策,可能会得出错误的结论。例如,在图 6-1 中 C 类业务相对市场份额高,属于现金牛类业务。然而,参照图 6-2 可以看出,C 类业务的获利能力很低,虽然它能给企业带来一定的利润,但可能是以占有和消耗企业更大的资源为代价的,这类业务可以称为"瘦牛类"业务,企业应考虑增加盈利的措施或者将其淘汰。另外,根据图 6-1 判断,A 类业务虽然有较快的市场销售增长率,而且其相对市场份额也高,属于典型的明星类业务,但从图 6-2 中可看出其盈利能力低。从这一意义上来说,该业务属于那种"食之无味,弃之可惜"的"鸡肋型"业务。如果从长远考虑,这类业务不会为企业带来利润,企业应果断退出,否则会越陷越深。

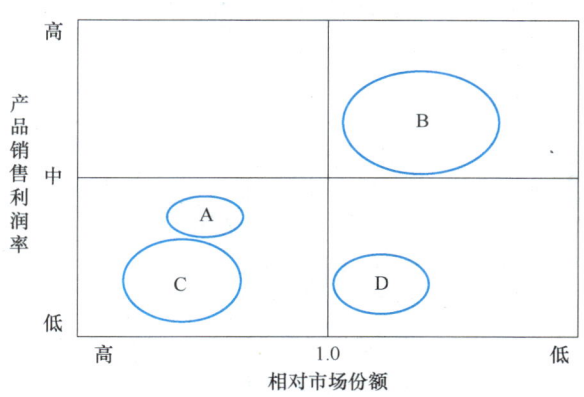

图 6-2 获利能力/相对竞争力矩阵

上述分析还没有考虑产品组合的"金字塔"模型。如果应用"金字塔"模型,从抑制竞争对手的战略意图思考企业的业务组合,上述结论还不一定正确。

(二) 通用矩阵

在波士顿矩阵的基础上,通用电气公司(General Electric Company)在麦肯锡咨询公司的帮助下开发出一个"多因素业务组合矩阵法"(Multifactor Portfolio Matrix Approach),简称通用矩阵（GE矩阵）。通用矩阵以企业竞争地位和产业吸引力分别作为横轴和纵轴，把企业的整个业务划分为九个区域，如图6-3所示。用产业吸引力做纵轴可以反映企业资源配置的方向是否有利。

在通用矩阵中，纵坐标（产业吸引力）和横坐标（企业竞争地位）的交叉点表示企业的一项业务或产品在矩阵中的位置，圆圈的面积与产业的规模成正比。圆圈中的阴影部分表示企业某项业务所占的市场份额。

企业在利用通用矩阵比较业务以及决定其资源分配方向时，必须估测产业吸引力和业务的竞争地位。从矩阵的九个方格来看，企业处于左上方三个方格的业务资源配置方向比较理想；处于右下方三个方格的业务可以认为是失败的，一般应采取停止、转移、撤退战略；处于对角线三个方格的业务绩效一般，应采取维持或者有选择增长战略，或考虑调整其发展方向。

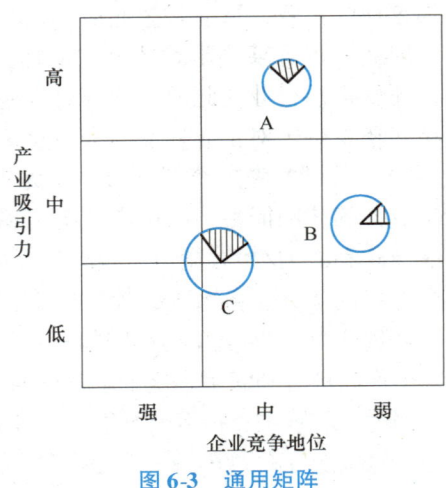

图6-3　通用矩阵

应用通用矩阵可以有效地判断企业的各项业务是否具有较好的增长潜力和盈利潜力，如果企业能够比较客观地判断产业吸引力，它可以弥补波士顿矩阵在此方面的缺陷。但通用矩阵的缺点是，它不能有效地描述处于产业成长期中的企业新业务所处的位置。

（三）产品/市场演变矩阵

美国学者霍弗针对通用矩阵的局限性，设计出一个具有15个方格的矩阵，称为产品/市场演变矩阵，用以评价企业处于不同的发展阶段和竞争地位时的资源配置状况，如图6-4所示。

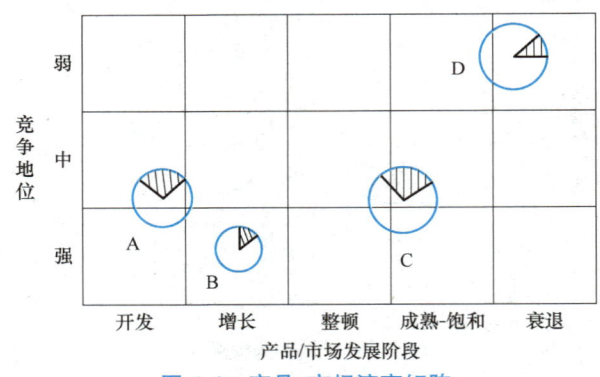

图6-4　产品/市场演变矩阵

在该矩阵中，圆圈面积大小表示产业规模或产品市场需求容量大小，圆圈内扇形阴影部分的面积表示企业某项业务的市场占有率。

根据纵轴和横轴的区间划分可以看出，A类业务类似波士顿矩阵中的明星类业务，有较大的市场占有率，但是竞争地位不太强，需要企业投入大量的资源给予支持，以加强其竞争地位；B类业务处于增长阶段并且具有较强的竞争地位，但是市场占有率较小，所以需要企业深入分析该业务，找到其市场占有率低的原因，重新完善该业务的发展计划，然后才能进一步分配资源给它；C 类业务拥有较强的竞争地位并且处于市场成熟阶段，属于现金牛类业务；D 类业务属于瘦狗类业务，企业应该考虑收缩或最终退出该经营领域。

上述三种矩阵各有长处和短处，如能够综合使用，则可以避免分析的片面性。

（四）资源编排理论

上述三种矩阵都属于企业资源配置分析的经典方法，后来有关企业资源优化配置问题的研究又有了新的成果。一些学者基于新的组织现象，对资源基础理论进行了修正和延伸。其中，有代表性的成果来自西尔蒙（Sirmon）和希特（Hitt）等人发表在《管理研究杂志》（Journal of Management Studies）上的文章《资源编排创造竞争优势：广度、深度和生命周期的影响》。该文第一次明确提出资源编排理论（Resource Orchestration Theory，ROT）。该理论认为，管理者对资源的动态管理是企业创新能力形成的基础。他们给出的资源编排理论的定义是：资源编排理论描述和探讨管理行为在构建企业资源组合过程中的作用，将资源归拢整合在一起以形成相关的企业能力，企业将其转化利用，最终实现竞争优势。

资源编排理论的定义中包括构建、归拢整合和转化利用三个过程。

（1）构建是指构建资源组合。企业通过获取、积累以及剥离资源形成结构化的关键资源，形成生存发展所需的核心资源簇，进而实现与外部环境的匹配。

（2）归拢整合是指通过稳固、丰富和开拓资源，整合资源簇开发企业核心能力。企业依靠各种能力的独特组合资源，采取相应的具体措施来为客户创造价值。

（3）转化利用。当资源被企业拥有、掌控，甚至归拢整合后，它们就具有了为企业创造价值的潜能，而它们只有被有效地转化、利用才能发挥潜能，为客户创造价值，为企业创造财富。

资源编排理论的实施过程就是管理者通过资源的调动、协调和转化利用来抓住市场机会，寻找尚未得到满足的市场需求，运用核心能力开发产品或服务进行市场渗透，进而进行价值创造的过程。在资源编排理论框架中，来自资源管理框架的"构建"过程与资产配置框架的"搜索/选择"子过程相关联；资源管理框架的"归拢整合"与"转化利用"过程与资产配置框架的"配置/部署"子过程相关联。

如何衡量资源编排的理想化程度（也可以称其为资源和谐度），是资源配置分析方法的一个重要环节，这一方面的成果还有待研究。

第二节 企业能力分析

分析企业内部环境，最后要落实到企业的竞争优势与劣势。企业所拥有的资源数量与质量是形成竞争优势的基础，但还不等同于竞争优势，因为竞争优势要通过市场才能表现出来，即竞争优势是市场表现。

当孤立地评价一种资源的质量时，问题比较简单。例如，评价装备质量，可以用当今世界最先进的设备之一、21 世纪的设备等说法；评价资金质量，可以用流动比率、速动比率等指标；评价人力资源质量，可以用学历结构、知识结构等指标。但孤立的一种资源质量并不能代表企业的竞争力，竞争力必须反映在市场表现上。因此，关于资源的质量评价是一个复杂的问题。

本章第一节中给出的三种矩阵分析方法，都采用了企业业务竞争地位指标，因此它们除了可以显示企业的资源配置方向之外，还显示了各项业务所利用资源的市场表现。但这样的表现是如何形成的，从上述三个矩阵中并不能了解到。本节所介绍的企业能力分析，可以回答这个方面的问题。

一、企业能力的概念

由于任何一种孤立的资源并不能产生实际能力，实际能力来自对各项资源进行有效组合，因此本书把企业能力定义为企业各种资源有效组合后的市场表现。

企业的能力往往是多种多样的，又是多层次的，不仅表现在企业的各种生产经营环节或各职能领域内，而且存在于企业内部各层次上。有的能力在经营中起一般的必要作用，有的能力起支持帮助企业取得竞争优势的作用，有的能力能持续地支持企业取得某种竞争优势。能够帮助企业持久地建立竞争优势的能力，人们称之为企业核心能力。企业的资源和能力是企业制定战略的基础，也是企业取得竞争优势和获得超额利润的源泉，特别是企业的核心能力。

二、企业能力分析方法

因为企业能力具有多样性、多层次性特征，因此分析企业能力可以采用多种方法，并需要将各种分析要素做最终的综合，以得出一个综合性的结论。

（一）功能分析法

所谓功能分析法，是指根据企业生产经营过程中所需要的各项功能或职能来分析其能力状况。例如，研究与开发、生产运营、营销、财务管理和管理信息系统等方面。还有一些能力具有跨职能和综合性的特点，只有将更多种类的资源和部门职能有机地结合起来，这些能力才能够表现出来，如创新能力、学习能力、战略性整合能力等。

表 6-2 给出了企业能力的分类与例子。

表 6-2　企业能力的分类与例子

企业能力类型		举例
职能领域的能力	营销	·敏锐的市场意识 ·准确的市场定位与恰当的广告促销 ·有效的分销物流系统
	人力资源	·有效的、广泛的、持续的员工培训 ·有效的激励体系
	研究与开发	·快速的产品革新 ·独到的工艺技术 ·较强的基础研究能力
	制造	·敏捷制造 ·精密制造 ·复杂制造
	管理信息系统	·完整的信息管理系统 ·较强的信息分析与加工能力 ·商务电子化能力

(续)

企业能力类型		举例
跨职能的综合能力	学习能力	·鼓励个人学习的良好氛围 ·作为整体的企业能够通过实践进行学习的能力
	创新能力	·鼓励创新的氛围 ·有效的创新方法
	战略性整合能力	·有效的市场驱动与顾客和供应商的关系 ·有效的战略联盟 ·有效的组织结构 ·构建健康的企业文化与在恰当时候进行文化变革的能力

此外，还可以采用7S模型分析法，参见第十二章第二节的相关内容。

（二）价值链分析法

价值链分析法是指根据企业资源增值过程对企业基本活动和辅助活动进行分解，从中考察各方面和各环节上的能力。

1. 价值链结构

企业价值链通常被描述成如图6-5所示的结构。

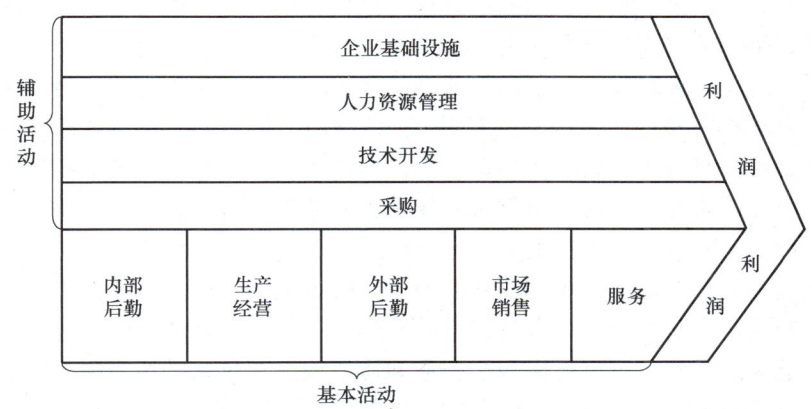

图6-5 企业价值链

价值链中的一系列价值活动可以分成两大类，即基本活动和辅助活动。基本活动涉及生产实体产品、销售产品给购买者以及提供售后服务等活动；辅助活动是指提供生产要素投入、技术、人力资源以及企业范围内各种职能的活动，它们都是支持企业的基本活动的。

（1）基本活动。它包括以下几个方面的内容。

1）内部后勤。它包括原材料的入库、储藏、整理、发放、退货，以及库存控制、运输车辆的调度等。

2）生产经营。它是指将原材料投入生产过程使其转变成最终产品的一系列活动，如机械加工、组装、包装、机器维修、产品检验和厂房设备管理等。

3）外部后勤。它是指有关集中、存储和将产品实体分销给客户的活动，包括收集成品、入库储存、订单处理、发货车辆的调度等。

4）市场销售。它是指为客户提供购买本企业产品的途径或方式并促使其购买的各种活动,如广告、促销、销售人员安排、分配定额、分销渠道的选择、公共关系、定价策略等。

5）服务。它是指提供各种服务以提高或保持产品价值的活动,如安装、修理、人员培训、零配件供应等。

（2）辅助活动。它包括以下几个方面的内容。

1）采购。它是指购买用于价值链中生产要素投入的各种职能活动,而不是指所购买的要素投入。像所有的价值活动一样,采购活动也需要运用一定的技术,如与客户打交道的手续、标准规则以及信息系统等。

2）技术开发。它包括旨在改进产品和生产过程的一系列活动,这些活动通常由企业的工程技术部门和研究与开发部门来完成。

3）人力资源管理。它涉及这样一些活动：人员的筛选、录用、培训、技能发展,以及制定各类人员的报酬制度等。

4）企业基础设施。它包括总体管理、企业计划、企业财务、会计核算、法律事务、与政府间的事务以及质量管理等。

2. 价值链分析的内容

运用价值链对企业的内部能力进行分析,一般包括两个方面：一方面是对每项价值活动逐项进行分析,属于单项能力分析,以发现企业这一价值活动环节存在的优势和弱势；另一方面是对价值链中各项价值活动之间的联系进行分析,属于综合能力分析。分析这种联系既必要又重要。必要性是因为价值链所表示的不是一堆相互独立的活动,而是相互依存的活动系统；重要性是由于这种联系常常以整体活动的最优化和协调两种方式给企业带来优势。例如,可能会选择成本高昂的产品设计、严格的材料规格和严密的工艺检查,以减少服务成本。又如,企业要按时发货,就需要协调企业内部的生产加工、成品储运和售后服务等活动之间的关系。因此,通过价值链分析就可以发现,企业的优势来自各项活动之间的联系。而且从更广泛的角度来看,企业的价值链蕴藏于范围更广的价值系统之中——它可能是产业链的一部分。供应商的具有创造性的产品和服务可能融入企业价值链中的内部后勤和采购活动中,而企业的产品最终又会成为买方价值链的一部分,因而企业的优势既可能来源于价值活动涉及的市场范围的调整,也可能来源于企业间协调或分享价值链所带来的效益。

企业各项价值活动之间的联系所形成的竞争优势,可能会形成企业业务流程方面的优势。

分析某一活动是否具有价值,通常要与产业中的最好水平或者竞争对手进行比较。企业之间的对比分析已成为近几年来战略分析的重要工具。这种方法源于很早以前就传入我国的标杆管理法,在我国一些行业内流行的"行业对标"管理方法,就是依据的这个原理。

这种对比方法在提高组织能力方面一直起着重要作用。许多成功企业的经验表明,它们之所以成功,是因为它们清楚自己有哪些强项、有哪些弱项,并认识到自己一定能做得更好,而且常把那些不足的方面作为企业战略管理的重点加以改善；反过来,许多企业失败的原因就在于它们不了解自己的不足,更不知道如何改进,从而由于在关键能力上的不足而导致失败。

3. 对波特价值链的补充

上面的价值链结构是由波特提出的,而他的价值链没有把无形资产创造活动纳入其中,这是一个缺陷。因为无形资产创造活动是企业的一项重要的价值活动,至于将它视为基本活动还是辅助活动无关紧要。

把无形资产创造活动作为一类价值活动置于价值链中有如下理由。

（1）它是一类重要的价值活动。无形资产创造活动与价值链中的其他价值活动一样，都具有投入和产出的性质，即创造无形资产需要花费成本，其产出能够实现增值。产品的价值具有两种形式：①作为商标和品牌的无形资产的直接价值；②作为企业品牌和商誉的间接价值。这种间接价值几乎可以渗透企业价值链中的所有价值活动，使它们实现更大的价值增值。例如，一家企业如果有很好的商誉，可以找到更好的卖方和买方，更容易获得投资和技术上的合作等。

（2）它在成本或资产中所占地位重要。波特在其《竞争优势》一书中把价值活动分为直接活动、间接活动和质量保证活动三大类，无形资产创造活动多数属于间接活动，部分企业文化属于质量保证活动。"管理人员常常倾向于把目光几乎完全集中在直接成本上"，而现实是，很多企业的间接成本不仅表现为总成本的一大部分，而且比其他成本增长更快。先进信息系统和自动化程序的引入正在使直接成本不断下降，但由于要求复杂的维修和计算机程序员或市场变化要求产品更新，而使间接成本大大提高。企业会发现，价值链里的全部质量保证活动经费的总和大得惊人。世界上取得成功的大企业，如美国的可口可乐公司、日本的丰田公司、荷兰的菲利普公司等，在无形资产为其带来巨大经济效益的同时，公司用于维护和增强其无形资产的费用也逐年上升。另外，企业普遍更注重从企业文化建设方面培育核心竞争力，学习型组织要求企业对知识资本类无形资产加大投入。

（3）它是企业差异化的重要来源。差异化来源于企业所进行的各种具体活动和这些活动影响的方式，而无形资产具有的"主体排他性控制或占有"的特征造成了企业之间的差别。差异化的分析要求把一些价值活动再细分化，而把无足轻重的其他活动综合起来。无形资产具有非物质实体性，它必须与实体相结合才能发挥作用，这造成其创造活动纷繁众多，只有在价值链中明确归类，才有利于认清其差异。企业形象如此重要，它不仅依靠营销部门的努力，而且企业诸多与外界的联系活动都造就了企业的形象和品牌影响力。以此为基础建立起来的竞争优势具有可持续性，这些复杂的联系是企业竞争优势中最不易被竞争对手模仿的。

（三）关键成功因素分析法

按照资源基础理论的观点，企业无论进入哪个产业和经营哪些业务，都要有自己独特的竞争优势——核心竞争力。成功地把握价值链中的一个关键环节，或者一个环节（一项价值活动）中的关键因素，都有可能形成核心竞争力，尽管现代企业的核心竞争力越来越多地来源于各种因素的综合。影响企业竞争优势形成的因素是多方面的，但在众多因素中，有些因素是关键的，有些虽然也会产生影响，但影响的程度比较弱。不同的产业，影响竞争优势的因素不同，关键因素也不同。人们把影响企业在一个产业中建立持久竞争优势的一个或者少数几个最重要的因素称为产业关键成功因素（Critical Success Factors，CSF）。建立企业竞争优势，首先要抓住产业关键成功因素，其次考虑在因素的综合方面形成优势。

尽管不同产业其关键成功因素各不相同，但按其性质归纳起来有以下四类。

（1）产业特性因素。关键成功因素常常与产业特性相联系。例如，对石油和冶金产业来说，技术装备是关键成功因素；对连锁超市来说，产品组合、库存周转、促销与定价是关键成功因素；对制药产业来说，研究与开发、获得各级政府许可是关键成功因素；对航空产业来说，订票系统、运载能力是关键成功因素。

此外，产业关键成功因素还可能随产业的生命周期阶段而变化。例如，在家电产业处于成长期时，企业规模与渠道建设是关键成功因素；进入成熟期后，品牌成为关键成功因素。

（2）竞争地位因素。企业在产业中处于不同的竞争地位，其关键成功因素也有所不同。例如，对于产业领导者，其关键成功因素是整合市场的能力和技术创新的能力；而小企业的关键成功因素就是跟随。

（3）外部环境因素。对于有些产业——对外部环境有更多依赖的产业，外部环境因素可能会成为其关键成功因素。这种情况更多地出现在某些具有垄断力量的产业和制药产业、房地产业等。

（4）企业成长阶段因素。企业在不同的生命周期阶段可能会有不同的关键成功因素。例如，对于创业期的企业来说，其关键成功因素是快速积累资本的能力，淘得"第一桶金"极为重要；当企业成熟后，关键成功因素就转移了。

（四）内部因素综合分析法

上述三种分析方法都是从不同的角度分析企业的某种资源、某种功能或者职能、多种功能或者职能的结合——实际上就构成了某种能力，其中关键成功因素分析就是分析哪种资源、职能、能力更重要。这三种方法通常要同时采用，才能够达到这样的要求：①能抓住主要矛盾；②能够全面、细致地了解企业的能力。

因为这三种方法分析的内容不一样、角度不一样，三种方法的结合也只是从各个不同的角度和方面了解企业的能力。企业在从事目前的业务方面究竟如何，在从事未来拟发展的业务方面究竟如何，还需要做出综合的评判。这一点很容易理解：从事一项业务需要多种资源与职能，企业的这几项资源或职能可能较强，而另外一些资源或者职能较弱。那么，企业究竟是否适合从事这项业务？显然，需要将所有的因素综合起来分析才能得出结论。这就要采用内部因素综合分析法。

进行内部因素综合分析的具体步骤如下。

（1）选择最重要的一些因素。这一步骤说起来简单，但要把它做好，需要决策者的学识、经验和智慧。这里的智慧是指独到的判断力。判断一种因素是否重要，不仅与所从事的业务有关——产业关键成功因素，还与竞争态势有关——竞争对手的强项和企业的弱项（企业的强项和竞争对手的弱项），有时还与企业拟采用的战略有关。因为企业拟采用的战略必然与所判断的企业的优势与劣势相关。当企业要评估是否可以采用这一战略时，相关因素可能就成为重要因素。

重要因素的数量一般控制在10个左右。

（2）将这些重要因素划分为优势因素和劣势因素。判断优劣是通过与企业的主要竞争对手或者产业的平均水平进行对比完成的。

（3）确定每个因素的权重。权重在1（最重要）和0之间，确定权重的依据是该因素对企业能力或者竞争地位的影响程度。

（4）给每个因素评分。采用5分制，最好为5分，最差为1分。如果是与产业的平均水平对比，可按下面的规则赋分：很好为5分，高于平均水平为4分，平均水平为3分，低于平均水平为 2 分，很差为 1 分。

（5）计算各个因素的加权分。

（6）计算总评分。将各个因素的加权分相加，即可得到总评分。处于产业平均水平的企业的总评分为 3 分，高于 3 分的企业即高于产业平均水平。

广泛流传的平衡计分卡方法，也是一种内部因素分析综合方法。该方法在许多资料中都有论述，本书的后续章节也将提到，此处不再赘述。

第三节　企业核心竞争力分析

由上所述，资源是能力的基础，能力是综合利用资源的市场表现，而核心竞争力则是一组特殊的能力，它是一组超越产业中所有竞争对手的能力。只有当检测了企业的能力是否具备下列一些特征时，才能够确定企业是否具有核心竞争力，并把培育和强化这些特征作为战略目标。

一、稀有性

检测某种资源和能力是不是企业独有的。如果竞争者也广泛地拥有这种资源或者能力，则它不是企业的核心竞争力。

二、难以模仿性

评价企业的某种资源或能力是否能够被模仿。模仿别人的资源与能力可能受到多方面因素的限制，这些限制因素类似各种进入壁垒。只有具有了下面一条或者几条性质，难以模仿性才能成立。

（1）实体独占性。例如，企业抢占了一个或者一些有利的地理位置，如优越的工厂位置或寡占的商业网点，其他竞争者再难以占有这样好的位置，或者企业占有了某种稀有性自然资源。这些都是容易识别的难以模仿的例子。

（2）路径锁定性。企业开创了一种战略途径，而企业竞争对手很难再通过这种途径建立竞争优势。一个典型的例子是国际上两个知名的涂料公司——立邦与 ICI 在我国市场上进行竞争。前者通过大量的广告宣传在我国建立起了"立邦漆"的强势品牌，两年之后进入我国市场的后者再也难以通过同样的方式而出其右。又如，在海尔集团以它优质的售后服务已经深入人心之后，模仿者无论怎样努力也难以在售后服务方面建立起竞争优势。

（3）因果关系模糊性。如果竞争对手不能了解企业竞争优势的来源，找不到模仿的途径，在这种情况下，这种资源或者能力就可以成为企业的核心竞争力。

（4）规模震慑性。当一家企业的规模足够大——具有显著的规模经济性、市场地位，以及对竞争对手的进入具有显著的报复倾向和能力时，会形成阻止竞争对手模仿的震慑力量，使竞争对手不敢模仿。这是一种大规模、先入为主的竞争优势。

三、持久性

如果企业能够长期保持某种资源的稀缺性和能力的优越性，则有利于形成核心竞争力。例如，专有技术和独立的知识产权、综合性的能力都有助于增强持久性。

四、获利性

稀缺的资源与能力只有给企业带来利益，才能形成核心竞争力，或者说才能成为一种有用的竞争力。尽管企业的某种资源或者能力具有稀缺性，但是如果没有获利性，也不能成为企业的核心竞争力。

五、不可替代性

只有当竞争对手不能利用其他资源或者方法取代企业的稀缺资源和能力时，这种稀缺资源和能力才能形成核心竞争力。例如，低劳动力成本的优势很容易被大规模和高度自动化取代。因此，除非在以人工技能为主的少数产业中，大部分产业中的低劳动成本不可能成为核心竞争力的来源。在科学技术高速发展的今天，新技术对旧技术的替代可能性越来越大。因此，那些以技术取得竞争优势的企业应时刻警惕被掌握新技术的企业取代。一个最好的战略是企业不断提高技术创新能力，实施技术上的自我替代。

一般来说，核心竞争力存在于企业中的人的身上，而不存在于企业的资产本身。核心竞争力深深植根于技巧、知识和个人能力之中。

在实践中，各个企业所表现出来的核心竞争力是多种多样的：生产高质量产品的技能；创建和操作一个能够快速而准确地处理客户订单系统的诀窍；新产品的快速开发；提供良好的售后服务的能力；选择有利的零售地点的技能；开发出受人欢迎的产品和革新的能力；采购和产品展销的技能；在重要技术上的特有知识；研究客户需求和品位，以及准确寻求市场变化趋势的良好方法的体系；同客户就产品的新用途和使用方式进行合作的技能；综合使用多种技术制造一个全新产品的能力。

简而言之，核心竞争力使企业拥有某种特殊能力，从而是一种真正的企业优势。一家企业拥有的特殊能力可能不止一种，但是同时拥有多种特殊能力的企业也是比较少见的。

第四节　环境综合评价——SWOT 分析

前面已经提到，SWOT 分析最早产生于 19 世纪 60 年代的匹配思想，后经许多学者的不断完善，成为一种非常有用的战略分析工具。利用 SWOT 分析可以将企业的外部环境因素与内部环境因素进行综合，从而以一种"匹配"的观念形成相应的战略。这种匹配观念实际上是产业组织理论与资源基础理论的综合：寻找外部环境的机会和辨别外部环境的威胁是为了寻找有吸引力的产业或者业务；发挥企业的优势和回避企业的劣势是为了形成竞争优势。

一、SWOT 分析的基本思路

1. 分析外部环境因素的机会、威胁和内部环境因素的优势、劣势

外部环境因素分析综合中的有利因素就是机会，不利因素就是威胁；内部环境因素分析综合中已经直接给出了优势因素和劣势因素。

2. 对外部环境因素和内部环境因素做匹配分析

所谓匹配分析，是指一种系统分析的思想，它的目标是将企业的资源与能力配置到最能发挥作用的方向上。外部环境因素的机会是一种与任何一家企业无关的自然状态，它属于所有的企业，但当这个机会恰恰与某家企业的优势相匹配时，这个机会就属于该企业而不属于其他企业。同样的道理，企业要避免去做那些恰恰处于劣势的业务。

更多的情况是环境的机会与威胁相伴，而当企业的优势恰恰能够抓住机会和避免威胁时，就是一种最佳的匹配。匹配的结果是收益的期望值最大。

在做匹配分析时，还要发展地看待问题。如果面对一个非常好的机会，企业要抓住这个机会却对应着劣势（能力不够），或者企业的劣势使威胁的概率提升，企业是否放弃这个机会或者回避这个威胁？也不一定。这要看企业能否在未来的战略实施中弥补劣势，将劣势转化为优势。这是一种动态匹配观。

3. 开发一整套将企业能力与环境相匹配的战略构想

S、W、O、T 四类因素相互匹配，构成 SO 战略、ST 战略、WO 战略和 WT 战略。这四类战略的含义分别是：发挥优势抓住机会的战略，发挥优势克服威胁的战略，回避或者弥补劣势抓住机会的战略，回避或者弥补劣势克服威胁的战略。

4. 评估这套构想能否形成企业的核心竞争力

这个环节是战略评估的内容，评估的内容与方法将在后面的章节中详细介绍。

5. 开发战略构想，使之成为企业战略

上述开发一套将企业能力与环境相匹配的战略构想，只是根据四类因素相互匹配所提出的简略对策，即上述四类战略。这四类战略只是构成企业总体战略的一部分。例如，企业的使命和长远目标通常不会在这四类战略中反映出来，而且就这四类战略本身而言，也需要再归纳、条理化，以达成它们之间的相互协同。因此，SWOT 分析通常不会给出完整的战略方案，还需要再进行开发，使之成为企业战略。

上述思路可描述成一个分析程序，如图 6-6 所示。

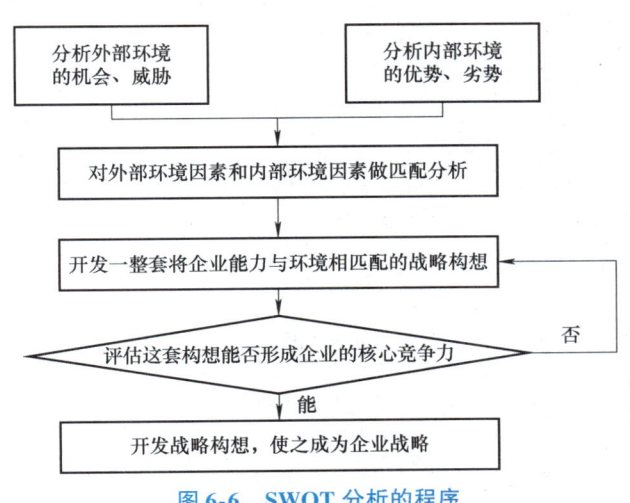

图 6-6　SWOT 分析的程序

二、构造 SWOT 分析矩阵

将内部环境因素分析综合中的内部优势因素、劣势因素和外部环境因素分析综合中的机会因素、威胁因素罗列出来，依照各因素权重大小的次序按矩阵形式排列起来，并将上述 SO 战略、ST 战略、WO 战略和 WT 战略分别填入相应的位置，就构成了 SWOT 分析矩阵。

表 6-3 给出了一个实际应用的例子，它是某钢铁企业集团内的某个从事进出口业务的子公司构造的 SWOT 分析矩阵。

表 6-3　某公司构造的 SWOT 分析矩阵

		外部环境	
		机会（O）	威胁（T）
内、外部环境		1. 集团的强劲发展势头和对进出口公司的有利定位 2. 国内钢铁产业扩张使得出口货源充足和有利的出口政策 3. 国内钢铁产业扩张使得进口机会增加 4. 集团公司和国内市场对物流服务的迫切需求给公司物流业发展提供了机会 5. 集团的管理体制改革给公司带来更广阔的发展空间 6. 加入 WTO 后更好的国际贸易环境	1. 集团的快速、大规模扩张可能使其他子公司或集团外公司竞争进出口业务 2. 集团的管理体制改革对公司提出了更高的要求 3. 国内钢铁产业产能扩张加剧了各企业对出口市场的争夺 4. 外国公司更多地进入我国市场，威胁公司的进口业务 5. 国内其他已经成长起来的物流企业提前锁定公司的目标客户
内部环境	优势（S）	1. 集团雄厚的实力和品牌影响力 2. 优越的地理位置和政策环境 3. 已经建立起来的相对完善的渠道资源和海外机构 4. 较强的融资能力和较好的财务状况 5. 团结、进取的领导班子，较好的员工队伍，较高的管理水平	SO 战略 1. 迅速扩大业务量和业务范围，与集团同步和超前发展 2. 扩大向两个方向延伸的投资，达到控制资源和延长价值链的目的 3. 增加技术贸易和开发为第三方服务的备品备件市场 4. 以集团内部物流为起点，迅速发展第三方物流业务 5. 加快公司管理体制和股权结构变革，强化激励机制	ST 战略 1. 加强公共关系活动和提高客户价值，以提高在集团的地位 2. 提高效率和降低成本，以增强盈利能力 3. 开发独立于集团之外和形成依赖的业务 4. 迅速增强开展第三方物流业务的能力，锁定目标客户 5. 主动开发代理其他冶金企业进口备品备件和原材料的业务
	劣势（W）	1. 用人与激励机制还不够灵活 2. 员工的知识与技能结构还不适合开展新业务 3. 开展物流业务的基础还很薄弱 4. 不是每一位员工都掌握了现代营销理念	WO 战略 1. 争取更灵活和更自主的用人与激励政策 2. 推进股份制改造，引入员工股份和股权激励机制 3. 加强人力资源开发，培养和引进高水平、综合型人才 4. 实施全员和长期的营销理论与技能培训项目 5. 调整组织结构，健全公司的营销功能	WT 战略 1. 建立长效激励机制和优秀的企业文化，以留住优秀人才 2. 针对集团的新增业务展开培训 3. 与国外贸易公司合作 4. 通过收购或参股中小型物流公司和引进高水平人才，发展物流业务

三、使用 SOWT 分析应注意的问题

在进行战略环境分析时，人们最常用的方法之一就是 SOWT 分析，因为它易懂，且符合人们的逻辑思维习惯。但是，要应用好这个方法，还需要注意以下三个方面的问题。

1. 与拟开展的业务相联系

就外部环境而言，市场机会与威胁是广泛存在的，但不是对每个企业都平等。一个潜在的市场需求是不是机会，与企业是否想做这件事相关，也与企业的内部环境相关。无论是已有业务的成长还是新业务的进入，企业都只需要分析与企业拟开展的业务相关的机会即可。例如，国内外公认石墨烯产业未来有前景，但是对于一家主营食品的企业来说，并没有打算进入这个领域，那么石墨烯产业的广泛前景对它来说就无所谓机会。

通常，企业拟开展的业务不止一个，机会也不止一个，当然，对应的威胁也不同。对从事多项非相关业务的企业来说，情形更是如此。因此，当企业分析某些要素是不是机会时，已经假设拟从事某项业务。显然，这时候的 SOWT 分析矩阵就不止一个，而应该是多个。对内部环境要素来说，是优势还是劣势，与拟做的业务相关。所以，机会、威胁、优势、劣势都是相对的。

2. 与竞争对手相联系

按照波特的观点，企业战略都是竞争性的，优势和劣势要看与谁相比。因此，企业只有确定了要与谁竞争，才能准确地评估优势和劣势。企业的竞争对手通常不止一个。从战略集团的概念出发，企业的竞争对手可能来自三个战略集团：企业拟要挑战的、企业要防御的和与企业在同一个战略集团的。只有明确了竞争对手，优势和劣势才能够明确，所以基于不同竞争对手的 SWOT 分析矩阵也不止一个。

3. 与目标市场相联系

同样的业务可以在不同的市场上开展。例如，某方便面生产企业起初定位于低端市场，与那些同样竞争于低端市场的企业相比，它的优势明显，所以才有了今天的品牌。如果当初它就与定位于高端市场的康师傅相比，可能就优势全无了。

对于一家企业来说，一个潜在的市场需求在一线城市开展业务可能很难把握机会，但在二、三线城市可能很容易把握机会。一般来说，选择了目标市场，也就选择了竞争对手。因此，只有选定了目标市场，才能够明确企业的优势和劣势。

思 考 题

1. 如何定义企业资源？
2. 企业资源包含哪几种类型？如何理解人力资源的有形和无形双重性质？
3. 企业资源的特征是什么？
4. 企业资源是否具备竞争价值的判断标准是什么？
5. 以一家企业为例，画出其波士顿矩阵，并说明应用波士顿矩阵应注意哪些问题。
6. 什么是通用矩阵？其优缺点是什么？
7. 如何用产品/市场演变矩阵评价企业的资源配置情况？
8. 什么是企业能力？企业能力的类型有哪些？

9. 企业能力的分析方法有哪些？
10. 价值链的基本活动和辅助活动各包含哪些内容？价值链分析的主要内容是什么？
11. 如何理解无形资产创造活动对价值链的补充作用？
12. 什么是产业关键成功因素？列出三个产业关键成功因素。
13. 什么是核心竞争力？核心竞争力的判断标准是什么？
14. SWOT分析的程序是什么？以一家企业的战略分析为例，构造其SWOT分析矩阵。
15. 使用SOWT分析应该注意哪些问题？

第三篇 战略类型与选择

战略的本质是选择做什么和不做什么。

——迈克尔·波特

认识战略的重要性、理解战略的本质、塑造战略思维是企业战略管理的开始。分析企业所处的环境是企业制定战略的前提,正是由于有了这样一个前提,才有了一家企业区别于其他企业的战略,因为不同企业所处的环境不同。即使是处于相似环境中的企业,它们可能采取了大致相同的战略(同属于一个战略集团),但具体运作方式也会有许多不同。

本篇所包括的四章内容,研究的是"做什么"和"怎样做"的问题,同时这也是"确保做好"的基础。而后面第四篇研究的则是"怎样做"和怎样"确保做好"的问题。

企业能够采用的战略在过去、现在和将来都是很多的,如果将各种战略进行组合更是变幻莫测。战略管理相关书籍中提出的战略类型是战略管理的实践者和学者总结、归纳出来的,是一般模式,不是针对某一个特定的企业和特定的环境而言的,而是供企业根据自己所处的内部、外部环境选择采用的。如果从专家所提供的战略类型中做选择,战略的制定过程实际上就是一个选择的过程。千万不要小看这个选择过程,因为企业选择的是一套战略,是各种类型战略的巧妙组合,所以这种组合是变幻莫测的,人们也才能认识到战略是值得用心思考的。如果在战略制定过程中提出了一个或一套书中所没有的战略类型,那么这就是战略创新,这种新的战略类型可以供后人去选择。

虽然战略类型很多,但一本书甚至所有的书所能够提供的战略类型总是有限的。一个人即使掌握了所有的战略类型,也不意味着就是一个优秀的战略家,不意味着就可以"决胜于千里"了,关键是要能够巧妙地、创造性地融合应用。大家都知道"增兵减灶"的故事,孙膑和庞涓都学过兵法,而且都师承鬼谷子,但前者之所以能够胜于后者,在于他能够巧妙地、创造性地运用所学。

第七章

业务组合战略

"做什么"是解决企业资源配置方向的问题，落实到具体的业务上，就是解决企业业务的组合问题。在此层次之上，还有企业的社会责任问题，即企业的社会角色定位，它由企业的使命和长远目标确定，体现了企业的社会责任感。值得注意的是，企业使命和长远目标的确定对企业业务组合及其变化具有重要影响。因此，要解决企业业务组合问题，首先需要解决企业的使命和目标问题。这也是许多战略管理著作中一般都首先讨论企业使命和目标的原因。

业务组合战略解决的是企业资源配置方向的问题，是战略"四部曲"中的第一部——"做什么"。除此之外，方向性问题还包括企业的动态：是增长、稳定还是收缩？这三种动态都涉及业务组合问题。当企业选择了做什么之后，如何做？是从办理征地开始新建工厂，还是在市场上收购一家成熟的企业？新建工厂或者收购企业的资金从哪里来？是靠企业自己还是与别人合作？这些都涉及扩大或者进入一个领域的路径问题，即企业成长路径战略。

企业业务组合战略和企业成长路径战略在以往的资料中被统称为企业总体战略，本书将它们分为两章来叙述。

企业可以只做一件事，这被称为一元化战略；可以同时做几件事，这被称为多元化战略；如果所做的几件事情在工序、工艺方面有上下游之间的联系，则被称为一体化战略。业务组合战略的研究不仅要研究是实施一元化还是多元化，还要研究如果实施多元化，怎样实现不同业务之间的战略协同。

企业大多明白聚焦的优越性，但还是有许多企业自觉或不自觉地走向了多元化，其中有许多企业因此而陷入困境。聚焦无疑是一个好的战略，但企业要发展，不可能永远集中在一项业务上。况且，很多实施了多元化战略的企业取得了成功。显然，盲目的多元化是不可取的，逻辑上的分析和失败企业的教训都可以说明这一点。什么叫"盲目多元化"？什么样的企业或者在什么时候应该实施一元化战略？什么时候实施多元化战略？这些问题由企业业务组合战略来解决。

第一节 一元化战略

企业初创通常是从一元化开始的，推崇"聚焦"的战略专家都支持一元化战略。

一、业务的划分

前面谈到企业只做"一件事"或者做"几件事"，显然"一件事"或"几件事"都是一种通俗和模糊的描述。如果用一项业务或者几项业务来描述，似乎更为专业。但是，怎样才叫一项业务？如何划分几项业务？

到目前为止，无论是从理论还是从实践，就战略研究而言，尚未有清晰划分业务边界的标准，似乎也不需要严格的标准。因此，有关业务的划分并不是严格的，它更多地取决于研究问题的需要。业务的划分可以很粗略，也可以很细致；可以按产业划分业务，也可以按同一产业内的产品类别划分业务，还可以把同一类别的产品再细分为规格、型号、花色等。例如，一家生产汽车整车的汽车公司，如果没有从事如房地产、酒店类等其他业务，按产业划分，它从事的就是汽车产业。如果要将其业务再做细分，可以划分为整车装配业务、发动机生产业务等，还可以按产品类型划分，如轿车、货车等。在轿车中，还可以再细分业务，如高、中、低档业务。总而言之，如何划分取决于企业研究的需要。

按战略的层次，一般把战略分为三层：最高层是公司战略（也可能是集团公司战略），其次是业务单位战略（可以是子公司战略或者事业部战略），然后是职能部门战略（如人力资源开发战略、研究与开发战略等）。研究不同层次的战略，对业务的划分有不同的要求。一般来说，研究公司战略，业务的划分粗一些；研究业务单位战略，业务的划分就细一些。仍以汽车公司为例，从研究公司战略的层次，业务可能被划分为汽车、房地产、酒店（假设它实施了多元化战略），更进一步地分析汽车业务，可以再细分为轿车、货车、客车等。如果从研究轿车事业部的战略层次出发，业务将进一步被细分为高、中、低档轿车。顺便提及，如果再细分到各种档次车的配置、色彩组合，就是市场营销应关心的问题了，战略管理通常不需要划分得如此细致，因为它们已经与资源配置方向关系不大了。

业务还可以按企业的管理体制或组织结构划分，如以一家子公司作为一项业务。按产品或者服务的性质划分和按管理体制划分有时会产生交叉，因为有时可能几个部门都做同一项业务，或者一个部门同时做几项业务。在这种情况下，最好按产品或者服务的性质划分业务，这样更符合业务组合战略研究的目的。

二、一元化战略的优势

一元化战略有时也被称为专业化战略，是指企业集中资源于单一的业务。一元化战略的优势是容易被理解的，但同时它也有缺陷（后面将会谈到）。传统观点认为，一元化战略是一种存在较大风险的战略，其原因在于特定产业与市场的容量有限，产业的发展有其周期性，相应地，企业的发展也将随之陷入不良的周期性波动境地。但实际上，一些采用一元化战略的企业不仅没有陷入不良的周期性波动，反而在市场竞争中的优势更加明显。因此，才有了前面已经提到的"归核化"潮流。

投资的专业化虽不意味着竞争优势取得的必然性，但却是竞争优势生成的基础。专业化投资策略的基本点是将企业的资源优势聚合于某一特定的产业或产品领域，而不会引起经营结构与市场结构的改变。因此，在专业化投资战略下，资源的聚合意味着企业在特定市场上优势的集中，从而为谋求特定市场的竞争优势、增强风险抵抗能力、推进市场领域拓展提供充分的资源支持。

企业的资源是有限的，集中资源做好一件事情要比分散资源在很多方面都做好要容易得多。特别是在日益激烈的市场竞争环境下，不允许企业在哪个领域做得"次好"，因为不是做得最好而是"次好"就会被市场淘汰。因此，企业一定要聚焦。这是从逻辑分析角度得出的结论。当然，这里所说的不允许"次好"并不是说企业不能做挑战者或者追随者，因为在市场中这两者总是存在的,而是说企业一定要在争夺同样市场地位的企业中做得最好,至少应该将其作为企业追求的目标。

企业发展的实践也可以说明聚焦是符合客观规律的。从这个角度来说,聚焦法则要与企业的战略定位相联系。前面已经提到过美国管理学家谢斯和西索迪亚共同提出的企业定位的三法则理论。当然,也有管理学家,如里斯在其所著的《22条商规》一书中提出"二元法则",他认为行业内最终会胜出两家企业达到平衡。到底是两家、三家企业,还是四家企业胜出无关紧要。总之,当一个产业发展成熟时,市场上通常会留下两三家通才型企业,它们占据市场中的领导地位,属于"强势战略集团",虽然它们的盈利率不高,但却有稳定和大数额的利润。数量更多的专家型企业,它们通常采取的是集中于一点的战略,虽然市场占有率很低,但却有较高的盈利率。第三类企业——掉入壕沟的企业则不伦不类,它们既没有第一类企业的稳定市场地位和客户忠诚度,也没有第二类企业的高盈利率,通常是那些中等规模的企业。盲目多元化的企业通常就是落入这个陷阱中的企业。

此外,波特在其所著的《竞争战略》一书中也指出,在大部分行业中,投资回报率与市场份额的关系如图7-1所示,也说明了壕沟中的企业的尴尬地位。

因此,企业在发展过程中遵循聚焦法则,顺应了产业组织结构从分散走向集中的客观规律,并且随着经济的发展,产业组织集中度会越来越高,同时将有越来越多的产业组织走向集中。

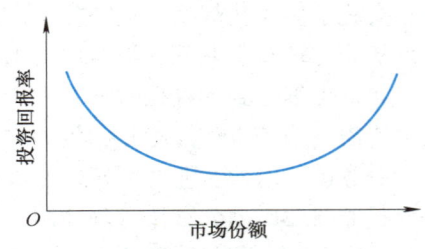

图7-1 投资回报率与市场份额的关系

坚持聚焦,要坚持以战略定位为导向。"发散"——盲目多元化,往往是没有战略定位(另一个原因后面论述)造成的。如果企业定位于成为通才型企业,在具备下面两个条件之前,不可多元化:①市场占有率已经在产业内数一数二;②产业已经处于成熟期,没有潜在进入者进入的强烈诱因,或者进入壁垒非常高。

如果企业要定位于成为专家型企业,在尚未具备下面两个条件之前,不可多元化:①占有了市场中的绝大部分份额;②确信没有竞争对手可以取代。

企业要避免成为既没有规模优势又没有专业优势的"不伦不类"的企业,特别是在一个产业组织结构趋向集中的产业中,并且产业已经向成熟期过渡阶段时。如果处于离散型产业中,或者虽然处于集中型产业中,但产业处于快速成长期,中型企业是可以生存的。

三、一元化战略的适用条件

一元化战略的适用条件在于下面一个或几个因素的同时存在:

1. 处于企业生命周期阶段的前期

企业生命周期阶段的前期包括诞生期和成长期。处于这一阶段的企业内部资源的特征是,企业尚没有足够的资源和能力实现多元化。

2. 处于产业或者产品生命周期阶段的前期

产业或者产品生命周期阶段的前期是指幼稚期和成长期。处于这一阶段的企业外部环境的特征是市场有足够大的容量,企业销售收入的增长率低于市场需求的增长率,或者即使企业销售收入的增长率高于市场需求的增长率,企业销售收入的增长尚未感到来自市场需求增长缓慢的压力。在这种情况下，企业用于该项业务的投资回报率（不管是用于生产的还是用于促销的）尚未呈现递减的趋势（投资边际报酬率尚未进入递减阶段）。

3. 市场需求稳定

因为企业倾注全部的资源在一项业务上，企业的现金流也在一项业务上，只有当企业所从事的这项业务市场需求稳定时，企业从事单一业务才能够稳定，否则就可能陷入危机之中。

下面几个方面有利于促进市场需求的稳定。

（1）产品或服务是生活必需品。例如药品、餐饮服务等。如果这种产品或服务缺乏替代品，则更有利于需求的稳定。

（2）核心产品。无论是技术还是产品的形式、规格等如何变化，这种产品总是被需要的。例如汽车的发动机、计算机的CPU等。

（3）所采用的技术是成熟的。技术是否成熟是一个历史概念。技术的更新换代是符合事物发展的客观规律的，新技术的出现并不代表之前的技术不成熟。例如，日光灯取代白炽灯，不能说白炽灯不成熟，只能说日光灯更先进。有些不成熟的技术被广泛应用，是因为在当时，人们尚不知道其缺陷和应用该项技术会给以后带来的损害。这种情况在药品生产领域较典型，如某种药品的毒副作用，还有某些技术对环境所造成的污染等。不成熟的技术有迅速被新的成熟技术取代的风险，也有招致国家产业政策封杀的可能。

（4）符合社会发展的长远方向。例如清洁能源、绿色食品、新兴文旅等需求的不断增长。

4. 战略主动

前面提到，坚持聚焦是以战略为导向的。如果企业坚持要成为一个专家型企业，当尚未具备上面所提出的两个条件之前，即使企业用于该项业务的投资回报率已经呈现递减趋势，也应坚持一元化战略。

四、一元化战略的风险与应对

尽管一元化战略有许多优点，但也有其适用的条件，当不具备这些条件时，实施一元化战略就会面临风险。其风险主要来自以下几个方面。

（1）市场容量的限制。任何一项业务所对应的市场需求容量不管有多大，但总是有限的，特别是当同一业务中强有力的竞争对手瓜分市场份额时，市场容量的限制对企业成长的压力就会增大。当市场趋于饱和或者企业不可避免地要与竞争对手争夺市场份额时，企业的投资回报率就会迅速降低，其边际投资回报率甚至变为负值。当这种趋势不可逆转时，企业实施一元化经营就会陷入困境。

企业总有扩大规模的冲动，这种冲动是正当的和有益的，它一方面来自企业自身成长的需要，另一方面来自阻击竞争对手的需要。由于受市场容量的限制，企业扩大规模的路径可能受阻，这时多元化可能成为一种必然的选择。

（2）商业周期性波动。商业周期性波动对不同产业或者产品的影响程度不同。对于从事单一业务的企业来说，当周期性波动对该项业务产生较大不利影响且持续时间很长时，企业很有可能因为财务上难以维继而陷入困境。

（3）产业或产品的更替。如上所述，产业或产品都存在生命周期规律，当产业或产品进入衰退期，而企业又无法通过技术创新或者市场渗透等策略扭转颓势时，企业就会面临风险。

（4）产业政策限制。当企业遭受产业政策限制时，可能会陷入困境。例如，国家限制青霉素类药物的"滥用"，对生产单一青霉素原料药或者制剂的企业就是一个很大的打击。

以上诸多因素造成了实施一元化战略的风险。应对这种风险，除了下面将要提到的多元化战略（仍需警惕"盲目多元化"）之外，对于坚持一元化战略的企业来说，还可以采取其他措施。

（1）应对市场容量的限制。市场容量的大小总与市场地域范围相关。当一个区域市场趋于饱和时，可以开拓其他的区域市场；当国内区域市场饱和时，可以开拓国际市场。一家专家型企业也可能把企业的规模做得很大，如麦当劳、必胜客等，通过连锁经营的方式把企业做大，并成就百年企业。

市场容量的大小还与企业定义的目标顾客群有关。当一个目标顾客群趋于饱和后，企业还可以采用市场渗透或者市场漂移等策略使市场容量扩大，当然有时需要配合产品或者技术的改进。

按照需求法则，市场容量总是与产品价格相联系的，市场容量是产品价格的函数。如果企业能够通过技术创新或规模经济使产品的成本不断降低，市场容量就可以不断扩大，保持一个始终令企业满意的市场容量。格兰仕的实践充分证实了这条路线的可行性。

（2）应对产业或产品的更替。企业实施自我替代，仍然可以保持一元化战略的成功。产业或产品的更替来源于需求结构的变动和技术的进步。企业通过持续的技术创新和营销模式的创新，就能突破原有产品技术、功能、质量、价格等的结构模式，从而将企业推向一个更高的层次。

总结诸多成功的国际知名企业的经验，基本都是循着这样一条发展轨迹运行的：集中资源于某项业务形成核心能力—确立并支持名牌的核心产业或主导产品—谋取市场竞争优势—增大资源聚合优势并强化与拓展核心能力—在拥有核心产业或主导产品的基础上，依托核心能力的有效支持或区域渗透，衍生出或拓展到新的关联产业或产品—最终走出一条以核心能力为支撑、以品牌优势为纽带、以核心产业或主导产品为中心向外拓展的多元化经营道路。

第二节 多元化战略

多元化战略也称多角化战略或多样化战略，是指企业同时从事两项或者两项以上业务的战略。

一、多元化的类型

根据不同的划分标准，可以把多元化分为不同的类别。比较常见的一种分类方法是根据各项业务的销售额在企业销售总额中所占的比例，以及各项业务之间的相互关联程度来划分。按此标准，多元化的具体类型如表 7-1 所示。

第七章　业务组合战略

表 7-1　多元化的具体类型

多元化的程度	多元化的类型	指标	图示
低程度多元化	主导业务型	70%～95% 的销售收入来自某一项业务	
中等程度多元化	相关约束型	超过 70% 的销售收入来自主导业务，所有业务共享产品、技术、分销渠道	
中等程度多元化	弱相关型（相关和不相关的混合体）	不到 70% 的销售收入来自主导业务，各业务之间只有较少关联	
高程度多元化	不相关型	不到 70% 的销售收入来自主导业务，各业务之间没有关联	

需要注意的是，表 7-1 中的业务是以第四级行业分类为标准来划分的。我国的国民经济行业分类采用四级分类法，从大到小分为门类、大类、中类和小类四级。根据 2017 年公布的《国民经济行业分类》（GB/T 4754—2017），我国国民经济行业共分为 20 个门类、97 个大类、473 个中类和 1380 个小类，形成了一个完整而细致的行业分类体系。当"超过 95% 的销售收入来自某一项业务"时，称该企业为一元化企业；当这个比例小于 95% 时，则称该企业为多元化企业。

另外，对多元化类型的划分，除了考虑主导业务占总销售收入的比例外，还要考虑各项业务之间的联系。例如，可以把一家从事计算机软件和硬件生产的企业看作相关多样化的企业。但是，假如计算机企业的软件和硬件两项业务的经营管理完全独立、互不相关，既没有研究开发的合作，也没有生产制造的合作，更没有销售上的联系，所采用的品牌等无形资产也不相关，则这家企业就不是相关多元化的企业，而是非相关多元化的企业。

因此，多元化战略又可以按业务的相关性划分为相关多元化与非相关多元化。其中，相关多元化又可以细分为多种类型。

1. 相关多元化

相关多元化可分为下面三种类型。

（1）水平多元化。它是指在同一专业范围内进行多种经营。例如，汽车制造企业生产轿车、货车和摩托车等各种不同类型的车辆。

（2）垂直多元化。沿产业链或者产品链（产品生产的工艺顺序）的延伸，称为垂直多元化。例如，一家钢铁企业向采矿业和轧钢装备业的延伸，是沿产业链的延伸；一家生产电动机的企业向电动机壳体的铸造业务的延伸，是沿产品链的延伸；一家汽车制造企业在生产汽车零部件和装配整车的基础上，向生产轮胎业务方面延伸，也是垂直多元化。

垂直多元化战略又称为纵向一体化战略，是一体化战略的一种，相关内容将在本章第三节中详细讨论。

（3）同心型多元化。它是指以市场或技术为核心的多元化。主要有三种形式：①以市场为核心，如一家生产电视机、电冰箱、洗衣机等产品的企业，以家电这一市场为核心；②以技术为核心，如一家造船厂在造船业不景气的情况下承接海洋工程、钢结构加工等业务；③以相同的市场和技术为核心，如一家生产收音机、录音机和电视机的企业，以电子技术为基础统一于家电市场。

2. 非相关多元化

非相关多元化是指各种产品或服务没有任何共同主线和统一核心的多元化。例如，一家企业除经营化学产品外，还经营摄影器材、印刷设备、生物医学产品等。

二、多元化的原因

企业多元化的原因是多方面的，由于企业的任何一项决策既受到决策相关人的价值观和判断的影响，又受到外部环境的影响，因此在那些促成多元化的因素当中，有些是理性的——它有利于企业的发展，有些是非理性的——它不利于企业的发展。表7-2从三个方面归纳了企业多元化的动机。其中，第一个动机是企业多元化的理性因素，其他两个动机有理性因素，也有非理性因素。

表7-2 企业多元化的动机

动机		内容
增强自身竞争优势的动机	范围经济性	共享活动与资源
		核心竞争力的移植
	市场影响力	通过多方竞争阻止竞争对手
		纵向一体化
	财务经济性	资金在企业内部的合理调拨
		业务重组
管理者动机		降低管理层风险
		增加管理层收入和更多高层职位
内外部主要影响因素		反垄断条例
		税务法规和来自各方面的优惠政策
		经营状况不佳
		降低企业风险
		具有可共享的有形资源和无形资源
		来自政府和上级领导的压力

企业采用多元化战略是为了增强企业的竞争优势。一般采用相关多元化战略后，直接结果是可以达到范围经济性。范围经济性是指当一家企业在多个产业或多个市场上经营时，通过将其在某项业务中形成的核心竞争力移植到一项新的业务中，从而降低企业的总成本所产生的经济性。实现范围经济的基本方法是共享活动和核心竞争力的移植。采用不相关多元化战略则可以通过业务重组或对资金的合理调拨，增强财务经济效果。

企业采用多元化战略的另一个目的是通过在多个业务领域适当地分配资源来降低企业的整体风险。这就是人们常说的"东方不亮西方亮""不能把所有的鸡蛋装在一个篮子里"。

很多投资者也希望把资金投向这样的企业以降低投资风险。值得注意的是，通过实施多元化战略以降低风险的做法，如果处理不好，造成投资分散和核心竞争力的丧失，反而会增加企业的风险。

人们一般认为，企业规模越大，管理难度越大，相应管理层的薪水也应越高。多元化与企业规模是高度相关的，这也是有的企业管理层热衷于多元化的原因之一。另外，对管理层而言，企业实行多元化战略还可以降低管理层的失业和减薪风险。因此，只要企业的利润不受太大影响，企业管理层可能会为了降低自身风险而采用多元化战略。

从外部环境来看，由于反垄断条例对企业大规模并购（横向或纵向并购）的限制，企业的并购只能是不相关性的，从而走向多元化。从税务法规方面来看，由于税法的设置（如个人所得税和企业所得税的设置），一些企业在本产业继续投资的收益可能比不上在其他产业投资的收益，也使得企业走向多元化。国家或地方经常会给予企业或者项目一些政策支持和优惠条件，企业出于对这些利益的追逐，也会走向多元化。

三、多元化的契机与实现

实施多元化战略需要把握契机，要抓住其中的理性因素，排除非理性因素，以避免陷入盲目多元化的陷阱。

按照产业组织结构的演变规律，企业只能定位于要么成为专家型企业，要么成为通才型企业。由于通才型企业和专家型企业多元化的契机和实现路径不同，故分别叙述。

（一）通才型企业多元化

1. 通才型企业多元化的契机

通才型企业聚焦的目标是获得牢固的市场竞争地位。当企业所在的产业已经成熟，竞争结构趋于稳定，企业为争夺市场份额的边际投资回报率呈明显下降甚至是负数时，多元化就成为企业的一种必然选择，因为企业终究要发展。像定位三法则中指出的那样：当通才型企业的市场占有率超过40%时，会开始显现规模不景气；同时，在美国等西方国家还可能会遇到比较严重的反垄断问题。这里还有一点需要特别指出，在当今这个全球经济一体化的时代，当考虑产业是否成熟和市场占有率如何时，不能局限于国内这一狭小范围，而应放眼全世界。

2. 通才型企业多元化的实现

通才型企业决定多元化后，最重要的选择就是进入哪个新的业务；同时，在进入新业务时，要时刻注意维持原有业务的市场地位。原有业务的市场地位的维持，也能够为新业务的扩展提供资金等方面的支持。

新业务的选择要考虑下面一些因素。

（1）如果不考虑其他因素，企业多元化经营的成功率与目标产业的吸引力正相关。

（2）如果不考虑其他因素，企业各产业之间的相关性越高，多元化经营的成功率越高。

（3）企业剩余资源拥有量与企业多元化成功率正相关。所谓剩余资源拥有量，是指企业所能够获得的全部资源与目前经营业务所需资源之差。由于企业在有了稳定的市场份额后才开始着手多元化，此时通才型企业势必已经积累了大量的资源，而只有在一个竞争结构稳定的市场中，企业才可能拥有大量的剩余资源。

（4）企业多元化经营的成功率与企业核心能力水平和状态正相关。如果真的成为三大通才型企业之一，那么企业必定拥有自己的核心竞争力。

（二）专家型企业多元化

1. 专家型企业多元化的契机

对专家型企业而言，在细分市场中的占有率越高，财务业绩越好；在总体市场中所占市场份额越高，财务业绩越不好。如果专家型企业也和通才型企业一样，不断扩大规模，实现规模经济，一旦在总体市场中的占有率不断提高，则财务业绩会恶化，所以专家型企业的规模经济要有限度。专家型企业面对客户的需求价格弹性往往比较小，其更注重产品或服务的质量、独特性等，所以专家型企业可以针对细分市场客户群的特点，提供更优质的产品或服务，不断提高在细分市场上的占有率。当该企业在细分市场上已经能处于稳定的垄断地位，并积蓄了对专家型企业而言相当强的资源实力时，就可以开始多元化了。

2. 专家型企业多元化的实现

上面谈到的通才型企业选择目标业务的方法，同样适合专家型企业。这里特别提出适合专家型企业多元化的"系列专业化模式"。这种模式既可以在单一细分市场上保持专家型企业的竞争优势，又可以使企业在总体规模上做大。它类似于以连锁方式应对分散性需求的饭店和商品零售业，单体规模小，但总体规模可以很大。

专家型企业的多元化一定要仔细策划，朝着精心设计的方向发展。专家型企业的财务业绩随着在细分市场上占有率的提高而提高，其销售利润率远高于"万金油"型企业，因此专家型企业没必要把自己变成"万金油"型企业，并且专家型企业的财力和物力都无法与三大通才型企业抗衡，也不适合变成"万金油"型企业。它们应继续以追求较高的销售利润率为主要目标，不断地发掘、开辟新的细分市场。如果一家企业能在自己划分的一系列细分市场上成为垄断者，控制细分市场80%~90%的市场份额，那么企业的投资回报率将十分高。这一经营模式称为系列专业化模式。

专家型企业采取系列专业化模式在企业界不乏鲜活的例子。美国电子数据系统（Electronic Data Systems，EDS）公司通过一系列专业化得到发展。它从专为特定类型的企业提供计算机解决方案开始发展，逐步为许多不同类型的企业（如保健公司、银行、制造公司）提供计算机解决方案。由于每一类企业具有自己的特质，要求的计算机解决方案可能迥然不同，EDS公司没有用固定的专家队伍面向所有的客户群，而是对每一类型的服务对象都建立了拥有特定技术的专家队伍。这些专家在各自的领域中都是极为出色的，这对不在乎价格，但对计算机解决方案要求苛刻的客户来说有极大的吸引力，由此给企业带来了极高的效益。

第三节　一体化战略

"一体化"（Integration）是指将独立的若干部分加在一起或者结合在一起成为一个整体。一体化战略有两种模式：一种模式是沿产业链或价值链的延伸，称为纵向一体化；另一种模式是在价值链的某一个环节上将规模做大，称为横向一体化。横向一体化还特指通过同业兼并和联盟的方式达到规模的扩大。

一、一体化战略的类型

1. 纵向一体化

纵向一体化又可以细分为后向一体化和前向一体化两种模式。后向一体化是指向企业的供应商（卖方）方向的延伸，如向原材料或技术的供应方延伸；前向一体化是指向分销商（买方）方向的延伸，如零部件生产商进行整机生产、生产商经营百货或超市等。

企业既可以从内部实现纵向一体化，也可以从外部实现纵向一体化。例如，中信戴卡股份有限公司运用公司内部资源实现一体化，该公司自主研发的"一体化压铸整体解决方案"可将98个汽车零部件高度集成，并一次性完成生产加工。该方案最大的亮点是"整体性"，车架生产的材料、工艺、模具、设备都由中信戴卡提供，几乎涵盖了车架生产上游的全部供应链。该工厂制造过程的纵向一体化达到了如此高的程度：工厂一端进入的是矿石，另一端出来的是整车车架。另外一个例子是，化工巨人杜邦选择外部途径实现后向一体化，它并购了科纳卡（Conoco），获得了生产杜邦合成纤维所需要的石油。

2. 横向一体化

横向一体化是指企业通过兼并或者联盟的方式将产业链或产品链中的某一个环节做大，而那些被兼并或联盟的业务可以运营于不同的地理区域。通过横向一体化，企业可以把产品或服务扩展到其他地方，或者向当前市场提供更多、更广泛的产品或服务，从而实现该项业务的扩张。横向一体化的程度可以从全部所有到部分所有，直至长期合同。

除了上述两种典型的一体化战略之外，还有外国的学者提出的全面一体化（Full Integration）、锥形一体化（Taper Integration）和无形一体化（No Integration）。全面一体化是指企业承担100%的关键供应和分销；锥形一体化是指企业内部生产不到一半的关键供应；无形一体化是指企业与其他企业达成长期合同，实现关键供应和分销。

二、一体化战略的优势

一体化战略是相关多元化战略的重点，它有相关多元化的所有优点，同时又有其特殊的优势。简要地说，纵向一体化的优势在于可以应对波特"五力模型"中的卖方和买方两种竞争力量，同时也有助于应对潜在进入者和替代品；横向一体化的显著优势是可以减少竞争对手，从而削弱竞争者的力量。

具体而言，每一种一体化战略都有其优势。

1. 前向一体化

（1）对于原材料、半成品生产企业来说，它们的产品，如原油、煤炭、钢铁等较少具有差异性，在市场上价格竞争激烈，通过前向一体化有助于实现产品的差异性，从而摆脱价格竞争的不利因素。朝着最终消费者的一体化趋向越明显，其产品形成差异化的机会越多，产品的附加值越高，给企业带来的利益也就越大。

（2）对于最终产品生产企业来说，通过前向一体化控制产品的分销、零售渠道可以获得以下好处：①降低成本，因为商业的利润总是很高的，此外，企业通常还需要为商家提供促销费用；②提高产品的销售效率，从而使企业保持较高的生产能力利用率；③提高企业产品品牌形象并加强保护，增强其差别化程度，可使企业产品保持较高价格以获得较高利润。

（3）销售渠道已经成为企业重要的资源，甚至会成为企业的核心竞争力。向销售渠道的延伸，特别是当企业有意采用排他性的渠道设置战略后，把握渠道可以建立竞争者的进入壁垒或增加其进入成本。

2. 后向一体化

后向一体化的优势有以下两个方面。

（1）使企业获得价格稳定、相对低廉的原材料供应，降低产品生产成本。同时，也有更多机会通过使用特殊原材料、零配件或技术等，提高企业产品的性能，改善企业对客户服务的能力，从而提高企业产品的差异化程度，增强其差异化竞争优势。

（2）可以加强企业对生产过程的控制，避免由于原材料供应中断而导致的生产停顿。对原材料依赖性较大的企业，应该特别重视后向一体化。例如，钢铁企业对矿石有较强的依赖性，这类不可再生的资源在我国已有枯竭的迹象。迅速锁定国外或者国内的矿石资源，应该是钢铁企业的一个非常重要的战略。

此外，后向一体化不仅仅是向原材料延伸，一个重要的方向是控制技术的源头，因为这才是最具有价值的环节。只有当一家企业成为一个产业技术发明的源头时，它才真正掌握了产业竞争的主动权。

三、一体化战略的风险与应对

一体化战略也有其适用条件，如果条件不具备或者运用不当，也会增加企业的风险。

（1）由于价值链延长，企业的固定投资增加，当因某些原因产品的需求下降时，企业必将承担较高的固定成本。

（2）企业很难在多个环节上都比产业内的专业企业做得更好，因此企业有可能使用自己生产的二流原料、零部件，或者从事自己并不擅长的销售终端，从而降低了最终产品的竞争力。

（3）对于一家必须通过经常改变产品设计和规格来满足客户偏好的企业来说，价值链延长之后，企业如果要改变自己的产品或服务，必须使整个价值链发生改变，如此可能降低反应速度，使企业的快速反应战略难以实施。

总体来说，纵向一体化要符合控制关键性技术、原材料资源的目的；横向一体化要符合消除竞争对手、获得规模经济的目的，其他方面的利益都不是主要的。当企业为其他方面的利益而追求一体化时，其风险可能超过其利益。因此，企业必须进行认真评估。

一般来说，只有当延长价值链能给企业带来更大收益，或者其下游产品业务属于快速成长、盈利预期高或发展前景好的项目，或者控制企业产品的销售对企业极为重要，而现有销售商又不能满足企业要求时，实施前向一体化才是有意义的。只有对那些关乎企业生产延续或对企业产品质量、成本影响重大的关键原料、零部件实施投资控制时，实施后向一体化才是有价值的。

第四节　业务战略协同

企业的资源与能力都是有限的，并且面对的竞争对手众多，因此企业必须寻求自己的资源与能力和外部机会最优的匹配，才能够形成竞争优势。以这种匹配的观念确定企业的业务和业务组合，是在利用企业的智慧。企业还能够在哪个方面形成优势？企业要努力寻求业务组合之间的战略协同效应，它是利用企业智慧的另一个方面。

一、协同的概念

在协同理论尚未产生之前，经济学家和管理学家就已经广泛应用了协同的概念，尽管那时人们还没有对协同的概念做过严格的定义。例如，安索夫在1965年出版的《公司战略》一书中首次提出了协同的概念。协同的定义是：企业的整体价值有可能大于各部分价值的总和。显然，这是一个经济学意义上的定义。从此，协同一直是大型企业制定多元化发展战略、策划并购重组行动、建立跨国联盟或合资企业时所依据的最为重要的基本原则之一。

协同学是哈肯（Haken）于1971年在《协同学：一门协作的学说》一文中正式提出的，其理论构架在1977年出版的《协同学导论》一书中才全面勾画出来，从而解决了系统从无序转变为有序的过程。1983年，哈肯《高等协同学》一书的出版便是这一阶段理论工作的总结和提高。协同来源于希腊语，哈肯解释为"Working Together"，意为共同工作。协同学可以说是"协同合作之学"，并强调研究的是"集体行为"。协同学得到了广泛的适应，在自然科学和社会科学的很多领域中都有它的足迹，受到很多科学家的重视。

本节只是从战略管理的角度，说明协同效应产生的机理，从而使企业在进行业务组合决策时能够追求并最终获得协同效应。

二、协同效应产生的机理

协同效应的产生被分为两种类型：静态协同和动态协同。两种不同协同原理的划分，也标志着战略协同理论的进步。同时，人们还把只追求企业内部不同业务之间的协同效应发展到追求与企业外部的协同效应。

简单地描述协同效应，就是人们通常所说的"1+1>2"的效果。要达到这一效果，不同业务之间必须有可以分享的东西；相同或者相关业务的延续（更多的情况是伴随着规模的不断扩大）必须有可以"传承"的东西。其中，前者主要表现为静态协同，后者主要表现为动态协同。

1. 静态协同

安索夫认为，协同的有效性部分源于规模经济带来的好处。例如，通过提高设备的利用率、共用销售队伍或统一订货手段来降低成本。另外，协同也可以来自经理们把在一个产品中积累的知识和经验应用于其他新的产品。安索夫从投资收益率的公式投资回报率＝（收益－成本）/投资出发，认为协同效应是在给定的销售收入水平下节约企业成本，或者在给定的投资水平下增加销售收入，并根据公式中的元素，将协同分为销售协同、运营协同、投资协同和管理协同四种类型。

安索夫根据企业进入一个新产品市场所需要经过的两个阶段，即起步阶段和运营阶段，又从另外一个角度将协同效应相应地分为起步协同和运营协同。起步协同即起步阶段的协同，表现为因具有与新市场需要相适应的竞争力而节约的成本和在培育这种竞争力上花费的较短时间；运营协同即运营阶段的协同，表现为规模经济，即通过提高产出来降低单位运营成本，以及一系列产品对日常管理费用的分摊。

但不管是按类型还是按阶段区分协同效应，从上面的介绍可以看出，安索夫认为的协同效应是建立在对现有资源充分利用的基础上的，是一种静态的协同理论。

2. 动态协同

1987 年，伊丹敬之（Hiroyuki Itami）在《启动无形资产》一书中，将企业的资产划分为实体资产和无形资产，并认为其中只有企业所独有的无形资产，才是企业竞争优势不竭的来源，并且也只有当企业开始使用它的无形资产时，才有可能产生真正的协同效应。他提出协同理论的研究不仅要讨论静态的、一个阶段内的资源匹配方法，而且要讨论动态的、长期保持资源匹配的方法。资源的匹配使用，需要的不只是对现有资源的有效使用，有效地积累新资源同样十分重要。同时，伊丹敬之认为战略可以改变资源，当企业在有效使用资源的时候，它们同时也在创造新的资源。协同的目标在于最有效地利用企业的所有资源，同时必须低成本、快速地创造充足的资源。

伊丹敬之认为，产生协同效应的无形资产的有效积聚通常可以有两种形式：一种是新的资源作为一个阶段战略的副产品而被创造出来；另一种是将由某种战略元素产生的资源有意识地用于其他战略领域。其中，当把由一种战略元素产生的资源用于其他战略领域的时候，企业必须把对这种资源的供给和需求在数量和时间两个方面都有效地匹配起来，所以动态的协同效应来自不同时点上的两个战略的组合。企业战略选择的实质就是为了同时满足现在和未来战略对资源的需求，而对现有的无形资产组合进行调整。因此，伊丹敬之认为，为了产生动态协同效应，企业应尽量选择那些可以创造无形资产的业务进行发展，带着动态协同的意识设计战略，并尽自己的最大努力发展无形资产。

伊丹敬之对动态协同理论的研究实际上已经包含了核心竞争力理论，开始关注企业应该为取得竞争优势而培养自己专属的核心技能。

3. 企业内部协同向外部协同的演变

（1）企业内部业务之间的协同。安索夫的由并购和重组来实现多元化的协同效应依然局限在一家企业内部，但这种内部协同在 20 世纪 70 年代—80 年代受到了战略业务单位理论的挑战。波特在《竞争优势》一书中将协同理论与战略业务单位理论进行了融合。他探讨了企业如何在一个或多个产业内创造并保持盈利的状态，并将业务单位之间可能的关联分为三种类型：有形关联、无形关联和竞争性关联。波特认为，企业的各种业务行为才是竞争优势的来源。他利用价值链分析法对每项业务行为如何影响企业的整体战略进行了研究。

关于有形关联，他对每项业务行为都进行了仔细观察，并详细列出了在价值链的各个环节可以实现共享的业务行为的主要类型、可以取得的竞争优势，以及为实现共享而必须做出的妥协；关于无形关联，他认为它涉及不同价值链之间管理技巧的传播，尽管有些业务之间没有业务活动可以共享，但其基本的经营要素可能相似，尤其在多个业务单位中采用相同的基本战略时，无形关联常常体现在其中，并由此反映出企业管理层在实施某一特定战略方面的能力和技能；关于竞争性关联，他认为，由于在某一个产业中，针对企业所采取的竞争行动往往会涉及企业在其他产业中的业务，所以这些"多领域竞争者"就必须将自己在各个产业中的业务连接成一个整体。竞争性关联使认识和开发利用有形关联和无形关联变得更为重要，一个多领域的竞争对手可能会迫使一家企业去建立某种相对应的关联，以避免在竞争中陷于劣势。

（2）企业之间的协同。目前，企业之间的联盟已经受到越来越多企业的重视，并且许多学者也对企业联盟的原因做出了各自的解释，如解决市场失效、增强竞争地位、吸收外部知识等。但在核心竞争力理论创造者哈默和普拉哈拉德看来，企业之间的资源有些可以被合作方内部化。他们认为，竞争对手之间的合作是很正常的，战略联盟可以使企业节约获得新技术、开发新市场所要花费的金钱和时间。但这种联盟中的协同是竞争性的，联盟的双方在提供一定的资源、技术后，会各自利用联盟来学习对方的内部技能并使之内部化。这种形式的协同存在的期限在于双方可以为对方提供技能的多少和如何保护自己的专有技能。因此，在哈默和普拉哈拉德看来，企业之间的协同只是为了培养自身的核心竞争力，这种协同是不稳定的、易变的。

（3）企业与顾客之间的协同。普拉哈拉德认为，可以将过去的商业竞争看作传统戏剧，顾客只是观众，而现在的形式已经变得更像20世纪60年代—70年代中的实验剧，每个人都是剧情的一部分。由于互联网的发展，顾客会与产品或服务的供应商采取越来越积极的、明确的对话，而且更为重要的是，这种对话不再是由企业单方面控制的。顾客可以通过自己或集体的知识来了解商业运行，因而可以首先发起这种对话。他们已经不再是观众，而是走上了舞台。在新的市场上，顾客变成了企业的竞争对手（联想一下波特"五力模型"中的"买方议价能力"）。

如何将顾客从竞争对手转化成企业竞争力的一个源泉？普拉哈拉德认为，这就需要企业发挥与顾客之间的协同效应。首先，企业应该鼓励积极的对话，要意识到这种对话应该是平等的，并且关键是企业要从顾客的观点来理解对话的目的、内容和质量。其次，企业要启动顾客的社区。企业面对的一个现实是，在新的经济形态中，顾客很容易建立一个虚拟的社区，社区启动的速度可以决定顾客社区对市场施加的影响。再次，企业要注意顾客多样化的管理。最后，企业应与顾客共同创造个性化的经验。利用顾客的竞争力，除了要求建立起对话，也要求经理意识到顾客不再对购买产品感兴趣，而且不准备接受由企业提供的经验，顾客希望自己或与专家和其他顾客一起创造这些经验。在这中间，企业必须区分定制和个性化：定制只是要求制造商设计的产品要符合顾客的需要，而个性化是顾客与企业共同创造经验。

总而言之，协同理论产生于对现有资源的充分利用，发展于对资源的不断认识和创造，关注于企业现在与将来、内部和外部资源的利用。这实际上也是经济学研究的基本内容。

三、战略协同要素的划分

上述静态协同主要是指企业在共享有形资产方面的协同，动态协同主要是指企业在共享无形资产方面的协同。特别需要注意的是，无形资产具有累积效应，即一家企业如果长期在一个特定领域或者相关领域经营，必定在此方面累积了无形资产。这种无形资产是在时间轴上、相同或者相关业务不断扩大的情况下获得的，这正是动态协同的含义。不难想象，如果企业频繁地在不同的领域间切换，则不可能累积起来无形资产。至于上面提到的企业外部协同效应尽管它们非常重要，但是已经不属于企业业务的协同效应。

根据上面所述的协同效应产生的机理，可以进一步探求企业究竟在哪些方面可能获得协同效应。本书把它们归纳为九个方面，如果企业要想追求协同效应，可以从以下九个方面来检验自己的业务组合方案。

1. 知识协同

知识协同的实质就是知识共享。企业的知识共享是指企业的知识个体通过各种手段（如语言、图表、比喻、类比）和各种方式（如电话、网络）与企业中的其他知识个体分享自身的知识，并进一步把个体的知识转化为企业的知识。其中包含了两个层面的知识共享：知识个体之间的知识交流，涉及隐性知识与显性知识的相互转化；知识在个体、团队和企业三个层次之间的流动。

2. 制度协同

新制度经济学指出，一项制度是支持经济单位之间可能合作与竞争的方式的一种安排。制度可能是正式的，如家庭、企业、市场交易等，也可能是非正式的，如价值观念、习惯、意识形态等。按一些专家的观点，企业文化也属于制度的范畴。制度协同即各业务单位互相学习、采纳、统一优秀的制度，而企业以制度统一约束各业务单位获得更多的收益。制度协同的优良状态是指经济行为主体对既定制度安排和制度结构的一种满足状态或满意状态。只有当处于制度协同的优良状态时，行为主体对制度的需求才能得到充分、合理的满足。

3. 品牌协同

上面的知识协同和制度协同都属于无形资产协同，而无形资产协同中最重要的是品牌协同。在西方营销管理理论中，品牌资产（Brand Equity）理论是一个特别受到重视的领域，被许多西方跨国公司视为竞争制胜的战略性源泉。

品牌协同效应体现在品牌延伸策略的效果上。在企业营销实践中，更常用的是一个品牌在某一条产品线上进行移动的策略，称为品牌的"产品线延伸"（Line Extension）。品牌协同效应可以帮助品牌实现资产增值，帮助新产品迅速打开市场。但是，品牌协同有一定的风险，不恰当的品牌协同会导致已有品牌受到伤害。

因为一个品牌的确立需要较长的时间和大量的投资，如果一个品牌只对应一种产品或服务，则得不到协同效应。但是，如果一个品牌覆盖了太多的产品或服务，则可能"稀释"品牌的"含金量"。因此，企业需要在此方面做出选择。显然，相关多元化有利于获得协同效应，能够避免品牌被"稀释"。例如，"康师傅"品牌可以被方便面、冰红茶、纯净水和功能性饮料等分享，但人们很难想象出一款"康师傅手机"。

品牌协同战略特别需要注意的是，"弘扬"已有的无形资产和由于多业务协同而获得无形资产价值的累积，但要避免多业务的组合给原有品牌价值带来伤害。例如，可口可乐公司要进入果汁饮料市场，虽然有品牌、渠道、制度等许多因素可以共享，但一定要考虑如何避免由此可能会对可口可乐"神奇的配方"造成的伤害。

4. 营销渠道协同

按照科特勒的定义，营销渠道是促使产品或服务顺利地被使用或消费的一整套相互依存的组织。营销渠道又称为贸易渠道或分销渠道，它主要包括中间商、代理中间商、辅助商以及最终消费者或用户。如果从价值链的角度考虑，营销渠道包括外部后勤、销售后勤和服务三项内容。

与品牌相似，营销渠道建设耗时间、耗财力、耗人力，因此营销渠道是企业一项极为重要的资产；又因为营销渠道一般具有排他性，因此它更是企业一项非常重要的战略资产。营销渠道共享不仅可以使企业低成本、快速地推出产品，而且能够同时给营销渠道内的其他成员带来价值。因此，追求营销渠道协同是一个非常好的战略。

5. 人力资源协同

人力资源协同包括知识协同的一部分和管理经验协同。除此之外，一人多岗、一岗多能已经成为当代人力资源管理的一个目标。在企业的多个业务单位中，如果能够实现人力资源的互补、互动，不仅可以降低人力成本，而且能够保持组织的高度灵活性。

前面给出过资源和谐的概念，而在所有的资源和谐中，人力资源和谐应该是最为重要的。因为人是最具价值的资源。所谓"人尽其才"，就是要把人配置在最能发挥其才能的地方，同时既能各司其职，又能相互配合，形成团队工作模式。有管理学家曾经说过：管理的本质就是激发人的善意。我们还应该补充一句：管理的本质就是使团队中的每一个人借助组织达到他仅凭个人所不能达到的高度。

6. 货币资金协同

货币资金是任何一家企业运转都必不可少的资源之一，缺少资金则企业将无法运行。但是，现实中很多企业由于缺少资金导致运转速度缓慢甚至崩溃，而这种现象对于拥有多个业务单位的企业来说尤其普遍。如果资金完全由业务单位自己掌控，则经常会出现这样一种情况：有的业务单位资金充裕，而有的业务单位却因资金缺乏而苦苦挣扎。如果能够在某种程度上实现业务单位的资金协同，则可以有效地调控整个企业的资金，既充分利用了资金，又促进了各业务单位的有效运作。

货币资金的协同控制涉及集权与分权的管理体制，也就是企业内部所属各业务单位是否有货币资金使用的决策权、经营权。由于货币资金控制的目标是防止企业发生支付危机，保持货币资金流动的均衡性，并且通过货币资金流动有效控制企业的经营活动和财务活动，获取最大收益。所以，货币资金控制集权与分权的程度、企业组织设计的变化、营销战略等，都会影响货币资金流入和流出的平衡，影响企业经营和财务活动的效率。需要注意的是，货币资金协同控制的模式有很多种，在不同的经营环境和体制下，企业可以根据不同情况，选择最适合自身的货币资金控制模式。

7. 采购渠道协同

采购渠道是指商品从生产者传送到本企业所经过的通道与路线。它由供应商和采购方组成，反映了商品的流动路线、方向以及流通的组织结构。采购渠道这一协同要素不仅包括采购这一行为，而且包括由采购这一行为所耗费的其他各类物质资源。在实际工作中，企业内部的很多业务单位所采购的物品在某些方面具有同质性，可以借助同一个采购渠道或者同一个采购渠道的环节进行采购。当更多的业务单位依赖同一个采购渠道进行采购时，不仅可以节约采购人员成本和洽谈合同成本，还会因为批量的增加而降低采购物品的价格。因为它能够增加采购方面的规模经济和提高买方的议价能力。

8. 库存协同

从物流的观点来看，库存是为了满足未来需要而暂时闲置的资源、流速为零的存货（原材料、在制品、产成品等）。库存成本一直是企业整个物流中占比最大的成本，很多理论提出从整个供应链的角度考虑，供应链的各节点相互协同，共同降低库存成本。

9. 投资协同

投资协同效应广泛地发生于由多个业务单位分享各类投资品，包括厂房、能源动力装置、生产设备、运输设备、储藏设施等，分享企业专用的工具和专有的技术，以及共同利用企业的研究与开发能力。

思 考 题

1. 如何理解业务划分的标准？
2. 什么是一元化战略？一元化战略有哪些优势？
3. 一元化战略的适用条件有哪些？
4. 一元化战略的风险有哪些？如何应对这些风险？
5. 什么是多元化战略？多元化战略的类型有哪些？
6. 企业实施多元化战略的原因主要有哪些？
7. 通才型企业多元化的契机是什么？通才型企业选择新业务时应考虑哪些因素？
8. 专家型企业多元化的契机是什么？如何理解专家型企业多元化的"系列专业化模式"？
9. 一体化战略有哪几种类型？每一种类型的优势是什么？
10. 一体化战略的风险有哪些？如何应对这些风险？
11. 协同效应的两种类型是什么？各有什么特点？
12. 企业内部协同如何向企业外部协同演变？
13. 战略协同要素有哪些？

第八章

成长路径战略

本书第七章解决了"做什么"的问题,从第八章开始研究"怎样做"的问题。"怎样做"主要解决三个方面的问题:

(1) 当企业决定做一项或者几项业务以后,怎样进入或者怎样扩大?怎样进入是指怎样进入一项新的业务;怎样扩大是指怎样将原有的业务做大,包括企业新增投资从内部扩大和实施横向一体化战略。这个问题就是本章将要论述的成长路径战略。

(2) 企业进入了或者扩大了业务之后,如何在这项业务上与对手竞争?这是企业竞争战略问题,这个问题将在第九章中进行讨论。

(3) 战略实施问题。当前两个"怎样做"的问题解决之后,再加上实施战略,企业战略方案基本形成,剩下的章节主要讨论如何确保做好的问题。

由于产业组织结构演变的规律性,市场竞争也越演越烈。无论企业是想成为专家型企业还是通才型企业,只有快速成长,才能在产业发展成熟之后占有一席之地。因此,过去被认为最稳妥的所谓"自我积累、滚动式发展"的模式可能变得不再稳妥,企业必须快速成长,专家型企业要快速"做强",通才型企业要快速"做强、做大"。

企业的资源是有限的,如何实现快速成长?企业必须建立起资源边界模糊性的概念,积极地与他人合作,最大限度地利用他人的资源。

第一节 战略联盟

企业在竞争中合作,在合作中竞争,这种"竞合"模式已经成为世界经济发展历程中的一个必然趋势。须知,合作是竞争的手段。自20世纪80年代中期以来,企业战略联盟这一新的竞争手段有了很大发展。在经济全球化、市场一体化的格局下,由于国际社会专业化分工与协作的发展、科学技术的进步、互联网的出现、商用计算机的普及,无论多么有实力的企业都离不开与其他企业的合作。只有通过这些有效的合作,使企业的比较优势得到互补,使资源在世界范围内得到优化配置,才能迅速地把企业做强、做大。

在本书第七章描述的业务组合战略中,从两个方面谈到了运用企业的智慧:①选择业务方向;②追求业务之间的战略协同效应。这两个方面都是对企业内部资源的"妙用"。联盟战略则是"妙用"企业的外部资源,是"借力"。当然,它也是以妙用企业的内部资源为基础的,因为企业妙用外部资源的能力是以企业利用资源的效率为前提的。

顺便提及,前面所提到的战略管理中的那些非常重要的思想——适应环境、寻找高吸引力的产业、抓住外部环境的机会等,是"顺势"。因此,当人们把"顺势""借力"和"妙用"企业资源结合起来时,就抓住了战略的精髓。

一、战略联盟的含义及特征

1. 战略联盟的含义

战略联盟就是企业之间形成一种合作伙伴关系,使它们的资源、能力和核心竞争力都能结合在一起共同使用,从而获得两者在设计、制造、产品或服务上的共同利益。波特曾指出,战略联盟是企业之间达成的既超出正常交易,但是又达不到合并程度的长期协议。也有学者提出,战略联盟是指由两个或两个以上具有共同战略利益和对等经营实力的企业,为实现拥有市场、共同使用资源等战略目标,通过各种协议、契约而结成的优势互补或优势相长、风险共担,生产要素水平式、双向式或多向流动式的一种松散的合作模式。

2. 战略联盟的特征

(1) 联盟各方往往都有各自的比较优势,可相互利用。战略联盟与收购不同,它不是以一家企业成功而另一家企业失败为目标,一般是把谋求两家企业或多家企业的共同发展作为联盟的目的,是接受竞争对手、赢得市场,而不是消灭竞争对手。

(2) 联盟各方都有各自的战略,合作是为了实现各自及联合体的战略目标。一般企业战略联盟不是出于短期行为,而是从战略的高度出发,为了改善长远的经营环境,开发并长期占领某个市场,保持核心竞争力的优势。

(3) 联盟各方的经营行为只受所签订协议、契约的管制,在此之外都具有独立平等的法人资格。也就是说,这种联盟除合资企业外,其他各种形式的联盟企业都具有独立的平等地位,可以按自己的发展需要运营。它一般是通过谈判签订能增加共同利益的合同,以及基于相互信任和相似价值观的长期交易合同来实现的。一旦联合任务完成,战略联盟的使命即告结束。

(4) 联盟的期限视联盟各方的发展需要而定。联盟具有灵活性、自主性及组织松散性等特征,它在信息沟通、核心技术开发、员工培养等方面有广泛的发展前途。

(5) 联盟各方都是为了追求由于联合而产生的协同效应——企业外部协同效应。它可以把各个企业的优势结合起来,形成优势互补,从事单独一家企业所不能完成的事业和工作。因此,人们称企业战略联盟为"双赢"战略。

二、建立战略联盟的动机

企业之间建立战略联盟或者签订合作协议的内在动机主要表现在以下几个方面。

1. 提高企业各自的核心竞争力

企业战略的关键是培育和发展企业的核心竞争力。核心竞争力的发展途径主要有三条:①自我研制发展,靠内部积累建立核心竞争力;②并购拥有自己所需专长的企业,发展自己的核心竞争力;③与拥有互补优势的企业建立战略联盟。其中,靠自给自足的内部积累方式发展核心竞争力是一条成本高、周期长的漫长道路。并购其他企业需要处理各种复杂的关系,还需要做并购前后许多经营管理的整合,而且因为企业规模的扩张受到市场谈判力、资本市场的杠杆因素等的制约,通过投资、兼并等手段实现成长的成本可能很高。相比之下,与拥有某种专长和技术的企业结成战略联盟,借助联盟内企业的资源优势和科研开发力量来开发新技术、新工艺、新设备和新产品，有利于实现规模经济和范围经济，而且成本低、周期短。

2. 开拓新的经营领域和进入新的产业

企业开辟新的经营领域和新产品，往往都要与其他企业协作，借助外部力量。例如，某公司为开发一种高效无氟冰箱，从其巴西分公司引进了压缩机技术，从其欧洲分公司引进了绝缘技术，从其美国分公司引进了设计和制造技术。

3. 占领和开拓新的市场

在现今世界经济区域化、一体化和全球化发展的格局下，没有哪家企业能完全左右和垄断全球市场，都需要借助其他企业的销售网络，不断占领和开发新的市场。例如，作为一家互联网+创新型饮品公司，元气森林专注于生产低糖饮品，不断推出新产品，通过产品多样化吸引年轻人；在销售渠道上，元气森林采取线上与线下相结合的销售模式，当线下渠道稳定后，它充分利用互联网，通过新媒体精准投放广告，大幅度增加销售额。

4. 互通信息和规避风险

在激烈的市场竞争中，哪家企业能及时捕捉到有用的信息，它就有了竞争制胜的主动权。由于信息的不对称性以及市场中存在的不完全竞争，企业的交易成本较高。企业为了降低交易成本，纠正市场缺陷，就需要与其他企业建立经营资源的战略联盟，以减少风险，求得长期发展。

5. 共同把控市场竞争格局

与竞争对手建立战略联盟，可以把竞争对手变为合作伙伴，共同把控市场竞争格局，包括共同控制市场价格、抵御潜在进入者等。

三、战略联盟的主要形式

按照不同的标准，战略联盟可以分为多种不同的形式。例如，从建立战略联盟的动机角度，可以分为全球竞争型战略联盟、技术互补型战略联盟、多角合作型战略联盟、风险共担型战略联盟和资源共享型战略联盟；从价值链的角度，可以分为垂直联盟（前向联盟、后向联盟）和水平联盟（横向联盟）；从地域角度，可以分为国内战略联盟和国际战略联盟；从建立战略联盟的对象角度，可以分为与消费者联盟、与供应商联盟、与竞争对手联盟、与配套产品生产商联盟、与科研机构联盟、与政府机构联盟等；从战略联盟的内容角度，可以分为研究开发战略联盟、生产制造战略联盟、联合销售战略联盟、合资企业战略联盟等。

下面介绍按战略联盟的内容划分的四种联盟形式。

1. 研究开发战略联盟

建立研究开发战略联盟是世界各国企业研究开发新技术、新产品经常采用的形式。例如，在核工业领域，通用电气、东芝、日立和西门子为了改进热水反应堆技术而进行合作。这种联盟形式有利于企业集结各种资源和各方优势，节约研究成本，缩短研究周期。

2. 生产制造战略联盟

企业设计出了新产品、新设备，还需要通过现代化的技术手段生产制造出来，才能提供给消费者。有的企业自己在生产制造上没有什么优势，就把生产制造环节通过战略联盟的形式交给其他有优势的企业，自己集中力量进行研究开发或产品销售。例如，耐克公司本身并不拥有强大的生产能力，而是依靠一个全球化的网络公司，即分别负责产品设计开发、制造、包装、运输和销售等各项业务的网络，实现全球化的生产和销售。

3. 联合销售战略联盟

企业如果自建销售渠道和销售网络来销售产品，需要较长的时间和较高的成本，而利用在这方面有优势的其他企业，并与它们形成战略联盟，则可以缩短时间、降低成本。例如，德国的雷诺公司当年曾与美国汽车公司达成协议，雷诺通过美国汽车公司的1700多个经销商网络，在全美销售其汽车。联合销售战略联盟在商业领域有代表性的是特许经营。特许经营是指特许者将自己拥有的知识产权，如商标、产品、专利和经营技术等，以特许经营合同的形式授予被特许者使用，被特许者要向特许者支付一定的费用。餐饮（如麦当劳、必胜客、汉堡王）、食品、服务和教育，以及时装、旅游等产业往往采取特许经营的方式。

4. 合资企业战略联盟

合资企业战略联盟是指两家或两家以上的企业拿出它们的部分资产来共同成立一家独立的企业。这种情况多发生在工业发达国家与发展中国家的企业之间。工业发达国家投资者大多是为了取得进入发展中国家市场的机会，或利用其廉价的劳动力；发展中国家企业大多是为了利用工业发达国家的技术、品牌、管理等资源优势，以提高自身的市场竞争力。

四、战略联盟的形成

有效的战略联盟的形成要遵循一定的程序，并采取相应的策略。一般而言，建立战略联盟需要经历三个阶段。

1. 选择合作伙伴阶段

企业要根据自己的战略目标，寻找或接受能帮助自己实现战略目标、弥补战略缺口的合作伙伴。一个合适的合作伙伴应该能为本企业带来技术、资金、人才、信息、文化、市场或某个方面的优势。

2. 谈判阶段

建立战略联盟既是为了实现企业自身的利益，又是为了实现企业间的"双赢"，是在竞争中求联合。因此，联盟各方企业对有关联盟的具体内容、权责范围、规程制约、实施要点和实施结果的预测等，都要进行谈判，应当求大同存小异，一般都需要一个磨合的过程。

3. 实施和控制阶段

战略联盟的实施是联盟各方的共同责任，也是各方为相互学习、互通信息、优势互补、提高竞争力的一个重要手段。因为有的企业不是只与一家企业建立联盟，而是与多家企业建立联盟关系，如果在联盟实施过程中不经常进行信息交流，不能使协议内容和成果转化为各方的竞争优势，就可能导致联盟的失败。

五、战略联盟的风险

战略联盟可以帮助企业实现很多目标，但是它也存在着风险。事实上，很多战略联盟在实际运行中遇到了困难，甚至其中一些联盟不得不以失败而告终。战略联盟的风险主要表现在以下几个方面。

（1）有的联盟企业有投机行为。如果合作协议不对投机行为进行约束，或者企业之间只是建立在相互信任的基础上，那么当这种信任不复存在时，类似技术欺诈、不正当获取对方专利等投机行为就有可能出现。

（2）联盟未能带来所期望的利益。联盟是为了实现相关企业的"双赢"，然而在合作中，一方可能不会把互补资源与另一方共享。这一风险通常发生在处于不同国家的合作双方。

（3）管理上的风险。由于形成战略联盟的各方可能处于不同社会经济文化的国家或地区，其经营管理风格各不相同，需要联盟各方在经营理念、战略目标、组织体制、规章制度等方面取得协调一致。有的联盟企业可能没有能力做好跨文化的管理和整合，不能有效地实施战略联盟。有专家评论说，铱星计划失败的一个重要原因就是管理上难以协调，有众多国家共同参与的铱星项目，开董事会时就像是在开联合国大会。

（4）对其他联盟企业的依赖性。任何一种联盟都意味着失去部分控制，战略联盟的最大缺点就是企业在关键技术和能力上可能会长期依赖战略联盟中的其他企业，从而丧失自己的竞争优势。

（5）遭到反垄断诉讼。由于联盟企业可能有共同定价和联合阻止竞争对手进入的行为，所以可能会遭受政府的反垄断诉讼。

第二节　企业并购与重组战略

20 世纪 80 年代，美国曾经出现所谓的"并购狂潮"。20 世纪 90 年代初，英国出现了从专业服务机构开始波及其他产业的并购高潮。并购战略的另一趋势是来自不同国家的公司之间并购，数量不断增加。通过并购实现国际化发展对一些产业（如食品饮料业、报纸传媒业、娱乐业以及通信业等）来说，已经变得至关重要。与并购战略相对应的是重组战略，可以说，并购战略的失败往往是重组战略实施的驱动力。

一、并购的概念

并购是指兼并和收购。因为它们的动机极为相似，运作方式很难区分，人们常常将它们作为一个固定的词组来使用，简称并购。

具体来讲，并购包括吸收合并、新设合并和收购三种产权交易方式。

吸收合并即兼并，是指在两家或两家以上的企业合并中，其中一家企业因吸收（兼并）了其他企业而成为存续企业的合并形式。存续企业仍然保持原有的企业名称，有权获得被吸收企业的资产和债权，同时承担其债务，被吸收企业则从此消亡。

新设合并是指两家或两家以上企业通过合并同时消亡，在这一基础上形成一家新的企业，称作新设企业。新设企业接受合并的各家企业的全部资产、业务和债务，重新组建董事会和管理机构。

收购是指一家企业通过购买另一家企业的部分或全部股权达到控股程度的一种并购形式。所谓控股股份，在理论上是指持有有投票权的股票（普通股）的 51%，如甲企业持有乙企业 51% 的股权，即取得绝对控股权，可直接对乙企业的经营业务行使决策权，而乙企业仍保留自身的法人地位。但在企业规模较大、股权又比较分散的情况下，甲企业只需取得 30% 或更少的股份就足以有效地应对那些分散的 70% 左右的股权，从而达到控股的目的。大多数并购是善意或友好的交易，而收购则可能包括恶意的接管。接管也属于收购的一种，但被收购的目标企业往往并非出于自愿与收购者达成交易协议。

二、并购的动机

企业并购有多种动机，主要可以从提高开发新产品或进入新市场的速度、增强市场力量、克服产业进入壁垒、降低企业风险、实现多元化战略等几个方面考虑。

1. 提高开发新产品或进入新市场的速度

企业成长总体上有内部生长型和外部扩张型两种途径。内部生长型是指企业通过投资建立自己新的生产经营设施，包括在原有的业务范围内扩大规模和投资开展新的业务。外部扩张型是指企业通过并购的方式获得其他企业已有的生产经营资源和能力。显然，通过内部生长途径来发展企业速度较为缓慢，而并购则可以使企业快速进入市场和推出新产品。

2. 增强市场力量

当一家企业能以比竞争对手更高的价格出售产品或服务，或者能以比竞争对手更低的成本进行生产经营时，该企业就拥有了市场力量。市场力量通常来自企业的规模以及其所拥有的能够在市场中竞争的资源和能力。因此，大多数并购行为是通过并购竞争对手，或并购供应商、分销商或相关产业的企业，来迅速达到增强市场力量的目的的。例如惠普并购康柏。

企业为增强市场力量而实施的并购主要有横向并购、纵向并购和相关并购。

横向并购是指企业并购与其处于同一产业的竞争者的行为。企业通过横向并购，可以减少竞争对手，扩大市场份额，从而增强市场力量。横向并购是横向一体化战略实施的途径之一。

纵向并购是指企业并购其某一种或多种产品和服务的供应商或分销商以及配送渠道等的行为。企业通过纵向并购，可以在原有生产经营的基础上扩大经营范围，并控制供应链上的其他重要环节，降低企业的交易成本。纵向并购是纵向一体化战略实施的途径之一。

相关并购是指企业并购与其产业高度相关的企业的行为。企业通过相关并购，可以实现在投资、制度和人力资源等方面的协同效应，从而获取更大的竞争优势。

3. 克服产业进入壁垒

产业进入壁垒是指为进入某一产业所需克服的困难。例如，当产业中现有的大企业已取得规模经济效应，或者消费者对现有企业的品牌已具有较高的忠诚度，都会给新进入企业带来很大的困难。新进入企业不得不在生产设施、销售渠道、广告和促销活动等方面进行大量的投资，而且通常还要保证提供比竞争对手更低的价格以吸引消费者。面对产业进入壁垒，企业通过并购（尤其是跨地区并购）产业中已有的企业，则可以迅速进入该产业，并且可以获得具有一定顾客忠诚度的现有企业及其产品。实际上，一个产业的进入壁垒越高，企业越应当考虑通过并购的手段进入该产业。

4. 降低企业风险

通常，企业内部开发新产品或建立新企业需要大量的投资和相当长的时间。有数据显示，在工业发达国家，新建企业需要 8 年时间才能盈利，12 年时间才能产生大量现金流。另据估计，88%的新产品最终不能给企业带来效益，而且大约有 60%的创新产品在获得专利后的 4 年内就遭到竞争者的仿造。因此，管理者通常将新建企业和新产品开发看成高风险的投资。相对而言，企业并购时可以对被并购企业以往的经营业绩进行评估，并根据这些业绩预测未来的成本和收入，使不确定性带来的风险降低。

5. 实现多元化战略

企业实现多元化战略常用的一种方法就是并购。企业发现，与依靠自身力量来开发新产品进入新市场相比，依靠市场中现有的企业来实现多元化要容易得多。因此，多元化战略很少是通过内部化来实现的，尤其是非相关多元化，并购常常被看作最快速和最易生效的方法。并购企业与被并购企业的相关性越强，并购成功的可能性就越大。

三、并购的方式

选择合适的并购方式是企业并购成功的重要因素之一。由于不同企业的财务结构、资本结构、股东及管理层的要求等不同，采用的并购方式也应不同。总体来说，企业的并购方式有现金并购、股票并购和综合证券并购三种方式。

1. 现金并购

现金并购是指由并购企业向被并购企业支付一定数量的现金而获得被并购企业所有权的方式。现金并购中存在资本所得税的问题，因为世界上绝大多数国家的税务准则规定，如果被并购企业的股东接受的是现金形式的出资，就需要缴纳资本所得税。因此，在企业并购中，需要考虑两个方面的因素：①被并购企业所在地管辖股票的销售收益的所得税法；②股本的平均股权成本，因为只有超出成本的部分才缴纳资本所得税。所以，在采用这一方式的时候，必须考虑这项并购是免税并购还是不免税并购，如果是不免税并购，会增加并购企业的成本。

现金并购会对并购企业的资产流动性、资产结构、负债等产生影响，所以企业应该进行综合权衡，如企业应考虑并购时是否有足够的现金支付能力，并购后能否尽快回收现金，以及企业拥有的现金和回收的现金是不是可以自由兑换的货币等。

2. 股票并购

股票并购是指由并购企业通过增发股票，以新发行的股票替换被并购企业的股票，以获得被并购企业所有权的方式。采用这种方式，企业不需要对外支付现金，因此不至于影响企业的现金状况。但是，通过增发股票完成并购后，企业的所有者由并购企业的原股东和被并购企业的原股东共同组成，会影响并购企业的股权结构，使并购企业原股东的控制权受到冲击。但是，在一般情况下，并购企业的原股东在经营控制权上占主导地位。不过，现实中也存在通过发行新股票并购后会削弱原股东的所有权，甚至可能出现使原股东丧失对企业控制权的反向并购的特例。

3. 综合证券并购

综合证券并购是指在并购过程中，并购企业支付的不仅有现金、股票，还有认股权证、可转换债券等多种形式的混合。

认股权证是一张由上市公司出具的证明文件，赋予持有人一定的权利，即持有人有权在指定的时间即有效期内，用指定的价格即换股价，认购由该公司发出指定数目即换股比率的新股。为保障公司现行股东的权益，公司一般按控股比例把认股权证派送给股东。

可转换债券是在特定的条款和条件下，可用持有者的选择权以债券或优先股交换普通股。可转换债券一般含有以下权利：在发行可转换债券时，事前就确定转换为股票的期限，确定所转换股票属于何种类型的股票和该股票每股的发行价格等。

综合证券并购方式兼具现金并购和股票并购的特点，并购企业既可以避免支付过多的现金，保持良好的财务状况，又可以防止控制权的转移。

四、并购的原则

企业并购能给企业带来许多益处，但也可能随之产生一些如超值购买、消耗管理者大量精力、规模失当、失去创新能力、背负过多债务等问题。因此，企业为了进行有效的并购，需要遵循一些基本的原则。

德鲁克在其《管理的前沿》一书中论述，企业要成功进行并购，需要把握以下五项简单的原则。

（1）并购企业只有彻底考虑了它能够为被并购企业做出什么贡献，而不是被并购企业能为并购企业做出什么贡献时，并购才会成功。并购企业的贡献可以是多种多样的，包括管理、技术或销售能力，而绝不仅仅是资金。

（2）企业要想通过并购来成功地开展多种经营，需要有一个团结的核心，有共同语言，从而将它们结合为一个整体。也就是说，并购与被并购的企业之间应有共同的文化，或者至少在文化上有一定的联系。

（3）并购必须"情投意合"。并购企业必须尊重被并购企业的产品、市场和消费者。

（4）并购企业必须能够向被并购企业提供高层管理人员，帮助被并购企业改善管理。

（5）在并购的第一年内，要让双方企业中的大批管理人员受到破格晋升，使得双方企业的管理人员相信，并购为他们提供了个人发展的机会。

五、重组战略

重组战略是指对企业的业务范围或财务结构进行变革的战略。重组的基本动机是整顿经营业绩不佳的业务，或对过度多元化的业务进行清理，它往往被用来挽救失败的并购。不过，对于某些建立了核心竞争力的多元化企业，可能通过重组来给企业进行合理定位，以获得良好的机会。

重组战略有收缩规模、收缩范围和杠杆收购三种主要方法。其中，收缩规模和收缩范围两种方法占了重组战略的大部分比例。

1. 重组的方法

（1）收缩规模。重组的一个最普遍的方法就是收缩规模。据估计，85%的《财富》中国100强企业用收缩规模作为重组战略。收缩规模是指企业缩减员工数量和设备规模，这种缩减可以不对企业的业务组合进行改变。企业一般希望通过收缩规模来削减费用、提高效率和改善盈利能力。在IBM、宝洁、博士伦以及其他许多大公司中，都有大量的裁员现象。

（2）收缩范围。收缩范围是指通过剥离、变卖等方式削减企业的非核心业务的方法。企业在收缩范围时往往伴随着收缩规模，但是收缩范围并不裁减其核心业务的重要员工，否则会导致企业核心竞争力的丧失。通过收缩范围，企业会重新致力于其核心业务，企业的高层管理团队会更有效地管理企业，企业效率也会相应提高。

（3）杠杆收购。杠杆收购是指一方买下企业的全部资产（一般是通过借贷融资进行收购）而将企业私有化的一种重组战略。杠杆收购有管理层收购、员工收购和企业整体收购三种形式。企业所有者在杠杆收购过程中通常会担负大量的债务，因此在取得企业所有权后，会售出一部分资产以偿还债务，并且收缩范围以专注于核心业务。

2. 重组的结果

三种重组方法及其对应的长期、短期重组结果如图 8-1 所示。

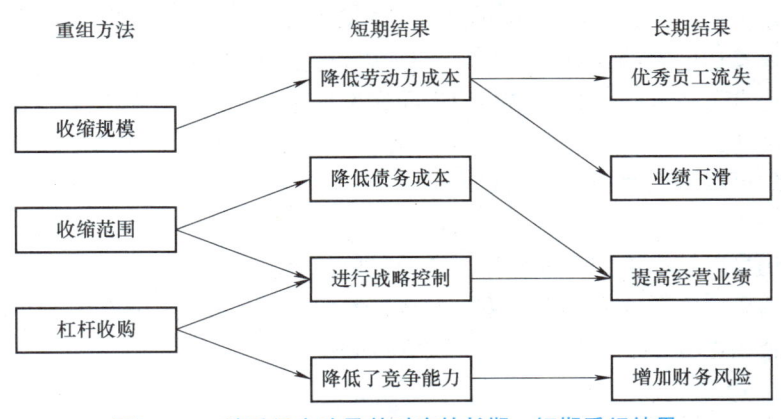

图 8-1　三种重组方法及其对应的长期、短期重组结果

（1）收缩规模的企业短期内能降低劳动力成本，但是从长期来讲，许多收缩规模的企业并没有实现它们预定的目标。有调查结果显示，有 89% 的企业收缩规模的目的是减少费用，但是只有 46% 的企业实现了目标；有 71% 的企业收缩规模的目的是改善生产力，但是只有 22% 的企业实现了目标；有 67% 的企业收缩规模的目的是提升竞争优势，但是只有 19% 的企业实现了目标。可见，收缩规模的企业大多没有实现预期目标，而且可能带来优秀员工流失和业绩下滑的负面影响。

（2）收缩范围可以说是一个比较成功的重组战略，在短期内可以降低债务成本，使企业更专注于核心业务，进行战略控制；在长期内可以提高经营业绩。

（3）杠杆收购作为一种企业财务重组的创新方法受到了企业的欢迎，这种方法通过整体买进和部分卖出的方式对企业的业务进行重新组合，有利于企业进行战略控制，提高经营业绩。但是，这种方法往往会因大量的借款而增加财务风险。另外，进行杠杆收购的企业因为要卖掉一部分资产，往往会采取短期行为，如为减少在研究开发方面或在提高企业核心竞争力方面的投入，结果降低了竞争能力。

第三节　国际化战略

对已经实现了国际化的企业来说，上述联盟战略、并购与重组都是可以在全球范围内完成的；对尚未实现国际化的企业来说，国际化是其成长的一个重要路径。

一、国际化战略的概念和动机

国际化战略是指从占有和利用全球性资源的角度出发，在国际范围内经营企业。传统的国际化观念只是争夺国外的市场，但它只获得了国外的消费资源。我国企业实施国际化战略还应该有更重要的目标：争夺人力资源、技术资源、信息资源甚至自然资源。

具体来说，企业实施国际化战略的动机有以下几个方面。

1. 突破市场容量的限制

由前所述,市场容量的限制会使投资于某项业务的边际投资回报率递减,使进入产品成熟期的企业的生产能力得不到发挥,因此可以通过开发国际市场扭转这种趋势。按照全球产品生命周期理论,新产品进入国际市场的一般路径是由工业发达国家进入发展中国家再进入落后国家。工业发达国家的企业,通常其产品在本国市场进入成熟期以后,再推向发展中国家的市场。但也有另一种趋势,即当某种产品在发展中国家进入成熟期后,也可以反推到工业发达国家的市场,在产业经济学中,人们把它叫作"返回头"现象。例如,格兰仕可以将微波炉、海尔可以将电冰箱推向国际市场。

2. 降低企业成本

因为国际化可以扩大市场需求容量,从而可以使企业充分利用规模经济效应。工业发达国家的企业会选择进入那些劳动力、原材料或技术成本低的发展中国家,以大幅度降低企业的成本;我国企业也可以进入其他发展中国家以降低成本。

3. 分散企业风险

商业周期性波动会给企业带来风险,但周期性波动更多的是国家性和区域性的,波峰与波谷在国家和区域间通常是错开的。因此,企业国际化有利于分散企业在单一市场的风险。为了降低国外某个国家货币贬值的风险,一些大的跨国公司往往倾向于进入多个国家市场。

4. 提升企业或产品品牌

国际化往往是企业成功或者产品值得信赖的标志,如海尔的产品进入欧美市场、在美国建工厂,都有效地提升了其企业和产品在消费者心目中的形象。

5. 在全球范围内配置资源

这是国际化一个最重要的战略意图。获取其他国家的消费资源和利用其他国家的自然资源,是工业发达国家企业国际化的主要意图。对于某些以自然资源为基础的产业,原材料(如石油、天然气、橡胶、铝土矿等)的供应起着至关重要的作用,企业为此常常进驻原材料资源丰富的国家去获取所需的原材料。对我国企业而言,在现阶段,获取消费资源和先进的技术是最重要的目的;在未来,获取更多的国外自然资源应该成为更重要的目的。

二、国际化战略的类型

根据企业所面对的当地市场压力的高低和企业缩减成本压力的高低,可以把国际化战略分为国际战略、多国本土化战略、跨国经营战略和全球化战略四种类型,如图 8-2 所示。

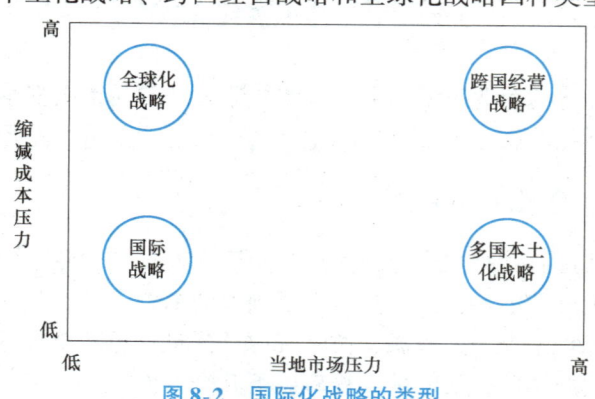

图 8-2 国际化战略的类型

1. 国际战略

国际战略是指企业将有价值的产品与技能转移到国外市场以创造价值的举措。这种做法的基础在于，在国外市场上，当地的竞争者并不具有这样的产品和技能。大部分跨国公司采用国际战略，都是努力把在自己国家生产出来的差异化产品转移到新的国外市场以创造价值，并倾向于将产品开发职能留在本国。例如，宝洁公司在美国以外的英国、法国、日本等国家设有工厂，但这些工厂只生产由美国母公司开发出来的差异化产品，而且常以美国开发出来的营销策略来从事市场营销。

当企业拥有国外市场竞争者缺乏的特异能力，而且在该市场上缩减成本的压力较小时，采用国际战略是十分合适的。一般采用国际战略的企业会采取不同的途径扩大其全球性业务的组织结构。企业常用的方法是在既有事业部结构的基础上单独设立一个国际事业部，如图 8-3 所示。

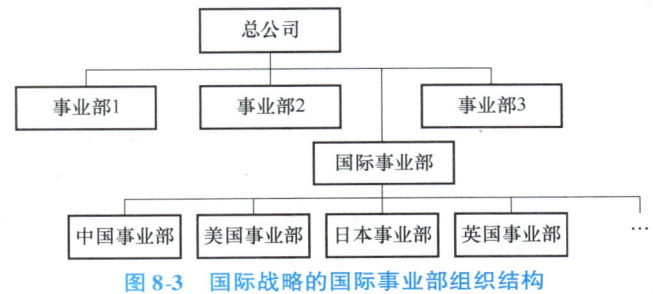

图 8-3　国际战略的国际事业部组织结构

2. 多国本土化战略

多国本土化战略也是将在本国开发的产品和技能转移到国外市场。但与国际战略不同的是，采用多国本土化战略的企业在不同国家的市场上会提供更能满足当地市场需求的产品和服务，即努力做到产品和服务的本土化。相应地，企业倾向于在做生意的重要国家市场上建立整套的价值创造活动，包括生产、营销及研发等。由于不同国家在政治、经济、文化和竞争等方面的差异，多国本土化战略致力于与东道国的环境匹配，能够根据不同国家的市场环境提供不同方式的战略，必要时还可以进行行为上的调整。多国本土化战略的显著优点是能根据东道国市场的特定需求进行生产，从而最大限度地满足市场需求。

采用多国本土化战略的企业，其组织结构一般采取区域性组织结构。这种组织结构使企业不断重复所有的价值活动，并可以在其东道国或地区设立办事处，以满足当地的市场需求。其一般组织结构形式如图 8-4 所示。

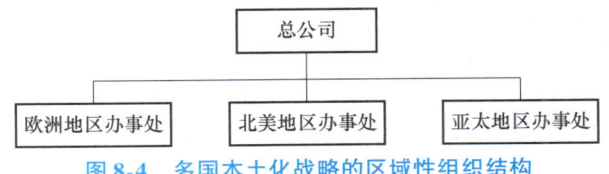

图 8-4　多国本土化战略的区域性组织结构

3. 全球化战略

与多国本土化战略相反，全球化战略不追求满足本土化的市场需求，而是努力做到在不同国家市场销售标准化产品，并由总部确定一致的竞争战略。采用全球化战略的企业，其生产、营销及研发等活动都集中于一些较有利的地区。企业致力在全球范围内进行协调统一的战略行动，以建立起自身资源的战略优势并获得低成本效果。

实施全球化战略的企业希望从全球获取利益，因此需要在企业总部与国外部门之间进行大量的资源协调与整合工作。相应地，其组织结构根据产品群来划分，产品群负责协调产品群国内与国外的各项活动。其一般组织结构形式如图8-5所示。

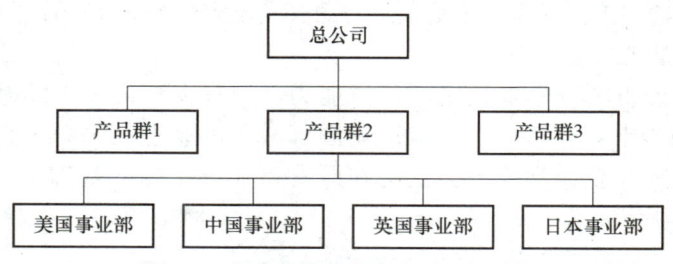

图 8-5　全球化战略的产品群组织结构

4. 跨国经营战略

跨国经营战略致力多国本土化战略和全球化战略的统一，即致力在全球销售标准化产品和满足本土化的市场需求的统一。这就一方面需要进行全球的协调和紧密合作，另一方面又需要本地化的弹性。在现实中，由于两个方面目标的冲突，实现真正的跨国战略很困难。但如果有效地实施了跨国战略，其获得的利益要比单纯的其他两种战略大得多。

实施跨国经营战略的企业，在组织结构上综合了多国本土化战略和全球化战略的结构形式，一般采用矩阵组织结构，以提高效率和降低成本。其一般组织结构形式如图8-6所示。

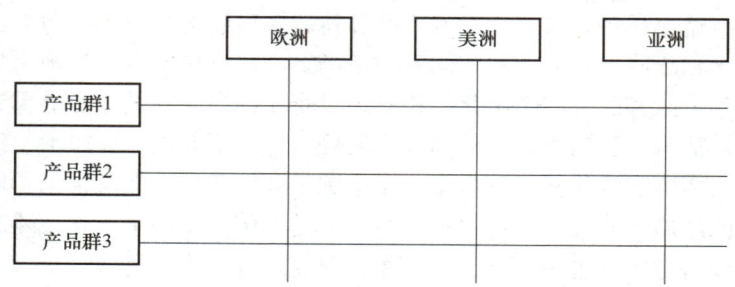

图 8-6　跨国经营战略的矩阵组织结构

三、国际化战略的进入模式

企业进入国际市场的主要模式一般有出口、技术授权、特许经营、合资经营、独资经营五种，除此之外还有其他模式。企业可以根据自身的条件，选择最符合产品特性、企业实力和目标市场环境要求的进入模式。

1. 出口

很多企业把出口产品或服务作为全球扩张的起点。出口适合任何规模的企业，特别是缺乏出口贸易知识的小企业和产品在国内处于饱和或衰退阶段的企业。出口企业不需要在进口国设立业务部门，但需要利用当地企业的市场营销体系来分销产品，因此需要支付给分销商一部分费用或允许分销商提价以补偿其成本并获取利润。企业把产品出口到国外市场，可以在获取国外市场知识的同时,扩大产品销售量,从而达到较好的规模经济效果。但是,也存在着运输成本较高和关税与非关税壁垒的限制。

2. 技术授权

技术授权是指授权企业通过签订合同的方式,向被授权企业提供所需的专利、商标或专有技术的使用权,以及产品的制造权和销售权。被授权企业向技术授权企业支付使用费,并承担保守秘密等义务。一般情况下,技术授权企业不需要进行大量投资或参与管理,但要帮助被授权企业掌握技术,协助组织初始生产,帮助选购合适的设备、原材料,协助指导安装调试、工艺流程设计等。

3. 特许经营

技术授权是制造业通常采用的模式,而服务业通常采用特许经营的模式。特许经营是指特许企业卖给被特许企业有限的权利,让它使用企业的商标品牌等资产,从而收取一次性付清的费用和分享被特许企业的一部分利润。同时,被特许经营的企业要严格遵守特许企业的经营规定。采用特许经营,有利于企业在较低成本和较低风险的情况下,迅速建立起全球经营网点。但需要注意的是,特许企业要花大力气抓好产品质量、标准化服务控制等工作。

4. 合资经营

合资经营是指两个或两个以上不同国家或地区的投资者共同投资组成具有法人地位的企业。通过合资经营模式,企业可以有效地获得合作伙伴的已有资本、实物资源、技术和管理方法,还可以拓展自己的销售能力,减少进入市场的阻力,并给潜在进入者设置进入壁垒。合资经营的基本特点是合资双方共同管理、共负盈亏、共担风险,而不是由任何持股比重大的一方完全控制整个企业。因此,合资双方的持股比例相差不会太大,一般在25%~75%,最典型的合资形态是50∶50的合资,即双方各占50%的所有权。

5. 独资经营

独资经营是企业在国外生产经营活动的最高阶段,意味着企业在国外市场上单独控制着一家企业的生产和营销。独资经营可以使企业获得全部的所有权和利润,可以将国外子公司的营销战略与企业的总体战略融为一体。企业采取独资经营的模式进入国际市场,还可以更直接、更全面地积累国际营销经验。不过,采用独资经营模式的企业要承受在国外设立子公司的高额运营成本和风险。与技术授权和合资经营相比,独资经营的风险完全由企业自己承担,而合资经营的风险由双方共同承担,技术授权的风险则由他人承担。另外,独资企业可能会受到东道国政府和公众的排斥。

国际化战略进入模式的成本和风险如图8-7所示。

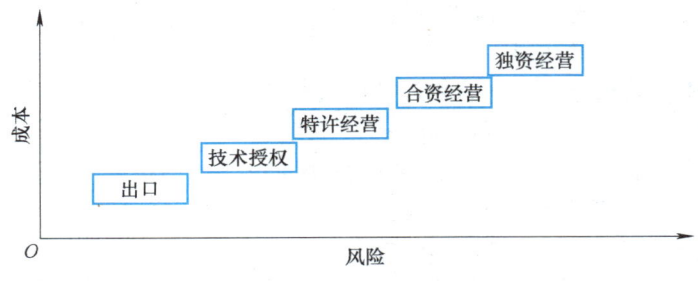

图8-7 国际化战略进入模式的成本和风险

6. 其他进入模式

在其他进入模式中，非股权安排是一种最常见的形式。非股权安排又称非股权投资或合同安排，是20世纪70年代以来被广泛采用的一种新的国际市场进入方式。进入企业在东道国企业中没有股份投资，而是通过合同为东道国提供各种服务，与东道国企业建立起密切联系，从而控制技术、管理、销售渠道等各种资源，获得各种收益。非股权安排主要有以下几种基本形式。

（1）管理合同。管理合同又称经营合同，在拉丁美洲国家称风险合同，是指某个国家的一个企业由于缺乏专门技术人才和管理经验，以合同形式交由国外某国际企业经营管理。这种经营管理权只限于企业日常的经营管理。企业的重要问题，如决定新的投资、所有权安排以及基本的政策等，仍由董事会决定。管理合同不用投资就可以取得对国外企业的控制权，可以为进入企业的总体战略服务，风险较小，但这种形式的直接收益也较小，而且占用稀缺的经营管理人才。

（2）国际分包合同。国际分包合同是指某国的总承包商向其他国家分包商订货，后者负责生产部件或组装成品，由总承包商负责出售。这种方式类似于来料加工、来样加工、来件组装等加工贸易形式，东道国企业不承担风险，而总承包商可以在一段较长的时间内以低于市场的价格购买由分包商所生产的一定份额的产品。

（3）工程承包合同。工程承包合同是指企业按照合同要求，在东道国从事水利、交通、通信等设施建设或为东道国政府和企业提供成套设备、大型主机设备及其设计、安装、调试和管理，工程完成后，由东道国政府或企业验收接管。工程承包合同分单项合同和整体项目合同两种。单项合同是指承包商只承接整个工程项目的部分内容。整体项目合同又称交钥匙工程，是指承包商负责整个工程项目从设计、施工、安装、调试到验收的全部建设内容。整体项目合同对资金、技术、施工管理等方面要求较高，承包商必须具备较强的实力才能获得这种合同。这种合同利润丰厚，有利于带动成套设备出口。其主要缺陷在于，在合同执行过程中遇到的东道国的干涉和阻力较多。此外，比较常见的合同形式还有销售合同、服务输出合同等。

思 考 题

1. 什么是战略联盟？战略联盟的特征是什么？
2. 战略联盟的动机有哪些？
3. 战略联盟的主要形式有哪些？战略联盟的形成有哪些步骤？
4. 如何看待战略联盟的风险？
5. 什么是并购？并购的主要方式有哪几种？
6. 企业实施并购的动机有哪些？
7. 并购的方式有哪几种？各自的特点是什么？
8. 企业并购应遵循的基本原则有哪些？
9. 什么是重组战略？重组战略的主要方法有哪些？
10. 不同重组方法的重组结果是怎样的？
11. 企业实施国际化战略的动机有哪些？
12. 国际化战略有哪几种类型？每种类型的特点及对应的组织结构是怎样的？
13. 国际化战略的进入模式有哪些？各自对应的成本和风险如何？

第九章

一般竞争战略

竞争战略是企业战略的重要组成部分,是解决"怎样做"问题的核心。一般竞争战略也称一般战略,是学者们在众多纷繁复杂的竞争方式、方法和手段中总结出来的一些典型的模式。它分为两大部分:一部分称为基本竞争战略;另一部分是与产业组织结构特征、产业生命周期阶段特征和不同竞争地位特征相关联的企业战略。其中,后一部分类似市场营销理论中针对不同的产品生命周期阶段制定相应的营销策略。

第一节 基本竞争战略

基本竞争战略是指在影响竞争力的某个因素上取得显著竞争优势的一种竞争模式。波特在《竞争战略》一书中提出过三种基本竞争战略:成本领先战略、差异化战略和目标集中战略。他认为,企业要获得竞争优势,一般只有两个途径:一是在产业中成为成本最低的生产者;二是在企业的产品和服务上形成与众不同的特色,企业可以在或宽或窄的经营目标范围内形成这种战略。

这些战略是根据产品、市场以及特殊竞争力的不同组合而形成的,企业可以根据生产经营的情况采用自己所需要的战略。

在波特的三种基本竞争战略之后,又有学者提出了第四种基本竞争战略,得到了许多战略专家的认可,即快速反应战略。

一、成本领先战略

(一) 成本领先战略的含义

成本领先战略是指企业通过对其价值链的一系列环节的成本控制,在成本方面在产业内做到最低,以增强其竞争力的一种竞争模式。

成本领先战略有两个重要特征:①一定要在产业内做到最低,否则没有优势可言,或者丧失了这种战略的大部分优势;②所提供的最终产品或服务的总成本最低,而不是在价值链中的某一个环节成本最低。对第二个特征而言,如果企业实施成本领先战略,必须在从产品创意到产品设计、生产、运输、包装、销售、服务和广告等所有环节都把成本降到最低。

(二) 成本领先战略的优势

波特提出成本领先战略,也是基于它在应对产业五大竞争力方面表现出的优势,具体说来有以下几点。

（1）形成进入障碍。低成本建立了潜在进入者的进入障碍，那些生产技术尚不成熟、经营上缺乏规模经济的企业都很难进入此产业。

（2）增强了企业的议价（讨价还价）能力。企业的成本低，可以使自己应对投入费用的增长，提高与卖方的议价能力，降低投入因素变化所产生的影响；同时，企业的成本低还可以提高对买方的议价能力，对抗强有力的买者。

（3）降低替代品的威胁。企业的成本低，在与竞争者竞争时，也可以凭借自己低成本的产品或服务吸引大量的客户，降低或缓解替代品的威胁，使自己处于有利的竞争地位。

（4）领先的竞争地位。当企业与产业内的竞争对手进行价格战时，由于企业的成本低，可以在竞争对手毫无利润的情况下保持盈利，从而扩大市场份额，保持绝对的竞争优势。

（三）成本领先战略实施的条件

波特指出，成本领先战略是在20世纪70年代由于经验曲线概念的流行而得到日益普遍的应用；同时，该战略的应用还必须建立在规模经济的基础上。

进一步地，企业在考虑实施这一战略时，要考虑企业内部、外部两个方面的因素。

1. 企业内部因素

企业内部因素包括两个方面：①考虑实施战略所需要的资源和技能；②组织落实的必要条件。对于前者，企业所需要的资源和技能是持续投资和增加资本，提高科研与开发能力，增加市场营销手段，提高内部管理水平；对于后者，企业要考虑严格的成本控制，详尽的控制报告，合理的组织结构和责任制，以及完善的激励机制。

2. 企业外部因素

外部因素是企业考虑产品或服务本身的特性和需求的特性。下面一些特性适宜采取成本领先战略。

（1）充分竞争的市场。

（2）标准化的产品或服务。

（3）大多数购买者是以同样的方式使用产品或服务。

（4）产品具有较高的价格弹性，价格成为主要的竞争手段。

如果企业不具备上述这些内部、外部因素，便难以实施成本领先战略。

需要指出的是，许多企业因为自己利用了廉价的劳动力和投入的固定资产很少，因此在某些环节上成本比较低，就以为自己实施了成本领先战略，其实这是一种误解。这样的企业充其量实施的是目标集中战略，是目标集中战略中的成本领先战略。因为真正能够实施成本领先战略的企业，必定是建立在经验曲线效应、规模经济和技术与管理创新基础之上的高素质企业。

波特在其著作中给出了一个成功实施成本领先战略的例子：越野起重机产业中的哈尼斯菲格技术公司（Harnischfeger Technologies Inc.），其产品开始时只占有15%的市场份额。后来，公司重新设计起重机，采用模块化部件和更新结构使之便于生产、易于维修，同时降低了材料消耗。然后，公司建立了与产业规范相去甚远的几个装配区和一个传输组装线，采取大批零配件订货以节约成本。所有这些使该公司生产的产品质量有保证，价格却下降了15%，公司产品所占市场份额上升到25%。

我国的格兰仕也是一个成功实施成本领先战略的公司。它主要依靠不断扩大规模降低成本，使得在20世纪90年代初还是奢侈品的微波炉，到20世纪90年代末已经进入了千家万户，其市场占有率由进入市场初期的5%增长到60%以上。

（四）成本领先战略的风险

成本领先战略的优势是明显的，但实施这一战略也面临许多风险。企业在选择成本领先战略时，要看到这一战略的缺点。如果竞争对手的竞争能力很强，企业采用成本领先战略就有可能处于不利的地位。具体来讲主要有以下风险。

（1）竞争对手开发出降低成本的新方法。例如，竞争对手利用新技术或更低的人工成本形成新的低成本优势，使企业原有的优势丧失。

（2）竞争对手进行模仿。当企业的产品或服务具有竞争优势时，竞争对手往往会进行模仿，形成与企业相似的产品和成本。有时，模仿者的成本更低，使先入者的成本优势丧失。

（3）客户需求的改变。如果企业把注意力集中在追求低成本上，可能会忽视客户需求和市场营销环境的改变，其结果是企业不但没有获得竞争优势，反而会处于劣势。

（4）原材料、能源或者供应链中其他某一环节价格的上涨，导致企业成本上升，使得企业的低成本优势无法抵御采取差异化战略的企业的差异化产品优势，成本领先战略就会归于失败。

（5）如果企业不能够有效地传达"物美价廉"的市场认知，而被消费者认为"便宜没好货"，成本领先战略也会归于失败。

如果企业要采用成本领先战略，就必须意识到上述可能遇到的风险，并评估其不利因素出现的可能性，要及早采取防范措施。

二、差异化战略

（一）差异化战略的含义

差异化战略是指企业依据市场需求的差异化特征，通过提供与众不同的产品或服务，以增强竞争力的一种竞争模式。

企业形成差异化战略主要依靠产品或服务的特色，而不是产品和服务的成本。但这并不意味着企业可以忽略成本，只是强调这种战略目标首先要形成差异，为此可能要牺牲成本。

（二）差异化战略的优势

企业采用差异化战略，可以很好地防御产业中的五种竞争力量，获得超过产业平均水平的利润，具体表现在以下几个方面。

（1）形成进入障碍。由于产品的特色，客户对产品或服务具有很高的忠诚度，从而使该产品或服务具有强有力的进入障碍。潜在进入者要与该企业竞争，则需要掌握这种产品或服务的独特性。

（2）降低价格需求弹性。由于差异化，客户对该产品或服务具有某种程度的忠实性，当这种产品或服务的价格发生变化时，客户对价格的敏感程度不高，一方面可以抵御竞争者的低价竞销，另一方面可以提高企业的盈利水平。

（3）增强议价能力。差异化战略可以为企业带来较高的边际收益，降低企业的总成本，增强企业对供应者的议价能力。同时，由于购买者别无他选，对价格的敏感程度降低，企业也可以运用这一战略削弱购买者的议价能力。

（4）防止替代品威胁。企业的产品或服务具有特色，能够赢得客户的信任，便可以在与替代品的竞争中处于更有利的地位。

（三）差异化战略的实施条件

差异化战略的实施也要考虑企业内部和外部两个方面的因素：内部因素是企业的资源和能力；外部因素是产品特性和需求特性。

1. 内部因素

企业要想成功实施差异化战略，通常需要特殊类型的管理技能和组织结构。例如，企业需要从总体上提高某项经营业务的质量、树立产品形象、保持先进技术和建立完善的分销渠道。为实施这一战略，企业需要具备很强的研究与开发能力、市场营销能力的管理人员。同时，在组织结构上，成功的差异化战略需要有良好的结构，以协调各个职能领域，以及有能够确保激励员工创造性的激励机制和管理体制。企业文化也是一个十分重要的因素，高新技术企业格外需要良好的创新文化，鼓励技术人员大胆创新。

2. 外部因素

产品是非标准化的产品，形成质量差异或品牌差异对企业有利。例如，服装是非标准化产品，需求个性非常强，形成品牌差异就非常有意义。建筑用的线材是典型的标准化产品，企业要按照标准生产，设计部门要按照标准设计，施工部门要按照标准施工，这类产品一般不适于采用差异化战略。

需求具有多层次性和多样性，对差异化特征来说，客户对价格相对不敏感。只有具备了这样的需求特性，才能够为实施差异化战略的企业提供一个广阔的发展空间，并由此获得差别利益。

（四）差异化战略的风险

实施差异化战略，企业将会面临以下四个方面的风险。

（1）企业形成产品差异化的成本过高，大多数购买者难以承受产品或服务的价格，企业也就难以盈利，或者以太高的成本为代价形成的差异化不足以抵御竞争对手的低价格诱惑。以怎样的成本获取差异，可以从市场营销的最基本原则来考虑，即是否能够增加客户让渡价值。

（2）竞争对手推出相似的产品，抵消了企业努力想要形成的产品差异，或者竞争对手推出了更具有差异化的产品，使得企业的原有客户流失。

（3）消费者不再需要本企业赖以生存的那些产品差异化因素。例如，产品生命周期初期那些很受消费者追捧的差异化因素，在进入成熟期后可能不再受重视。电视机、电冰箱等家用电器进入成熟期后，产品差异化的重要性就降低了。

（4）因为产品差异化是以需求的差异化为导向的，而消费者的需求偏好犹如"恼人的秋风"，总是变幻不定，如果企业不具备足够的驾驭市场的能力和根据需求变化而迅速开发新产品的能力，追求差异化就会陷入"两难"的境地——既无差异，又无低成本。

此外，由于差异化需要付出高成本，而并不是所有的消费者都愿意为差异化支付高价格，因此企业为了形成产品的差别化，有时需要有放弃获得较高市场份额目标的思想准备。

三、目标集中战略

（一）目标集中战略的含义

目标集中战略是指企业集中资源于某个细分市场上，以增强竞争力的一种竞争模式。这个细分市场可以是某个特定的客户群、某产品系列中的一个或者几个规格或品种、某一个特定的细分区域市场。目标集中战略是建立在市场细分的基础上的，它的最主要的战略意图是避开产业内强有力的对手的竞争，力图在一个不被这些竞争对手所关注的市场上形成竞争优势。目标集中战略是与那些希望成为专家型企业的战略定位相吻合的。

目标集中战略与其他两个基本竞争战略不同。成本领先战略与差异化战略是面向全产业的，是在整个产业范围内进行活动的；目标集中战略则是围绕一个特定的目标进行密集型的生产经营活动，要求能够比竞争对手提供更为有效的服务。企业一旦选择了目标市场，便可以通过产品差异化或成本领先的方法，形成目标集中战略。也就是说，采用目标集中战略的企业，基本上就是特殊的差异化或特殊的成本领先企业。由于这类企业的规模较小，采用目标集中战略的企业往往不能同时实施差异化和成本领先。如果采用目标集中战略的企业想要实现成本领先，则可以在专用品或复杂产品上建立自己的成本优势。这类产品难以进行标准化生产，也就不容易形成生产上的规模经济，因此也难以具有经验曲线的优势。如果采用目标集中战略的企业要实现差异化，则可以运用所有差异化方法去达到预期的目的。与差异化战略不同的是，采用目标集中战略的企业是在特定目标市场上与实行差异化战略的企业进行竞争的，而不是在其他细分市场上与其竞争对手竞争。在这方面，采用目标集中战略的企业由于其市场面狭小，可以更好地了解市场和客户，提供更好的产品或服务。

（二）目标集中战略的优势

目标集中战略与其他两个基本竞争战略一样，可以防御产业中的各种竞争力量，使企业在本产业中获得高于一般水平的收益。它的优势在于，可以在一个特定的目标市场上取得成本领先战略的优势、差异化战略的优势，或者二者兼而有之。当然，这一战略的前提是，企业能够以更高的效率、更好的效果为某一狭窄的客户服务，从而在更大范围内超过竞争对手。

目标集中战略尽管能在其目标市场上保持一定的竞争优势，获得较高的市场份额，但由于其目标市场是相对狭小的，因而该企业的市场销售量的总体水平是较低的。目标集中战略在获得市场销售量方面有某些局限性。因此，企业在选择目标集中战略时，应该在产品获利能力和销售量之间进行权衡和取舍，有时还要在产品差异化和成本状况之间进行权衡。

（三）目标市场的选择

企业实施目标集中战略的关键是选好目标市场。一般的原则是，企业要尽可能地选择那些竞争对手势力最薄弱的目标市场和最不易受替代品冲击的目标市场。在选择目标市场之前，企业必须确认以下几点。

（1）购买群体在需求上存在的差异。

（2）企业欲选择的目标市场，没有其他竞争对手试图采用目标集中战略，或者即使有这样的竞争对手，但企业比竞争对手具有明显的竞争优势。

（3）企业的目标市场在市场容量、成长速度、获利能力、竞争强度方面具有较大的吸引力。

（4）企业资源实力有限，不能追求更大的目标市场。

（四）目标集中战略的风险与应对方案

企业在实施目标集中战略时，可能会面临以下风险。

（1）以较宽的市场为目标的竞争对手采用同样的目标集中战略；竞争对手从企业的目标市场中找到了可以再细分的市场，并以此为目标市场实施目标集中战略，从而使原来采用目标集中战略的企业失去优势。

（2）由于技术进步、替代品出现、消费者偏好变化等多方面的原因，细分目标市场与总体市场之间在产品或服务上的需求差别变小，企业原来赖以形成目标集中战略的基础也就失去了。

（3）在较宽的范围内经营的竞争对手与采取目标集中战略的企业之间在成本上的差异日益扩大，前者的成本优势日益明显，抵消了企业为细分目标市场服务的成本优势，或抵消了企业通过目标集中战略而取得的产品差异化优势，导致目标集中战略失败。

（4）采用目标集中战略的企业所选择的细分市场非常具有吸引力，以至于各个竞争厂商蜂拥而入，瓜分细分市场的利润。

总而言之，由于目标集中战略的主要意图是避开强势企业的竞争，因此寻找可以作为目标市场的细分市场就是一个关键环节。但是，强有力的竞争对手的目标市场是变化的。例如，一个大企业在产品投放市场的初期会首先选择中心城市，当中心城市趋于饱和，或者企业认为已经占有了满意的市场份额之后，它的目标市场就开始向大中城市移动，进而向中小城市移动。如果当初实施目标集中战略的企业是以城市（代表消费结构、消费水平）划分市场，并选择了中小城市作为目标市场，当大企业的目标市场覆盖了中小城市时，企业就会面临威胁。以产品线划分市场也是同样的道理。应该如何应对这种风险？基本的应对方案有以下三种。

（1）预测到即使随着时间的推移，大企业实施了市场渗透或者目标市场飘移的策略，也不会威胁到本企业选择的目标市场。

（2）迅速成长，在大企业到来之前取得了专家型企业的市场地位，以自己的竞争实力阻止大企业进入。

（3）不断转换自己的目标市场，始终寻找不被大企业关注的市场，或者攻击其薄弱环节，甚至当大企业开始覆盖中小城市时，反攻其中心城市的薄弱环节。

四、快速反应战略

（一）快速反应战略的含义

快速反应战略是指企业通过努力缩短满足客户需求的时间，以增强竞争力的一种竞争模式。这一战略的特征是把时间作为在竞争中制胜的关键因素。

快速反应战略是随着国际、国内环境越来越复杂的变化而产生的，它应对的是"快速需求"。在当今复杂的市场环境中，许多企业已经发现，对环境变化的快速反应是抓住市场机遇和取得竞争优势地位的战略之一。这种战略的基本要求是，企业应该比同产业内竞争者对市场上的突变能够更快地反应，对"快速需求"能够更快地满足。所谓快速需求，是指在对产品或服务的质量和价格满意的前提下，客户对企业快速完成磋商和快速交货的需求。例如，一个工程建设项目，甲方要求乙方快速投标和快速交工。

快速反应战略要求企业的整个决策过程和价值链各个环节全面加速。在这个快速反应的系统运作模式中，如果企业内部仅有一两个职能部门反应迅速，而整个企业和生产经营系统反应迟钝、协调不利，那将毫无作用。由于目前市场上的商品极其丰富，企业采用成本领先战略仅提供一种独特的具有成本优势的产品或服务，并非总是能够起到应有的作用，最重要的是对现有消费者的需求做出及时快速的反应。消费者当前需要什么，企业就能够提供什么；消费者明天需要什么，企业仍然能够提供什么。这种反应既表现在对现存市场的迅速反应上，也表现在对潜在市场预期做出的提前反应上。

由美国美智（Meicer）咨询公司四位资深专家合著的《发现利润区》（*The Profit Zone*）一书，归纳了22种企业盈利的模式，其中一种叫作"速度模型"（Time Profit Model）。该模型基于这样一个事实：在某些产业中，创新业务的供应商具有先行优势，从而可以获得超额回报。随着效仿者的跟进，利润开始受到侵蚀。速度模型正是反映了创新者的先行之利。

可以说，速度模型原理只是快速反应战略产生的基础之一，因为速度模型只是论证了一个率先进入业务（创新业务）的企业能够获得超额利润。快速反应战略产生的另外一个基础是，即使与竞争对手做同样的业务，只要在时间上能够胜出，依然可以获得差别利益。

（二）快速反应战略的优势

从应对产业环境中五种竞争力量的角度分析，快速反应战略有以下优势。

（1）产业内的竞争。企业开发新产品或改进现有产品的速度比竞争者快，因此也就避免了与竞争者正面交锋。

（2）买方的议价能力。由于快速反应的企业推出了高新技术或者有差异化的产品或服务，产业内暂时没有替代品或服务与之竞争，因此买方就不具有较高的议价能力，企业可以获得高额利润。

（3）卖方的议价能力。在供应商推出新产品的初期，如果买方能够迅速地对其做出反应，成为其早期客户，就有可能得到更多的优惠条件，因为卖方急于开发市场。

（4）替代品的威胁。采取快速反应战略的企业推出独一无二的产品，在时间上比竞争者提前，所以在市场上几乎没有什么替代品，不会受到替代品的威胁。

（5）新进入者的威胁。一般来说，在新产品市场上，入市者寥寥无几，及时采取跟进战略的企业也需要花费一段时间以后，才能接近新产品市场。这时，采用快速反应战略的企业已经从新产品市场上获得了巨大的利益。

除了应对五种竞争力量之外，快速反应战略对全面提升企业管理水平也具有重要作用，包括以下几个方面。

（1）快速反应战略能有效提高企业对产业市场的认识。如果企业不能够认识到信息网络技术对企业的重要性，仍然按照传统的习惯，按部就班地组织生产和市场营销，就可能失去很多有益于企业的发展机会。反之，如果企业对这一战略有了充分的认识，一方面可以按照产业标准进行生产，另一方面可以按照产品规格和消费者要求来生产高质量和合乎标准的产品。

（2）快速反应战略的最大优势是有助于新产品的开发。企业从有效的信息系统获得了市场上的有用信息，就要及时快速地做出反应，进行新产品的研究和开发，并保证在较短时间内研究和开发出新产品。

在对市场做出快速反应、进行新产品的开发上，海信集团是一个很好的例子。据悉，它曾经的新产品开发速度是两天半开发一个，其中，新产品实现产值率达85%。

（3）除了开发新产品以外，快速反应战略还有助于改进现有产品，提高现有产品在市场上的竞争能力。随着市场的发展和变化，企业的现有产品虽然仍有市场，但是企业还应该从客户的角度出发，研究客户对现有产品的反应，从而改进企业现有产品，或者增加产品的品种，或者提升产品为客户带来的利益。改进现有产品能使企业获得更大的市场。例如，在计算机市场上，对计算机的核心部件的改进和升级换代的速度令人难以置信。

（4）能够及时有效地调整自己在市场上的营销行为和生产管理行为。例如，在我国方便面市场上，"康师傅"与"统一"都是我国台湾的公司。由于当时"康师傅"对大陆市场反应及时，提前进入大陆市场，而台湾同产业中的"老大"——"统一"公司随后跟来，虽然竭力竞争，但是在大陆市场上仍难以得到"老大"地位。

（三）快速反应战略的风险

快速反应战略的风险主要来自事物的两面性。

（1）由于快而忽视了质量，陷入"萝卜快了不洗泥"的陷阱。

（2）对不成熟的技术或者不切实际的需求做出过快的反应。经常会有不成熟的工艺、工艺装备或者原材料等被推向市场，企业如果没有对它们进行严格的考证而迅速成为它们的用户，就会给企业带来损失。市场上也经常出现一些"短命"的需求，或者长时间不能进入成长期和成熟期的产品需求，如果企业对它们做出了快速反应，就会导致投资失败。

（四）快速反应战略的实施

前面已经提到，要做到快速反应，不是企业的一两个部门能够做得到的，它要求所有部门都要加速和协调。要做到这一点，需要调整组织结构，实施企业业务流程再造（BPR）。除此之外，还需要建立快速反应文化，并充分利用现代信息管理技术和手段。

（1）业务流程再造。流程再造包括调整组织结构和建立新的协调机制，通过它才能够实现整个流程的加速或者整个价值链的加速。组织结构调整的一个目标模式应该是矩阵式的组织结构，更多地采用这种模式有利于建立起团队工作模式，由此形成"快速反应团队"。此外，充分授权有利于快速反应。

（2）建立快速反应文化。与企业建立创新文化类似，要使企业的快速反应战略深入人心，使"快速"成为一种行为准则。市场营销学中的内部营销理念已经被企业广泛接受，将这种理念应用于快速反应战略就是，如果企业内部不能快速行动和快速协调，企业就无法满足对市场需求的快速反应。

（3）预设方案。预设方案就是做好基础工作，它包含的内容非常广泛。例如，"拍立得"相机是一个预设方案，它是从整个产品的设计上满足快速需求；"立等可取"是服务业的快速反应战略，实现它的前提是必须有相应的装备和建立相应的服务体系；计算机控制系统中普遍采用的"插装件"是一个典型的预设方案，它能够满足控制系统被快速修复的需求；柔性生产线是一种预设方案，它是从技术装备方面快速满足客户的差异化需求；前面提到的"充分授权"是一种预设方案，它能够不通过报告、磋商、协调就能做出决策；企业建立"危机管理程序"是一个预设方案；企业开发应用软件、标准电子文档和知识库等都是预设方案。

（4）利用现代信息技术。快速反应战略实际是建立在有效的信息反应系统之上的。所以，追求快速反应战略的企业应该注意信息网络系统的建设和管理，对环境中的各种信息进行观察、收集、分类、选择和分析，为企业高层管理者提供用于决策和计划的有用数据和信息。有了有效的信息系统，包括大数据技术的应用，企业就能够更好地处于快速反应的优势地位。

雷蒙德·叶（Raymond Yeh）等人在《零时：即时响应客户需求的创新战略》（Zero Time：Providing Instant Customer Value—Every Time，All the Time）一书中提出了"及时满足客户需求的创新战略"。该战略提出，要跨越企业与客户之间的"鸿沟"，就要提供即时客户化服务。即时客户化服务的精髓是"客户服务＋即时行动"。他们提出，要实现即时服务需要克服来自以下五个方面的阻力：客户、员工、流程、知识与供应链伙伴，进而提出了"跨越鸿沟"的五条准则：即时价值联盟、即时学习、即时适应、即时实施和即时关联。

第二节 不同产业组织结构下的一般战略

按照产业组织理论，产业组织结构情况及其演变趋势，是这个产业是否有吸引力的决定性因素之一。同时，因为产业组织结构是最重要的企业外部环境，所以产业组织结构对企业战略会产生直接影响。

在前面的产业环境分析中已经给出了产业组织结构的概念、演变规律和特征，在此进一步强调"不同产业组织结构"的概念。前面给出的分散型产业和集中型产业的概念，都是指的产业发展处于成熟期时的产业组织结构状态，这一时期的产业组织结构是相对稳定的。在很多时候，企业可能处于产业的幼稚期或者成长期，在此期间，即使是一个集中型的产业，它的产业组织结构也是分散的，这一时期称为"趋向于集中过程中"。

一、分散型产业下的一般战略

企业成长的目标是"做大、做强"，而分散型产业为"做大"设置了障碍，主要原因是它可能会出现规模不经济，企业必须以一种至少不增加成本的集中型组织模式应对分散性的需求，因此连锁经营和特许经营模式就成为有效的战略。对于那些处于成长初期的中小企业来说，在分散型产业下，最适宜的战略就是目标集中战略。

对于处于分散型产业中的那些有雄心的企业来说，如果能够通过某种方式克服分散，可能是一个非常好的战略机会。因为在分散型产业中企业众多，一般规模都比较小，当一个企业要集中时，招致竞争对手强力反击的可能性很小。

沃尔玛是一个连锁经营成功的典范，但它的模式已经超越了传统连锁经营的模式。传统连锁经营认为产业之所以分散，是因为缺乏规模经济，特别是技术原因带来的规模经济。沃尔玛的大规模改变了分散型产业的特征，使其具有了集中型产业的特征，其中最重要的是它使产业产生了技术上的规模经济性。沃尔玛的胜出在很大程度上得益于其对先进技术的成功应用，而大规模的销售额使先进技术的应用变得"合算"。例如，它对卫星通信系统的应用。

波特提出了一些促成产业组织集中的方法：①创造规模经济或经验曲线；②使多样的市场需求标准化；③使造成分散的主要因素中立化或分离；④尽早发现产业结构演变趋势。

二、集中型产业下的一般战略

无论是分散型产业还是集中型产业，在产业的幼稚期，组织结构都是相对集中的，只是这一时期的长短不同而已。所不同的是，分散型产业由于进入壁垒低、缺乏规模经济等原因，随着进入者的不断增加，产业不断趋于分散，并一直保持分散的状态。集中型产业通常会经历一个从集中到分散、再到集中的过程。因此，在集中型产业下的企业战略，应该针对处于集中状态下或处于趋向于集中过程中两种情况。

1. 处于集中状态下的一般战略

所谓集中状态，是指处于产业成熟期，产业组织集中度相对稳定时的一种产业组织结构。在这种状态下产业内的企业只有两类：通才型企业和专家型企业。因此，这种状态下的企业战略实际上就是通才型企业战略和专家型企业战略。

由上面的论述已经知道，通才型企业所采用的一般竞争战略就是四大基本竞争战略中除了目标集中战略以外的其他三种。通才型企业同属于一个战略集团，对于专家型企业而言，它们都是产业领导者，但对于两个或者三个通才型企业而言，它们之间始终有领导者、挑战者或者跟随者之分。因此，通才型企业的战略重点首先是保住自己的市场地位，对挑战者和跟随者来说，它们还有一个重要的战略要考虑，即是否挑战领导者和如何胜出，然后再考虑是否和如何进入一个新的产业。通才型企业战略都是围绕着这三个问题来考虑的。

专家型企业采用目标集中战略。处于这一市场地位的企业的战略重点是：①如何保住专家型企业的市场地位；②是否和如何挑战产业领导者以成为通才型企业；③是否和怎样进入一个新的产业。

2. 处于趋向于集中过程中的一般战略

产业中处于趋向于集中过程中的企业有三种类型，除了上面已经提到的通才型企业和专家型企业，还有那些"高不成、低不就"的"中型"企业。当然，处于这一时期的前两类企业也不成熟，因此前两类企业的地位并不稳固，仍然面临很大的风险，而第三类企业还有很多机会。

处于这一时期的企业采取什么样的竞争战略，取决于它们根据自身所处的环境所做的战略定位。

（1）通才型企业：已经具有这样的市场地位或者想成为这种类型的企业，战略的重点就是扩大规模，提高市场占有率，采取的路径更多的是并购和战略联盟。

（2）专家型企业：已经具有了这样的市场地位的企业，战略的重点是进一步提高市场占有率，培育核心竞争力，以期在进入产业成熟期之后仍然能够保持专家型企业的地位。

（3）第三类企业：如果认为无力上升到通才型企业，则必须确立成为专家型企业的战略，通过分离业务确立核心业务，在核心业务市场上不断提高占有率，直到确立了专家型企业的地位，或者寻找好的合作伙伴或者买家，退出该项业务的经营。

第三节　不同产业生命周期阶段的一般战略

产业生命周期阶段的特征决定了企业所处的外部环境（产业环境）的特征，企业的战略当然要随外部环境的不同而有所不同。另外，即使同处于相同的产业环境，由于企业所处的竞争地位不同，也会做出不同的战略抉择。因此，企业在制定不同产业生命周期阶段的战略时，通常要考虑企业当时所处的竞争地位的变量。

在本书第五章任务环境分析中已经给出了产业生命周期的概念，并将其划分为幼稚期、成长期、成熟期和衰退期四个阶段，这是经典的产业生命周期四阶段划分法。后来波特又在这四个阶段的基础上增加了一个阶段——向成熟期过渡阶段，这个阶段是一个重要的战略决策期，因此也应该引起注意。下面按照产业四个不同阶段的特征，讨论企业所面临的战略问题并给出企业的一般战略。

需要说明的是，产业生命周期这四个阶段的划分与产品生命周期阶段的划分是相同的，市场营销学中产品生命周期阶段理论针对不同阶段的特征对产品营销策略有详细论述，其中涉及一些战略的内容，本书不再重复。另外，有时一种产品可能代表一个产业，在这种情况下，讨论产业生命周期和产品生命周期是一样的，只是在战略管理学中讨论的是战略层次问题，在营销学中讨论的是营销策略问题。

一、幼稚期

这一时期的基本特征是产业的不确定性，不确定性来源于企业外部环境和内部环境两方面的因素，其中外部环境的关键因素是需求，内部环境的关键因素是技术，因此正确估计产业的未来走向是制定正确的战略的关键。要估计的因素变量主要包括：产业会走向成熟吗？如果能走向成熟，成熟后的市场容量有多大？产业进入成长期和成熟期需要多长的时间？产业是分散型的还是集中型的？企业能够通过自己的行动对产业未来走向产生影响吗？对这些因素的把握决定了企业下面的战略决策：是否进入这个产业（业务）？何时进入？进入后的成长路径是怎样的？基本竞争战略是什么？其中，对前两个问题的决策是这个阶段所面临的最重要的决策。

产业是否会走向成熟和成熟后的市场容量大小，以及成熟后企业是否可以通过对产业结构的控制获得差别利益，决定了这个产业是否有吸引力。如果考虑到企业有资源和能力可以获得竞争优势，就可以决定进入这个产业。何时进入，则需要考虑产业进入成长期和成熟期所需要的时间以及企业的市场竞争地位（这个地位在未进入之前是预估的）。

产业处在幼稚期，企业何时进入该产业是一个重要的战略问题。关于何时进入的战略有两种：先入者战略和跟随者战略。

（一）先入者战略

1. 先入者战略的含义

先入者战略是指企业在产业处于幼稚期时就快速进入市场。显然，先入者不一定特指第一个进入者，先入者通常也不止一家企业，只要企业进入的时期具有典型的产业幼稚期的特征，都可以称为先入者。

2. 先入者战略的优势

有研究成果表明，先入者有随着市场成熟而获得竞争优势的很大可能。美国学者伦普金（Lumpkin）的一项研究证实，先入者可以获得较多的市场份额，而且可以持续许多年，如表 9-1 所示。

表 9-1　不同时期进入的市场份额情况（%）

进入时期	消费品			工业产品		
	20 年以内	20 年以上	平均	20 年以内	20 年以上	平均
先入者	35	27	29	32	28	29
早期跟随者	17	17	17	22	20	21
后入者	11	16	13	15	16	15

表 9-1 从统计数据方面证明了先入者战略的优势，如果从原理上来说，先入者战略的优势表现在以下几个方面。

（1）在确立消费者对企业的形象和产品品牌认知方面有"先入为主"的优势。

（2）有成为"产业规则的制定者"的优势。这里所说的规则主要是指技术标准。企业率先进入市场之后，可以把企业标准上升为产业标准，进而上升为国家标准，甚至国际标准，由此成为产业规则的制定者，在竞争中始终握有主动权。

（3）产业进入壁垒低，也不存在进入之后招致竞争对手报复的可能性。

（4）早期锁定原材料或者分销渠道，如果再能够拥有独立的知识产权，则可以建立起针对潜在竞争对手的很高的进入壁垒。

3. 先入者战略的适用条件

如果具备了以下一些条件，企业可以选择先入者战略。

（1）外部环境有较大的确定性，企业深信自己的技术开发和市场开发能力强。

（2）企业的形象和产品品牌对购买者至关重要。

（3）产业的学习曲线效应很明显，经验又很难被别人学到，并且不会因持续的技术更新换代而过时，先入者较早地开始这一产业中的学习过程是有利的。

（4）产业中的客户忠诚很重要，所以，首先与客户建立关系的企业将获得利益。

（5）早期锁定原材料和分销渠道能够带来成本优势。

4. 先入者战略的风险

先入者战略的风险来自以下几个方面。

（1）外部环境和内部环境的不确定性导致企业错误地进入，或者过早地进入了一个产业。例如，对不切实际的需求做出了反应，市场迟迟不能进入成长期和成熟期，或者进入成长期和成熟期需要花费太大的代价；企业不能成功地开发新产品，或者对产品的改进落后于跟随者。

（2）早期竞争优势的重要基础与产业成熟期竞争优势的重要基础有很大的不同，企业因此而建立起了错误的技能，并可能面临高转换成本。

（3）技术变化将使早期投资过时，并使跟随者因为拥有最新产品和工艺而获得竞争优势。

（二）跟随者战略

1. 跟随者战略的含义

跟随者战略是指当先入者进入产业之后，在产业的不确定性已经明显降低时再进入该产业。该战略是相对于先入者战略而言的，它的战略意图首先是降低由于产业不确定性带来的风险，此外还有"知彼知己、以逸待劳"之意。

"知彼知己"是指了解先入者在技术开发和市场营销中的利弊得失，在确定自己可以在某些方面或者全面超越竞争对手时再进入市场，以取得"后入者优势"。"以逸待劳"是指先入者在产业幼稚期到成长期之间会耗费大量的资源，当先入者后继资源匮乏时再进入市场。

先入者战略与跟随者战略类似于中长跑比赛中领跑者与跟跑者的战术安排。大部分情况下，领跑者都不是冠军。如果想成为冠军，只有具有绝对实力，才可以始终作为领跑者。如果与竞争对手势均力敌，则要了解竞争对手的特点：若最后冲刺能力比竞争对手更强，就选择跟跑；若对竞争对手不了解，则只好在领跑与跟跑之间交替，以试探和调动对手。但无论如何，如果想成为冠军，则必须在"第一梯队"，否则将与冠军无缘。先入者和跟随者都属于第一梯队，在此之外的，就是后入者。中长跑比赛毕竟与市场竞争有区别，在中长跑比赛中，后入者几乎没有胜算，但是在市场竞争中，也不乏后入者"后来居上"的例子。

2. 跟随者战略的优势

很明显，跟随者失去了先入者的优势，但它也同时回避了先入者的风险。因此，跟随者战略也有自身的优势。

（1）避免了不确定性的风险。

（2）可以从先入者的经历中总结成功的经验和失败的教训，从而避免了"交学费"的成本和风险。

（3）可能洞察到先入者在产品技术和市场营销等方面的缺陷，以更完美的技术和营销取得"后入者优势"。

（4）"以逸待劳"。

3. 跟随者战略的适用条件

在以下情况下，企业适宜采取跟随者战略。

（1）产业的不确定性很强，或者至少企业自己对外部环境和内部环境的把握性很小。

（2）企业竞争地位较低，无力承担产业幼稚期的巨大风险。

（3）企业对产业未来走向有更好的洞察力，并且深知自己的竞争对手，企业有更多的取得"后来者居上"的机会。

二、成长期

进入成长期，产业的不确定性已经很小，后入者陆续进入产业。以市场营销学的观点，进入成长期后，由于市场需求量的迅速上升，企业不需要大量的促销费用就可以获得销售量的增长，因此这一时期是企业收获的季节。但如果从战略管理的角度考虑，可能会有不同的选择。

（一）战略定位

进入成长期后，企业首先要明确自己的战略定位：是成为通才型企业还是专家型企业？如果选择了前者，这一时期企业就要着手拓宽产品的覆盖范围，实施纵向一体化或者横向一体化，迅速地扩大企业的规模和市场占有率。如果这样做了，企业在这一时期仍然有很强的投资力度，那么战略重点不在于迅速收回投资，而在于获得市场的领导地位。如果选择了后者，企业应选好细分的目标市场，迅速地形成产品特色和扩大在细分市场中的份额。

（二）增加份额战略与增长战略

上面谈到"迅速"扩大市场份额，什么叫"迅速"？所谓"迅速"，在这里有特定的含义：就是要使企业的销售额增长率大于市场需求的增长率。要做到这一点，企业必须有很强的投资力度。这种战略称为"增加份额战略"。如果企业不再做较大的投资，希望在这一时期有较大的利润回报，采取"顺势"增长——使企业销售额增长率与市场需求增长率保持一致，则这种战略称为"增长战略"。

采取什么样的战略取决于企业对该项业务的"期望"。"期望"包括两个方面的含义：一是前面已经提到过的战略定位——是成为专家型企业还是成为通才型企业；二是企业是否需要该项业务现在就为企业带来大量利润。显然，"期望"取决于企业外部和企业内部两个方面的因素。决定成为专家型企业还是通才型企业的因素前面已经讨论过，下面讨论什么因素决定企业是否需要一项业务现在就能带来大量利润。

判断这个问题的方法就是利用波士顿矩阵，即分析企业资源配置现状和预测未来的变化。波士顿矩阵在反映企业资源配置方向的同时，还能反映企业销售收入和利润的源泉。企业的业务组合状态，应该保证企业在每一个时间段上都能实现财务上的平衡。企业不能选择每项业务都处于投入期，否则企业财务负担不起；同样，也不能期望每项业务都处于收获期（有净利润回报），这种情况短期内看来很好，但它意味着企业放弃了未来的利润和可持续增长的能力。因此，在缺乏现金牛类业务，同时又有明星类、问题类业务需要扶持时，企业选择增长战略是合理的。

三、成熟期

产业进入成熟期，可以说已经进入了产业组织的"大盘点"时期，企业"各就各位"，已经没有了"混迹"于产业中的"高不成、低不就"的中型企业的位置。因此，在产业成熟期到来之前（就是波特所说的"产业向成熟期过渡阶段"），中型企业已经做出了方向的选择：剥离、精简业务，成为专家型企业，或者被别人整合，成为通才型企业的一员，也许把资产卖掉退出该项业务。这里强调一点：卖掉一项业务也是一个重要的战略。因此，在成熟期，事实上只有两类企业的战略：通才型企业的战略和专家型企业的战略。

两类企业的战略都很简单：通才型企业的战略重点是清除"残余势力"和应对潜在进入者（那些企图挑战产业领导者地位的企业），以保持自己的市场地位；专家型企业的战略重点则是在已经选定的细分目标市场上不断扩大市场份额，以巩固自己的市场地位。至于为了达到上述目的所需要进行的产品改进、技术改进、营销策略改进等，则都属于更低层次的战略问题，或者说属于营销战略的问题。

四、衰退期

产业或者产品的衰退终究会出现，只是时间的早晚而已。不同的产业或者产品从成熟期走向衰退期所经历的时间差别是非常大的，有些长期处于成熟期，有些迅速进入衰退期。但无论如何，如果产业已经进入衰退期，对于那些有较强市场竞争地位的企业来说，维持、收缩和退出是它们的必然选择；对于那些弱小的企业来说，"留守"于这样的市场也是生存的机会，因为"衰退"并不意味着需求全无，针对"剩余需求"展开经营，是长尾理论给出的一种战略。下面主要针对前者讨论一般性的战略。

因为衰退总要经历一段时间，波特给出了处于衰退期的四项战略选择，并指出企业可能采用其中一种战略或先后采用几种战略。波特的四项战略选择如下。

（1）领导。在市场份额方面争取领导地位。

（2）局部领导。创造或捍卫在某一个特定细分市场中的优势地位。

（3）收割。有控制地撤出投资，从优势中获利。

（4）迅速退出。在衰退阶段尽早清算投资。

另一位学者哈里根（Harrigan）提出了以下五种应对衰退的战略。

（1）增加企业的投资，使自己处于支配或者有利的竞争地位。

（2）在未解决产业的不确定性之前，保持原有的投资水平。

（3）有选择地降低投资态势，放弃无希望的客户群，同时加强对有利可图的客户群的投资。

（4）不顾及对投资结构产生什么后果，从企业的投资中获取（或榨取）利润，以便快速回收现金。

（5）尽可能用有利的方式处理资产，迅速退出该业务。

归纳起来，衰退期的战略主要有三种，企业也可以先后实施这三种战略：

1. 维持战略

维持战略是指不投资或者以很小的投资维持或者加强原有的市场地位。它的适用条件是：一方面，从外部环境来说，产业衰退期可能会延续很长时间，或者产业衰退的不确定性很强；另一方面，从内部环境来说，企业尚没有更好的业务接替，或者新的业务尚未成熟（没有足够大的现金牛类业务）。

2. 收获战略

收获战略是指不投资或者逐步抽回部分资金，尽可能多地从业务中收回现金。它适用的条件是：一方面，产业衰退的迹象已经非常明显；另一方面，企业已经有新的业务可以接替，或者企业已经决定集中资源投资于新的业务。

采取这种战略，一方面要尽可能地扩大销售量，另一方面要尽可能地降低成本。降低成本可以采取停止研发费用的投入和设备维护的投入，停止或者削减促销费用和销售人员的投入，甚至降低产品和服务质量等措施。

当企业实施这种战略时，一定要注意不能让客户和竞争对手觉察到企业的意图，否则会收获很少。

3. 退出战略

退出战略是指全面、迅速地变卖掉某项业务。当企业决定采取退出战略时，必定是这项业务对企业已经没有了吸引力。没有吸引力可能是由于下面两种情况：①满足剩余需求已经不能给企业带来最起码的现金流或利润，或者企业已经经历了维持战略阶段、收获战略阶段，该项业务已经被"榨干"，这种情况称为绝对没有吸引力；②企业有了更具吸引力的业务，原有业务即使有一定的现金流或利润，企业仍然可以选择退出战略，这种情况称为相对没有吸引力。

企业在决定退出时，有两个目标要追求：①资产要卖个好价钱；②为后继其他业务的经营埋下一个好伏笔。因此，企业一方面要让人觉得即将卖掉的业务还很"繁荣"，另一方面要为即将卖掉的业务寻找一个合理的理由。

第四节　不同竞争地位下的一般战略

企业采取什么战略，不仅取决于主观愿望，还取决于客观条件；不仅取决于自己，还取决于竞争对手。企业先动则称为战略主动；企业后动——依据竞争对手的战略而选择战略，或者依据竞争对手的行动而采取行动，则称为战略被动。这里的战略被动不是贬义，没有"被动挨打"之意。

无论是采取战略主动还是战略被动，不同竞争地位下的一般战略都可以划分为进攻战略、稳定战略和防御战略三大类。

企业采用哪种战略，取决于竞争实力的对比。但竞争实力的对比具有相对性，即如前面所提到的竞争力的相对性——可以依时空的转换而转换。这里所说的竞争实力的相对性是指：①总体的实力，即企业总体上的资源数量与质量，其中也包括企业的核心竞争力；②局部的实力，即企业在一个特定的目标市场上所能够利用和可能利用的能力；③某一个时间段的实力，即企业在一个特定的时间范围内所能够利用和可能利用的能力。总体的实力决定了企业总体上攻防战略的转换；局部的实力和某一个时间段的实力决定了企业在某一个细分市场和某一个时期内攻防战略的转换，这两种实力与企业在某一时期资源的配置战略有关。

一、进攻战略

进攻战略是一种战略主动行为，是指企业利用自己的竞争优势首先向对手发起进攻的战略。由上面的论述可知，这种竞争优势可能是总体的，也可能是局部的，或者是一个时间段的。不同的竞争优势决定了企业不同的进攻方式，尽管它们都属于进攻战略的一种。

1. 全面进攻

全面进攻是指同时攻击竞争对手的所有目标市场，甚至包括争夺其企业内部资源。显然，只有处于产业中领导者地位的企业或者处于挑战者地位的企业，才有可能采用这种攻击方式。它们必定认为自己在总体实力上已经超过了竞争对手，或者至少可以与竞争对手抗衡。

争夺竞争对手企业的内部资源，特别是人力资源，有"釜底抽薪"之意。除了人力资源之外，还要争夺对方的销售渠道资源、供应商资源等。供应商不仅是原材料的供应商，还包括其技术上的合作伙伴、金融机构的合作伙伴甚至为它服务的咨询机构等。企业在增强自己的实力的同时，可以削弱对方的实力。如果企业采取这种战略，不能忽视这一点。

总而言之，全面进攻战略不仅仅是在竞争对手的目标市场上与其拼价格、拼促销、拼服务、拼特色，还要与其拼争夺资源的能力。

2. 重点进攻

重点进攻是指集中企业的资源或者利用企业的优势资源，攻击对手的战略目标市场或者核心业务，或者争夺对手的赖以形成竞争优势的战略性资源。采取重点进攻战略的企业依然是那些在产业中处于领导者或者挑战者地位的企业，只是它们可能无力采取全面进攻战略，或者认为重点进攻战略更有利于达到战略目标。

任何一个有战略的企业必定有其战略目标市场，攻击这样的目标市场对打击对手是非常有效的，如果这个目标市场对本企业又非常重要——是本企业的战略目标市场，则选择它作为攻击目标是合理的。因为攻击对方的战略目标市场容易招致竞争对手猛烈的报复，所以企业在选择它作为攻击对象时要格外谨慎，要充分估计自己是否有必胜的把握。因此，采用重点进攻战略一定要注意发挥自己的优势。如果企业所要攻击的目标市场恰好能充分发挥自己的优势，是自己的战略目标市场而非对方的战略目标市场，因而招致猛烈报复的可能性很小，那么选择这个目标市场重点攻击的胜算最大。因此，市场地位相对较低的企业可以采用这种战略。

3. 侧翼进攻

侧翼进攻是指攻击对手薄弱环节的一种战略。它适用于市场地位相对较低的企业，或者虽然总体实力很强，但由于在一定的时期内，企业在其他方面配置了大量资源，而不想在攻击对手时再投入更多的资源。

侧翼进攻还包括抢占对手尚未进入的细分市场。

二、稳定战略

稳定战略兼有战略主动和战略被动两种性质，它是指企业保持现有市场地位的一种战略。当企业与所针对的竞争对手势均力敌时，或者企业认为现有的竞争格局符合企业的利益时，适宜采取这种战略。

因为企业的成长犹如"逆水行舟，不进则退"，企业为了保持既定的市场地位，也需要不断地开发新产品，改善服务，以及在促销方面有与竞争对手相当的投资力度。这是战略主动。当遭受对手攻击时，企业采取相应的对策不使市场份额下降，或者一项业务受损以另一项业务补偿，或者一个细分目标市场受损以另一个目标市场补偿等，则属于战略被动。

稳定战略相当于"战势"处于相持阶段。从另一个角度来说，当产业已经处于成熟期时，企业应该倾向于采取稳定战略。反过来说，正是因为企业在这个时期都倾向于采取稳定战略，因此才有了产业成熟期稳定的市场结构。

三、防御战略

防御战略也兼有战略主动和战略被动两种性质，它是指企业竞争活动旨在免受进攻者的攻击，消除或者减少由于遭受攻击所带来的损失。

1. 防御中的战略主动

防御中的战略主动也可以称为积极的防御战略，这种战略的最高目标是打消对手的进攻念头，其次，即使对手进攻也要让对手得不到好处。

打消对手的进攻念头的方式有以下几种。

（1）战略威慑。所谓战略威慑，就是提高对手招致报复的心理预期。通过以下两种途径可以实现战略威慑：①以过去的事实说明，企业对以往遭受的任何一次进攻都做出了强烈的反击，给对手一个"好战"的印象；②向对手发出警告。

（2）不给对手露出破绽。无破绽对手就没有机会，如不断进行的技术创新、周全的产品设计和营销、周全的服务等。例如，微软公司就是凭借其超强的产品开发能力，使其他觊觎操作系统的企业望而却步。

（3）遏制对手的实力。通过控制市场、控制技术和打破对手企图建立的战略联盟等手段，阻止对手的实力增长，使其无力实施攻击。产品金字塔模型中设置防火墙以防止低端产品企业向高端产品企业渗透的战略，就是典型的遏制对手的实力的战略。

（4）使市场失去对对手的吸引力。复杂的差异化和大规模下的低成本、低价格，以及对外散布盈利水平低的消息，都可能减少对手攻击的诱因。

（5）影响对手的决策者。通过各种途径使对手的相关决策者认识到，一旦进攻将对他们的个人利益造成损失。

使对手得不到好处就是提高企业的竞争力，一旦对手采取进攻行动就给予坚决反击。

2. 防御中的战略被动

防御中的战略被动不是消极的防御战略，它是指随对手动而动，是一种以静制动的战略。虽然先动者有先动的优势，但也有劣势，而后动者也有优势。防御中的战略主动可能导致资源在某些方面的过度配置，也会由于先动而使对手过早地察觉企业的意图，反而容易露出破绽。因此，根据对手的行动做出反应可能代价更小。

上述第二、三、四节的内容，分别给出了在不同产业组织结构、不同产业生命周期阶段和不同竞争地位的企业的战略。这些战略除了包括成长路径战略、基本竞争战略之外，还包括企业定位、进入产业或者市场的时机选择、进攻还是防守的战略等。不同产业组织结构和不同产业生命周期阶段是企业所处的外部环境，不同竞争地位是企业的内部环境，由此进一步说明了企业任何一方面的战略都是外部环境与内部环境相结合的产物。因此，外部环境因素集合与内部环境因素集合的相互结合，就产生了相对应的战略，各种战略也构成了企业的战略集合。

第五节　部门职能战略

上述战略都是公司层面和战略业务单位（事业部）层面的战略，在这两个战略层面之下，还有部门职能战略。部门职能战略运用于某个职能领域内，能使资源的产出率最大化，以实现公司和事业部的目标与战略。它涉及开发与培育资源和独特能力，以给公司和事业部带来竞争优势。近年来，职能管理越来越贴近服务于公司战略和事业部战略，以至于战略财务管理、战略人力资源管理等已经成为一个专门的研究领域。

对于那些采用总部、事业部结构的公司，其在总部设有职能部门，各个事业部也设有职能部门。总部的职能部门相对于事业部来说层次并不低，它能够发挥对事业部的业务指导作用，特别是对事业部中相对应职能部门的指导作用。总部职能部门的职能战略在总部战略中规定，事业部中的职能战略在事业部战略中规定。例如，一个采用高质量差异化战略的事业部，就要求有强调质量、工艺的运营职能战略，而不是强调大批量廉价生产的运营职能战略；人力资源职能也强调招聘和培训技能高超但成本高的员工；营销职能战略会强调营销渠道"拉动"——用广告来增加消费者需求，而不是靠给零售商补贴来"推动"。同样，如果事业部决定采用成本领先战略，就要求有另外一系列职能战略来支持。

因为各种职能管理在相应的课程中都有大量、详细的资料，本书不再一一介绍，下面仅就一些关键性的职能与公司或者事业部战略的联系做些讨论。

一、营销战略

前面的例子已经提到了营销战略与竞争战略的联系，但那只是一个方面，这样的联系还有很多。

营销战略首先是从市场细分、目标市场选择和市场定位开始的。企业是定位于专家型企业还是通才型企业，是采取成本领先战略、差异化战略还是目标集中战略，除了考虑那些战略因素之外，在很大程度上是市场细分的结果。因此，营销战略中的目标市场选择和市场定位必然要适应相应的公司战略或者事业部战略。特别是目标市场的选择，还涉及企业是采取进攻战略还是防御战略。如果采取进攻战略，则要选择竞争对手的战略目标市场，这意味着企业要进行大的投入，而且不畏惧竞争对手的报复；否则，就选择不被竞争对手关注的市场，或者竞争对手根本就不会去开发的新市场。

从竞争性战略来考虑，企业可能选择去开发那些并不能给企业带来利润的市场，因为这样做的目的是不给竞争对手留有空隙，或者至少可以给竞争对手增加开发同一个市场的成本，从而可以削弱竞争对手的生存和成长能力，就像前面提到的产品组合的金字塔模型那样。如果只从营销部门的角度来考虑，通常不会这样做。

营销战略还决定产品的定价、销售和分销。例如，运用市场开发战略，企业可以在市场成熟期利用市场渗透的方式用现有产品在现有市场上获取更大的市场份额，或者用现有产品开发新的目标市场；运用产品开发战略，企业可以为现有市场开发新产品，也可以为新市场开发新产品；运用低定价策略企业可以迅速地扩大市场份额和有效地阻击竞争对手等。

二、财务战略

财务战略的目标一方面是更好地利用已有的资源，另一方面是扩大企业所能够利用的资源。只有企业的财务管理能够实现后一个目标，企业财务管理的能力才被提升到能够服务于战略的水平。

财务战略探讨公司战略和事业部战略选择对财务的要求，并寻求最佳财务行动方针。它可以通过提供最低成本的资金，以及灵活的融资方式提供资金支持战略而带来竞争优势。财务战略通常是力图使企业的财务价值最大化。

财务战略中的关键问题是维持负债、权益、内部长期资金之间的合理比例。对于大多数中小企业来说，利用外部资金一定要格外谨慎，因为大量的外部资金来源很容易使企业失去控制权。如果需要大量的资金，要尽可能地使股权高度分散。相比较而言，大企业大量利用外部资金而丧失控制权的风险要小一些。

对股东红利的管理是企业财务战略的重要组成部分。对处于快速成长期的企业来说，一般可以不分红利，而把这部分资金用于支持企业的快速成长；对一些上市公司来说，企业的快速成长能够带来股票价格的上升，股东可以通过出售所持有的普通股股票获得现金。因此，股东对这种方法容易接受。对增长缓慢的公司来说，就必须不断地支付红利，以维持股票的价值。

三、研究与开发战略

研究与开发战略涉及技术、产品和工艺创新及其改进等方面。该战略的选择就是要做技术创新者还是做技术跟随者。前面已经提到，技术创新是经济利润的源泉之一，但并不是任何一家企业都要采用技术创新者的战略，因为创新不仅对企业的研究与开发费用和技术能力有很高的要求，而且需要承担很大的风险。因此，只有当企业具有能力和技术创新成为产业关键成功因素时，才适合采用此战略。

波特认为，在技术创新领域，企业可以选择成为技术创新者或技术跟随者，作为实现低成本和差异化竞争优势的策略。两种研究与开发战略的竞争优势见表9-2中。

表 9-2　两种研究与开发战略的竞争优势

技术创新者	技术跟随者
成本优势： （1）率先推出最低成本的产品设计 （2）在学习曲线上领先 （3）建立低成本完成价值活动的方式	（1）通过学习创新者的经验，降低产品成本或采取低成本的价值活动 （2）通过模仿，逃避研究与开发费用 （3）通过学习创新者的经验，改进产品和分销渠道，更接近客户需求
差异化： （1）率先推出增加客户价值的独特产品 （2）在其他活动中创新，以增加客户价值	

耐克公司是有效运用技术创新者战略以实现差异化竞争优势的一个典型例子。耐克花在研究与开发上的经费比该产业内大多数公司都要多，从而在性能上把耐克运动鞋与竞争者的运动鞋区分开来。因此，耐克一直保持着非常高的品牌价值。

似乎每家企业都知道技术创新的战略意义，但是否愿意在研究与开发上投资却是另外一回事了。

四、生产运营战略

生产运营战略决定在何地以何种方式制造产品、纵向一体化程度、有形资源如何配置，以及与供应商保持怎样的联系。从产品制造的工艺过程来看，企业经历了生产方式的如下变化：从手工作坊到批量生产，到柔性制造系统，再到专用流水生产线。这个变化趋势使产品逐渐成为标准化产品以满足不断增长的需要，满足差异化需求的灵活性逐步让位于对生产效率的追求。

生产运营战略也决定企业在运营过程中所运用技术的最佳水平。柔性制造系统、自动定位系统、机器人、企业资源计划（ERP）、准时交货制（JIT）、精益生产等技术的采用有助于增加灵活性，加快反应速度，提高生产率。但是，这些投资会增加固定成本，如果企业不能实现规模经济或范围经济，就会面临很大的风险。

在很多产业中，竞争强度不断增加，迫使企业转变传统的大规模生产方式，采用连续改进生产战略，运用跨职能团队努力改进生产工艺。因为持续改进既有大规模生产方式成本低的优点，又能显著提高质量水平，所以它很快就取代了大规模生产，成为一种运营战略。

现在也有很多企业采用大规模定制生产模式作为运营战略。与持续改进相比较，大规模定制要求灵活性与快速响应。为了适应不断变化的环境，大规模定制要求重组人员、流程、事业部与技术，以便按照客户的时间要求提供客户需要的产品。

总而言之，大规模生产可以提高生产效率和降低成本；而灵活性和快速反应可以满足客户需求的差异化和需求的快速变化。如果能同时满足上述两个方面的要求，可以称得上一个完美的运营战略。建立在计算机技术基础之上的现代制造技术、通信技术、管理技术的应用，使这种战略成为可能。只是企业在考虑是否要应用这些技术时，要考虑需要花费的大量投资，而且需要很强的技术和管理能力与之相适应。对于实施快速反应战略的企业来说，一些运营战略的运用是必不可少的。

五、人力资源战略

人力资源是企业一项重要的战略资源，在很多情况下，它成为战略管理成败的关键性资源。企业可能由于缺乏人力资源而不能够选择某种战略，也可能由于缺乏人力资源而使一个很好的战略方案得不到有效实施。很多企业的失败是由人力资源的缺乏或人力资源的流失造成的。

人力资源管理战略力图寻找人员与组织之间的最佳匹配。它要决定企业是雇用大量低技能、低工资、执行重复性劳动、大多数只工作较短时间的员工，还是雇用高技能、相对工资较高、能持续工作很长时间的员工。为了降低成本和增加灵活性，许多企业越来越多地雇用临时员工，甚至从其他企业租赁员工。企业人力资源的素质并不总是越高越好，重要的是要与企业的战略需要相适应。

企业人力资源的获得与培养不仅要考虑现在的应用，还要考虑未来的应用；不仅要想到为自己所用，还要想到不为竞争对手所用。

随着工作的复杂程度日益提高，团队工作模式越来越显示出优越性，已有越来越多的企业开始采用团队工作模式。有研究表明，这种工作模式能够带来工作质量和效率的显著提高。

华为公司处于高科技领域，是一家创新型企业，它所处的产业和地位决定了它必须拥有高水平的人力资源，包括一大批国际顶尖人才，或者是后者决定了前者。如何形成这样一种良性循环？决定于企业的人力资源战略。首先，一定要认识到吸引和培养高水平人力资源的重要性；然后，还要有高薪酬、福利做保证。这两个方面华为都做到了。

思 考 题

1. 什么是成本领先战略？成本领先战略的主要特征是什么？
2. 结合波特的"五力模型"，分析成本领先战略的优势。
3. 企业实施成本领先战略需要考虑的内外部因素有哪些？实施此战略可能有哪些风险？
4. 什么是差异化战略？差异化战略的优势有哪些？
5. 企业实施差异化战略需要考虑的内外部因素有哪些？实施此战略可能有哪些风险？
6. 什么是目标集中战略？目标集中战略与成本领先战略和差异化战略的区别和联系是什么？

7. 企业实施目标集中战略的优缺点有哪些？如何选择目标市场？
8. 企业实施目标集中战略会面临哪些风险？如何应对这些风险？
9. 什么是快速反应战略？简单分析快速反应战略提出的背景。
10. 从波特的"五力模型"和全面提升企业管理水平的角度，分析快速反应战略有哪些优势。
11. 快速反应战略有哪些风险？如何实施快速反应战略？
12. 适合分散型产业的一般战略是什么？
13. 产业生命周期的幼稚期阶段有何特征？这一时期应采用怎样的竞争战略？
14. 产业进入成长期阶段后，企业可以做出的两种战略选择是什么？如何判断？
15. 成熟期阶段的特征是什么？该阶段存在哪两类企业？各自的战略是什么？
16. 不同竞争地位下的一般战略有哪几种？企业的选择依据是什么？
17. 进攻战略包括哪几种方式？各有什么特点？
18. 企业何时宜采取稳定战略？
19. 如何理解防御战略的战略主动性质和战略被动性质？
20. 部门职能战略包含哪几个方面？各有什么作用？

第十章

战略评价与选择

由第九章的内容可以看出,影响战略选择的因素是复杂的,可供选择的战略也是复杂的。战略的复杂性不仅在于战略的类型众多,还在于战略之间内在联系的复杂性。战略还有一个非常重要的特征,它不是环境与战略一一对应的清晰的解,它可能游离在多种可能的方案之间。在大多数情况下,企业很难判定哪一个或哪一套方案是最好的。况且,战略的选择不仅是客观的产物,也是主观的产物,它会受到战略决策相关人的价值观、个人偏好等的影响,尤其会受到高层管理人员的思维习惯和个性的影响,同时还会受到企业文化的影响。因此,当各种可行性方案被提出来之后,需要经历一个科学的评价和选择过程。

第一节 战略评价

一、战略评价的意义

从战略管理的过程来说,战略评价分为两个阶段:①战略实施前的评价,评价的对象是拟实施的战略,评价的目的是选择一个或一套战略;②战略进入实施过程后的评价,评价的对象是已经付诸实施的战略,评价的目的是战略控制。为了区别起见,把后者称为战略监测。本节只讨论前者,后者将在战略控制部分讨论。

从战略形成的一般过程来看,当企业经过了内外部环境分析之后,通常会制订出几套可供选择的战略方案。提出这些方案的,可能是企业的战略管理部门,也可能是专门成立的战略研究小组,还可能是企业聘请的专业咨询公司,或者是它们的结合。战略方案不管是由谁提出的,都需要经过一个评价和选择的过程,最终由公司董事会决定采用哪个方案,或者采用一个经过修正的方案。

尽管方案的提出是建立在对内外部环境分析的基础之上的,但这些预选方案也只是战略研究人员的智慧和偏好的产物。当然,在这个过程中可能已经融入了企业高层的思路、判断和意图,但它是不系统、不全面的。因此,战略评价的意义在于以下几点。

(1) 战略评价是一个汇集智慧的过程。评价的过程是汇集企业内外部更广泛专家的智慧的过程,它可能将更好的机会纳入视野,也可能意识到潜伏的威胁。因此,这个过程可能挖掘出更好的战略机会,也可能弥补原有战略方案的缺陷。

(2) 战略评价是一个平衡企业利益相关者利益的过程。战略评价使企业利益相关者广泛地发表意见,高层决策者可以从中洞察各方面的利益追求,从而使战略成为一个能够被普遍接受的战略。因为战略只有能够被接受，才有可能被执行。战略被接受的程度越高，执行过程就越顺利。

（3）战略评价是一个达成战略一致的过程。评价的过程是一个沟通的过程，评价者通常也是战略的执行者，只有让战略的执行者理解战略和支持战略，战略才能够有效地被实施。这个过程也是达成"志愿一体化"的一部分。

二、战略评价的组织者

战略评价的组织者应该是公司的董事会，或者是最终决定战略的人或其他组织。

战略评价的过程通常是由战略研究人提出预选方案，预选方案中包括对这些预选方案的评价，然后交由上级（如董事会）组织其他部门或者个人做出评价。评价可经过由上至下再由下至上的过程，但一般不需要企业的基层员工参与。

评价人可以是企业的员工和部门，也可以聘请企业外的个人或组织，还可以聘请专业咨询机构。如果是企业自己组织制定的战略，可以请企业外的组织或个人做出评价；如果是专业咨询机构制定的战略，可以请独立于该机构的专家或者组织做出评价。

三、战略评价的标准

有很多专家提出过自己的战略评价标准，全面地了解这些标准是有益的。

（一）鲁梅尔特战略评价四标准

英国战略学家理查德·鲁梅尔特（Richard Rumelt）提出了可用于战略评价的四条标准：一致性、协调性、可行性和优越性。其中，协调性（Consonance）与优越性（Advantage）主要用于对企业的外部评价，一致性（Consistency）与可行性（Feasibility）则主要用于企业的内部评价。

1. 一致性

一个战略方案中不应出现不一致的目标和政策。鲁梅尔特提出以下帮助确定组织内部问题是不是由战略间的不一致所引起的三条准则：尽管更换了人员，管理问题仍持续不断，以及如果这一问题像是因事而发生的而非因人而发生的，那么便可能存在战略的不一致；如果一个部门的成功意味着另一个部门的失败或被理解为另一个部门的失败，那么战略间可能存在不一致；如果政策问题不断地被上交到最高领导层来解决，那么可能存在战略上的不一致。

一致性评价还包括战略是否与企业的价值观相一致。

2. 协调性

协调性是指在评价时既要考察单个趋势，又要考察组合趋势。在战略制定过程中，将企业内部因素与外部因素相匹配的困难之一在于，绝大多数变化趋势是与其他多种趋势相互作用的结果，对此必须综合考察。企业与环境之间的关系需要解决好两个问题，即企业必须配合和适应环境的变化，并同时与其他试图适应环境的企业相竞争。下面是一些具体问题：

（1）战略选择方案在多大程度上处理了战略分析过程中发现的问题？

（2）战略是否善用了企业的优势和机会？

（3）战略是否与目标相一致？

（4）战略在处理瞬息万变的环境变化方面是否有足够的灵活性？

3. 可行性

一个好的战略应做到既不过度耗费可利用的资源，也不造成无法解决的派生问题。对战略最终的和主要的检验标准是其可行性，即依靠企业自身的物力、人力及财力资源能否实施这一战略。企业的财力资源是最容易定量考察的，通常也是确定采用何种战略的第一制约因素。实际上，对于战略选择，人员及组织能力是要求更严格但定量性差一些的制约因素，因此在评价战略时，很重要的一点是要考察企业在以往是否已经展示了实行既定战略所需要的能力、技术及人才。可行性评价可以通过提出下面的问题来进行。

（1）企业是否有解决问题或者实施战略所必需的特别能力？

（2）企业是否有实施战略所必需的协调和综合能力？

（3）更具体的问题包括：企业是否有实施战略所需的资金？企业是否有能力达到预期的水平？企业是否有能力应对竞争对手的行动？企业能否获得所必需的信息和服务？

4. 优越性

战略必须能够在特定的业务领域内使企业创造和保持竞争优势。竞争优势通常来自以下三个方面的优越性：较多的资源、较强的技能和较有利的地位。其中，前两个因素代表了企业强于或优于其竞争对手的能力。根本的问题是：哪些技能和资源占竞争优势？有利地位的主要特征是，它使企业从某种战略中获得优势，而不处于该位置的企业则不能类似地受益于同样的战略。地位优势可以通过预见能力、较强的技能、较多的资源或运气得到。一旦具备了这种优势，企业可以维持其地位优势。因此，在评价某种战略时，企业应当考察与之相联系的地位优势特性。具体问题如下。

（1）战略能否通过提供值得信赖和可靠的产品与服务而给企业带来一定的声誉？

（2）在满足市场需求的过程中，战略是否有助于企业积累独特的经验？

（3）战略能否使企业在地理位置上更接近主要的顾客？

（二）伊丹敬之的战略评价标准

日本战略学家伊丹敬之认为，优秀的战略是一种适应战略，它要求战略适应外部环境因素，包括技术、竞争和客户等；企业战略也要适应企业的内部资源，如企业的资产、人才等；企业战略还要适应企业的组织结构。企业家在制定战略时应该权衡以下几个方面的战略思想。

（1）战略要实行差别化，要与竞争对手的战略有所不同。

（2）战略要集中。企业资源分配要集中，以确保战略目标的实现。

（3）制定战略要把握好时机。企业应该选择适当的时机推出自己的战略，时机要由自己积极创造。

（4）战略要能利用波及效果（产业经济学中的一个概念）。企业应利用自己的已有成果发挥更大的优势，扩大影响，以便增强企业的信心。这一点实质上是强调企业要利用自己的核心能力。

（5）企业战略要能够激发员工的士气。

（6）战略要有不平衡性。企业不能长期稳定，要有一定的不平衡性，造成一定的紧迫感，即战略要有比以往更高的要求。

(7) 战略要能巧妙组合。企业战略应该能把企业的各种要素巧妙地组合起来，使各要素产生协同效果。

（三）斯坦纳和麦纳的战略评价标准

美国的斯坦纳（Steiner）和麦纳（Miner）给出了六个战略评价要素，其中三个（对环境的适应性、竞争优势和目标的一致性）上面都已经提到，另外三个如下。

（1）预期的收益性。企业要选择能够获取最大利润的战略方案，即追求战略利润，它是长期利润而不是短期利润。其指标很简单，即用投资利润率来评价。

（2）资源的配套性。企业战略的实现必须有一系列战略资源作为保证，这些资源不仅要具备，而且要配套，暂时不具备而经过努力能够具备的资源也是可取的。

（3）战略的风险性。未来具有不确定性，战略具有风险性，在决策时要恰当对待风险。一方面，在态度上要有敢于承担风险的勇气；另一方面，在手段上要事先科学地预测风险，并制定出应变的对策，尽量避免孤注一掷。

无疑，上述评价标准都是有意义的。上述各项指标既相互区别又相互联系，每一个指标的重要程度对于不同的企业和同一个企业在不同的时期是有差别的。在评估时，针对哪些指标和更注重哪些指标，取决于企业战略决策者的判断，既受客观因素的影响，也受主观因素的影响。因为战略是基于对未来预测的，而未来具有不确定性，所以即使对战略评价采用一些定量的方法，战略决策也仍然是有风险的，因此战略决策需要决策者的勇气。再者，从上面所列举的各项指标来看，大多数指标是难以定量的，因此对战略方案的评价更多地需要评价人的智慧和判断力。

（四）本书推荐的战略评价标准

在上述战略专家提出的战略评价标准的基础上，本书建议从以下几个方面评价战略。

1. 适用性

适用性用来评价所提出的战略对企业所处环境的适应程度以及与其自身资源的匹配性，能否保持或加强企业的竞争地位。在评价战略的适用性时，应主要考虑以下几个方面。

（1）该战略能否克服企业的不利因素，如企业自身的资源、能力和技术方面的劣势，或企业在外部环境中遇到的威胁。例如，可以考虑该战略是增强还是削弱了企业的竞争地位，是增强还是削弱了企业与供应商和客户的议价能力，是否有利于应对新进入者和替代品的威胁。

（2）该战略是否很好地利用了企业的有利因素，如企业自身的优势或外部环境中的机会。例如，一家技术水平很高的企业是否充分利用了其创新能力，一家善于规模营销的企业是否随着生产规模的扩大而在不断地开拓新的细分市场。

（3）该战略与企业的使命和目标是否一致。如果该战略虽然改善了企业的收益情况，但却破坏了企业的长期形象，则也不是一个好的战略。

2. 可接受性

可接受性研究企业能否成功地实施战略，以及实施战略后可能会出现什么样的结果。这种可接受性与人们的期望密切相关，一些人认为可接受的战略对另外一些人可能是不可接受的，尤其在两者的期望相互矛盾的情况下。因此，在很多情况下，企业所选定的某种战略实际上是不同利益集团讨价还价后折中的产物。在评价战略的可接受性时应注意以下几个方面。

（1）从利润率的角度看企业的财务状况会发生怎样的变化，以及这种变化将对资本结构和利益相关者的利益产生怎样的影响。常用的财务分析方法有以下三种：①资本收益率分析。该方法旨在评价一项新的战略实施若干年后，预计可达到的资本报酬率是多少。②回收年限分析。运用该方法的基础是计算项目初始的投资要多久才能收回。企业往往要求一个项目的初始投资在规定的时间内回收，计算方法是预计累计现金流量在多少年后能与初始投资持平。③现金流折现分析。该方法实际上是回收年限分析法的延伸。它的最大特点是今天收到的现金要比明天收到的现金值钱，因为今天收到的现金可以立即用来投资，产生利润。项目占用的货币价值反映在折现率上，即资本的机会成本。

（2）该战略会带来哪些财务和经营风险，这些风险会产生的最重要的影响是什么。一般来说，风险越小，战略的可接受性越高。企业在评价风险时可以采用不同的方法，常用的风险评价方法有财务比率规划、敏感度矩阵、决策矩阵、模拟模式等。

（3）该战略会使企业利益相关者的利益发生怎样的变化，他们是否接受所提出的战略，是否有能力阻止该战略的实施。一个好的战略应当努力让各利益相关者都接受。

3. 可行性

可行性研究企业是否有能力和资源来执行战略。一个最容易被通过的可行性评价是如鲁梅尔特所说的"企业依靠当前拥有的资源和能力就可以顺利实施且能达到既定要求的战略"，这个条件似乎太过于保守了。实际上，企业可以利用外部资源，也可以培育目前自己尚不能满足要求的资源，但是利用外部资源和培育资源的可能性要得到落实，或至少有一定程度的把握。

在评价战略的可行性时，要注意以下几个方面。

（1）是否有足够的物力和财力支持实施该战略。
（2）是否具有有效竞争的技术和手段。
（3）是否能够保证获得所需要的管理能力。
（4）是否有能力达到所要求的经营水平。
（5）是否能够取得所需要的相对竞争地位。
（6）是否有能力处理竞争性活动。
（7）当环境突然发生变化时，是否有能力处理危机事件。

在可行性分析过程中，现金流分析和盈亏平衡分析最为重要。现金流分析主要考虑资金的来源情况以及企业对使用资金的预测，立足于能够迅速指出企业战略在财务上是否可行，并确定所需资金是多少，以及筹集到这些资金所需的时间是多长。盈亏平衡分析常常通过评估收益目标的可行性来分析一个战略是否可行，特别是面对不同战略所要求的不同成本结构时，就会变得非常实用。

4. 独特性

独特性是一个好战略的突出特征。独特性检验可以从下面两个方面进行：①企业所做的竞争对手不会做或者不能做；②即使竞争对手做了，也不可能得到本企业所能够得到的竞争优势。

"不会做"是指以竞争对手所处的环境——竞争对手所能够获得的信息、经验与智慧、资源与能力，不会想到做与本企业同样的事。"不能做"是指即使竞争对手意识到了机会，由于受某些关键性因素的制约，也没有能力做与本企业同样的事。例如，关键技术与原材料来源的控制、大规模投资等，一切形成进入壁垒的因素都可能导致竞争对手"不能做"。

即使竞争对手做了同样的事，但由于进入时机不同、进入路径不同、采用的竞争战略不同等，任何一项差异或者多种不同战略的组合都有可能形成战略的独特性。"与众不同"越多，战略的独特性就越强。独特性评价就是审视竞争对手是否会与企业采用相同的战略。

独特性评价包括静态性评价和动态性评价两个方面。静态性评价是指目前产业中是否已经有企业采用了与本企业拟采用的方案相同的战略。动态性评价是指预测未来是否会有竞争对手采用与本企业相同的战略。显然，后者做起来更难，也更重要。动态性评价对于形成战略的应对措施也是非常重要的，这个评价过程有利于增加战略的柔性。

要追求战略的独特性，需要创造性思维，最高境界是做竞争对手想不到的。但竞争对手想不到的事情，常常也是本企业的内部人员——企业的决策相关者也想不到的，这又与战略的可接受性相冲突。化解这个冲突，需要坚毅的决心，即领导者要有力排众议的能力和勇气。就像曾国藩说过的："利不可独，谋不可众。"

四、战略评价的方法

到目前为止，尚没有系统的战略评价方法。一些战略管理专家只是从某个或某些方面提出了战略评价的方法，其中主要内容集中在财务评价方面。

（一）业务组合评价

前面给出的波士顿矩阵和通用矩阵，既可以用来分析企业目前的业务组合状况，以判断企业目前的资源配置是否合理，也可以用来分析按照所拟定的战略，未来企业的资源配置是否可以达到理想的状态。

1. 利用波士顿矩阵分析

企业可以根据不同业务的市场增长率和相对规模，来考察不同业务单位在企业整个业务中的地位是否合适与有效。一个好的战略应该保持企业各战略业务单位之间的动态平衡，而不是顾此失彼。在进行业务组合分析时，应注意以下几个方面。

（1）采用哪种战略最能保证把问题类产品转化为明星类产品，最终转化为现金牛类产品。

（2）企业是否有过多的明星类产品，对每一个明星类产品是否都应该给予资金支持，以及企业是否有足够的资金支持明星类产品所需的大量资金投入。

（3）企业各业务单位的生产活动是否均衡，即是否存在某些业务单位设备紧缺、人员超负荷工作，而另一些业务单位设备闲置、工时不足的情况。

（4）在选择收购对象和策略时，是否某些问题类产品或瘦狗类产品要比明星类产品或现金牛类产品更为理想。

（5）在达到某一个特定的战略阶段之后，业务的分布——体现企业资源配置的状况是否符合企业的期望。

2. 利用通用矩阵分析

在通用矩阵的九个区间中（见图10-1），位于左上方的三个区间的业务被认为是成功者；位于右下方三个最不理想的区间的业务被认为是失败者；被定义为获利者区间的业务相当于波士顿矩阵中的现金牛类业务；位于右上方一个区间的业务被认为是问题者；还有一个产业吸引力和竞争地位都处于一般水平区间的业务被定义为成绩平平者。

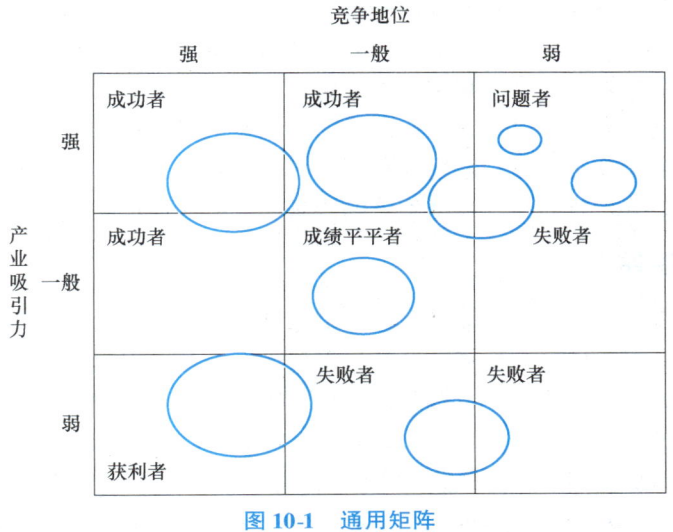

图 10-1　通用矩阵

与波士顿矩阵类似，利用通用矩阵可以评价现在企业的业务组合是否符合企业的期望，也可以通过预测未来一段时间之后业务分布的状态评价其是否符合企业所追求的目标。

（二）战略收益评价

分析具体方案所带来的收益是衡量方案可接受性的一个重要环节。评价战略收益有不同的方法，这里给出两种评价方法：获利能力分析和成本效益分析。

1. 获利能力分析

对一般企业而言，财务收益对战略评价至关重要，获利能力分析涉及几种财务方法。战略往往涉及长期投资决策（如一个新产品的开发或者新业务的扩张），因而必须在财务上站得住脚。

衡量获利能力与选择方案的比较方法密切相关。在战略评价中，最有用的度量是与预期收益和产生这些收益所需资本额有关的那些度量。

战略评价过程中常用的一些获利能力分析方法有资本报酬率法、回收期法和现金流量折现法或内含报酬率法。这些方法在财务管理中都有详细的叙述，本书不再重复。

2. 成本效益分析

在许多情况下，仅从获利角度分析一个战略的收益有很大的局限性，效益本身并非最佳的衡量标准。任何战略选择都取决于成本和价值，成本效益分析试图给战略备选方案的所有成本和效益都加上货币价值。

成本效益分析有助于确定战略选择方案的效益是否超过其成本，以便使战略决策者能够选择产生最大净效益的方案。成本效益分析包括有形效益分析和无形效益分析。

有形效益包括管理成本低、库存小、向客户交货迅速、工作人员减少、超时工作减少、通信费用减少、废品率和返工率下降、运输费用减少、能更有效地运用人力资源等。

有形效益往往直接与其成本相关，故每一个战略选择方案可按净货币效益排序。战略选择方案无形效益的净货币价值却很难评价。这并非意味着无形效益不能定量化，事实上，在一定情况下，这种分析是相当直观的，往往根据无形效益本身就可以确定最终的方案。

无形效益包括给顾客提供更佳的服务、更有效地控制信息、强化产业领导地位、管理权力下放、员工士气得到改善、长期生产能力的规划得到重视、更佳的产品决策、成本控制得到改善、机制的灵活性得以加强、预测更加准确、资源利用率得到改善等。

每一个战略备选方案的净效益一旦得到确认，企业就可以比较各个方案，用净效益正值来确定哪一个方案最能满足企业的宗旨和目标。

详细的成本效益分析能够给每一个确定的因素加权，从而反映其相对于决策的重要性。

（三）战略风险评价

企业在决定是否采纳某一具体战略时，一个关键的环节是评价战略所涉及的风险。一般来说，风险越小，战略的可接受性越高。企业在评价风险时可以采用不同的方法。下面介绍一些常用的方法，如财务比率规划、敏感性分析、决策矩阵和模拟模式。

1. 财务比率规划

财务比率规划是最常用的评价风险的方法之一，用以确定企业采取某一战略所带来的风险程度。约翰逊（Johnson）和施乐斯（Scholes）在1989年指出，企业衡量不同的战略备选方案给企业资本结构带来的变化是一种较为可取的衡量风险的方法。具体有以下几种方法。

（1）财务杠杆比率。企业的资本结构是各种资本来源的表现形式。那些使用会计信息的人最感兴趣的资本结构是企业的财务杠杆水平，即贷款资本和权益资本之间的关系，也就是贷款占资产融资的比重。

企业的总价值是股本的价值加上贷款资本的价值。企业的财务杠杆比率越高，企业计算杠杆比率的财务模式中的贷款资本比重越大。价值又分市场价值和账面价值。对发达的市场经济国家来说，人们倾向于市场价值，因为它反映了证券当前的市场状况。财务杠杆比率的意义在于，它能评价企业的财务风险。

（2）清偿能力比率。清偿能力比率是用来评价风险的另一种财务比率规划方法，这种方法有利于预测企业的未来绩效和与其相关的风险。

清偿能力比率主要涉及企业的财务状况和它在短期内偿付债务的能力。如果企业存在流动资金问题，说明它存在今后现金流量不足的风险。因而，清偿能力比率能够测试企业偿付债务的能力。

（3）获利能力比率。获利能力是指企业如何充分利用其资源，因而它主要用来评价过去的绩效。企业最重要的获利能力比率有长期资本报酬率（衡量企业现有的、全部长期资本的回报率）和股本报酬率（也称作"普通持股人"报酬率）。

财务比率规划是解释某些财务信息和评价风险的一种很有用的方法，但是它也有很大的局限性。局限性之一，财务比率规划是根据历史数据计算的，可能不能反映当前的状况。同时，孤立地解释比率也很困难。财务比率仅属一种衡量手段，并没有反映其他方面的问题，如通货膨胀率、产业种类等环境因素。

对财务比率规划所提供的信息应经过慎重的解释和处理，但总体来说，它不失为评价风险的一种有用的方法。

2. 敏感性分析

敏感性分析也是一种经常被使用的风险评价方法。计算机电子数据表适合用于敏感性分析。这种分析的基本原理是，战略决策者能够评价影响某一环境的所有关键性变量。所以，敏感性分析可以展示与战略决策有关的风险，以及反映预期收益的可信程度。

因为战略是环境分析的产物，也是战略决策者创造性思维的产物，所以敏感性分析首先评价企业内外部环境发生怎样的变化会导致战略的改变；其次评价战略决策者判断失误所带来的风险，即预想与现实产生多大程度的偏差会导致战略的改变。

3. 决策矩阵

作为评价风险的一种方法，决策矩阵的基本原理是将可能出现的结果减到越少越好，这是一种简便易行的分析方法。约翰逊和施乐斯于1989年提供了四种决策标准。

（1）乐观决策标准。在各种方案的最好结果中选择最好的结果。
（2）悲观决策标准。在各种方案的最差结果中选择最好的结果。
（3）懊悔决策标准。在各种方案中选择最小损失机会的方案。
（4）期望值标准。评价每种结果可能发生的概率，从而计算预期结果。

一般来说，很少单独用决策矩阵来评价风险，往往将其与其他评价方法配合使用。这些方法的详细内容都包含在运筹学或者决策学当中。

4. 模拟模式

模拟模式与前面讲过的方法大不相同，因为它试图衡量和预测所有影响企业未来发展的复杂关系。

杰依·迈克尔·库克（Jay Michael Cook）等人于1984年将模拟模式定义为长期使用常规会计标准和关系以及定数模拟的一种工具，其目的是确定各种变量组合的影响，而不在于确定变量之间的实际关系。一个典型的模式可以包括有关的情况和环境因素，它们对企业绩效的影响，以及如财务模式、资产运用等企业机制要素。每种模式因企业不同而异。

使用模拟模式有一定的局限性，其中之一就是需要大量的有关环境因素与企业绩效之间关系的高质量数据。尽管如此，这种方法确实使战略决策者可以较快地考虑新的备选方案和调整有关变量。随着计算机软件包和计算机信息技术的发展，模拟模式的使用会更加广泛。

五、战略评价应避免的误区

企业在战略评价过程中要警惕以下误区。

1. 过分强调资源限制

战略需要考虑机会与企业内部资源的匹配，但一定要以动态的观点和企业资源边界模糊性的观点看待企业的资源限制。动态的观点即长远的观点，要考虑即使企业现在的资源能力不足，但企业还有机会培育资源。

克劳塞维茨认为，在战争中，物质力量和军事技巧固然重要，心理及精神因素也同样重要。对于企业战略，也具有同样的道理。一个战略能否被接受和实施，不仅要考虑物质资源的限制，还要考虑人的精神的巨大作用，但同样也要警惕夸大这种作用。

2. 夸大风险的权重

风险评价是重要的，但是没有哪一个好的战略是没有风险的，如果夸大了风险的影响，可能没有哪一个战略会被选中；如果被选中了，那必定是一个毫无创意的战略。

例如，前面提到企业需要创新，创新有风险是事实，但如果夸大了创新的风险，对任何有风险的研究与开发投入都不去做，这样企业就会离创新越来越远，慢慢地，就会堕落成一家平庸的企业。

3. 评价指标片面

一方面，企业在进行战略评价时，容易片面强调短期的财务指标。这些指标固然重要，但由于绝大多数财务指标都是为年度目标而不是为长期目标制定的，而有些战略需要经过几年甚至更长时间才能实施完毕，其实施结果可能在数年后方能显现。因此，这种做法有时不仅难以对战略做出公正、客观、准确的评价，反而在客观上"弱化"了战略目标，并极易对企业的战略实施造成误导。

另一方面，企业在进行战略评价时，容易忽视质量指标。很多数量指标会因使用的会计方法不同而得出不同的结果，因此质量指标在战略评价中就显得非常重要。例如，缺勤率、调动率、生产质量、生产效率、员工满意度等都是影响绩效的重要因素。

《财富》杂志每年对25个产业的企业进行评价，采用的关键的八项评价指标是：管理质量，创新性，产品或服务质量，长期投资价值，财务状况，对社区和环境义务的履行，吸引、培养和保留人才的能力，对公司资产的使用。

可见，企业在确定战略评价指标时，不仅要"长短结合"，决心与耐心相得益彰，而且要"软硬兼施"，数量与质量相互统一，真正做到"见树又见林"。

4. 远离数字化

远离数字化是指过多地依赖概念或定性指标做评价，而不能有效地利用定量指标和信息技术手段做评价。

在市场竞争中，通常掌握最佳信息的一方获胜，也就是说，信息不对称是造成企业之间绩效差异的重要原因之一。在某些情况下，管理者需要掌握即时的新信息。例如，当企业通过收购兼并而进行多元化经营时，便需要频繁地得到各种新的评价信息。及时而笼统的信息较之精确但过时的信息，通常更适合作为战略评价的基础。如今已经进入数字经济时代，是否采用互联网、大数据、云计算等技术，决定着企业采用最新信息还是过时信息，采用海量信息还是少量信息进行战略评价。显然，现代数字技术的应用将大大提高企业处理信息的速度和能力。

数字化能明显促进战略评价过程中直觉与分析的有效结合。长期以来，许多企业经营者习惯靠直觉进行决策和评价，尽管其有合理的成分，但遇到复杂的情况就容易出现偏差。虽然计算机技术只是决策工具，不是真正的决策主体，但它可以提供不带感情色彩的客观信息，以及基于这些信息的分析和判断。以此与直觉相结合，可使战略评价更加准确。

第二节 战略选择

战略评价是战略选择的前提。按照上面推荐的四个标准或者更多标准评价战略，可能得到的结果是一个战略符合某个标准多一些，但符合另外一些标准少一些。尽管可以用综合评判的方法（如加权平均）对所有的几个或者几套方案的综合得分的高低进行排队，但仍不能保证得分最高的就是最优方案，仍然需要利用其他方法对方案进行选择。最后，还取决于战略决策者的主观判断。

一、影响战略选择的因素

战略决策者往往在经过对各项可能的战略方案进行全面评价以后，发现好几种方案都是可以选择的。在这种情况下，会有一些因素对最终决策产生影响。这些因素在不同的企业和不同的环境中所起的影响作用是不同的，了解这些因素对企业选择最合适的战略方案是非常必要的。

影响企业进行战略选择的因素有以下几种。

（1）企业过去的战略。对大多数企业来说，过去的战略常被当成战略选择过程的起点。这样，一个很自然的结果是，进入考虑范围的战略会受到企业过去战略的限制。由于企业管理者是企业过去战略的制定者和执行者，除非他们对现状高度不满意，否则他们常常倾向于不改动这些既定战略。这就要求企业在必要时撤换某些管理人员，以削弱失败的目前战略对企业未来战略的影响。

（2）企业管理者对风险的态度。企业管理者对风险的态度影响着企业战略的选择。风险承担者常常采取进攻型战略，以便在被迫对环境的变化做出反应之前做出主动的反应；风险回避者往往采取防御型战略，只有环境迫使他们做出反应时，他们才不得不这样做。风险回避者相对来说更注重过去的战略，而风险承担者则会有更多的选择。

（3）企业对外部环境的依赖性。企业的生存受到股东、竞争者、客户、政府、产业协会和社会的影响。企业对这些环境力量中的一个或多个因素的依赖程度也会影响企业战略选择的过程。对环境较高的依赖程度通常会降低企业在其战略选择过程中的灵活性。此外，当企业对外部环境的依赖性特别强时，企业不得不邀请外部环境中的代表参与战略方案的选择。

（4）企业文化和内部权力的关系。任何企业都存在或强或弱的文化。企业文化和战略方案的选择是一个动态平衡、相互影响的过程。企业在选择战略时，不可避免地会受到企业文化的影响。企业未来战略的选择只有充分考虑与目前的企业文化和未来预期的企业文化相互包容和相互促进的情况下，才能被成功地实施。另外，企业中通常会有一些非正式组织。由于种种原因，这些非正式组织的成员可能会支持某种战略，而反对另一种战略。这些成员的看法有时甚至能够影响战略的选择，因此在企业中，战略方案的选择或多或少受这些力量的影响。

（5）时间性。时间性是指可供进行战略决策的时间长短。时间限制的压力不仅减少了能够考虑的战略方案的数量，而且限制了可以用于评价的方案的信息和数量。有研究表明，在时间的压力下，人们倾向于把否定因素看得比肯定因素更重要，因而往往制定出更具有防御性的战略。时间性的第二点包括战略规划期的长短。战略规划期长，则外界环境预测相对复杂，因而在做战略选择时的不确定性因素更多，这会使战略方案决策的复杂性大大提高。

（6）竞争者的反应。在战略方案的选择中，还必须分析和预计竞争对手对本企业不同战略方案的反应。企业必须对竞争对手的反击能力做出恰当的估计。在寡头垄断的市场结构中，或者市场上存在一个极为强大的竞争者时，竞争者的反应对战略选择的影响更为重要。

二、战略选择的工具

战略选择有以下两种常用工具。

1. 战略选择矩阵

战略选择矩阵是将企业的优势和劣势与企业配置资源的范围和能力结合起来的一种战略选择方法。战略选择矩阵如图10-2所示。

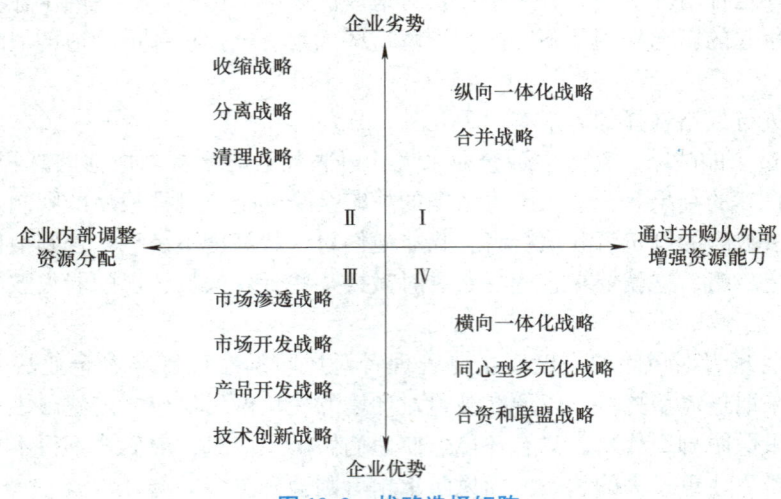

图10-2　战略选择矩阵

在象限Ⅰ中，企业会认为自己当前的生产经营业务的增长机会有限或风险太大，可以采用纵向一体化战略来减少原材料供应或顾客渠道方面的不确定性所带来的风险。企业也可以采用合并战略，既能投资获利，又不用转移对原有经营业务的注意力。

在象限Ⅱ中，企业常采用较为保守的办法来克服劣势，即收缩企业的业务范围，将资源集中于有竞争优势的业务。如果某种业务已经是企业成功的重大障碍，或者克服其劣势耗费巨大，或者成本效益太低，就必须考虑采取分离战略，把这种业务分离出去，同时获得补偿。当经营业务已经是徒然耗费组织资源，甚至有导致破产的危险时，就可以考虑采用清理战略。

在象限Ⅲ中，企业拥有较强的优势，可以通过扩大生产规模来达到规模经济和一定的市场份额，而且能从企业内部增加所需要的资金投入和其他资源，可以从市场渗透、市场开发、产品开发及技术创新这四种战略中选择一种。市场渗透是指全力倾注于现有的产品和市场，力求通过再投入资源、增强优势以巩固自己的地位。市场开发和产品开发都是要扩展业务，前者适用于原有产品拥有新顾客群的情况，后者适用于现有顾客对企业现有产品的相关产品感兴趣的情况。产品开发也适用于拥有专门技术或其他竞争优势的条件。企业的优势若在于具有创造性产品设计能力或独特生产技术能力，则可以采取技术创新战略，推出新产品。

在象限Ⅳ中，企业具有优势，而且可以通过积极扩大业务范围来增强竞争优势，则可以选择一种注重外部资源的战略。横向一体化战略可以使企业迅速增强产出能力；选择同心型多元化战略，现有业务与新业务密切相关，可以使企业平稳而协调地发展；合资和联盟战略也是从外部增强资源能力的战略，可以使企业将优势拓展到原来不敢独自进入的竞争领域，合作者的生产、技术、资金或营销能力可以大大减少金融投资，并提高企业获利的可能性。

2. 战略聚类模型

战略聚类模型是根据波士顿矩阵修改而成的一种战略选择模型。与波士顿矩阵相似，战略聚类模型也根据竞争地位和市场增长组成四个象限，如图10-3所示。

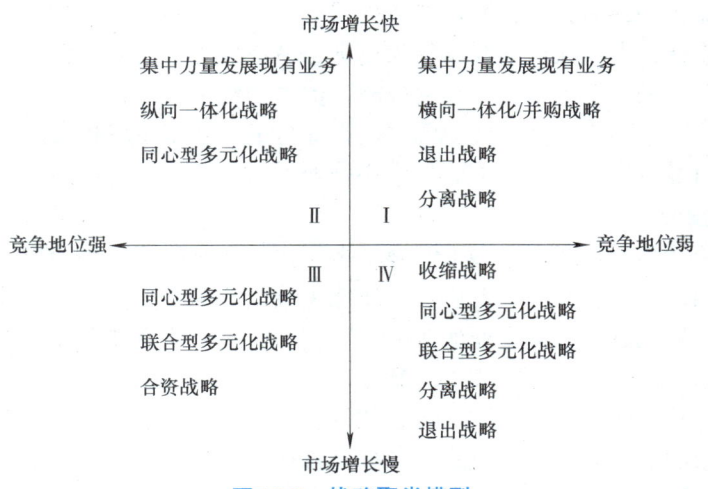

图 10-3　战略聚类模型

在象限Ⅰ中，企业处于一个有利的市场中，但其自身的竞争地位较弱。这时企业必须认真审视其现有战略，找出效益不理想的原因，判断有无可能扭转局面，使竞争地位转弱为强。企业如果认定还具备尚未充分体现的潜力和竞争优势的实力，仍可以考虑集中力量发展现有业务；如果并不具备改善局面所必需的资源，则可以考虑选择横向一体化/并购战略，来增强企业的实力；如果这两个方案都不可行，可以考虑退出该市场或产品领域的竞争。对于生产多种产品的企业来说，可以采取分离战略，把耗费大、效益低的业务分离出去，将获取的资金用于发展其他效益好的业务；如经营失败，最后还可以采取退出战略，以避免拖延而造成更大的损害。

在象限Ⅱ中，企业处于最佳战略地位，适宜继续集中力量发展其现有业务，不宜轻易转移既有的竞争优势。但是，如果资源有余力，企业可以考虑采用纵向一体化战略，因为这有助于更好地接近用户和供应商，从而保护企业的市场份额和利润。当然，企业也可以考虑采用同心型多元化战略，以减少因经营面过窄而带来的风险，同时继续大量投资于有效益的现有主要经营领域。

在象限Ⅲ中，企业处于一个增长缓慢的市场中，但具有较强的相对竞争地位。企业可采用同心型多元化战略或联合型多元化战略，以分散风险，同时利用现有的竞争优势。对于跨国经营的企业而言，最好采取合资战略，通过与东道国企业的合作，开拓有前途的新领域。

在象限Ⅳ中，企业竞争地位较弱，同时面对一个增长较慢的市场，属于最糟糕的境况。企业通常采取收缩战略，减少对现有业务的资源投入，提高员工的工作效率。同心型多元化战略或联合型多元化战略便于企业进入有前途的竞争领域。如果能找到持乐观态度的买主，企业可以采取分离战略或退出战略。

三、战略选择的误区

在实际战略管理中，决策者往往容易犯一些共同的毛病，造成战略方案选择的失误。这些战略方案选择的误区有其客观原因，需要战略决策者注意。

1. 盲目追随他人

盲目追随他人是指企业在没有仔细分析自己特有的内外部环境的情况下，盲目地追随市场主导者或目前流行的战略方案，从而造成失误。

盲目追随他人往往发生在市场前景较为乐观、经济较为景气的时期。此时，诱人的外部环境会使大多数企业采取增加市场份额的战略。但是，结果常常是一哄而上，最后造成供大于求。这时，一些实力强大、竞争优势明显的企业将最终获得市场扩张的好处，而真正遭受损失的是那些盲目跟风、采取增长战略的中小企业。

2. 过度分散投资

过度分散投资是指过早或者过多地实施了多元化。在有些管理者的战略观念中，投资多个产业和业务领域会降低企业的经营风险，还能彰显企业的实力。这是一种错误的观念，并不是投资领域越分散就越能体现企业的实力。事实上，多元化会使企业资源分散和管理经验变得欠缺，这些都将使企业的经营实力受到影响。

越是大的、成功的企业，所面临的机会就越多，诱惑也就越多，所以有定力、经得起诱惑，是成功企业家的重要能力。这也是一些战略管理学家认为决定企业不做什么比决定企业做什么还要重要的原因，也是在一些优秀企业的战略中明确规定不做什么的原因。

3. 排斥收缩型战略

退出战略或者防御战略都属于收缩型战略。一般来说，那些排斥收缩型战略的决策者会认为，实行收缩就意味着管理人员的失败，而大多数人不愿看到自己的失败。另一类管理人员却因为缺乏全局观念而排斥收缩型战略。一方面，他们没有认识到许多成本具有沉没性，一旦投入进去就无法弥补，还不如及早退出或清算；另一方面，他们没有认识到企业在有更好的业务机会时，完全可以将其他不良运作的业务资源转移过来，从而实现企业资源的最优配置。

4. 过于自信

许多企业由于过去曾经获得过巨大的成功，挖掘到了第一桶金，就坚信自己的能力和运气，总是期望再寻找到另一项再创辉煌的业务，挖掘到另一桶金，结果往往如同中了一次彩票的人一样，再中第二次的概率微乎其微。

很多企业的失败来源于过度自信。一些决策者在经历了曾经的辉煌和连续几项业务的成功之后，就误以为自己是"经营之神"，十分容易陷入盲目扩展和盲目进入新领域的陷阱。

5. 过于"好斗"

有些企业倾向于针对原有的竞争对手，把它们作为"宿敌"，喜欢采取"针锋相对"的战略，在竞争中拼价格，花费大量的促销费用，或者"竞争对手做什么我就做什么，竞争对手怎样做我就怎样做"，结果使自己陷入亏损的泥潭。

须知，"好斗"是一种典型的非理性的企业行为，是企业决策者不成熟的表现之一。

6. 追求"完美"

只有优势与把握而没有缺陷与风险的"完美"战略几乎是不存在的。如果企业追求战略的完美，则会把有创意的战略扼杀掉。前面提到，战略评价需要一个自上而下或者自下而上的过程，但这个过程只是一个集思广益、聚集智慧的过程。这个过程只是为最终战略的决策者提供一个更坚实的分析基础和更富有启发性的思维空间，最终的决策仍然取决于决策者的决心与判断力，而不需要取得所有人的一致认可。

第三节　战略分析的循环过程

本书在第三章第二节讲述了战略管理的一般过程，在这个过程中各个环节的活动有先后顺序，但绝不能认为这个过程就是由一条直线贯穿下去。事实上，战略分析是一个循环往复的过程。

一、战略分析前的主观意图

前文说过，战略分析从意识到战略问题开始，这是问题驱动型的研究方法。因为只有明确了战略问题，才能使后面的战略分析做到有的放矢。这就意味着，绝大多数战略分析是从先有了一定清晰程度的战略意图开始的。因为它是在没有经过内外部环境分析和战略评价之前就有的，因此称为主观意图。后期的战略分析就是要使这些主观意图逐步清晰，逐步接近客观，当然，还可能迸发出新的意图。能够迸发出新的意图，正是战略分析更高的价值，因为它可能发现新的、更好的业务发展机会。

实践中的战略研究通常有两种情形：①企业自己研究；②聘请专业的咨询机构研究。这两种情形都需要事先了解委托人（对企业员工来说是老板、对咨询机构来说是甲方高层管理者）的战略意图。例如，想沿着现有的业务做下去吗？想进入一个新的领域吗？您对哪些领域感兴趣？这是战略研究人员在做战略分析之前必须了解的，是调研前期所要解决的问题。明确了企业高层的战略意图，下一步就要通过战略分析，使已有意图变得更加清晰、坚定，或使已有意图被否定，或消除企业高层内心的困惑，或产生新的意图并最终被选定。

明确了所面临的战略问题，并明确了企业高层，主要是最高决策者的战略意图，就进一步限定了战略环境分析的内容；后面战略备选方案的提出，因为是建立在战略环境分析基础之上的，所以也反映了企业高层的战略意图。所提出的战略备选方案可能符合企业高层的意图，也可能不符合，还可能领悟或洞察到了新的机会。后两种情况的出现，都会导致对环境的重新分析或者补充分析，由此就产生了战略备选方案与环境分析之间的循环。

二、战略评价后的再环境分析

战略备选方案提出之后，就进入战略评价阶段。按照前面的论述，影响战略选择的因素多而复杂，战略评价的标准众多，有些还存在一定程度上的冲突，如"可接受性"与"独特性"之间的冲突。因此，在战略评价中经常会遇到这些情况：外部环境评价很好，但内部环境有欠缺；外部环境或者内部环境因素中有些好、有些不好；战略评价标准中有些方面好，有些方面不好。尽管在多因素评价方法中有综合评价方法，如外部因素综合方法、内部因素综合方法等，但在各项因素的权重分配上，仍然不能完全脱离主观判断，也就是有些问题仍然难以看清，有些方案仍然难以决断。在这种情况下，就需要重新回到环境分析阶段，即进行再环境分析。

再环境分析要解决两个方面的问题：①对把握不准的问题做补充调研和分析，包括再咨询相关领域的专家，以解决模糊、困惑和犹豫不决的问题；②对新领悟、洞察到的机会做相关环境分析，需要调研和分析新的环境要素，包括新的宏观环境、产业环境和具体到某项业务等方面的信息，以解决新进入分析视野的业务发展问题。

三、战略实施后的再战略分析

这里首先需要辨别两个重要概念：①战略分析，在整个战略管理过程中，去掉战略实施阶段的过程都属于战略分析；②战略环境分析，是指战略管理过程中的内外部环境分析阶段，它是战略分析中的一个环节。

经过战略评价阶段、战略选择阶段确定了战略方案之后，战略管理就进入了战略实施与控制阶段。在这个阶段，通过观察和检测战略实施的效果，要把控制信息不断地反馈给前端，以确保战略目标的实现。

如果战略实施效果与预期的有偏差，则要分析产生偏差的原因。产生偏差的原因有三个：①企业的内部、外部环境发生了变化，使得原有战略方案选择的依据不存在了，这样就要对战略做出调整。关于如何调整，战略分析需要返回到环境分析阶段。②此前企业意识到的战略问题可能并不客观，需要重新审视企业所面临的战略问题，即战略分析回到了战略管理过程的起点，也就是启动了再战略分析循环。③只是战略执行过程出了问题，这种情况下只需要调整战略执行。

思 考 题

1. 战略评价的意义体现在哪些方面？
2. 简述战略评价过程以及如何选取评价人。
3. 战略评价标准有哪些？
4. 战略评价包含哪几个方面？各自有什么样的评价方法？
5. 进行战略评价应避免哪些误区？
6. 战略评价与战略选择的关系是什么？影响战略选择的因素有哪些？
7. 战略选择的常用工具有哪两种？各自的使用方法是怎样的？
8. 管理者在进行战略选择时应避免哪些误区？
9. 如何理解战略的独特性与可接受性之间的关系？
10. 如何理解战略分析的循环过程？

第四篇　战略实施与控制

你测量你所珍惜的东西。

——洛里尔

　　制定战略的目的是实施。如果制定出来的战略不能实施，那它就如同无源之水、无本之木，难以使企业在风云变幻的市场中立足。

　　对于战略制定重要还是战略实施重要的问题，作者认为两者同样重要。因为两者当中只要一方有缺陷，就不会得到满意的结果。若制定的战略缺乏前瞻性和创新性，即使实施得当也难以突破发展瓶颈；反之，若实施不力，制定的战略无论多好也会付之东流。因此，处于激烈竞争环境中的企业，只有精心打造管理中的每一个环节，才有可能成就百年企业。

　　现在，"给猫挂上铃铛"的主意已经提出来了，下一步就看怎样做了。

第十一章

战略选择与实践的关系

很多实践部门总是认为战略"虚",总是担忧"战略落地"的问题。其实,这是对战略管理这门学问的误解。因为战略专家历来关心战略的实施问题,并就如何使"战略落地"进行了深入的研究。波特在《竞争优势》一书中就提到,要"建立起战略与执行之间的桥梁"。显然,只有确保在战略思考与战略执行之间建立有效的联系和转化机制,才能确保战略意图得到实现,从而实现预定目标。

第一节 为了实施的选择

从来没有战略专家忽视过战略实施的问题,也可以说,战略选择就是为了实施。从战略分析的每一个环节来看,都是从关注实施开始的。如果没有这样做,也意味着不可能获得好的战略。

一、"意识到战略问题"与实施

前面已经提到,本书所倡导的是问题驱动型的战略管理。从"意识到战略问题"开始的战略管理,不仅限定了环境分析的范围、内容与精细程度,还考虑了战略实施的愿望和可行性问题。也就是说,如果根本没有想过做那件事,就不需要分析相关的环境;如果想做那件事,就意味着头脑中想象着能做那件事、有实施的可能性,接下来的战略分析环节就是要落实这种可行性。

从业务发展的角度来说,意识到的战略问题一般会涉及三种情况:①现有业务的扩张,属于横向一体化;②相关业务的扩张,多属于纵向一体化;③进入一项或者多项新的业务。其中,前两种情况考虑到了实施,这是显而易见的,因为企业对相关业务熟悉、有相关内部资源的积累,再加上一元化战略、相关多元化战略的内在优势,进一步降低了实施门槛。

进入新的业务领域,表面看来与此前企业的业务无关,似乎对实施一点也没有考虑,实则不然。无论是对于企业高层决策者还是战略研究者(咨询人员)来说,当他们提出进入新的业务领域时,必定对可行性问题有一定程度的把握。

例如,格力电器是一家以空调为核心业务的公司,其密切关注和响应国家鼓励企业创新、支持高质量发展等战略方向,进入了汽车、智能装备等业务领域。这些业务看起来没有什么关联,但在开始论证这些业务项目的时候,必定已经考虑到了是可实施的。因为格力有强大的资金运作能力和研究与开发能力,可以通过收购、战略联盟等多种方式,迅速地获得开展这些业务所需要的资金、技术、人才等资源，所以这些业务项目是可实施的。也就是说，没有哪一个战略意图是在没有思考过可否实施的情况下被提出的。

同样的道理，任何一位战略研究人员都不会在没有考虑可否实施的情况下提出一项战略意图，并在后面花费大量的精力与费用去研究。

二、环境分析与实施

前面已经提到，环境分析的范围与精细化程度是由"意识到战略问题"所决定的，而环境分析的内容要么与现有业务相关，要么与现有业务无关。与现有业务相关就是要实施一元化或者相关多元化；与现有业务无关就是要实施非相关多元化，进入一个新的业务领域。因此，环境分析是要考虑实施的。反过来说，要实施怎样的战略，决定了环境分析的范围和精细化程度。

首先，要做什么决定了环境分析的范围。企业不会去分析与要做的业务无关的环境要素，因为它们对企业的战略选择不产生影响。当经过环境分析和环境评价之后仍然无法获得满意的战略选择时，企业可能需要重新界定环境分析的范围，也就是扩大环境分析的范围。

例如，在战略管理过程中，进行环境分析要先分析宏观环境，再分析任务环境和内部环境。但宏观环境要素要分析什么，与企业要做的业务相关。如果你要做一项一般的餐饮业务，就不需要分析宏观环境要素中的技术要素；如果你要做新能源汽车，技术要素就要进行详细分析。

其次，要怎样做决定了环境分析的范围与精细化程度。无论是要做相关多元化还是非相关多元化，都有一个怎样做的问题，包括怎样进入、怎样成长、怎样竞争等。如果想自己做，就要把做同样产品和替代品的企业当作竞争对手来分析；如果想与别人合作做，就要分析那些可能成为合作伙伴的人，包括"跨界"的合作伙伴，不是分析竞争关系，而是分析合作的可能性和合作的方式。

例如，格力电器要进入汽车领域，显而易见，会首选合作、兼并、联盟的方式。因此，格力要做环境分析，一定要把范围扩大到可能成为它的合作伙伴的企业，并细致地分析合作的可能性与方式，详细评估这些合作伙伴的兼容性、资源互补性以及合作的潜在价值。

三、战略评价与实施

从前面所讲述的战略评价的内容可知，战略评价与战略实施的关系最为紧密。在本书所推荐的战略评价四条标准中，前三项——适用性、可接受性和可行性都是考虑了战略实施的，特别是关于可行性。

从实践的角度来说，可行性是企业决策者最为关心的。他们常问的一句话就是："那可行吗？"按照上面的分析，从战略分析的过程来看，"意识到战略问题"是瞄准了可行性的，这一阶段解决的主要是企业想做、愿意做的问题。如果企业根本没有想做那件事，也就不会成为"企业所面临的战略问题"，后面的环境分析、评价等环节也无从开始。如果经历了环境分析、战略评价之后，有新的业务方向"冒"了出来，要不要对它或它们展开研究，也取决于企业决策者对它或它们是否有兴趣。通常情况下，战略决策者不应该提出一项企业决策者毫无概念、兴趣的项目试图说服他们接受，那样可行性常常会遭到质疑。

环境分析是瞄准了可行性的，这一阶段解决的主要是企业能否做到的问题。宏观环境分析要解决外部宏观环境因素是否允许企业这样做,或者鼓励企业这样做的问题;任务环境分析是从与竞争对手比较的角度来分析企业能否做到;内部环境分析是从企业资源和能力的角度来分析企业是否适合做这件事和是否有条件这样做。总之,它们都是针对可行性的,是针对实施的。

至于战略评价阶段更是如此,它的大部分任务就是研究实施问题。

第二节　实施是战略的一部分

前面提到战略选择是为了实施,因此一个完整的战略研究过程或者战略内容,理论上不存在战略与实施是"两张皮"的问题。这也意味着,一个完整的战略本身就包括实施的内容。也就是说,实施是战略的一部分。

一、战略诊断矩阵

企业为了实现自己的目标,不仅要有效地制定战略,而且要有效地实施战略。哪一方面出现了问题,都会影响整个战略绩效。下面的战略诊断矩阵(见图 11-1)说明了这两者的重要性,并指出了战略制定与战略实施的不同搭配会产生四种结果:成功、摇摆、艰难和失败。

在成功象限里,企业有良好的战略,而且能够有效地实施这一战略。在这种情况下,尽管企业仍旧不能控制企业的外部环境因素,但由于能够成功地制定战略与实施战略,企业的目标便能够顺利实现。

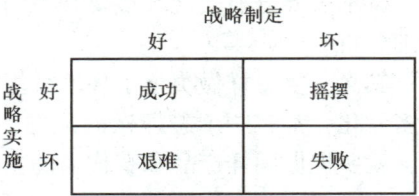

图 11-1　战略诊断矩阵

在摇摆象限里,企业未能完善地制定出自己的战略,但执行这种战略却一丝不苟。在这种情况下,企业会遇到两种不同的局面:①企业由于能够很好地执行战略而克服了原有战略的不足之处,或者至少为管理人员提出了可能失败的警告。例如,企业的销售人员发现企业战略在市场营销方面存在问题,便将战略的重点放在促进企业成功的销售方面。②企业认真地制定了一个不完善的战略,结果加速了企业的失败。例如,企业对一个尚有许多问题的新产品所制定的战略是,迅速扩大生产和加强市场营销。如果在执行过程中,企业不做任何变动而认真执行的话,只会加速失败。面对这两种情况,企业要及时准确地判断,在这个象限里,战略会造成什么结局,并采取主动措施加以改进。

在艰难象限里,企业制定了很好的战略但贯彻实施得很差。这种局面往往是由企业管理人员过分注重战略制定而忽视战略实施造成的。一旦发生问题,管理人员的反应常常是重新制定战略,而不是去检查实施过程是否出了问题。结果,重新制定出来的战略仍按照老办法实施,结果还是失败。

在失败象限里,企业所面临的问题是战略既不完善又没有很好地执行。在这种情况下,企业的管理人员很难把战略引到正确的轨道上来。企业如果保留原来的战略而改变实施的方式,或者改变战略而保留原有的实施方式,都不会产生好的结果。

通过上述讨论,企业应该注意两点:①战略实施与战略制定同样重要,企业管理人员在制定战略时,往往简单地假定企业能够有效地实施这一战略,这只是一种美好的愿望。②如果战略实施无效,也很难判断企业所制定战略的质量。因此,企业需要在摇摆象限、艰难象限和失败象限里诊断出战略失败的原因,以便找到一种补救的方法。为了更有效地实施战略,企业需要说明实施的具体战略任务。

上述战略诊断矩阵可以被应用于战略监测过程中。

表 11-1 给出了战略制定与战略实施之间的区别。

表 11-1　战略制定与战略实施之间的区别

区别	战略制定	战略实施
行动时间	在行动之前	在行动之中管理和运用力量
主要过程	主要是一种思维过程	主要是一种实践过程
需要技能	有好的直觉与分析技能	有特殊的激励和领导技能
协调对象	只需要对几个人进行协调	需要对众多人进行协调
注重重点	注重效能	注重效率

在考虑企业战略制定与战略实施时,需要警惕以下两个方面的误区。

(1)重视制定而忽视实施。聘请专业咨询公司为企业制定战略是一种被广泛认可的方式。但在项目咨询过程中,企业管理层只关注获得战略方案和咨询报告,而不认真思考战略实施问题。尤其是在战略制定与实施的责任主体相分离时,战略目标就很难实现。

(2)重视战略而忽视战术。战略的总体特征是方向性的,尽管在选择战略时会考虑实现它的可行性等,但实现它的方法和手段通常不是战略方案能够考虑到的。因此,如果企业只重视战略而忽视实现它的方法,战略最终会落空。有学者提出"细节决定成败",应该引起那些重视战略的企业家对战术的重视。

二、认识战略变化的性质

企业在实施战略之前,要清楚地认识到企业要有怎样的变化才能成功地实施战略。要做到这一点,企业首先要清楚将要实施的战略比以前发生了什么性质的变化。

根据企业战略变化的性质可以将战略变化划分为五种,评价这五种战略变化的标准是看其是否能够帮助管理人员解决问题、更好地实施战略。

1. 原有战略

原有战略是指企业在上一个计划期内就已经执行过的战略。由于在这一层次上不需要有新的技能,企业只要保证每项活动都能够按照预定的计划进行,就能成功地实施战略。同时,企业在上一计划期内所获得的经验曲线效应,可以使企业以较小的代价顺利实施战略。因此,原有战略是五种战略变化中最简单的一种形式。

2. 常规战略变化

常规战略变化是指企业为了吸引顾客或为产品确定位置,而在战略上采取的正常变化。企业可以在正常的生产经营活动中改变广告形式、包装形式,采用不同的定价策略,甚至改变销售分配的方式来进行常规战略变化。例如,企业根据不同的季节需求,通过广告宣传自己的产品可以满足不同需求,并且制定适宜的价格,鼓励消费者购买。在这种情况下,企业要协调好生产经营活动,保证有足够的产品供应市场。

3. 有限的战略变化

有限的战略变化是指企业在原有的产品系列基础上向新的市场推出新的产品时只需要做

出的局部变化。由于产品更新的方式较多，所以这种变化的形式也较多。一般来说，如果只是改进产品形式，则不需要在生产和市场营销上做出很大的动作；如果产品中含有高新技术，则会对战略的实施带来新的复杂问题。

4. 彻底的战略变化

彻底的战略变化是指企业的组织结构和战略发生重新组合的重大变化。这种变化基本上有两种主要形式：①在同一产业里的企业之间形成联合或兼并时所发生的变化。作为一个新的联合体，不仅要求获得新的产品和市场，而且会遇到如何制定新的组织结构、形成统一的企业文化等问题，这些都使得战略变化复杂化。②企业内部发生重大的彻底变化，特别是在实施多元化战略的企业中，企业高层管理者如果对下属经营单位采取大进大出的方式推进联合或出售，这种变化便格外明显。

5. 企业转向

企业转向是指企业改变自己的经营方向。这种变化主要有两种形式：①不同产业之间的企业进行联合和兼并时所发生的变化。这种变化的程度完全取决于产业之间彼此不同的程度，以及新企业实行集中管理的程度。例如，烟酒产业的企业与食品制造产业的企业进行多种经营的联合时，基本上还是在两个类似的产业中转向。但是，也有企业是在两个截然不同的产业和企业文化中进行联合的。②一家企业从一个产业中脱离出来，转到一个新的产业中。在这种情况下，往往使企业的使命发生变化，而且要开发新的管理技能和产品技术。

三、战略实施阶段与内容

在认识了新战略的变化性质之后，战略实施过程可以被细分为三个相互联系的阶段：战略发动阶段、战略计划阶段和战略运作阶段，每个阶段对应不同的内容，如图11-2所示。图11-2中虚线下面的内容已经进入战略控制阶段。

上述每个战略实施阶段都要有阶段目标，相应地，每个阶段都要有政策措施、部门策略以及方针等。企业往往要定出分阶段目标的时间表，对各分阶段目标进行统筹规划、全面安排，并注意各个阶段之间的衔接。战略实施更应该注意新战略与旧战略的衔接，保持战略的连续性、稳定性和可持续性，以减少阻力和摩擦。各个阶段的分目标与计划应该更加具体化和可操作，应该制定年度目标、部门策略、方针与沟通等措施，使战略最大限度地具体化，变成企业各个部门可以具体操作的业务。

战略发动阶段是实现"自愿一体化"的重要步骤，前期的战略评价也是战略发动的一部分，只不过当时要付诸实施的战略尚未确定下来。许多企业由于忽视了战略发动阶段，使战略的执行部门和责任人缺乏对企业战略的深刻认识，从而导致战略执行过程中缺乏自觉性和创造性，最终影响了战略的成功实施。

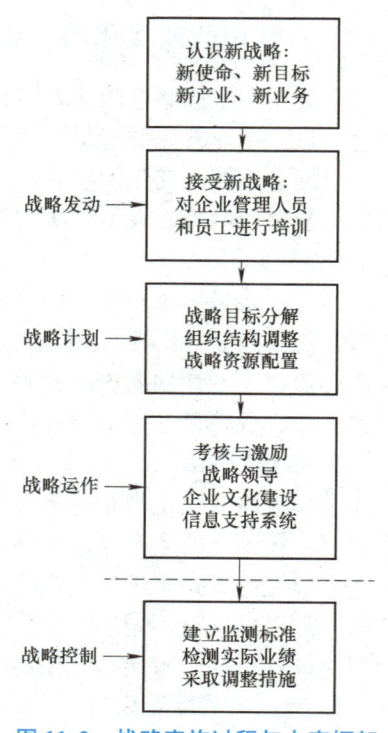

图11-2 战略实施过程与内容框架

第三节 战略行动是取得战略绩效的前提

虽然在进行战略分析时就考虑了实施问题，战略方案中已经对实施问题做了安排，但这并不意味着战略管理全部完成。要取得好的战略绩效，必须要有行动，也就是战略行动。也就是说，前面规定了做什么、怎么做、由谁做，现在要做起来。

一、关于战略行动

战略行动从战略发动开始。战略行动也可以称为战略执行，这里用"行动"这个词，是要强调"动"起来，是要与战略方案相对应；"方案"是死的，只有贯彻、执行，它才能"活"起来，才能见到效果。

从总体上看，战略执行包含多个相互作用的影响因素。通过对战略执行相关研究进行分析发现，在战略执行研究中出现频率最多的主题包括战略沟通、战略澄清、目标分解、计划拟订、资源分配、激励与学习调整、战略行动、业绩评估等。关于战略是否得到了有效执行，国内有学者在借鉴国外研究成果的基础上，将战略执行分成战略共识、战略协同和战略控制三个维度进行测量，如表11-2所示。

表 11-2 战略执行测量表

变量	测量维度	问项
战略执行	战略共识	企业高层管理人员对战略的理解与认同 企业基层员工对企业战略的理解与认同 企业外部相关者对企业战略的理解与认同 企业高层管理人员对企业战略的行动承诺 企业基层员工对企业战略的行动承诺
	战略协同	积极将企业战略转化为运营计划和阶段性绩效指标 积极调整组织结构与部门设置 积极制订预算方案并合理配置资源 积极优化与改造业务流程
	战略控制	积极培育执行文化 定期评估并反馈执行绩效内容 积极与其他企业建立战略联盟 密切关注环境变化并适时调整战略

二、关于战略绩效

所谓战略绩效，简单地说就是通过战略执行所能实现战略目标的程度。关于战略绩效的测量，学术界倾向于采用各种财务指标和非财务指标的结合。例如，国外有学者根据企业战略，提出了财务指标与非财务指标相结合的绩效评价模型——业绩金字塔（Performance Pyramid）模型，还有学者提出了应用平衡计分卡（Balanced Score Card，BSC）测量战略绩效的模型，从财务、客户、内部业务运作、学习与成长四个维度进行测量。此后，又有学者建议把企业社会责任的履行程度也加到战略绩效测量维度中。

以本书作者的观点，在当前推动绿色发展的大背景下，企业的战略绩效测量还需要与环境保护和绿色发展理念紧密结合，要强化环境责任和环境绩效评价，重点考虑资源节约和环境友好的长远目标，将资源利用效率、节能减排、生态保护等指标纳入其中。

三、战略行动与战略绩效之间的关系

与前面给出的产业经济学中的结构—行为—绩效逻辑相似（SCP分析框架），也可以给出战略—战略行动—战略绩效分析框架。在这个框架中，战略行动在战略与战略绩效之间起中介作用。

有很多实证研究的成果证实了这种中介作用，并且有些实证研究的成果证实，即使没有战略，有战略行动就可以产生战略绩效。可见战略行动的重要性。

这一点从逻辑推理的角度来说是容易被理解的。如果没有战略行动，就不可能产生战略绩效，即使产生了战略绩效，那也只能说是"偶得"。本书开篇就已经说过，即使兢兢业业地实施了战略管理，也未必会取得成功，更别说不去做了。所以，不要幻想"偶得"。

思 考 题

1. 怎样理解"为实施的选择"？
2. 为什么说"问题驱动型"的战略管理更有利于战略实施？
3. 战略评价过程中如何考虑战略实施的问题？
4. 怎样理解战略实施是战略的一部分？
5. 什么是"战略诊断矩阵"？
6. 在考虑战略制定与实施时，需要警惕哪些方面的误区？
7. 企业战略变化可以分为哪几种？
8. 战略实施过程可以被细分为哪几个阶段？每个阶段包括哪些内容？
9. 为什么说战略行动是获得战略绩效的前提？

第十二章

战略实施

战略被选择之后,战略制定过程就完成了,接下来是如何将战略付诸实施。战略实施阶段是解决"由谁做"和"怎样做"的问题,同时它也为实现"确保做好"提供了前期保证。

按照前面给出的战略实施过程与内容框架,在完成了"做什么"的选择和战略发动之后,就要进入战略计划、战略运作和战略控制阶段了。本章介绍前两者,后者单独列为一章,它们是按照管理的基本职能展开的。

第一节 战略目标的分解

战略计划阶段是通过计划的方法,把要实现的企业使命、目标落实到具体的业务、产品以及各项活动中。企业可以将未来 10 年、20 年的战略目标分解到五年计划、年度计划中去,进而将其分解到战略业务单位、各个部门、各个岗位和个人,从而解决战略管理中"由谁做"的问题。

目标管理是一种成熟的管理模式,它把企业的战略管理纳入企业的目标管理,或者说通过目标管理把企业战略落实到日常的经营管理活动中,再与企业的考核激励机制相互配合,能够有效地解决使"形而上"的战略"脚踏实地"的问题。

有关计划的理论和方法在管理学中多有论述,本节主要研究战略目标的分解问题。战略目标的分解主要包括职能分解、时间分解和平衡与协调三个方面。

一、职能分解

职能分解即把战略目标按职能部门进行分解,包括纵向分解和横向分解。

纵向分解基本上是按照企业的组织系统展开的,即把企业的战略方案逐级落实到各事业部门、业务部门、分公司或车间,再逐层分解到岗位和个人,形成一个层层目标明确、岗位职责清楚、责任与目标相结合的实施体系。它同企业的组织结构相对应,如图 12-1 所示。

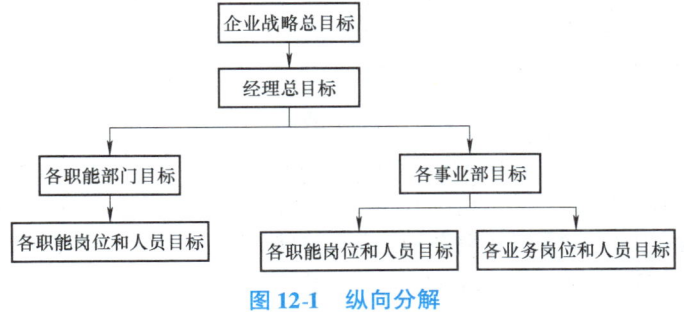

图 12-1 纵向分解

横向分解是按目标管理的步骤，分别对各目标进行展开，如表 12-1 所示。

表 12-1　横向分解

分目标	主要措施		实施进度				检查时间		检查人	效果评价	
	措施内容	负责人			2			2		评价时间	评价意见
1											
2											
3											
⋮											

纵向分解和横向分解的结合构成企业的目标体系，它刻画了企业战略目标分解的现实情况，形成了既有部门、层次分工，又有内容上连续性的责任体系。

二、时间分解

时间分解即把战略方案的长期目标从时间上分解为一个个短期目标，使企业的长期行为转化为短期安排。把长期目标分解为短期目标，明确规定什么目标在什么时候完成到什么程度，便于实施、检查。一般是将方针目标分解成年、季、月的目标。在时间的分解上要注意时间的同步性，即各项目标在时间上是同步的，在时间序列上是符合需要的。

三、平衡与协调

按照时间的同步和有序、职能的相互协调和各种资源在时间和部门、项目上的平衡，进行综合平衡和系统协调。

值得注意的是，整个目标体系的建立需要所有管理者的参与。企业中的每一个组织单元都必须有一个具体的、可测度的业绩目标，每个组织单元的目标必须对实现企业的目标有实际意义。如果整个企业的目标体系分解成了各个组织单元和低层管理者明确的具体目标，那么整个企业中就会形成一种以结果为导向的氛围。最理想的情形是，形成团队工作模式，发扬团队工作精神，组织中的每一个单元都奋力完成其职责范围内的任务。

第二节　基于战略的组织结构调整

战略的实施通常要进行组织结构的调整。以传统的观点来看，组织结构的调整是为了战略的实施，但以新的观点来看，组织结构调整本身也是战略的一部分，因为组织结构的创新也能直接增强竞争优势。

一、组织结构调整的战略意义

美国学者提出了 7S 模型，这个模型强调在战略实施的过程中，要考虑企业整个系统的状况，既要考虑企业的战略（Strategy）、结构（Structure）和体制（System）三个硬因素，又要考虑作风（Style）、员工（Staff）、技能（Skill）和共同的价值观（Shared Value）四个软因素。只有在这七个因素能相互很好地沟通和协调的情况下，企业战略才能获得成功。

组织结构广义上是指企业的人事系统、权力与控制结构、领导体制及方式、管理系统等。企业战略发生变化，通常要进行组织结构调整，否则就不能实现预期的结果。作为适应战略实施需要的新型组织结构，它应符合三大要求：①履行基本职能的效率要求；②不断创新的要求；③确保面临重大威胁时能做出快速反应以避免僵化的要求。

因此，企业需要调整或重新组建适当的组织结构以支持变革。然而这一任务能否完成、完成的质量好坏最终取决于人这个行为主体以及组织的管理、控制、动员和激励的能力，即整个组织体系。但组织的关键要素不是一个结构、一套政策和程序，更重要的是人、群体和组织三者之间的关系。

钱德勒曾经指出，战略与结构关系的基本原则是组织结构要服从于组织战略。也就是说，企业战略决定组织结构变化的类型。这一原则指出，企业不仅能根据现有的组织结构考虑战略，而且应该从另一视角，即根据外在环境的变化制定战略，然后调整原有的组织结构。

将结构与战略相匹配是围绕以下内容进行的：使具有关键战略意义的活动成为主要的组织建设单位，寻求有效的方式在组织的各级职权之间建立联系，其下是各独立的内部单位和个人之间的相关性工作，有效地联络内部单位和外部合作伙伴。其他重要的考虑包括在什么情况下采取集权决策，在什么情况下采取分权决策等。

二、组织结构的基本类型

基于战略的组织结构设置原理与管理学中的组织结构设置原理是相同的，只不过从战略管理的角度来说，组织结构的设置更多的是考虑战略目标的实现。一般来说，从相对稳定时期的企业组织结构来划分，组织结构包括职能专业化型、区域组织型、战略业务单位型、企业家型、矩阵型和控股公司型六大类。

（1）职能专业化型组织结构已成为传统单一经营公司中最流行的方式。当具有战略意义的活动与特别职能领域的活动紧密匹配，且需要最小限度的部门间合作时，职能专业化型组织能够很好地发挥作用。但它有显著的不足，如缺乏远见和过分的独立意识、过分的流程分散以及垂直排列的管理等级。因此，人们已用流程组织方法来弥补职能专业化型组织的许多不足。

（2）区域组织型组织结构受到在分散的地理市场或跨度很大的地理领域进行经营的公司的青睐。

（3）战略业务单位型组织结构能很好地适合追求相关多元化的公司。

（4）企业家型组织结构是一种垂直高度集权、水平高度分权的组织结构，非常适合追求非相关多元化的公司。

（5）矩阵型组织结构需要独立的职权范围，且若干个战略方面（产品、购买者群、职能部门、项目或风险事业、技术、核心业务流程、地理区域）的每个方面都需要有一名经理在公司中发挥很好的作用。但仍需要这些经理之间开展密切合作，以协调价值链活动，共享或转移技能和联合实施某些相关活动。

（6）控股公司型组织结构更适合大型的集团公司。

所有组织结构都有其战略优势和劣势，没有一种普遍适用的组织方式。如果从企业发展的角度，即从动态上来看，企业处于不同的发展时期，必将采用不同的组织结构。企业的组织结构随着企业的发展过程不断地推演、创新，从而寻求最佳状态。

不管选择哪种正式的组织结构，通常都需要有一些其他形式的补充，如建立具有单独授权的跨职能团队，设置联络经理、关系经理协调不同部门和人员的工作等。对于组织结构设置来说，企业核心能力的建立来自不同部门的个人和集体之间，以及企业和它的外部联盟之间建立和培育的工作关系。这种工作关系是企业无形资产的累积，是企业组织资本的重要组成部分。

图 12-2 给出了依据战略设计组织结构的流程图。

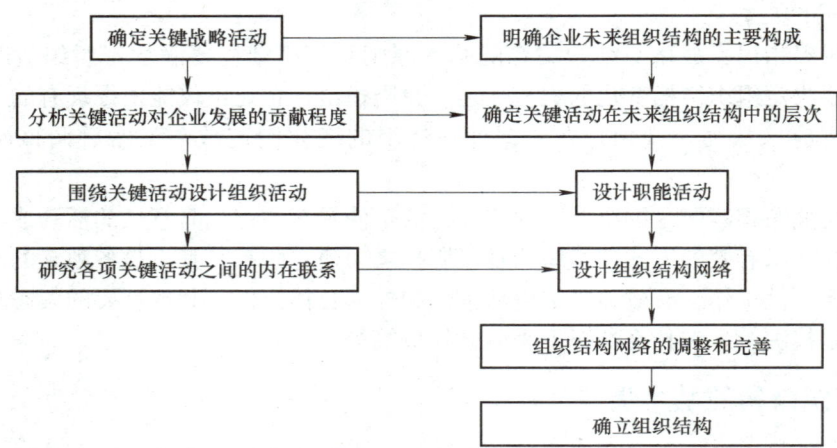

图 12-2　依据战略设计组织结构的流程图

三、基本竞争战略与组织结构

组织结构设计（或安排）的目的是有效地利用企业的资源、能力和竞争力实现企业的宗旨和战略目标。企业采取什么样的竞争战略，要求有与之相适应的组织结构。

1. 成本领先战略的组织结构

企业为了实现低成本，在组织结构上突出强调专门化、程式化和集中化。通常，成本领先战略的组织结构是机械的。

专门化是为了使具有相同专长的人力资源集中到一个部门，以便于他们尽其所能地对本部门的问题进行深入细致的研究。这些研究成果将成为形成企业竞争力的宝贵财富。为使这些成果能够在今后的工作中发挥作用，就需要程式化，使之成为员工工作行为和部门之间工作流程的正式规则。通常情况下，部门内部的程式化可以由单一部门来完成，但各部门之间的工作流程和例外事件要由上一级部门来制定和协调。这就需要权力向上集中。

这些特性决定了实施成本领先战略的企业通常采用职能式结构，而且将重点放在生产职能和采购职能上；为了提高生产效率，非常重视生产工艺和设备的开发研究，而对新产品的开发则不甚看重。这是因为，如果产品变动比较频繁，就会降低生产过程的效率。

2. 差异化战略的组织结构

较之成本领先战略的组织结构，差异化战略的组织结构是灵活的。

为实现差异化，企业必须强调创新，尤其是产品创新，这就要求企业格外重视研究与开发职能。

在决策与控制的权力上，由于差异化战略需要对市场进行快速反应，相对地分散权力就成为差异化战略组织结构的一个重要特征。例如，把某些产品的经营决策权下放给产品线或品牌经理，而不必事事都由总经理来决定。

极端地说，差异化战略就是要不断地进行产品创新和营销创新。相应地，规章制度、业务流程等只做较宽泛的程式化规定，而不能像采用成本领先战略的企业那样事无巨细地做硬性规定。

与上述特点相联系，差异化战略要求企业部门之间更多地进行信息交流，尤其是在市场营销与研究和开发部门之间，常常也包括制造部门。由各部门人员参加的"项目攻关小组"是实施差异化战略企业常用的组织方式。因此，差异化战略企业的专门化程度也比较低。

3. 目标集中战略的组织结构

目标集中战略的组织结构是较为灵活多样的，主要视企业规模和市场覆盖的地理范围而定。如果企业的规模较小，简单结构是最佳选择；如果企业规模较大，那么主要考虑职能式结构。

4. 快速反应战略的组织结构

快速反应战略的组织结构倾向于扁平化，以减少沟通的层次。同时，应尽可能多地采用矩阵型的组织结构设置，以形成团队工作模式。此外，分权也是实施这一战略所必需的。如果企业的目标市场在区域上分布很广，决策中心也应该在地域上分散，如设立区域性子公司、区域经理部、区域办事处等，并授予它们较大的决策权。

四、业务组合战略与组织结构

如果企业实施了多元化战略，就需要从总体战略的层次考虑采用分部式组织结构，以实现多元化战略。

通常，分部是按产品或市场来构建的，它们接受总部的领导并拥有一定的自主权。总体来说，分部式组织结构有其共同的特点，但具体到是实施相关多元化还是非相关多元化，其组织结构要求仍有很大差异。

1. 相关多元化的组织结构

在一个实施相关多元化的企业中，各业务之间共享产品、技术和分销渠道，因此各业务之间的连接非常重要。为了使各业务之间能够更有效地实现活动共享，提高范围经济性或转让技能，高层管理者必须鼓励在各业务之间进行合作。相应地，为了协调各业务之间的关系，某些活动的集中也非常必要。通常承担各业务部门协调职能的部门应当具有较高的地位和权威，由企业最高领导者直接领导。

除了集中之外，一些其他的结构整合机制也非常必要。例如，部门之间的直接沟通、在各部门之间建立联络员制度、建立临时团队和联合攻关小组等。最终，在这种实施相关多元化的企业中可能形成将职能和业务产品（或项目）两者结合起来的双重结构——矩阵结构。

为了建立业务部门之间的联系，人员的定期与不定期交换制度也是一个常用的方法。此外，如联合培训等方法对增进各业务部门之间的相互了解、相互合作也很有意义。

对实施相关多元化的企业而言，采用如图12-3所示的合作型组织结构，可能是一种较好的选择。

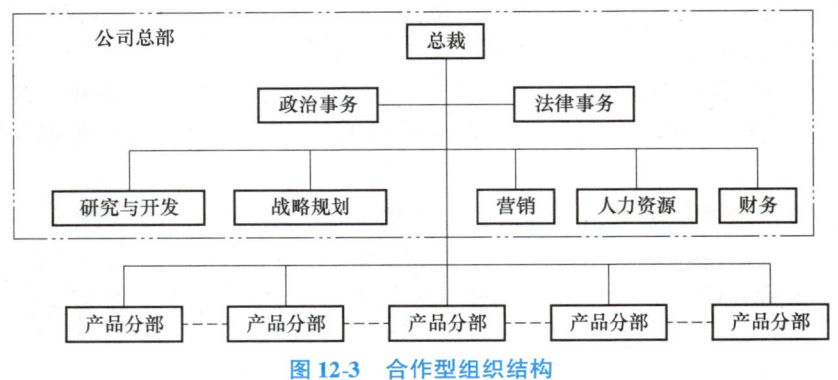

图 12-3　合作型组织结构

在这种形式的组织结构中，可以共享的职能和需要在各业务之间建立协调的主要职能集中在上一层，下面的各个业务（产品）分部在接受总部领导的同时，在业务（产品）分部之间也建立了广泛的联系。

有很多企业的情况是，某些业务是相关的，另一些业务则是不相关的（这种情况也可以称为混合多元化）。对这种类型的多元化企业，战略业务单位型组织结构是较好的选择。这种组织结构分为三层：总部、战略业务单位和分部。首先，企业根据各项业务之间的相关性将相关或联系较为密切的业务部门归并为一个战略业务单位，然后再通过总部将各个战略业务单位组织起来，如图 12-4 所示。

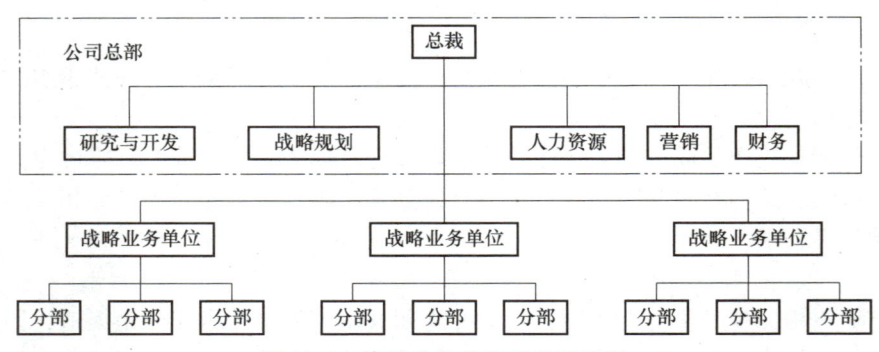

图 12-4　战略业务单位型组织结构

对图 12-4 的说明如下。
（1）分部之间通过战略业务单位连接，而各个战略业务单位之间是相互独立的。
（2）战略规划是总部最主要的职能，它辅助总裁对各个战略业务单位的战略进行审批。
（3）战略业务单位有权决定内部的预算分配。
（4）总部的各个职能对战略业务单位只起顾问作用，并不直接参与战略业务单位的经营管理。

在这里，每个战略业务单位都是利润中心，它们拥有较大的自主权，以便对市场做出及时反应。

2. 非相关多元化的组织结构

在一个实施非相关多元化的企业中，适宜采用竞争型组织结构，如图 12-5 所示。在此结构中，总部倾向于强调各个业务部门的相互竞争，通过竞争机制分配总部的资源。

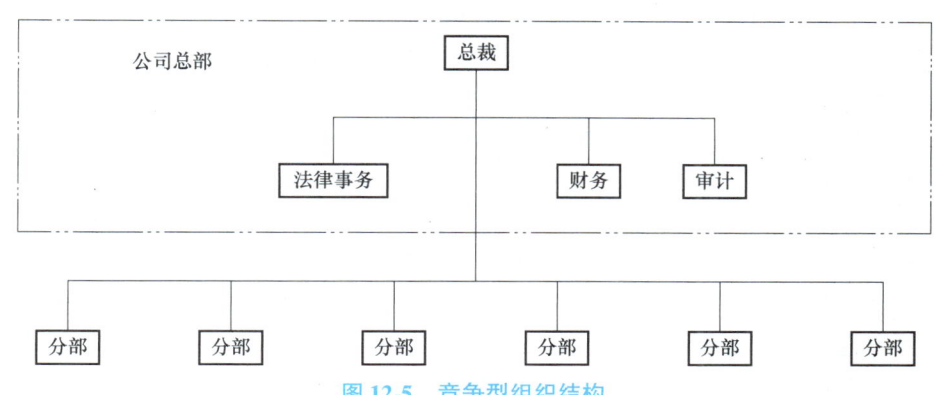

图 12-5　竞争型组织结构

总部为了保持其中立性，通常与各业务部门保持一定的距离，除了对业务部门进行必要的经营审计和对主要管理者进行业绩考核外，对各部门的经营管理采取不干预政策。考核目标主要是投资回报率，总部对各项业务的资源配置也主要依据此指标。

对图 12-5 的说明如下。

（1）公司总部的架构很小。

（2）财务与审计是总部的主要职能，它控制分部的现金流向，及时获得经营绩效的有关数据。

（3）当公司采取并购行动或者买卖资产时，法律事务就将成为比较重要的职能。

（4）对各个分部的财务评价是相互独立的。

（5）战略控制由分部执行，但资金由总部控制。

（6）各个分部之间为获得总部的资源互相竞争。

在一些实施非相关多元化的企业中，每一个业务单位都是一个有限公司（法人结构），总公司全资拥有或部分拥有各业务公司，这种组织结构称为控股公司结构。在这种公司中，总部既不培育各业务单位之间的相互联系，也不强调资源分配过程中的竞争；各业务单位完全独立，很少有资源的相互流动。竞争型组织结构与此不同，它通过考核各分部的投资回报率，在各分部之间进行资金等资源的分配和调拨。

在组织结构中，最集中化和最不经济的结构形式是合作型组织结构；与此相反，集中化程度最低、行政开支最低的是竞争型组织结构；战略业务单位型组织结构居中。

五、组织结构创新的方向

为了战略的实施，需要组织结构创新，组织结构创新也是一种战略。企业组织结构创新的方向应该是基于对环境的适应性不断地增加客户价值，其中包括引入建立学习型组织和团队工作模式的理念。具体而言，组织结构创新应该顺应以下几个方向。

1. 组织柔性化

高度柔性化的组织被认为更具有竞争力，它是一种具有垂直的解集作用的组织，实行内部和外部经纪人（代理人）制，是一种敞开的信息系统，是用市场机制取代行政机制的组织。其核心内容是利用信息技术，在企业内外建立广泛的联系，同时应用市场机制来糅合一些主要职能，以求实现更为广泛的战略目标。

组织柔性化还要求组织结构小型化和简单化。

组织柔性化可以使组织成员的活动方式由刻板、正规化向灵活多变转变。在过去的组织中，人与人之间等级分明，人的活动受到严格的控制；在新组织中，对组织成员的任务不做严格的规定与说明，对工作程序不做明文规定，而是通过开放机制及社会心理机制来调动人的积极性。人与人之间的等级差异也较小，权力由集中转向分散，沟通显得更为重要。

组织柔性化适合高素质人群和工作任务与完成的方法具有较大弹性的情况。如果不具备这些特点，柔性化会导致混乱。

2. 建立混合型组织结构

现代组织结构的明显趋势是一方面下放权力，另一方面将战略制定和决策机制集中于公司总部，从而形成了高度集权与高度分权相结合的混合型组织结构。这种结构常常以模拟分权制和超事业部制结合的形式为代表。要实现集权与分权的良好结合，组织结构必须符合以下三个标准。

（1）组织稳定，富有效率。

（2）具有不断创新的企业家精神。

（3）有适当的方式来应对重大威胁，以增强企业对外部环境的灵活应变性。

3. 网络型组织结构

随着科学技术的发展，企业的组织结构也在向着网络型组织转变。它包括两层组织：①管理控制中心，它集中了战略管理、人力资源管理和财务管理等功能；②柔性的立体网络，它以合同管理为基础，根据需要组成业务部门，而合同则是机构间联系的纽带。

网络型组织结构具有以下特点。

（1）整个组织分为技术与非技术两大部门。技术部门包括研发、生产、营销、高技术等方面；非技术部门包括战略、人力资源和财务等方面。

（2）网络型组织结构使技术、资金、信息三个流程得以分离。

（3）网络型组织结构中的控制是间接的控制，且保持单向的责、权、利，一个中心只有一位经理，通过合同管理，避免了多头领导。

（4）更具灵活性，其节点是根据市场、项目的要求而形成的，具有动态的特征，使高效率得以保证，有利于经营、协作、协调和合作，便于调动每一位管理者的积极性，而且有高附加值的保证。

网络型组织结构可以提出更具有感召力的目标，真正实现结构主义—功能主义—过程主义—价值主义的转变。

第三节　战略实施的资源配置

企业最顶层的战略——"做什么"就是企业资源配置战略。战略如果没有相应的资源跟随，是不可能有结果的。资源最终要由部门——实质上是由部门中的人来支配的。所以，资源不仅是"做事"的保证，而且是促使人做事的激励诱因。因此，如果资源配置不当，将从两个方面阻碍战略目标的实现。前面的企业业务组合战略是从企业对市场的层面讨论的资源配置问题，本节则是从企业对业务和部门的层面讨论资源配置的问题。

讨论资源配置，一定要关注那些无形资源的配置，因为它们重要但极易被忽视。例如，品牌的覆盖（延伸）问题，它也是一种资源配置问题。还有更重要的，如高层管理人员和关键研究与开发人员的精力与时间的分配问题，这些都是资源配置问题。

一、战略与资源的关系

企业在实施战略的过程中，必须对其所属资源进行优化配置，这样才能充分保证战略的实现。战略与资源的关系主要表现在以下几个方面。

（1）资源对战略的保证作用。战略与资源相适应的最基本的关系，是企业在战略实施的过程中，应当有必要的资源保证。

（2）战略促使资源的有效利用。即使企业有充足的资源，也不可随意使用。如果滥用企业资源，不仅会使企业丧失既得利益，还会使企业丧失能够得到更多利益的机会。因此，企业采用正确的战略之后，就可以使资源得到有效的利用，发挥其最大效用。更进一步地，战略可以促使企业充分挖掘并发挥各种资源的潜力，特别是对那些无形资源。

（3）战略可以促使资源的有效储备。由于资源是变化的，在企业实施战略的过程中，通过现有资源的良好组合，可以在变化中创造出新资源，从而为企业储备资源。所谓有效储备，是指使必要的资源以低成本、高速度、在适宜的时机进行储备。战略可以通过以下两种形式来达到这一目的。

1）战略推行的结果可以附带产生新资源。

2）这种新资源可以成为其他战略必要的资源而经常被及时地使用。

二、战略资源分析与评估

在前面企业内部环境分析中已经给出了企业战略资源的概念与类型，并且为了制定战略分析了企业的资源情况和能力。尽管战略的制定是建立在分析的基础之上的，并且已经充分考虑到了如何发挥优势和避免劣势，但企业一旦确定了战略，仍需要对企业资源与能力适合战略的情况再做分析，以便优化配置企业现有的资源和培育企业欠缺的资源。

1. 战略资源分析

分析企业资源情况的方法很多，其中价值链分析方法（Value Chain Approach）是一种比较系统的方法。通过这种方法，企业一方面可以判断，对于一项业务的成功，哪些价值活动（Value Activities）是重要的，哪些是次要的；另一方面可以考虑，在重要的价值活动上企业的资源是否足够？在次要的价值活动上，如果企业的资源不足，可否实施外包？企业如何集中优势资源于重要的价值活动上？还有一系列具体问题需要提出，如现有资源需要改变吗？资源需要全部重置吗？新旧资源如何结合？等等。

根本的问题是现有资源需配合战略实施的要求。分析资源使企业了解资源的主要变化应达到何种程度。不同资源之间的配合是成功实施战略的重要条件。

表12-2是利用价值链分析战略资源情况的例子。表中把价值链中的主体活动分为投入性物流（Inbound Logistics）、生产、产出性物流（Outbound Logistics）、营销与销售以及服务五个环节。

表 12-2　利用价值链分析战略资源

| 投入性物流：
　新产品或改造产品的原料来源在哪里？
　企业应该依靠一家还是多家供应商？
　供应成本是多少？是否可以降低？
　现有的供应商合适吗？
　有必要增加营运资本吗？
　是否要考虑"自产还是购买"的问题？
　应采用何种政策管理企业的供应商？
　资金如何分配？
生产：
　怎样才是生产能力的理想水平？
　企业应在何地建厂？
　企业应在何时对所需厂房投资？
　新战略需要什么技能？
　企业需要何种水平的人力资源？
　企业需要招聘和培训员工吗？或者企业需要裁员吗？
　企业的生产设施有足够的灵活性吗？ | 产出性物流：
　企业的运输和仓储系统是否有效？
　企业采用哪种订货制度？
　企业是否具备合适的库存和管理设施？
　分销渠道是否有效？
营销与销售：
　企业的产品系列是什么？对质量水准有何要求？
　应采用何种定价策略？
　企业使用代理还是特许经营？
　应利用何种销售和促销活动？
　生产和质量体系是否与营销要求相吻合？
服务：
　企业的产品或服务信息质量如何？
　企业具备足够的技术支持吗？
　企业是否有一套有效的系统去处理客户问题？
　企业的维修系统有效吗？ |

除了上述方法之外，企业还可以针对拟采用的竞争战略对资源的需求情况，分析资源与拟采用战略的匹配情况。表 12-3 给出了四大基本竞争战略对资源的需求。

表 12-3　四大基本竞争战略对资源的需求

基本竞争战略	对资源的需求
成本领先战略	高水平的采购管理，对设备大规模的投资能力，完善的质量保证体系和完好的设备状态，高水平的成本管理，低成本的分销渠道等
差异化战略	高水平的研究与开发能力，对促销活动大规模的投资能力，高水平的营销专家和完善的营销调研系统等
目标集中战略	与目标市场相吻合的资源和能力
快速反应战略	高素质的员工队伍，完善的营销调研系统，应急系统的建立，信息网络的建设和应用软件的开发，与业务相适应的专家小组的建设等

2. 战略资源定量评估

战略资源定量评估是指对资源适应战略的程度的数字化度量。战略资源定量评估方法可以采用价值评估法（Evaluating by Value，EBV）。它使用重要度和价值两个指标。其中，重要度是指各项资源对战略的影响程度，取值 1~5，值越大，说明影响越强，需求程度也越高；价值是企业对资源的拥有情况的评价值，取值 0~5，值越大，说明企业在这种资源上的供应越充分。

设 V_i、I_i 分别为资源 i 的价值和重要度得分，令

$$C_i = \frac{V_i}{I_i}$$

$$D_i = I_i(V_i - I_i)$$

$$C = \sum_{i=1}^{n} X_i C_i \left(X_i = I_i \bigg/ \sum_{i=1}^{n} I_i, i = 1, 2, \cdots, n, n \text{ 为资源的种类数} \right)$$

各个指标的意义分别为：C_i 是指单项资源供求系数，反映各资源的供求情况，$C_i = 1$ 为供求平衡，$C_i < 1$ 为供小于求，表示某项资源不足以满足战略需求；D_i 是单项资源供求系数的另一种表达方法，它同样可以反映资源短缺的紧张程度，如当 $D_1 = -1$ 时，就表明资源有一定程度的短缺，当 $D_2 = -5$ 时，表明资源的短缺更为紧迫，当 $D_3 = 0$ 时，表明供求平衡；C 是指资源的供求指标，它可以综合反映企业战略资源的供求情况。

三、战略资源的配置方法

无论企业具有怎样的资源优势，资源的稀缺性总是存在的。在资源配置过程中，企业的决策者总能感觉到来自各个部门、项目的竞争资源的压力。有限的资源如何在众多的"资源渴望"中分配，需要遵循一定的原则。此外，资源配置的方法除了考虑人力资源的特殊性之外，还可以利用目标管理和财务预算等方法。

（一）战略资源配置的原则

资源配置应遵循下面一些原则。

（1）首先要抓住产业关键成功因素。获得产业关键成功因素可能需要完成一系列任务。任务中那些最重要的任务可以称为关键任务。企业中的优质资源应首先满足去获得产业关键成功因素和完成关键任务。

（2）把握任务时序上的缓急。任务或者项目的时序安排是由战略规定的，其中有些是由一个项目或者活动本身的内在规律决定的，如一个基建项目、一个新产品开发项目。企业在分配资源时，首先要明确各项战略任务的优先次序，按任务时序配置资源。

企业的业务组合战略中应该已经规定了业务什么时候进入、什么时候扩张和什么时候产出，这种业务组合应该能够保证企业在现金流以及其他资源方面实现动态平衡。因此，资源配置在时序上的缓急应该与实现这些平衡相适应。

（3）战略资源储备。企业按任务或达到某个目标分配资源是一种计划，这个计划是以"预计"为基础的，其中含有不确定性。为了确保目标的实现，或者至少提高其可靠性，企业需要有一定量的资源储备，就像关键战役中一定要预留预备队一样。

战略资源储备的目的是应对环境变化。当企业无法预测未来可能的变化时，就不会意识到资源储备的战略意义。

（4）战略导向的资源配置。战略目标是一个长远目标，战略投资的回报是一项长久的回报，因此战略资源配置首先要着眼于长期。但有的企业进行资源配置经常会迫于眼前的压力和受短期利益的诱惑，如要买原材料、要发工资、要修设备、要做促销等，唯独在研究与开发、员工培训、管理创新等方面不肯投资。其结果是总有眼前的压力，直到企业倒闭。"创新是第一动力，人才是第一资源"，为实现长远的战略目标，企业应加大在创新和人才等方面的投资力度。

（二）区分两类资源

在企业战略资源中，无形资源很难把握，而除人力资源之外的有形资源一般都可以用价值形态来衡量。因此，企业战略资源的分配一般分为人力资源的分配和资金的分配。

1. 人力资源的分配

人力资源的分配一般有以下三项内容。

（1）为各个战略岗位配备管理和技术人才，特别是对关键岗位关键人物的选择。

（2）为战略实施建立人才及技术储备，不断为战略实施输送有效人才。

（3）在战略实施过程中，注意整个队伍综合力量的搭配和权衡。

人力资源配置的一个重要部分是详细考虑某个特定战略对人力资源的要求，包括要求的人数、人员应具备的技能和水平等，往往从人力资源构成、招聘和培训这三个方面来考虑。

首先，在招聘和选聘时，需要把招聘和选聘与组织的战略方向及所经历的变化类型联系起来。如果变化不大，那么可以大量使用现有员工或经过培训后使用；变化的范围越大，越应吸收"新鲜血液"。其次，培训和发展应随环境的不同而不同。战略变化越大，越需要通过培训使员工了解这些变化并使之内部化。

2. 资金的分配

新的战略通常要求将资金进行重新分配，如果剥夺执行关键性战略活动的部门必需的资金，将会妨碍整个战略的实施。因此，重新修订预算使其能够更加支持战略，是战略实施过程中至关重要的一部分。因为每一个组织单位都需要有足够的人力、设备、机构和其他资源，以执行其在战略计划中的任务（但不能超过它真正需要的数量）。

实施一项新战略常常需要将资源由一个领域转移到另一个领域——削减人员过多和占用资金过多的单位的规模，增加对战略成功非常关键的单位的规模，停止那些不再适宜的项目和活动。

企业中一般采用预算的方法来分配各种资金，重大的决策需要用财务报表来表示。预算是一种通过财务指标或数量指标来显示企业目标、战略的文件。通常采用以下几种预算方式。

（1）零基预算。零基预算不是根据上年度的预算编制的，而是将一切经营活动彻底从成本–效益分析开始，以防止预算无效。

（2）规划预算。规划预算是按规划项目而非职能来分配资源的。规划预算的期限较长，常与项目规划期同步，以便直接考察一项规划对资源的需求和成效。

（3）灵活预算。灵活预算允许费用随产出指标而变动，有助于克服"预算游戏"以及增加预算的灵活性。

（4）产品生命周期预算。在产品生命周期的不同阶段，对资金的需求不同，而且各阶段的资金需求有不同的费用项目。这时，产品生命周期预算就应根据不同阶段的特征来编制各项资金的支出计划及原则。

四、战略与资源的动态组合

战略制定是基于企业资源的，但战略目标也包括不断地积累和扩大企业资源，当企业具有了新的资源能力之后，又有了建立在新的资源能力之上的新战略。这个过程就是企业战略与资源的动态组合过程。

伴随着战略的展开，资源被不断储备，新的资源与现有资源的储备交织在一起，形成了未来的资源储备。企业以这些新的储备为基石，再进一步展开战略。因此，处于现在战略和未来战略中间的新的资源储备，也就成为连接这两个战略的媒介。当现在战略为未来战略开展资源有效积累时，未来战略也能够有效地利用这些资源。为了实现这个动态过程，企业不仅要考虑现在战略，还要考虑未来战略，然后才能在两者之间调配适当的资源。资源在这个过程中将达到动态相辅和动态相乘两种效果。

（一）动态相辅效果

动态相辅效果可以划分为物的动态相辅效果和资金的动态相辅效果两大部分。

1. 物的动态相辅效果

物的动态相辅效果是指企业的现在战略与未来战略能在多大程度上共同利用物的资源，或者现在战略运行中储备的战略资源能在多大程度上作用于未来战略。从这个意义上讲，有转化可能的物的资源储备是比较好的。企业在选择现有业务和其他战略时，应预先设定使这种转化成为可能的某个相关的未来战略，这时采取与未来联系较多的战略是十分必要的。例如，企业在建设生产线时，必须考虑这种专用线能否及时被用于其他生产领域。如果没有这种可能性，则企业应在竞争需要时做好更新这条专用线的人事、劳务、设备等方面的准备。这种物的相辅性就是降低企业的转置壁垒和转置成本，也是减少企业的沉没成本。

2. 资金的动态相辅效果

这里所说的资金是指流动资金，因为流动资金对于企业的日常经营至关重要，其影响面一般更大。企业必须在战略中制定出资金的投入与回收这两个方面的相辅效果。

企业在现在战略与未来战略之间，首先应该制定出资金的组合效应。如果企业实施的是多元化经营，特别是有几个新进入的业务时，一段时间之后这些新业务可能同时需要大量的资金，企业应当如何处置？这就需要企业动态地考虑这个问题。企业这时候应该做好现在战略发展后的资金储备，以备不时之需。另外，一个业务上的流动资金在时间序列上会表现出不同的流向：在某个时期需要投入资金，另一时期又要收回资金。这要求企业能在多个业务中实现资金的动态权衡。

（二）动态相乘效果

动态相乘效果是指企业的未来战略能有效地使用现在战略运行中产生的无形资源的效果。也就是说，企业现在在某个业务中所使用与产生无形资源期间，如果能够和未来业务利用这种相同资源的期间重叠，则能够形成强有力的动态相乘效果。图12-6描述了这种动态相乘效果。

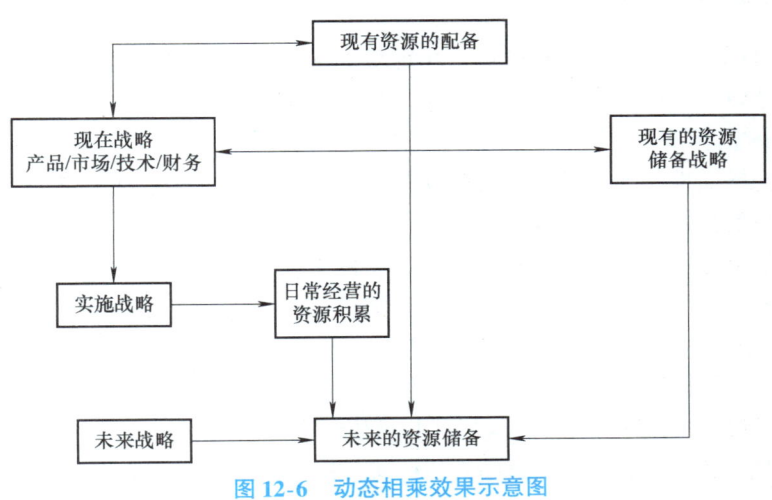

图12-6　动态相乘效果示意图

动态相乘效果是企业的本质。当人们在描述保证企业长期成长的战略时，动态相乘效果常常是其中的新内容。这是因为：①企业之所以能够适应不断变化的环境，就在于能够动态组合企业活动中的无形资源；②在动态相乘的某几个业务之间，资金的动态相乘效果容易产生。

下面给出企业构筑其动态相乘效果的三个思路。

（1）企业在业务和业务组合战略上，应该选用无形资源较易累积的业务。

（2）战略设计不能忽视动态的企业活动阶段及程序。

（3）为了实现动态相乘的良性循环，现在有必要选择一些表面上不合理、在一定程度上缺乏资源保证的战略，这样有助于培养企业的内在动力。反其道而行之，常常会获得意想不到的成功。

第四节　战略实施的考核与激励

落实了战略目标与战略执行负责人之后，就要对战略实施进行考核，并将考核结果作为激励依据。

一、战略绩效考核的重要意义

美国得克萨斯基督教大学的知名学者查尔斯·R. 格里尔（Charles R. Greer）在其所著的《战略人力资源管理》一书中，借助一位航运公司经理人的话来描述战略绩效考核的重要性："你得到你所测量的东西（You get what you measure）。"进而又补充道："你测量你所珍惜的东西（You measure what you value）。"

前面提到，分配资源是为了使战略的实施得到资源上的保证，同时分配资源也是一种激励。只是如此还不够，要使战略得到有效实施，还需要对战略的执行情况进行考核，因为不考核就得不到企业想得到的东西。考核一方面与战略控制过程中的监测相融合，另一方面作为激励的依据，两个方面的作用都是为了"确保做好"。

二、战略实施绩效的考核方法

企业通过目标管理将战略目标分解，由此建立起基于战略导向的绩效考核体系。前面已经提到了战略绩效测量的多种方法，下面给出实践中常用的三种方法。

1. 关键绩效指标法

绩效考核的导向性是通过绩效指标来实现的。绩效考核要实现战略导向，实际上就是通过战略导向的绩效指标设计来实现的。

每位员工都可能承担很多的工作与任务，有的重要，有的次重要，如果对员工所有方面都进行评价考核，抓不住重点与关键，势必造成员工把握不住工作的重点与关键，从而无法实现战略目标。绩效考核必须从员工的绩效特征中定性出关键成功因素，然后找出哪些指标能有效监测这些定性因素，从而确定有效量化的关键绩效指标。考核要能反映整个价值链的运营情况，而不仅仅反映单个节点（或部门）的运营情况。

图 12-7 是按组织结构分解的关键绩效指标法（KPI），它给出了分解关键绩效指标的思路。

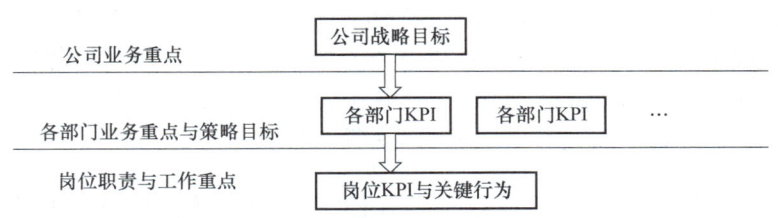

图 12-7 按组织结构分解的关键绩效指标法（KPI）

KPI 的选取主要取决于职位描述中对该职位的功能界定、公司战略目标对该职位的目标分解和业务流程。一般是把下一层的 KPI 汇总为上一层的 KPI，所以上一层的领导者可以通过对下一层的 KPI 的管理来实现自己的目标，而通过层层透明的 KPI 管理，也容易发现问题的根源。常规的做法是在了解公司战略目标、主要流程、管理职能的情况下，认真地进行工作分析，准确界定关键岗位的职责，并确定这个关键岗位和上下游的关系及相互需求，依次确定关键职责区域，然后将关键职责转化成绩效指标，并设计标准和权重。

KPI 的精髓就是指出了企业绩效指标的设置必须与企业的战略挂钩，其"关键"两字的含义是指在某一阶段一个企业战略上要解决的最主要的问题。KPI 应具备重要性、可操作性、敏感性、职位可控性等特点。其中，重要性是指对企业价值、利润的影响程度；可操作性是指指标必须有明确的定义和计算方法，易于取得可靠和公正的初始数据，同时指标能有效进行量化和比较；敏感性是指能正确区分出绩效的优劣；职位可控性是指本岗位所能够控制的范围和程度。

考核中应重视对价值链业务流程的动态评价，而不仅仅是对静态结果的衡量。静态结果是已经取得的成果，绩效考核不能"只讲过去的故事"，还应该重视对业务流程的动态评价与实时评价，以保证企业的灵活反应。

此外，考核还要反映价值链各节点（部门）之间的关系，注重相互之间的利益相关性。顾客需求的日趋个性化和多样化，要求不断提高系统的柔性、快速响应、创新和优化服务水平。在企业的价值链中，各节点（部门）是相互依存的，具有内在的统一性与利益相关性。为了保证价值链的顺畅，绩效考核就必须抓住各个部门以及节点之间的关系，保证它们能有效协作。

2. 战略性平衡计分卡

平衡计分卡（Balanced Score Card，BSC）方法是哈佛大学商学院著名教授罗伯特·卡普兰（Robert Kaplan）创立的。其优点是，它既强调了绩效与企业战略之间的紧密关系，又提出了一套具体的指标框架体系。BSC 的核心思想是通过财务、客户、内部业务运作、学习与成长四个指标之间相互驱动的内在关系来展现组织的战略轨迹，实现绩效考核、绩效改进以及战略实施目标。四个指标之间的相互驱动关系是指：学习与成长解决企业长期生命力的问题，是提高企业内部战略管理的素质与能力的基础；企业通过管理能力的提高为客户提供更高的价值；客户的满意能使企业获得良好的财务效益。

图 12-8 体现了这四个指标之间的联系。

BSC 明确提出，在战略实施中，绩效考核的目的就是要让企业的每一位员工每天的行动都与企业的战略挂钩。以 BSC 为代表的基于战略的绩效考核确实是一项复杂、细致的工作，既与企业战略的制定相关联，又涉及企业每一位员工的具体工作，同时与企业的文化、人员素质等有着密切的关系。BSC 说明了两个重要问题：①强调指标的确定必须包含财务类的和非财务类的；②强调对非财务类指标的管理，其深层原因为财务类指标是结果性指标（Result Indicator），而那些非财务类指标是决定结果性指标的驱动性指标（Driver Indicator）。图 12-9 体现了各类指标之间的联系。

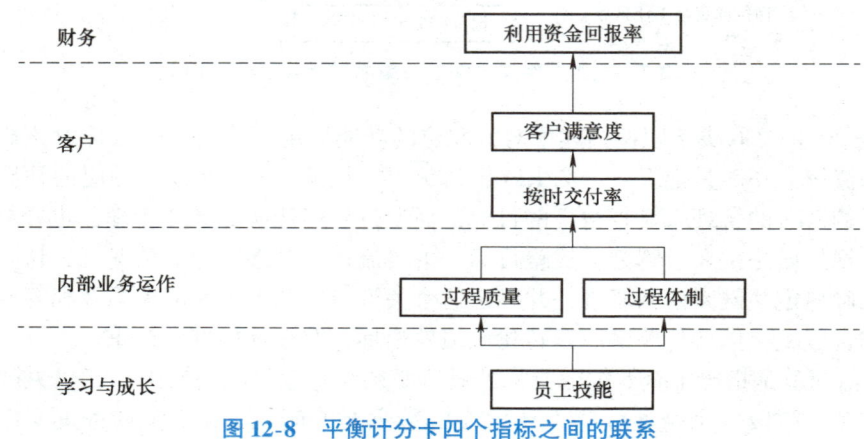

图 12-8　平衡计分卡四个指标之间的联系

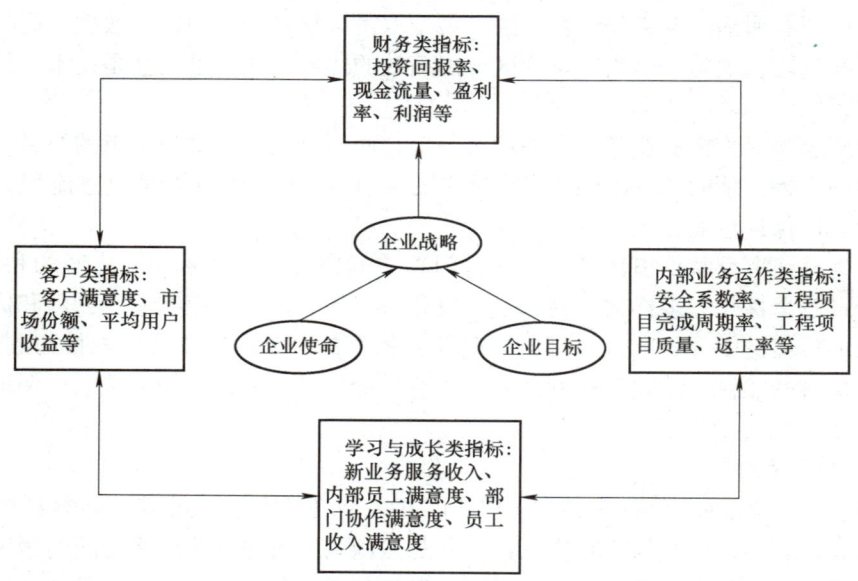

图 12-9　各类指标之间的联系

利用平衡计分卡，企业的管理人员可以测量在战略实施过程中，自己的企业如何为当前以及未来的客户创造价值。在保持对财务业绩关注的同时，平衡计分卡清楚地表明了卓越而长期的价值和竞争业绩的驱动因素。这种"测量"已经超出了仅仅对过去的业绩进行报告的范围。因为管理人员所选择的测量方法能告知企业什么是重要的，所以测量工作把焦点放在了未来。为了充分利用这种优势，应该把测量方法整合成一个管理体系。

平衡计分卡克服了单纯利用财务手段进行绩效考核的局限性。财务报告传达的是已经呈现的结果、滞后于现实的指标，但是并没有向企业管理层传达未来业绩的推动要素是什么，以及如何通过对客户、供货商、员工、技术革新等方面的投资来创造新的价值。

3. 目标与关键成果法

目标与关键成果法（Objectives and Key Results，OKR）是一套跟踪目标及其完成情况的管理工具和方法，由英特尔公司创始人安迪·格鲁夫（Andy Grove）发明，并由约翰·道尔（John Doerr）引入谷歌公司，后来相继在脸书（Facebook）、领英（Linked in）等企业得到广泛使用。2014 年，OKR 传入中国，2015 年后，百度、华为、字节跳动等企业都逐渐使用和推广 OKR。OKR 通过将企业的大目标分解为具体的目标，并为每个目标设定关键结果来衡量进展。

OKR 包括设定目标、设定关键结果、定期评估和调整。作为一种目标管理框架，OKR 通过设定明确的目标和关键结果来推动组织和团队的协作。

相比注重结果导向的 KPI 而言，OKR 更注重过程导向。OKR 是将目标拆分成多个分目标，完成多少是多少，超额完成奖励较多。OKR 时刻提醒每一位员工当前的任务是什么，这个季度工作完成得怎么样，下一阶段的工作重心是什么，主要关注员工的价值创造。

三、战略实施的激励

从 7S 模型中可以看出，人员是实施企业战略的一个关键影响因素。因为战略目标的实现通常具有挑战性，所以激励在战略管理中具有非常重要的作用。

对一般人员的激励，其目的在于促使其对长期目标、战略计划和创业精神有足够的了解和认识，鼓励他们的战略活动与企业的战略相一致；对领导人员的激励，目的是鼓励其创造性地调整战略行为，以调动和维持其实施战略管理的积极性和主动性。由于企业的日常经营活动常常与战略活动交织在一起，因此要对战略活动和日常经营活动进行正确的区分，建立双重结构、双重预算和双重绩效评估系统，以便正确实施对战略行动方面的激励。

（一）报酬体系

在实施战略的过程中，谋求员工合作的一个重要手段就是选定一个恰当的报酬机制。货币报酬能够采用如等级工资、奖金支付、分红机制（股票期权）等各种形式，像升职这样的非货币奖励也是非常重要的，建立公司短期战略目标与长期战略目标始终一致的业绩激励机制也是必要的。例如，如果利润增长是一个长期目标，那么分红机制就可能比基于实现短期销售目标的激励机制更合适。

（二）激励制度

支持战略的激励活动和激励制度是获得员工赞成和承诺的有力管理工具。战略实施的最大挑战之一是用激励手段在员工中建立全新的承诺和取胜的态度。创建一套能够促进战略很好地实施的激励制度的关键是，使战略相关性绩效标准成为激励、评价个人和集体努力以及发放奖金的主要基础。正面的激励通常会比负面惩罚的效果更好，但二者也可以同时运用。此外，也存在同时使用金钱和非金钱激励手段的情形。激励制度的作用在于使组织成员在帮助企业实施战略、争取客户满意和实现企业愿景方面获得个人满意和经济上的益处。

过去大企业的决策由少数高层管理者决定，其他人只是执行者，现在即便是小企业，也越来越多地依靠专业工作者。为了做出正确的决策，决策人应该知道什么样的绩效和成果是需要的。他们不该是被监督工作的人,而应该是能够自我指导、自我管理和自我奋斗的人。只有当他们明白其能力与智慧是奉献给整个企业的时候,他们才能有所作为。所以,每一位管理者的工作重点应放在对成果的贡献上。

第五节　战略实施过程的领导

调整了组织、分解了目标、配置了资源、建立了针对实现战略目标的考核激励机制,还不能"确保做好",还需要一个重要的环节,那就是对战略实施过程的领导。

一、战略实施过程领导的任务

很多情况下,战略实施是做从前没有做过的事。因为战略目标通常具有挑战性,在战略实施过程中肯定会遇到困难。在战略实施过程中,领导的任务就是鼓舞、激励和影响企业员工,使他们能够在一个共同战略愿景的激励下,满腔热忱地投入战略实施过程,主动克服困难去实现企业的战略目标。

在战略实施过程中,领导最主要的职能就是激励员工运用其能力和智慧,最有成效、最有效率地实现企业的战略目标。没有领导,员工就会按照他们个人对任务内容和完成顺序的理解来完成工作。他们可能会根据过去的经验来完成工作,而缺乏创新;也可能只重视那些他们喜欢做的工作,而不管企业强调的重点。领导可以来源于管理的形式,可以来自企业文化中对行为规范的描述和影响,还可以是自主工作小组中员工之间的约定,也可以采用一些更正规的形式来完成,如行动计划、目标管理等。本节所论述的领导是区别于管理的,它主要是指鼓舞、激励和影响的职能。

美国学者雷蒙德·A. 诺伊(Raymond A. Noe)在其所著的《雇员培训与开发》一书中,总结了企业管理的九种领导模式,如图12-10所示。他指出,当企业发展到最高阶段时,其管理的重点就是战略管理。战略管理的突出特征就是企业的文化管理,通过文化的影响做到"上下同欲"。

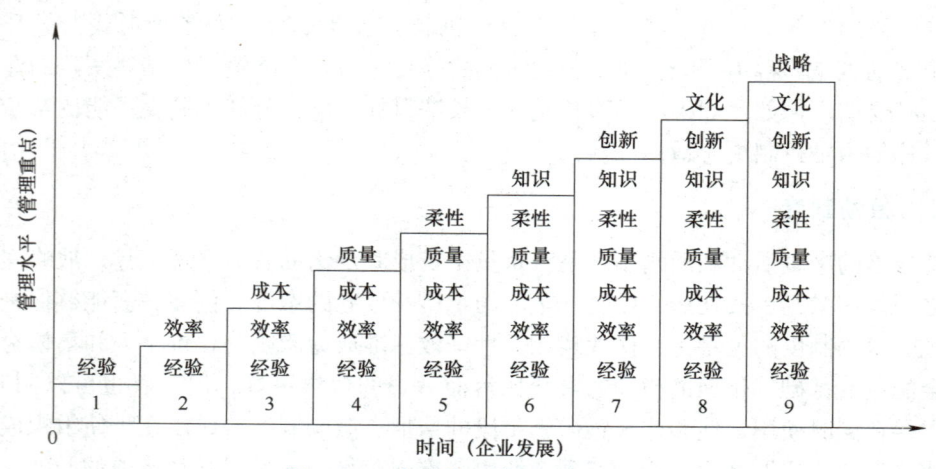

图 12-10　企业管理的九种领导模式

某百年公司的领导者也曾说过,小型企业靠能人,中型企业靠制度,而大型企业就必须靠文化。

领导有多种形式，可以分为交易型领导和改造型领导两种典型形式。其中，前者是指利用职权向下属承诺，如"好好干，我给你加薪、晋升"；后者则是指通过向员工展示前景，来激发员工的热情。前者更多地关注销售额、市场份额、利润额的变化，使企业在原有的方向上发展得更快；后者通常改变原有方向，使其更有效能，同时也改变企业文化和员工观念。显然，战略领导会选择后者。

二、战略管理对领导者的要求

战略管理并不是所有领导者都能成功推行的，它对领导者提出了较高的要求。

战略管理要求具有机智果敢、勇于创新、远见卓识、知识广博、富有经验等特质，同时有独特的管理魅力的人来担任企业领导者，他们必然是战略家。战略管理要求企业领导者超越一般的管理人员，能站得高、看得远，从日常经营管理工作中解脱出来，有精力与条件去运用自己的知识、经验、技能为企业制定出创新战略，并能积极有效地去推行战略。企业一般管理人员常常不具备这样的条件，即使他们拥有战略管理能力，在实际工作中，也只是参与或辅助推进企业战略。战略管理重任必将落到企业领导者的肩上。战略管理还要求企业领导者真正能够统领全局，带领和激励全体员工为实现企业战略而努力。

具体来说，战略领导者应该具备以下一些素质。

(1) 道德与社会责任感。一个企业战略领导者的道德与社会责任感是指他们对社会道德和社会责任的重视程度。因为企业的任何一个战略决策都会不可避免地牵涉他人或社会集团的利益，所以企业领导者的道德和社会责任感对这些战略决策的结果会产生十分重要的影响。企业战略常常不能同时满足各个团体的利益，而企业领导者对各个团体利益的重视程度也不同，这就决定了不同的领导者对不同的战略会持不同的看法。企业领导者应该具有综合平衡各方面利益的意识与能力。

(2) 超前的意识和眼光。企业领导者应更多地想到未来的趋势，比员工和竞争对手看得更远。

(3) 随机应变的能力。它可以定义为接受、适应和利用变化的能力。

(4) 开拓进取的品格。一个企业要想发展壮大，企业领导者一定要敢于在市场上、在未知领域中、在与竞争对手的较量中保持一种积极顽强、不服输的气概。

(5) 丰富的想象力。想象是通过已知世界向未知世界的拓展。具有丰富的想象力的领导者可以帮助企业创造和利用更多的机会，可以协助企业进行自我改进和自我完善，并能帮助企业适应千变万化的环境。

(6) 具有某种程度上的偏激心态。英特尔公司前 CEO 安迪·葛洛夫（Andy Grove）在《只有偏执狂才能生存》一书中提到，有些因素会使企业的结构发生戏剧性的变化，从而决定企业的生存状态。这六类因素是：①目前的竞争对手；②潜在的竞争对手；③供应商和上游企业；④客户和消费者；⑤与本企业有关的互补性企业；⑥关键技术。这些因素的影响力和动态变化均不受企业的控制，却能制约企业经营的根本格局。其中任何一个因素发生剧变，竞赛的规则就会随之大变，竞争状况也就不可同日而语。因此，这种状况要求企业领导者能随时保持某种程度上的偏激心态，一旦显现危机，能够抢占有利地位、捕捉机会或者逃离陷阱。

三、领导者的战略实施艺术

良好的战略实施依赖企业领导者的组织管理技巧以及战略实施艺术。这对企业战略的如期实现非常重要。一般而言,企业领导者的战略实施艺术类型可以归纳为以下五类:指令型、合作型、转化型、增长型和文化型,如表12-4所示。

表12-4 企业领导者的战略实施艺术类型

类型	企业领导者研究的企业战略问题	领导者扮演的角色
指令型	如何制定出企业的最佳战略	理性行动者
合作型	如何使战略管理人员从一开始就对企业战略承担起自己的责任	协调者
转化型	如何实施已制定好的战略	设计者
增长型	如何激励企业战略管理人员和全体员工去执行已制定的企业战略	评价者
文化型	如何使企业员工都为确保企业战略的成功而努力	指导者

领导者实施和执行战略的措施是广泛而有创造性的,它需要以下几个基础。
(1)建立一个能够成功实施战略的组织。
(2)建立预算,将大量的资源投入对战略成功实施非常关键的价值链活动中。
(3)建立战略上适当的政策和程序。
(4)采用最佳活动和机制,以不断提高组织效率。
(5)建立支持系统,使企业员工可以在日常工作中成功地担任战略角色。
(6)将激励与实现目标和更好地执行战略紧紧相连。
(7)创建一种支持战略的工作环境和企业文化。
(8)领导和监督驱动战略实施的过程,改善战略实施的状况。

四、愿景领导模式

在战略实施艺术的研究中,英国学者约翰·L.汤普森(John L. Thompson)在其所著的《愿景领导:战略规划之新思路》一书中,给出了一个将市场和企业愿景与五个要素:战略和目标、过程和制度、资源、关系和结构、文化和价值观联系起来的球状模型,可以称为愿景(或远景)领导模型,如图12-11所示。

根据图12-11所示模型,需要考虑各组成部分之间的相互作用。在很大程度上,文化和价值观由战略、目标、关系、结构、资源、过程和系统等决定。一个组织的结构、资源配置的方式以及处理事情的过程和制度对"我们处理事情的方式"——它的文化和价值观有重要影响。这些要素反过来也可以约束组织的战略和目标以及组织的愿景。

愿景作为组织能力建设的基础性前提,英国学者安德鲁·卡卡巴德斯(Andrew Kakabadse)在其《成功在望》一书中做了这样的阐述:在一个给定的组织环境中,愿景的建立是一个过程,通过这个过程,领导者能够清楚地描述他们希望组织将来发展的方向。愿景的建立是一个多阶段的过程,这个过程帮助组织在宏观层面存在经营约束和微观层面管理者过于现实的情况下,把管理者的战略和期望结合在一起,从而创造新的现实和迎接挑战。这个过程可以是组织形成自上而下的推动和自下而上达成共识的管理措施,但是它的重点在于组织的未来以及组织在社会中的作用。建立一个愿景有一个复杂的程序,它涉及一个复杂的识别过程，以及一个同样复杂的和它所有关键利益相关者的协商过程，因为在愿景的实现过程中需要这些利益相关者的参与。成功的建立愿景的过程是一个充满感情、智慧、（非）理性、行动和判断的过程。建立愿景取决于对组织现实（文化、历史、建立的环境）的理解，并且对组织的未来有一个明确的方向，这极大地受到领导者个人固有的价值观和哲学观的影响。

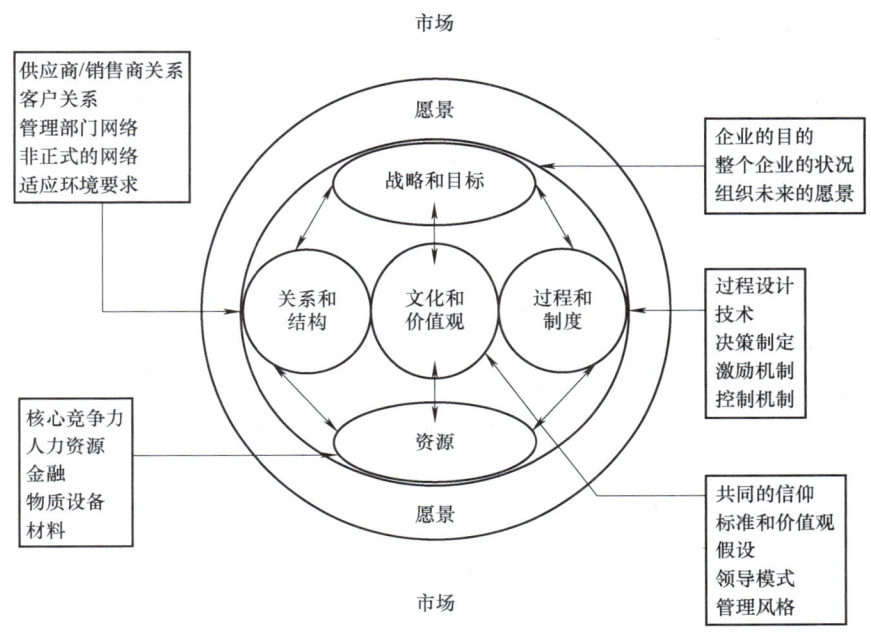

图 12-11　愿景（或远景）领导模型

建立愿景的结果不仅仅是得到了一个愿景、一项组织使命宣言、一个哲学观或战略目标，它的目的是试图清楚地描述组织渴望的未来。这一结果也许与组织的梦想联系在一起。这些梦想发挥了人们的想象力，并且鼓励人们重新思考什么是可能的。有些人认为，愿景的建立极大地改进了决策的做出和计划的制订，并且促进了沟通和冲突的解决。不管其目的或任务是什么，愿景的建立会长期把组织的制度及其意图、目的凝聚到一起。愿景能够并且已经被用作组织复兴、巩固、获取和改变市场焦点与方向的手段。

建立成功的愿景是一个结构性和系统性的过程，并且需要做大量艰苦的工作。建立成功的愿景需要六个关键要素，分别为创建适于建立愿景的文化、识别和培养关键利益相关者、理解信息和价值观、了解人们的渴望、进行高质量的交流以及理解时间观念。建立愿景使所有因素——信息、概念、经验、价值观、判断和直觉集中到一起。

图 12-12 给出了一个战略愿景图，它描述了战略愿景所包含的内容以及它们之间的相互联系。

汤普森指出，理想中的企业应该在任何时候都拥有一定数量的产品、服务以及能成功地带来盈利的战略部署，这样才能显示出自己的特色，为顾客提供超值服务，并体现与竞争对手的差异。然后，随着时间的推移，需要对这些战略进行改变，这就要求企业具有这种意识。一个企业要想成功地思考和学习，就必须了解和运用这种愿景图。

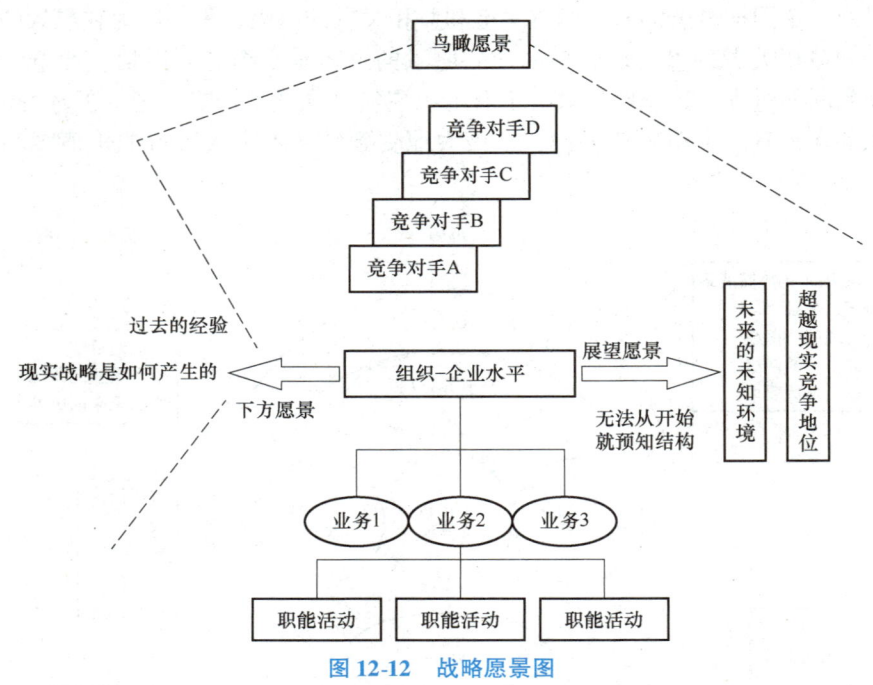

图 12-12　战略愿景图

第六节　基于战略的企业文化建设

与组织结构调整类似，为了战略的成功实施，需要建立与之相适应的企业文化，而且按照前沿的观点，建设优秀的企业文化本身也是一种重要的战略。因为优秀的企业文化可以成为核心竞争力。

一、战略与文化的关系

文化关系到企业的成败。在很多情况下，文化会成为决定企业成败的关键性因素，在这种情况下，文化本身就是一个重要的战略。在上一节中已经提到，实施战略领导一定会把文化作为一个重要的战略因素。例如，GE公司、微软公司、华为公司、海尔公司等优秀的企业都有优秀的企业文化。以海尔公司为例，其企业文化的核心理念是"以用户为中心"。海尔公司在多年发展中，始终坚持以用户需求为导向，不断推进管理创新和技术创新，建立了高效的市场响应机制和卓越的服务体系，使其成为家电行业的一面旗帜。吴晓波曾经在他的《大败局》一书中归纳了那些曾经辉煌一时的企业迅速衰落的三个"共同的失败基因"，其中都与文化有关。除此之外，文化还在从战略制定到战略实施的多个环节中影响战略的成败。

归纳起来，战略与文化的关系主要表现在以下几个方面。

（1）在很多情况下，文化成为企业成败的关键性因素，因此建设优秀的企业文化本身就是战略。

（2）优秀的企业文化是形成优秀战略的重要条件。优秀的企业文化能够充分挖掘企业的智慧，突出企业的特点，因此才能形成充满激情、具有特色的企业战略。

（3）企业文化是战略实施的重要手段。企业文化具有导向、约束、凝聚、激励及辐射等作用，它能够激发员工的热情，统一员工的意志及欲望，为实现企业的目标而努力奋斗。

（4）文化与战略相辅相成。战略是建立在一定的文化基础之上的，战略的制定可能会改变文化。当战略要改变文化时，文化创新便成为企业的一种重要战略。当新战略与原有文化存在冲突时，为了战略的实施也需要改变文化，这个改变过程也是提升企业文化的过程。反过来说，当企业文化得到提升时，建立在此基础上的战略制定与实施又上升到一个更高的水平。当然，这是从一种正循环的角度来看待文化与战略的。在很多情况下，文化可能形成对战略实施的阻力，这是企业需要警惕的。

通常情况下，与战略相比，企业文化具有较强的刚性，而且具有一定的持续性，有在企业发展过程中逐渐强化的趋势。当企业制定了新的战略，要求企业文化与之相配合时，由于企业原有文化的变革速度非常慢，很难马上对新战略做出反应，这时企业原有的文化就有可能成为实施新战略的阻力。因此，在战略管理过程中，企业内部新旧文化的更替和协调是战略实施获得成功的保证。

企业高层管理者应该认识到，改变企业文化的难度是相当大的。原有企业文化的持续时间越长，则企业文化的变革就越困难；企业规模越大、组织机构越复杂，则企业文化的变革就越困难；原有企业文化越深入人心，则企业文化的变革就越困难。但不管改变企业文化的难度如何，如果实施的战略与原有的文化不匹配，就必须考虑对策。企业高层管理者应该认识到，急剧、全面地改变企业文化在多数情况下难以做到，但是逐步调整是可能的。当然，这是一个费时费力的过程。因此，有人主张，改变企业文化最方便的办法是更换人员，甚至更换企业高层管理者，即当企业确有必要实行新的战略，而渐进式改变企业文化的措施又不能立即达到预期效果时，企业只能做重大的人事变动，更换领导人员，聘用新的工作人员，并对他们灌输新的价值观念。对企业员工要加强教育和培训，抓住每一次机会不断使员工理解实施新战略的必要性及重大意义，最终使新战略与员工的价值观念达成一致，从而实现企业文化的变革。

战略家应当重视和保持现有企业文化中那些支持新战略的方面，当然企业现有文化中与所制定的战略相矛盾的方面也应当得以确认和改变。当环境发生改变和推行新战略时，现有企业文化可能不再适应形势需要。在这种情况下，有必要在组织内部进行文化变革，以保证企业文化与企业战略之间的相互适应和协调。

二、建设战略导向的企业文化

大量研究表明，新的战略往往是被市场驱动的，并受到竞争力量的支配。因此，尽管文化通常更具有刚性，但改变企业文化使其适应新的战略通常比改变战略使其适应现有文化要更有效。改变企业文化的方向使其更有利于战略的实施与提升，就是建设战略导向的企业文化。

杰克·邓肯（Jack Duncan）认为，三角考察是一种研究和改变企业文化的有效技术。三角考察将深入观察、自我问卷和个人采访三种方法结合起来，以确定企业文化的性质。三角考察过程可以揭示企业所需要的、有利于战略实施的企业文化变革。

一个组织的文化会体现它行事的原因和方式，包括高级管理者所信奉的价值观和信念、期望所有人遵守的道德标准、支持关键政策的氛围和哲学，以及组织坚持的传统。因此，文化要与一个企业具有的气氛和"感情"以及促使事情成功完成的方式相关。企业文化应当清楚地界定企业坚持的某种价值观、信念和原则，然后将之结合到企业的战略、政策和管理实践中。这些价值观和实践需要员工和管理者共同接受。新的领导者要对企业文化进行强化，鼓励新员工接受和遵循这种文化，使体现这种文化的典型事例被反复地传诵，并对遵循文化准则的组织成员进行激励。

基于战略导向的企业文化意味着采取什么样的战略与建立什么样的文化的一致性。例如，如果企业采取了进攻型战略，就需要不断地研究与开发新产品和新市场，与此相适应的企业文化应当以"持续创新"为核心，营造一种有利于创新的尊重个性、鼓励开拓、包容失败的宽松氛围；如果企业采取了维持型战略，就要尽可能地避免与竞争对手的直接冲突，希望稳定发展、后发制人，与此相适应的企业文化应坚持稳重、严谨、注意管理细节的工作作风，提倡审慎行事、勤勉敬业，强调对产品质量的严格控制和高度规范化、秩序化、标准化；类似地，如果企业实施了低成本战略，企业文化应该强调严格按标准、程序办事，处处养成勤俭节约的作风，形成简朴的风格；如果企业实施了差异化战略，企业文化就要强调灵活性、创造性和高品位。

三、管理多元文化

当企业采用并购战略与其他一家或者几家企业组成一个新的企业时，高层管理者要考虑到潜在的冲突，特别是当合并的企业具有不同的文化背景时。并购企业与被并购企业之间的文化差距越大，所引起的混乱可能越大，其中包括被并购企业的高层很快辞职，其他非常有价值的人才流失等。

管理两种或者多种相异文化通用的方法是整合、吸收、分隔和瓦解，如图 12-13 所示。选择哪种方法，主要基于被并购企业员工在多大程度上保留自己的文化价值和他们对并购企业吸引力的看法。

整合就是合并双方的文化与管理方法，使它们相对平衡、相互妥协，不对任何一方实施文化变革。它在合并成的文化中保留了双方相互独立的文化。

吸收就是一家企业的文化被另一家企业的文化所主导。这种吸收并不是强迫的，而是受被并购企业员工欢迎的。由于各种原因，他们认为自己的文化与管理方法不再可能取得成功，于是被并购企业采用并购企业的文化。

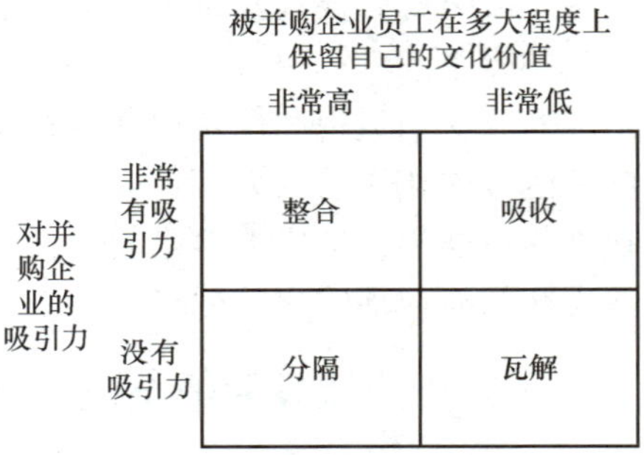

分隔就是完全把两家企业的文化分离开，并购企业和被并购企业保持文化上的独立。

	被并购企业员工在多大程度上保留自己的文化价值	
对并购企业的吸引力	非常高	非常低
非常有吸引力	整合	吸收
没有吸引力	分隔	瓦解

图 12-13 管理相异文化的方法

瓦解就是在一方不情愿的情况下，另一方施加强大的压力，使其文化瓦解，并把自己的文化与管理方法强加于它。这种方法常常会带来混乱和冲突，使员工产生怨恨，局势紧张，导致被并购企业的经营业绩下降，甚至最终脱离并购企业。因此，一般情况下不宜采用。

四、把企业文化作为一种战略

彼得斯和沃特曼在他们所著的《追求卓越》一书中论述了企业文化与卓越业绩之间的

关系。书中宣称，优秀的企业不坚持遵守规章，而是要将工作做好。它们找出客户的需求，并保证客户的需求得以满足。企业鼓励员工发挥创造性和敢于承担风险。它们把员工看作一项关键资源，并鼓励与员工保持良好关系。管理人员总是与员工保持接触，企业坚持做自己最擅长的事情。

国内外企业的实践进一步证明，企业文化在企业发展过程中起到至关重要的作用，以至于成为企业的关键成功因素和核心竞争力。前面已经提到，企业在其不同的生命周期阶段、处在不同的产业、处在产业不同的生命周期阶段，其关键成功因素是不同的。更概括地说，企业处在不同的环境中，其成功的关键因素是不同的。把企业文化建设作为一种战略，这时候的企业文化已经不仅能起到保证战略实施的作用，而且上升到企业的关键成功因素。

以下情况，企业文化可能成为关键成功因素。

（1）同一战略集团中的企业无法通过如技术创新或者差异化等取得明显的竞争优势。这种情况是广泛存在的。例如，众多的中小企业，它们缺乏创新能力，也缺乏实施差异化战略的能力，或者它们处于一个生产标准化产品的产业，但企业经营管理水平很低。在这种情况下，只有企业文化才能起到使企业经营管理水平全面提高的作用。因此，优秀的企业文化能显著提升企业的竞争力。人们经常说的小企业或者新建企业成功的关键在于企业领导者的魅力，也是对这种情况的证明。

（2）在一些服务性产业中，由单一因素形成的竞争优势很容易被对手模仿，其中比较典型的产业是商贸服务业。在这样的产业中，不存在大规模的技术创新或者低成本产生的竞争优势，一些产品或服务方式的创新会迅速地被竞争对手模仿。在这种情况下，企业文化成为成功的关键因素，因为只有它才能使企业保持高服务水平。

（3）企业处于快速成长期。很多企业的"短命"不是因为缺资金、缺技术或者缺市场，而且很多企业是在快速成长期时"暴毙"的。这种情况发生的原因就在于企业在快速成长期时"只长身体、不长大脑"，因为企业文化跟不上企业业务快速扩张的步伐，导致企业内部管理混乱，最终企业自己打败了自己。因此，企业在快速成长期要重视企业文化的建设。

第七节　建立信息系统

由前面的论述已经知道，信息不对称是产生经济利润的源泉之一。如果企业能够比竞争对手更多、更准确、更迅速地获得有用的信息，就可以形成相对竞争对手来说的竞争优势。获得信息上的优势，可以成为企业的一个战略，也可以作为企业获得竞争优势的一个关键手段。此外，企业战略的制定与实施都需要信息的支持。因此，建立基于战略实施的信息系统非常重要。

一、信息系统的结构与功能

服务于战略管理的企业信息系统一般由下面几个子系统构成：扫描子系统、处理子系统、存储子系统、论证子系统和反馈子系统。每个子系统的功能如下。

（1）扫描子系统。它负责收集企业内外部信息，并输入处理子系统。

（2）处理子系统。它负责接收和处理扫描子系统以及反馈子系统提供的信息，对这些信息进行加工分析，并输送到存储子系统。

（3）存储子系统。它负责将处理子系统发送来的信息储存起来，随时提供给其他需要信息的子系统。

（4）论证子系统。它实质上是战略决策支持系统。它将所得到的信息加以论证，选择出可行的甚至是令人满意的战略和战略实施方案。

（5）反馈子系统。它将企业战略实施过程中的信息反馈给扫描、处理、存储、论证等子系统，保证战略的实施过程完全处于监控状态。

整个信息系统的结构与运行如图 12-14 所示。

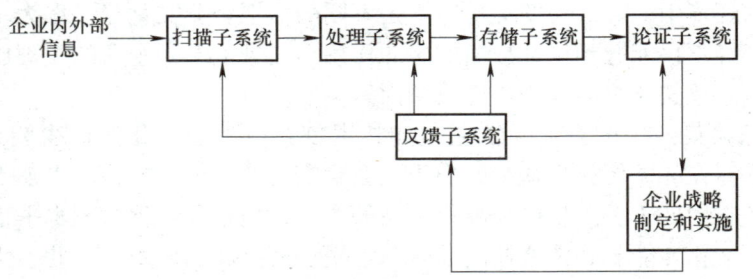

图 12-14　整个信息系统的结构与运行

从企业的管理层次和系统复杂性考虑，战略执行信息系统是一个高层次和高复杂性的系统。图 12-15 给出了企业信息系统的演进方向。可以预见，未来大数据、云计算等手段将在战略管理中发挥越来越重要的作用。

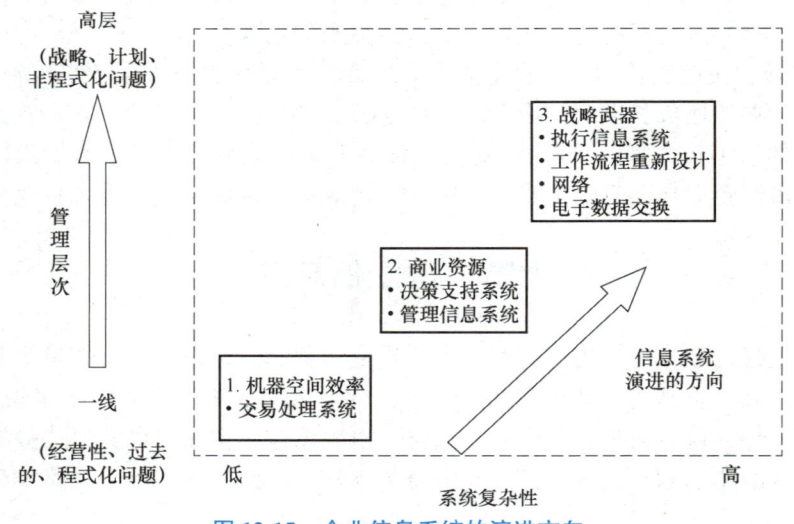

图 12-15　企业信息系统的演进方向

二、信息的来源

要使信息系统充分发挥作用，首先要广开信息渠道。企业获得信息的数量和质量、对信息分析和利用的能力，都对企业战略管理的水平有重要影响。

企业的信息一般来源于三个领域，即人的信息源、文件文献信息源和混合信息源，各个信息源又分为企业外部和企业内部两种类型，具体如表 12-5、表 12-6 和表 12-7 所示。

表 12-5　人的信息源

来自企业外部	来自企业内部
1. 顾客、消费者	1. 直属上级
2. 批发商	2. 推销员
3. 政府机关工作人员	3. 同事
4. 竞争对手的工作人员	4. 干部
5. 海外同业界调查员	5. 其他上级
6. 企业外董事	6. 部下
7. 销售代理店店员	7. 企业内部图书资料员
8. 有学识、有经验者	8. 其他
9. 法律顾问咨询人员	
10. 同学、朋友	
11. 其他	

表 12-6　文件文献信息源

来自企业外部	来自企业内部
1. 业界新闻、杂志	1. 企业内部传阅的文件备忘录
2. 一般新闻、杂志	2. 文件、数据档案资料
3. 科学技术杂志	3. 分支机构的报告书
4. 未发表的论文和研究资料	4. 企业内部科学研究报告书
5. 竞争对手的科学研究与开发报告书	5. 企业内部报刊和书信
6. 专业书籍和参考书	6. 其他
7. 学术书籍	
8. 论文摘要	
9. 政府刊物	
10. 教科书和手册	
11. 驻外人员和国外协作厂商的函件与报告	
12. 服务企业的报告	
13. 科学研究论文	
14. 数据信息中心	
15. 其他	

表 12-7　混合信息源

来自企业外部	来自企业内部
1. 海外企业考察	1. 企业内部定期例会
2. 现场考察	2. 企业内部不定期会议
3. 不定期碰头会和讨论会	3. 企业内部学术报告会
4. 定期例会	4. 本企业产品展览会

(续)

来自企业外部	来自企业内部
5. 商业贸易展览会	5. 本企业的设施访问和观察
6. 业界的演讲会、讨论会及其他会议	6. 企业内部劳资谈判
7. 会议、座谈会	7. 本企业制作的影片、幻灯片和录音
8. 电视、广播	8. 其他
9. 电影片、幻灯片和录音	
10. 劳资谈判或协商	
11. 其他	

表 12-5～表 12-7 中的顺序按照重要程度排列，1 最重要。

在使用这些渠道收集资料时，企业战略决策者必须注意，所得到的信息可能是一种失真或者虚假的信息。这是因为，一方面，当信息从组织的底层向上层流动时，在组织内存在着渠道成员对所传递的信息进行不适当的删除与过滤的倾向，从而使最后到达最上层的信息不能真实、准确地反映那些重要的、与战略相关的内容；另一方面，竞争对手可能散布一些虚假的信息，期望战略决策者做出错误的判断。

从信息渠道的过滤作用来看，正式向上级递交的书面报告可能只反映了部分事实而不是全部。因为人们在涉及不利消息时，往往会有意无意地掩饰、轻描淡写甚至完全不报告；有时某些员工会故意拖延，不报告失败情况与问题情况，希望能够借此争取时间扭转局面。因此，企业战略决策者为了避免做出重大决策失误，必须设法保证自己能够获得准确、及时的信息，以便随时掌握企业当前的真实运行情况。为此，管理者可以采取"走动式管理"（如惠普公司的走动式管理）方法，经常深入企业实际，考察企业的实际运行情况，与企业里的各类人员进行现场交谈，了解他们的真实想法与企业运行中存在的问题。

三、信息扫描的范围与方法

本节一开始就谈到了企业信息系统首先需要一个信息扫描子系统，利用它去收集企业战略决策所需要的信息；接着又谈到了企业从哪里获得信息。然而，在信息时代，人们被大量有用的、无用的、真的、假的信息包围，企业的信息扫描子系统需要决定扫描哪些信息和选择更有效信息的方法。

1. 信息扫描范围

信息扫描范围的确定应该区分战略管理的不同阶段，因为在不同阶段获得信息的目的和关注的重点是不同的，但也有大量相同的内容。

信息扫描系统服务于战略管理的全过程，这个过程可以被划分为战略制定和战略实施（包括战略控制）两大阶段。信息扫描的内容应该是在战略制定之前进行环境分析的所有因素，包括外部环境因素和内部环境因素。但是，不同的战略管理阶段要扫描的信息又有所不同。

（1）战略制定阶段的信息扫描。信息扫描应该是在企业运行过程中始终存在的，就像军事中的侦查与预警系统一样。在战略制定阶段，具体来说是在战略选择之前，信息扫描是为新战略的形成提供依据。因此，信息扫描的重点是与企业正在从事的业务和拟从事的业务密切相关的环境要素,其中以扫描外部环境的机会与威胁最为重要。

(2)战略实施阶段的信息扫描。因为在实施既定战略的过程中,信息扫描的重点,对外部环境来说,是监测战略赖以形成的那些因素的变化,特别是当企业采取了一个重大的战略措施之后,监测竞争对手的反应。因为企业战略是在预测和假设的基础上确定的,扫描就是监测这些前提是否始终可靠。如果关键假设不成立,战略可能应该修改了。对内部环境来说,除了监测战略赖以形成的内部因素之外,还要重点监测战略实施的过程和效果。因此,扫描子系统被战略控制中的绩效监测和评价所应用,又服务于战略控制。

2. 扫描信息的方法

很多人认为信息在环境中无限地存在,然而,这种假想不一定与事实相符。因为有些信息只有通过努力才能得到,有些信息则无论如何也得不到(如竞争对手的高度机密),有些信息即使得到了也不能应用(如受知识产权保护的那些技术或配方)。

图 12-16 和图 12-17 是用概念表示的各类外部信息领域。E 范围所表示的领域是管理者获取外部信息的企业外部环境;圆圈 A 表示可能选取的信息领域,这个领域存在的信息不是全部都能获得的,原因是大都受到经济条件或其他条件的制约;圆圈 B 表示管理者获取外部信息的全领域,在 B 领域的信息中含有战略的要素和非战略的要素;圆圈 C 表示管理者实际获得的外部信息终被感知为战略信息的领域,这是管理者根据主观判断的认识;圆圈 X 表示管理者在主观上认为是战略信息并且想要得到的信息领域;圆圈 Y 是根据客观情况判断的理想型战略信息领域。

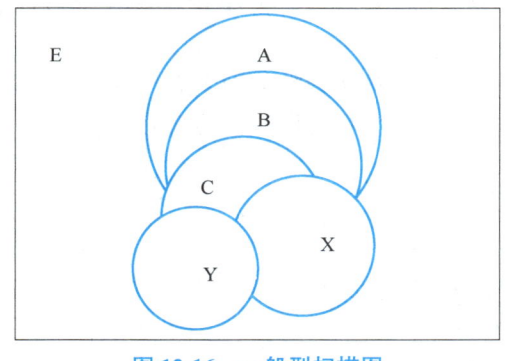

图 12-16　一般型扫描图

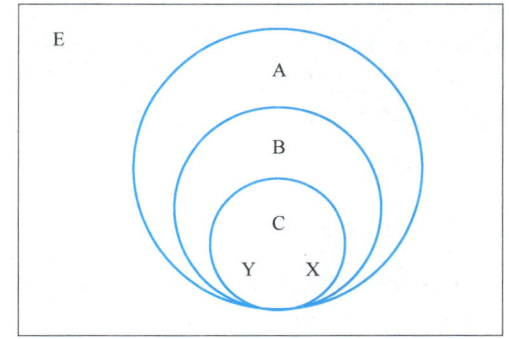

图 12-17　理想型扫描图

由图 12-16 可知,圆圈 X 和圆圈 Y 之间存在着明显的差别。换言之,就是根据主观判断的战略信息与根据客观判断的理想型战略信息之间有差别。这种差别是由管理者个人的扫描行动和企业组织总体的扫描行动之间的差异产生的。同样,在圆圈 X 和圆圈 C 之间也有差别,也即管理者想要获取的信息和实际获取的信息之间不尽相同。

图 12-17 表示扫描过程的一个理想模式。图中,C、X、Y 都在同一领域内,在这个模式中,在理想型的客观战略信息(圆圈 Y)中,管理者主观判断为战略信息并想要得到的信息(圆圈 X)和主观上感知的战略信息与管理者实际已经获得的信息(圆圈 C)之间没有差别。

企业为寻求有战略价值的外部信息需要对环境进行通查和精查。然而,管理者想要的信息并不是需要的时候都能够得到,这恐怕是所有企业的实际情况。它意味着企业有时必须在不确定的情况下做出决策。而且，在企业获取的所有信息中，只有一部分有战略价值。但实际上，一般的管理者对于什么样的信息是必要的和适用的，什么样的信息有战略价值，并非有清楚的认识，有时手中虽然持有战略信息，但不认为它有战略价值。这与企业的认知能力有关。

扫描是为了某一特定的目的而收集信息的行动。从这个意义上来说，如果不确定特定的目的，扫描系统设计得不恰当，则通过这个系统得到的信息就不可靠。这种信息的战略价值就很小，或者说完全没有价值。假如企业使用运筹学的方法，就必须获取所需的数据和信息。换言之，必须有明确的目的，再据以收集数据和信息。因此，最理想的圆圈 C、X、Y 之间不能有差别。扫描过程的最佳方法接近图 12-17 的模式。

在战略控制中，环境扫描把一个个细微到不能感知的动作融合在一起，形成广阔的连续体。为达到分析的目的，就必须在连续体中制定若干能够感知的对照点。

一般来说，信息系统中扫描的基本方法有两种：通查和精查。

（1）通查。通查即"注意某一感兴趣的事"，其功能是对收集信息的人提供某种程度的一般认识。

（2）精查。精查意味着收集能解决问题的特定信息。

扫描者通过集中调查研究特定的领域，有计划地慎重选取可用的信息。按照集中程度的高低，通查和精查又可以细分为观察和监视、调查和研究。

观察是为了取得一般信息或对特定问题加深理解，或者为了选取关于某一件事要注意的信号（该信号有重要意义，也许含有集中精查的必要领域的信号）而采用这些扫描方式。监视是注意有明确意义的信息或信息源领域。

调查意味着为了某一特定的目的而收集特定的信息，在较狭窄的范围内进行有计划的调查活动。研究是为了特定的目的而收集特定的信息，正式成为具有体系性的探究活动。

思 考 题

1. 战略制定与战略实施的关系是怎样的/如何应用战略诊断矩阵？
2. 企业在战略制定和战略实施过程中应避免的误区是什么？
3. 企业战略变化的五种类型是什么？各有什么特点？
4. 战略实施过程的三个阶段是什么？其逻辑关系是怎样的？
5. 战略目标的分解包括哪几个方面？各有什么作用？
6. 如何理解组织结构调整的战略意义？
7. 基于战略的组织结构类型有哪些？各有什么特点？
8. 与四大基本竞争战略相对应的组织结构形式各有什么特点？
9. 实施相关多元化的企业应如何选取组织结构形式？
10. 实施非相关多元化的企业适合采用什么样的组织结构？
11. 战略资源的配置原则是什么？
12. 如何理解战略与资源的动态组合过程？
13. 如何采用关键业绩指标法对战略实施的绩效进行考核？
14. 平衡计分卡的内容是什么？企业应用平衡计分卡有什么益处？

15. 什么是目标与关键成果法？它与 KPI 有何不同？
16. 在战略实施过程中应采取怎样的激励措施？
17. 战略领导的职能是什么？应采取怎样的战略领导方式？
18. 战略领导者应具备怎样的素质？
19. 简述战略与企业文化的关系。为什么要建立战略导向的企业文化？
20. 为什么说建设优秀的企业文化应该成为企业的一个战略？
21. 战略信息系统的结构和演进方向是怎样的？

第十三章

战 略 控 制

从整个战略管理的过程来说，本章的内容是如何"确保做好"的最后一个环节。控制要通过对输入与输出的比较来进行，其中输入就是预定的目标，输出就是实施后所得到的实际结果。前面的战略目标分解是设定预定目标的基础，也就是本章后面将要提到的"确定需监测的业绩"的基础。本章中为了控制所做的对实施结果的检测，又为前面的战略实施绩效考核与激励提供了一个依据。因此，尽管它是最后一个环节，但它与前面的战略实施环节是密切联系的。

对战略实施过程的监测是控制的基础与前提。监测与控制有两个目标：①如果监测的实施业绩与要实现的目标产生了偏差，而且偏差产生的原因是实施过程中的问题，则将相关信息反馈给实施责任部门，有时也许需要反馈给再上一级的部门，这是"确保实施过程做好"；②如果偏差产生的原因是战略本身的问题，如内外部环境发生了重大变化，原有战略已经失去了原有的基础，则要将相关信息反馈给企业最高层，从战略管理过程来说，是反馈到战略管理过程的第一个阶段——"意识到战略问题"，再重新开始战略制定的过程，这是"确保得到一个好战略"。

第一节 战略控制的性质

战略控制过程很重要，要深刻理解它的意义，首先需要了解战略控制的性质。

一、战略控制的含义和必要性

战略控制是指企业战略管理者及参与战略实施者根据战略目标和行动方案，对战略的实施情况进行全面的监测与评价，及时发现偏差并纠正偏差的活动。

战略控制之所以重要，是因为在战略实施过程中不可避免地会出现以下两种情况：①会产生与战略计划的要求不相符的行动，这主要是由个人的认识、能力和掌握信息的局限性以及个人目标与企业目标不一致等引起的；②会出现战略计划的局部或整体与企业当前的内外部情况不适应的情况，其原因可能是原来的战略计划制订不当，或是环境的发展和变化与企业事先的预测有差异。因此，企业要对战略实施过程进行控制，并在适当的时候对战略计划进行适当的调整和修改。

二、战略控制的特点

要了解战略控制的特点，首先需要了解战略控制在整个企业控制中的地位。企业控制是指当把整个企业作为一个系统时，对企业系统活动的控制。从企业控制的层次性划分，企业控制包括战略控制、战术控制和作业控制三个层次，其中战略控制处于最高层，如图13-1所示。公司级有较多的战略控制问题而有较少的作业控制问题；职能级有较少的战略控制问题而有较多的作业控制问题。

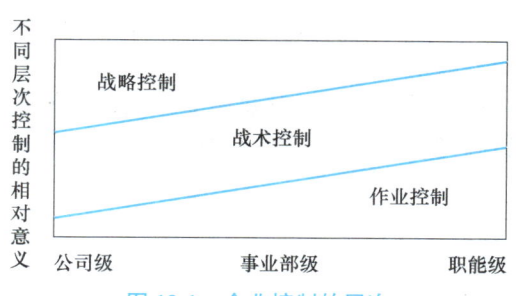

图13-1 企业控制的层次

战略控制主要是公司级和事业部级的控制，侧重于对发生或即将发生战略问题的重要部门、项目、活动进行控制，关注企业的长期经营业绩，保证企业内部各项活动以及企业内外部环境之间的平衡，改善企业的竞争地位。战略控制在研究与开发、新产品和新市场、兼并和合并等领域发挥重要作用。战略控制的特点有以下几个方面。

1. 利益的不一致性

利益的不一致性是指从局部和短期来看，企业的整体利益和局部利益的冲突、长期利益和短期利益的冲突。这些冲突是经常存在的。在对这些冲突进行调节的过程中，战略控制远不是一个纯粹的技术或管理业务活动，而是涵盖了协调、沟通与思想政治工作。这是一种综合性的管理艺术，需要深刻理解和调和不同利益之间的矛盾，确保企业的整体利益和长远发展。

2. 多样性和不确定性

沃特曼认为，战略实施的路途是曲折多变的，因而这时的战略控制也就具有多样性。这种多样性是指战略控制的方案是多样的，且具有不确定性。此外，虽然战略是明确的、稳定的并且具有权威的，即战略刚性，但在实施过程中，由于环境可能会发生变化，战略必须适时地调整和修正，因而也必须因时因地地提出具体的控制措施。这也说明战略控制具有多样性和不确定性。因此，要求战略管理者在战略实施过程中形成准确性和模糊性的双重思维，采取灵活多样的控制手段。这意味着在实施与控制的具体操作中，要保持探索与创新的精神，细致考察环境变化带来的新情况、新问题，找到预设目标的达成与环境变化的应对之间的平衡点，并采取相应的控制措施。

3. 弹性和伸缩性

战略控制中如果过度控制、频繁干预，容易引起消极反应，也会增加控制成本。因而针对各种矛盾和问题，战略控制有时需要认真处理、严格控制，有时则需要适度、弹性地控制。只要能保持与战略目标的一致性，就可以有较大的回旋余地，从而具有伸缩性。所以，战略控制中只要能保持正确的战略方向，尽可能少干预实施过程中的问题，尽可能授权员工在自己的工作范围内解决问题，对小范围、低层次的问题不要在大范围、高层次上解决，反而能够进行有效的控制。

战略控制的弹性性质与战略本身所具有的渐进性特征一致。所谓战略的渐进性特征，是指虽然战略的最终选定经历了一个深思熟虑的过程，但它依然是建立在对外部环境的预测和假设基础上的，而"预测"和"假设"都具有不确定性。因此，战略的不断完善和提升需要建立在对预测和假设不断验证的基础上。战略的实施过程是不断验证的过程，因此企业的战略是渐进的。此外，在实际情况中，一些突发事件是完全不可预知的，一旦事件发生，企业也许没有足够的时间、资源或信息来对所有可能的选择方案及其后果进行充分的、正规的战略分析。因此，为了改善战略控制过程，其逻辑要求而且实践也证明了，通常最好谨慎、有意识地以渐进的方法加以处理，以便尽可能地推迟做出战略决策的时间，使其与新出现的必要信息吻合。

三、战略控制的适度原则

根据战略控制的特点，战略控制应该遵循适度控制的原则。所谓适度控制，就是要处理好整体与局部、长期与短期、确定性与不确定性、复杂因素控制与关键因素控制之间的关系。

具体来说，企业在进行战略控制时应遵循以下原则。

（1）控制应该既有部门的，也有整体的；既有岗位和个人的，也有团队的。因为监测与业绩评价是控制的前提，如果企业只监测部门活动和目标的实现，进而对其实施控制，可能会单方面强化部门利益，使部门失去对整体目标的关注，因而不利于整体目标的实现。同样，如果只控制整体而放弃部门，则会使部门失去责任心和工作热情。

（2）控制应该既有短期的，也有长期的。如果只控制短期，就可能出现短期管理导向。

（3）控制应该尽量涉及较少信息，能可靠描述事情即可。控制涉及太多信息容易造成混淆，也会花费太多成本和延误时机。要集中控制关键要素。在这里，广泛应用于多个环境中的"二八原则"也是适用的，即20%的因素可能决定了80%的结果。

（4）不管监测有多困难，控制都应该监测有意义的活动和结果。如果部门或者团队之间的合作对企业业绩很重要，就要建立一些定性和定量的指标与测评方法来监测合作。

（5）控制应该及时。对于一些对企业业绩有重要影响的活动和目标，如果发现问题要及时采取纠正措施，而且要实施事前控制和过程控制，即监测那些可能影响业绩的因素和活动，强调事前发现问题。

（6）控制应该针对例外情况。只有那些落在预定可接受范围之外的活动或结果，才需要采取措施。

（7）控制要多激励达到标准的或者超过标准的，最好不要惩罚没有达到标准的。因为大力惩罚失败者一般会引起目标错位，相关人员可能提供虚假报告，并游说上级降低标准。

此外，企业文化对战略的支持力度越大，就越不需要大量的正式控制系统。同样的道理，对于高素质的人群，控制的弹性应该大些。

第二节　战略控制的类型

按照不同的标准，战略控制可以划分为多种类型。

一、按控制时间分类

1. 事前控制

事前控制又称为前馈控制。它的原理是:在工作成果尚未实现之前,对那些作用于系统的输入量和主要扰动量进行观察,分析它们对系统输出的作用,并在产生不利影响之前及时采取纠正措施予以消除。事前控制所控制的是原因,而非结果。因此,实施事前控制是相当复杂的,不仅要输入各种影响战略实施的变量,还要输入影响这些变量的各种因素,同时还必须注意各种干扰因素,即那些意外的因素或无法预料的因素。

事前控制是在战略行动成果尚未实现之前,通过预测发现战略行动的结果可能会偏离既定的标准,因此管理者必须对预测因素进行分析与研究。一般有以下三种类型的预测因素。

(1) 投入因素。战略实施投入因素的种类、数量和质量,将影响产出的结果。

(2) 早期成果因素。依据早期的成果,可预见未来的结果。

(3) 外部环境和内部条件变化因素。外部环境和内部条件的变化制约着战略的实施。

2. 事中控制

事中控制又称为过程控制、现场控制、随时控制、开关型控制等。它的原理是:在战略实施过程中,按照既定的标准检查战略行动,及时发现偏差和采取纠正措施。这种控制方法就像开关的开通与关停一样,可以及时确定行或不行。

事中控制包括以下具体方法。

(1) 直接指挥。直接指挥是指管理者亲自监督、检查、指导和控制下级的活动,及时发现偏差并采取纠正措施。

(2) 自我调整。自我调整是一种自我控制的方式,是指执行者通过非正式、平等的沟通,调整自己的行为,从而与协作者默契配合。

(3) 过程标准化。过程标准化是指对规范化和可以预先编制程序的工作制定出操作规程、规章、制度等,间接地控制和指挥执行者的行动,以实现工作整体行动的协调。

(4) 成果标准化。成果标准化是指只规定最终目标,不规定达到目标的具体手段、方法、途径和过程。如果工作成果符合标准,就说明个人的行动符合战略目标的要求。

(5) 技能标准化。技能标准化是指对从事某些专业性强的工作所必备的知识能力、技术、经验等做出标准化规定,定期加以检查,从而确保实现控制目标。

(6) 共同信念。共同信念是指组织成员对战略目标、宗旨认识一致,具有共同的价值观和信念,在战略实施过程中表现出一定的方向性和使命感,从而达到和谐一致的结果。

3. 事后控制

事后控制又称为后馈控制或反馈控制。它的原理是:在战略实施过程中,对行动的结果与期望的标准进行衡量,然后根据偏差大小及其发生的原因,对行动过程采取纠正措施,以使最终结果能符合既定标准。这种控制方式发生在企业经营活动之后,把战略活动的结果与控制标准相比较。这种控制方式工作的重点是要明确战略控制的程序和标准,把日常的控制工作交由职能部门人员去做,即在战略部分实施之后,将实施结果与原计划标准相比较,由企业职能部门及各事业部定期地将战略实施结果向高层领导汇报,由领导者决定是否采取纠正措施。

事后控制的具体操作主要有联系行为和目标导向等形式。

（1）联系行为，即对员工的战略行为的控制直接同他们的工作行为相联系。这种方法比较容易被员工接受，并能明确战略行动的努力方向，使个人行为导向和企业战略导向接轨；同时，通过行动评价的反馈信息修正战略实施行动，使之更加符合战略的要求；通过行动评价，实施资源的合理分配，从而强化员工的战略意识。

（2）目标导向，即让员工参与战略行动目标的制定和工作业绩的评价。这样员工既可以看到个人行为对实现战略目标的作用和意义，又可以从工作业绩的评价中看到成绩与不足，从中得到肯定和鼓励，为战略实施增添动力。

二、按控制主体的状态分类

1. 回避控制

回避控制即采用适当的手段，使不适当的行为没有产生的机会，从而达到不需要控制的目的。回避控制的具体手段有以下几种。

（1）自动化。企业通过运用先进的信息技术、大数据分析、机器学习、人工智能系统或其他自动化手段，能够最大限度地提高效率并保障操作的精确性。特别是现在数字化与人工智能技术的发展，可有效地减少控制问题。

（2）集中化。把管理权力集中于少数高层管理者，避免因分层控制造成的矛盾。但是，如果高层管理者在做决策时都采取集中化形式，其他人员无法介入，也就不存在管理意义上的控制问题了。

（3）与外部组织共担风险。企业将内部的一些风险问题与企业外部组织共同分担。例如，企业与保险公司签订合同，分担某种风险。这样也可以减少企业内部的控制工作。

（4）转移或放弃某种经营活动。企业的管理人员可能会由于没有很好地理解某些生产经营活动的过程，感到难以控制企业中的某些活动。在这种情况下，管理人员可以采取外包或完全放弃该项生产经营活动的形式，将潜在的利益与相应的风险转移出去，消除有关的控制问题。

2. 具体活动的控制

具体活动的控制是保证企业员工个人能够按照企业的战略期望进行活动的一种控制手段。其具体做法有以下三种。

（1）行为限制。行为限制有两种方式：①利用物质性的器械或装置来限制员工的行为；②行政管理上的限制。通过这种限制，员工必须按照各自的职责进行工作，避免出现不符合企业预期的行为。

（2）工作责任制。工作责任制是一种具有反馈性质的控制系统。实行工作责任制的要求是：①确定企业允许的行为界限，让员工按照规章制度工作；②检查员工在实际工作中的行为；③根据所定标准奖励或惩罚员工的行为。值得注意的是，这种系统不仅仅是为了检查与考核员工的行为，更重要的是激励员工的行为，让他们发挥积极性。

（3）事前审查。事前审查是指在员工工作完成前所做的审查，如直接监督、审批费用预算等。这种审查可以纠正潜在的有害行为，以达到有效的控制。

3. 成果控制

成果控制是以控制企业的成果为中心的控制方式。这种控制方式只有一种基本形式，即成果责任制。也就是说，员工要对自己的工作成果负责。

成果责任制控制系统要求：①确定期望成果的范围；②根据成果范围衡量效益；③根据效益，对那些实现成果的行为给予奖励，对不能实现成果的行为给予惩罚。

成果责任制系统与工作责任制系统一样，都是面向企业的未来，促使员工的行为符合企业的期望。当然，只有在员工意识到他们个人的努力受到了关注，而且会得到某种形式的奖励时，成果责任制才会有效。

4. 人员控制

人员控制是指依赖有关人员为企业做出最大的贡献。在必要的时候，人员控制系统还可以对这些人员提供帮助。在控制出现问题时，该系统可以采取以下措施加以解决。

（1）实施员工培训计划，改善工作分配，提高关键岗位上人员的能力。

（2）改进上下级的沟通，使企业员工更清楚地认识与理解自己的作用，将自己的工作与企业中其他群体的工作很好地加以协调。

（3）成立具有内在凝聚力的目标共享的工作小组，促成同事间的互相控制。

三、按改进工作的方式分类

1. 间接控制

间接控制着眼于发现的已发生的偏差，分析原因，并通过追究个人责任来改进未来的工作。如果造成偏差的原因是战略实施者缺乏知识、技能或经验，那么运用间接控制的方法可以帮助他们总结经验教训，学习知识和技能，改进未来的工作。但是，如果偏差是由某些不确定因素造成的，如外部环境的剧烈变化等，间接控制就不能发挥作用了。

间接控制的有效性还依赖以下假设条件：①工作绩效可以计量；②人们对工作绩效具有个人责任感；③追查产生偏差的原因所需要的时间是有保证的；④对出现的偏差可以预料并且能及时发现；⑤有关部门或人员会采取纠正措施。

2. 直接控制

直接控制着眼于培育更优秀的人才，使他们能够以系统的观点来进行工作和改进未来的工作，从而防止出现不良后果。因此，直接控制的根本思想在于通过提高人员素质来进行控制。

直接控制的有效性依赖以下假设条件：①合格人才所犯的错误最少；②管理工作的绩效可以计量；③在计量管理工作的绩效时，管理的概念、原理和方法是有用的判断标准；④管理基本原理的应用情况是可以评价的。相对于间接控制的假设条件而言，直接控制的假设条件更为可靠和现实。

第三节 战略控制的过程

企业战略控制活动贯穿于整个战略实施的过程。具体来讲，战略控制的过程分为五个阶段，即确定需要监测的业绩，建立检测业绩的标准，检测实际业绩，将实际业绩与标准进行比较，根据实际业绩与标准要求的差距情况决定是否需要采取适当的纠正措施，如图13-2所示。

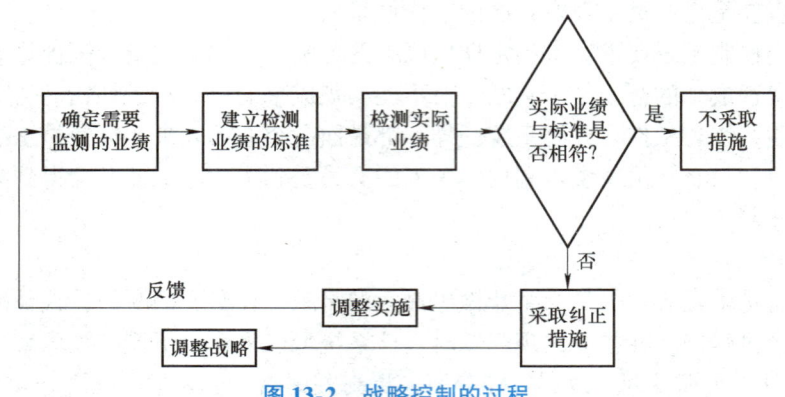

图 13-2　战略控制的过程

一、确定需要监测的业绩

在实施战略控制过程中,首先应确定需要对哪些生产经营活动及其结果进行监测。其中,结果应设定为指标,包括定性指标和定量指标。因为一些战略活动的结果很难用定量指标来衡量,甚至用定性指标衡量都很困难,因此需要对活动进行监测。确定这些活动和结果的依据是对战略目标的分解。这些活动的过程及其结果应当是实现企业战略目标的重要环节和因素,并能够以比较客观和连续的方式来监测。一般企业应将运行中费用支出比例最大和出现问题最多的领域作为监测或评价的重点。需要注意的是,对那些难以度量的结果,要防止出现简单地以可量化衡量来代替甚至排除不可量化衡量的倾向,而是必须想方设法地对其加以适当的衡量。

二、建立检测业绩的标准

建立检测业绩的标准,可以作为考核企业运行是否正常的依据。业绩标准的确定需要考虑考核对象所处的组织层次与目标要求。公司层级的业绩衡量标准通常有投资回报率(ROI)、企业销售净收入、高层管理人员生产率、关键业绩领域运行情况等;事业部层级或职能单位层级的业绩标准通常有标准成本、收入、支出、利润、投资回报率等。其中,有些指标反映的是企业运行的结果,如投资回报率等,可以用于事后控制;有些指标反映的是企业正在进行的活动情况,如广告促销费、合理化建议、研发支出等,可以用于事前控制。

需要说明的是,在建立业绩标准时,除了应该指明可接受的业绩水平外,还要考虑容差范围。一般情况下,只要企业战略实施的实际业绩落在容差范围以内,就可以认为企业战略实施过程运行正常,即使出现了稍许偏差也仍被看作是由偶然的随机因素造成的,可以不加调整。此外,从进行企业战略控制的需要看,所建立的业绩标准不应局限于过程的最终结果,还应该考虑过程进行中的阶段结果。

三、检测实际业绩

在这一阶段,企业管理者要做的主要事情就是根据确定的需要测定的业绩内容及标准、定期、定点对业绩进行实际测量与记录，从而为进行企业战略过程控制提供基本的数据资料和信息依据。在实际业绩检测中，最困难的方面就是关于企业整体运行效益情况的评价，通常需要采取一些综合的分析方法。其中，企业经营诊断方法不失为一种有效的方法。

企业经营诊断方法的基本思路是：首先，对企业的总体情况做全面了解，确定需要在哪些方面、如何开展、以怎样的顺序进行深入研究；其次，对选定的问题领域进行深入分析；最后，在深入分析的基础上提出有关改进建议，并对所提建议加以验证。企业经营诊断方法包括以下几个具体步骤。

1. 初步评价

初步评价即对企业的整体运行情况进行了解，找出企业在战略实施过程中明显存在的问题，并对这些问题根据轻重缓急进行分类，根据时间和经费的许可情况决定是否需要就其中的某些问题进行深入研究。

2. 深入调查

根据初步评价确定需要进行深入分析的问题，从企业的机构设置、资金运用、人员调配、产品制造、市场营销等方面出发，利用各种有效的调查方法对这些问题进行客观全面的调查，以深入了解与问题有关的各种信息。

3. 分析诊断

根据所掌握的详细信息，利用各种定量与非定量方法，对企业战略管理中存在的问题进行系统分析，找出问题产生的根本原因，提出解决这些问题的对策和建议。

4. 建议实施

根据上面提出的对策和建议，采取纠正措施解决存在的问题，并对解决问题中可能出现的困难加以追踪、评价，以防止在解决一个老问题的同时，又带来一个更为棘手的新问题，从而保证战略实施的顺利进行。

四、将实际业绩与标准进行比较

将实际业绩与标准进行比较，是为了确定是否存在业绩偏差，以便找出产生偏差的原因，从而制定对策消除偏差。如果实际业绩在标准允许的范围内，通常不需要采取纠正措施，继续实施企业战略即可；如果实际业绩落在容差范围之外，则需要找出产生偏差的原因，特别是对一些关键因素或问题进行深入的分析和研究，提出改进、修正的建议或方案。

图13-2表明，业绩与标准比较的结果可能有两种：①业绩与标准相符，或者偏差在可接受的范围内，战略可继续实施；②偏差超出了可接受的范围，必须做出调整。调整可能有两种情况：①由实施过程中的原因造成的偏差，要调整实施；②由战略制定造成的偏差，要调整战略。要调整实施，可能需要重新做战略目标分解，进而重新确定需要监测的业绩，这样就回到了战略控制过程的输入端。要调整战略，就回到了战略管理过程的输入端。偏差也有可能来源于战略制定和战略实施两个方面，在这种情况下，要首先调整战略，在战略确定下来之后，再规划战略实施，在实施过程中要避免出现同样的问题。

在比较过程中，有许多很难以量化的业绩指标，如企业商誉、公众形象等，通常采取定性描述与主观判断相结合的评价方法，这就使比较结果具有很强的主观性。另外，即使对于可以量化的业绩指标，做出单个指标的比较通常较容易，但如何把多个单个指标反映的情况综合起来，会涉及加权综合评判问题，而在确定指标权重的过程中，也很难回避主观因素的影响。因此，在涉及带有大量个人主观价值判断的评价结论时，企业管理者必须非常谨慎，以免因为评价的主观性而影响企业战略控制过程的有效性。

五、采取纠正措施

当实际业绩与标准要求存在较大偏差时，要根据所发现的问题以及建议方案，采取必要的措施予以纠正。这时要考虑以下问题。

（1）偏差是否由随机波动因素导致？如果答案是肯定的，则从本质上说，对于随机波动因素，在给定企业技术水平下是不可控的。所以，与其贸然采取纠正措施，不如暂时不做反应，静观其变。

（2）战略实施过程中是否有不正确的做法？如果答案是肯定的，则只要找到原因所在，采取适当的纠正措施，改进现存的不正确做法或失误的操作，就能防止类似业绩偏差的再次发生。

（3）战略实施过程本身的设计对实现企业战略目标是否合适？如果不合适，则只有开发出新的实施方案或标准操作程序，才能从根本上纠正偏差，并防止偏差再次出现。

（4）战略控制过程是否适当？例如，确定的业绩标准是否合适？控制是否及时有效？方法是否恰当？显然，如果业绩标准定得太高、太低或没有针对性等，都很难真正反映企业战略实施的业绩，从而带来业绩偏差。因此，在这种情况下，企业需要对业绩标准的合理性和适用性进行反思，以设计出更为合理的业绩标准。

（5）企业内外部环境是否发生了重大变化？企业内外部环境总是处于不断变化之中的，企业战略管理只有不断适应这一变化，才能立于不败之地。所以，对此问题的肯定回答，将要求企业战略管理者重新开始整个企业战略的形成与实施过程。此时的纠正行动涉及整个企业战略管理过程的再设计。

回答了以上问题后，企业在采取纠正措施时通常采用以下三种模式。

（1）常规模式。企业按照常规方式去解决所出现的差距。这种模式花费的时间较多。

（2）专题解决模式。企业就目前所出现的问题进行专题重点解决。这种模式反应较快，节约时间。

（3）预先计划模式。企业事先对可能出现的问题有所计划，从而减少反应的时间，增强处理战略意外事件的能力。例如，诸葛亮的"锦囊妙计"、企业的危机处理程序等都属于这种模式。

综上所述，战略控制是"确保做好"的重要一环，在战略管理的整个过程中，通过战略控制，可以发现企业在哪个环节存在问题，从而实现前面所给出的战略分析循环过程。

由于企业内外部环境在发生变化，企业自身在成长，企业在不同的生命周期阶段会面临不同的战略问题，因此企业的战略是变化的。有时，企业要促成这种变化，这就是战略管理中的另外一个问题：战略变革。

思 考 题

1. 什么是战略控制？战略控制有何必要性？
2. 战略控制有哪几个层次？战略控制的特点体现在哪几个方面？
3. 企业在进行战略控制时应遵循哪些原则？
4. 按照不同的分类标准，战略控制的具体类别有哪些？
5. 战略控制过程包括哪几个阶段？各自的内容是什么？

参 考 文 献

[1] 波特. 竞争战略 [M]. 陈小悦, 译. 北京: 华夏出版社, 2005.
[2] 波特. 竞争优势 [M]. 陈小悦, 译. 北京: 华夏出版社, 2005.
[3] 周三多, 邹统钎. 战略管理思想史 [M]. 上海: 复旦大学出版社, 2003.
[4] 项保华. 战略管理: 艺术与实务. 5版. 北京: 华夏出版社, 2012.
[5] 董大海. 战略管理 [M]. 3版. 大连: 大连理工大学出版社, 2006.
[6] 金占明. 战略管理: 超竞争环境下的选择 [M]. 北京: 清华大学出版社, 2010.
[7] 徐二明. 企业战略管理 [M]. 北京: 中国经济出版社, 2002.
[8] 明兹伯格, 阿尔斯特兰德, 兰佩尔. 战略历程: 纵览战略管理学派 [M]. 刘瑞红, 徐佳宾, 郭武文, 译. 北京: 机械工业出版社, 2001.
[9] 亨格, 惠伦. 战略管理精要: 第4版. [M]. 刘浩华, 译. 北京: 电子工业出版社, 2008.
[10] GHEMAWAT P. 战略管理和商业景致 [M]. 北京: 北京大学出版社, 2002.
[11] 谢斯, 西索迪亚. 3法则: 全球公认的企业定位准则 [M]. 厦雨峰, 译. 北京: 机械工业出版社, 2004.
[12] 里斯. 聚焦法则: 企业经营的终极策略 [M]. 王笑歌, 许茜, 夏菁, 译. 上海: 上海人民出版社, 2003.
[13] 斯莱沃斯基, 等. 发现利润区 [M]. 凌晓东, 等译. 北京: 中信出版社, 2000.
[14] 刘冀生. 企业经营战略 [M]. 北京: 清华大学出版社, 1995.
[15] 赵国杰, 于海洋. 企业发展战略的选择 [M]. 天津: 天津大学出版社, 2000.
[16] 和金生. 企业战略管理 [M]. 天津: 天津大学出版社, 1994.
[17] 王方华, 吕巍. 企业战略管理 [M]. 2版. 上海: 复旦大学出版社, 2015.
[18] 蔡树堂. 企业战略管理 [M]. 北京: 石油工业出版社, 2001.
[19] 波特. 竞争论 [M]. 高登第, 李明轩, 译. 北京: 中信出版社, 2003.
[20] 辛格, 等. 战略管理: 竞争与全球化 [M]. 吕巍, 等译. 北京: 机械工业出版社, 2003.
[21] 约翰逊, 斯科尔斯. 战略管理 [M]. 王军, 等译. 北京: 人民邮电出版社, 2004.
[22] 王革非. 战略管理方法 [M]. 北京: 经济管理出版社, 2002.
[23] 周松波. 商战新论 [M]. 北京: 科学出版社, 2003.
[24] 吴维库. 企业竞争力提升战略 [M]. 北京: 清华大学出版社, 2002.
[25] 张秀玉. 企业战略管理 [M]. 3版. 北京: 北京大学出版社, 2011.
[26] 戴维. 战略管理 [M]. 李克宁, 译. 北京: 经济科学出版社, 1998.
[27] 汤姆森, 斯迪克兰迪. 战略管理 [M]. 段盛华, 王智慧, 译. 北京: 北京大学出版社, 2000.
[28] 约翰逊, 斯科尔斯. 公司战略教程 [M]. 金占明, 贾秀梅, 译. 北京: 华夏出版社, 1998.
[29] 福克纳, 鲍曼. 竞争战略 [M]. 李维刚, 译. 北京: 中信出版社, 1997.
[30] 库伦. 跨国管理战略要径 [M]. 赵树峰, 译. 北京: 机械工业出版社, 2003.

［31］布儒瓦，杜海米，斯廷珀特．战略管理［M］．覃家君，张清文，译．北京：中信出版社，2004．

［32］科利，多莉，哈迪．公司战略［M］．吴晓波，译．北京：中国财政经济出版社，2003．

［33］科赫．公司战略［M］．邵海华，肖维青，译．上海：上海远东出版社，2002．

［34］托马森，斯特里克兰．战略管理学：概念与案例［M］．北京：机械工业出版社，2002．

［35］塞隆纳，等．战略管理［M］．王迎军，汪建新，译．北京：机械工业出版社，2004．

［36］王忠明，杨东龙．战略与管理变革［M］．北京：中国经济出版社，1999．

［37］应勤俭，章劼．企业战略［M］．上海：上海财经大学出版社，2002．

［38］THOMPSON A A Jr, STAPPENBECK M A. The business strategy game［M］. New York：McGraw-Hill, Inc.，2001.

［39］BYARS L L. Strategic management：formulationand implementation［M］. New York：Harper Collins Publisher, Inc.，1991.

［40］DAVID F R. Strategic management［M］. New Jersey：Prentice Hall, 1999.

［41］THOMPSON A A Jr, STRICKLAND Ⅲ A J. Strategic management：conceptsand caseslothed［M］. New York：McGraw-Hill, 1998.

［42］GOOLD M, CAMPBELL A, ALEXANDER M. Corporate level strategy［M］. Indiana：Wiley, 1994.

［43］COLLIS D J, MONTGOMERG C A. Corporate strategy：a resource-Based approach［M］. New York：McGraw-Hill Company, Inc.，1998.

［44］WANG GEFEI. Business planning for vodafone air touch［M］. Liverpool：Liverpool Business School, 2000.

［45］MINTZBERG H, QUINN J B, VOYER J. The strategy process［M］. New Jersey：Prentice Hall Inc.，1995.

［46］HITT M A, IRELAND R D, HOSKISSON R E. Strategic management［M］. Minnesota：West Publishing Company, 1995.

［47］WRIGHT P, PRINGLE C D, KROLL M J. Strategic management［M］. 2nd ed. Boston：Allyn and Bacon, 1994.

［48］DRUCKER P F. The theory of the business competencies［M］. Boston：Harverd Business Review, 1994.

［49］COLINS J C, PORRAS J I. Building your company's vision［M］. Boston：Harverd Business Review, 1994.

［50］TAYLOR B, SPARKES J R. Corporate strategy and planning［M］. London：William Heinemann Ltd.，1997.

［51］JOHNSON G, SCHOLES K. Exploring corporate strategy［M］. 5th ed. New Jersey：Prentice Hall Inc.，1999.

［52］SIRMON D G, HITT M A, IRELAND R D, et al. Resource orchestration to create competitive advantage breadth, depth, and life cycle effects［J］. Journal of management, 2011, 37（5）：1390-1412.

［53］金，莫博涅．蓝海战略［M］．吉宓，译．北京：商务印书馆，2005．

［54］孙洪杰．蓝海，还是蓝舰［J］．企业管理，2007（5）：20-22．

［55］武常岐．中国战略管理学研究的发展述评［J］．南开管理评论，2010（6）：25-40．

［56］希特，爱尔兰，霍斯基森．战略管理：竞争与全球化 概念［M］．焦豪，等译．北京：机械工业出版社，2018．

［57］汤普森，彼得拉夫，甘布尔，等．战略管理：概念与案例［M］．于晓宇，王家宝，译．北京：机械工业出版社，2020．

［58］希尔，琼斯．战略管理：概念与案例［M］．薛有志，等译．北京：机械工业出版社，2012．

［59］安索夫．战略管理［M］．邵冲，译．北京：机械工业出版社，2010．

［60］蓝海林，等．企业战略管理［M］．4版．北京：科学出版社，2022．

［61］陈志军，张雷．企业战略管理［M］．3版．北京：中国人民大学出版社，2023．

［62］刘刚，唐寅，梁晗．中国式战略管理自主知识体系的建构：基于对《孙子兵法》的解读［J］．中国人民大学学报，2024，38（2）：56-71．

[63] ANSOFF H I, KIPLEY D, LEWIS A O, et al. Implanting strategic management [M]. Berlin: Springer, 2018.

[64] ROTHAERMEL F T. Strategic management [M]. 4th ed. New York: McGraw-Hill, 2019.

[65] AMASON C A, WARD A. Strategic management: from theory to practice [M]. London: Routledge, 2020.

[66] KEDING C. Understanding the interplay of artificial intelligence and strategic management: four decades of research in review [J]. Management review quarterly, 2021, 71 (1): 91-134.

[67] 宋志平. 有效的经营者 [M]. 北京：机械工业出版社，2024.